OEUVRES
DE
BOILEAU

NOUVELLE ÉDITION

CONFORME AU TEXTE DONNÉ PAR M. BERRIAT-SAINT-PRIX

PRÉCÉDÉE

D'UNE NOTICE SUR LA VIE ET LES OUVRAGES DE BOILEAU

PAR

C. A. SAINTE-BEUVE

DE L'ACADÉMIE FRANÇAISE

PARIS
GARNIER FRÈRES, LIBRAIRES-ÉDITEURS
6, RUE DES SAINTS-PÈRES, ET PALAIS-ROYAL, 215

OEUVRES
DE
BOILEAU

PARIS. — IMP. SIMON RAÇON ET COMP., RUE D'ERFURTH, 1.

OEUVRES

DE

BOILEAU

NOUVELLE ÉDITION

CONFORME AU TEXTE DONNÉ PAR M. BERRIAT-SAINT-PRIX

PRÉCÉDÉE

D'UNE NOTICE SUR LA VIE ET LES OUVRAGES DE BOILEAU

PAR

C. A. SAINTE-BEUVE

DE L'ACADÉMIE FRANÇAISE

PARIS

GARNIER FRÈRES, LIBRAIRES-ÉDITEURS

6, RUE DES SAINTS-PÈRES ET PALAIS-ROYAL, 215

1860

NOTICE SUR BOILEAU[1]

Depuis vingt-cinq et trente ans, le point de vue en ce qui regarde Boileau a fort changé. Lorsque sous la Restauration, à cette heure brillante des tentatives valeureuses et des espérances, de jeunes générations arrivèrent et essayèrent de renouveler les genres et les formes, d'étendre le cercle des idées et des comparaisons littéraires, elles trouvèrent de la résistance dans leurs devanciers; des écrivains estimables, mais arrêtés, d'autres écrivains bien moins recommandables et qui eussent été de ceux que Boileau en son temps eût commencé par fustiger, mirent en avant le nom de ce législateur du Parnasse, et, sans entrer dans les différences des siècles, citèrent à tout propos ses vers comme les articles d'un code. Nous fîmes alors, nous qui étions jeunes (et je ne me repens de ce temps-là qu'à demi), ce qu'il était naturel de faire; nous prîmes les Œuvres de Boileau en elles-mêmes : quoique peu nombreuses, elles sont de force inégale; il en est qui sentent la jeunesse et la vieillesse de l'auteur. Tout en rendant justice à ses belles et saines parties, nous ne le fîmes point avec plénitude ni en nous associant de cœur à l'esprit même de l'homme : Boileau, personnage et autorité, est bien plus considérable que son œuvre, et il faut de loin un certain effort pour le ressaisir tout entier. En un mot, nous ne fîmes point alors sur son compte le travail historique complet, et nous restâmes un pied dans la polémique.

Aujourd'hui, le cercle des expériences accompli et les dis-

---

[1] Cette Notice est tirée du tome VI des *Causeries du Lundi*.

cussions épuisées, nous revenons à lui avec plaisir. S'il m'est permis de parler pour moi-même, Boileau est un des hommes qui m'ont le plus occupé depuis que je fais de la critique, et avec qui j'ai le plus vécu en idée. J'ai souvent pensé à ce qu'il était, en me reportant à ce qui nous avait manqué à l'heure propice, et j'en puis aujourd'hui parler, j'ose le dire, dans un sentiment très-vif et très-présent.

Né le 1er novembre 1636, à Paris, et, comme il est prouvé aujourd'hui, rue de Jérusalem, en face de la maison qui fut le berceau de Voltaire [1], Nicolas Boileau était le quinzième enfant d'un père greffier de grand'chambre au Parlement de Paris. Orphelin de sa mère en bas âge, il manqua des tendres soins qui embellissent l'enfance. Ses premières études, ses classes, furent traversées, dès la quatrième, par l'opération de la pierre qu'il eut à subir. Sa famille le destinait à l'état ecclésiastique, et il fut d'abord tonsuré. Il fit sa théologie en Sorbonne, mais il s'en dégoûta, et, après avoir suivi ses cours de droit, il se fit recevoir avocat. Il était dans sa vingt et unième année quand il perdit son père, qui lui laissa quelque fortune, assez pour être indépendant des clients ou des libraires, et, son génie dès lors l'emportant, il se donna tout entier aux lettres, à la poésie, et, entre tous les genres de poésie, à la satire.

Dans cette famille de greffiers et d'avocats dont il était sorti, un génie satirique circulait en effet. Nous connaissons deux frères de Boileau, Gilles et Jacques Boileau, et tous deux sont marqués du même caractère, avec des différences qu'il est piquant de relever et qui serviront mieux à définir leur cadet illustre.

Gilles Boileau, avocat et rimeur, qui fut de l'Académie française vingt-cinq ans avant Despréaux, était de ces beaux esprits bourgeois et malins, visant au beau monde à la suite de Boisrobert, race frelone éclose de la Fronde et qui s'égayait librement pendant le ministère de Mazarin. Scarron, contre qui il avait fait une épigramme assez spirituelle, dans laquelle il compromettait madame Scarron, le définissait ainsi dans une lettre adressée au surintendant Fouquet : « Boileau, si connu aujourd'hui par sa médisance, par la perfidie qu'il a faite à M. Ménage, et par la guerre civile qu'il a causée dans l'Académie, est un jeune homme qui a commencé de bonne heure à

---

[1] Voir les *Recherches historiques sur l'Hôtel de la Préfecture de police*, par M. Labat (1844), p. 24.

se gâter soi-même, et que, depuis, ont achevé de gâter quelques approbateurs... » Gilles Boileau, quand il était en voyage, portait dans son sac de nuit les Satires de Régnier, et, d'ordinaire, il présidait au troisième pilier de la grand'salle du Palais, donnant le ton aux clercs beaux-esprits. On l'appelait *le grammairien Boileau, Boileau le critique*. C'est assez pour montrer qu'il ne lui manquait que plus de solidité et de goût pour essayer à l'avance le rôle de son frère ; mais l'humeur et l'intention satiriques ne lui manquaient pas.

Jacques Boileau, autrement dit l'abbé Boileau, docteur en Sorbonne, longtemps doyen de l'église de Sens, puis chanoine de la Sainte-Chapelle, était encore de la même humeur, mais avec des traits plus francs et plus imprévus. Il avait le don des bons mots et des reparties. C'est lui qui, entendant dire un jour à un jésuite que Pascal, retiré à Port-Royal-des-Champs, y faisait des souliers comme ces Messieurs, par pénitence, répliqua à l'instant : « Je ne sais s'il faisait des souliers, mais convenez, mon révérend Père, qu'il vous a porté une fameuse botte. » Ce Jacques Boileau, par ses calembours et ses gaietés, me fait assez l'effet d'un Despréaux en facétie et en belle humeur. Quand il était au chœur de la Sainte-Chapelle, il chantait, dit-on, des deux côtés, et toujours hors de ton et de mesure. Il affectionnait les sujets et les titres d'ouvrages singuliers, l'*Histoire des Flagellants*, de l'*Habit court des Ecclésiastiques* : son latin, car il écrivait généralement en latin, était dur, bizarre, hétéroclite. Pour les traits du visage comme en tout, il avait de son frère cadet, mais avec exagération et en charge. Sinon pour la raison, il était digne de lui pour l'esprit Un jour le grand Condé, passant dans la ville de Sens qui était de son gouvernement de Bourgogne, fut complimenté par les Corps et les Compagnies de la ville, et, caustique comme il était, il se moqua de tous ceux qui lui firent des compliments. « Son plus grand plaisir, dit un contemporain, était de faire quelque malice aux complimenteurs en ces rencontres. L'abbé Boileau, qui était alors doyen de l'église cathédrale de Sens, fut obligé de porter la parole à la tête de son chapitre. M. le Prince, voulant déconcerter l'orateur, qu'il ne connaissait pas, affecta d'avancer sa tête et son grand nez du côté du doyen pour faire semblant de le mieux écouter, mais en effet pour le faire manquer s'il pouvait. Mais l'abbé Boileau, qui s'aperçut de la malice, fit semblant d'être interdit et étonné, et commença ainsi son compliment avec une crainte affectée : « *Mon-*

seigneur, Votre Altesse ne doit pas être surprise de me voir trembler en paraissant devant Elle à la tête d'une compagnie d'ecclésiastiques, car, si j'étais à la tête d'une armée de trente mille hommes, je tremblerais bien davantage. » M. le Prince, charmé de ce début, embrassa l'orateur sans le laisser achever ; il demanda son nom, et, quand on lui eut dit que c'était le frère de M. Despréaux, il redoubla ses caresses et le retint à dîner[1]. » Le grand Condé l'avait reconnu au premier mot pour être de la famille. Cet abbé Boileau me paraît offrir la brusquerie, le trait, le coup de boutoir satirique de son frère, sans la finesse toutefois et sans l'application toute judicieuse et sérieuse. Le mérite original de Nicolas Boileau, étant de cette famille gaie, moqueuse et satirique, fut de joindre à la malice héréditaire le coin du bon sens, de manière à faire dire à ceux qui sortaient d'auprès de lui ce que disait l'avocat Mathieu Marais : « Il y a plaisir à entendre cet homme-là, c'est la *raison incarnée.* »

Le dirai-je ? en considérant cette lignée de frères ressemblants et inégaux, il me semble que la Nature, cette grande génératrice des talents, essayait déjà un premier crayon de Nicolas quand elle créa Gilles ; elle resta en deçà et se repentit ; elle reprit le crayon, et elle appuya quand elle fit Jacques ; mais cette fois elle avait trop marqué. Elle se remit à l'œuvre une troisième fois, et cette fois fut la bonne. Gilles est l'*ébauche*, Jacques et la *charge*, Nicolas est le *portrait*.

Par ses premières Satires, composées en 1660 et qui commençaient à courir (*Damon, ce grand auteur*, etc.; *les Embarras de Paris*), par celles qui suivirent immédiatement : *Muse, changeons de style* (1663), et la Satire dédiée à Molière (1664), Boileau se montrait un versificateur déjà habile, exact et scrupuleux entre tous ceux du jour, très-préoccupé d'exprimer élégamment certains détails particuliers de citadin et de rimeur, n'abordant l'homme et la vie ni par le côté de la sensibilité comme Racine et comme La Fontaine, ni par le côté de l'observation moralement railleuse et philosophique comme La Fontaine encore et Molière, mais par un aspect moins étendu, moins fertile, pourtant agréable déjà et piquant. C'était l'auteur de profession, le poëte de la Cité et de la place

---

[1] J'emprunte ce détail, ainsi que plusieurs autres qui trouveront place dans cet article, à un manuscrit de Brossette, dont j'ai dû, autrefois communication à l'obligeance de M. Feuillet de Conches.

Dauphine, qui se posait comme juge en face des illustres qu'étalaient en vente les Barbin de la Galerie du palais. Dans sa Satire adressée à Molière, à qui il demande comment il fait pour trouver si aisément la rime, méfiez-vous, et ne prenez pas trop à la lettre cette question de métier. C'est surtout un prétexte, un moyen ingénieux d'amener au bout du vers l'abbé de *Pure* ou *Quinault*. Boileau ne fait semblant d'être si fort dans l'embarras que pour demander malignement pardon aux gens en leur marchant sur le pied. Toutefois il parle trop souvent de cet embarras pour ne pas l'éprouver réellement un peu. Boileau, dans ses Satires, dans ses Épîtres, nous fait assister sans cesse au travail et aux délibérations de son esprit. Dès sa jeunesse il était ainsi : il y a dans la muse la plus jeune de Boileau quelque chose de quinteux, de difficultueux et de chagrin. Elle n'a jamais eu le premier timbre ému de la jeunesse ; elle a de bonne heure les cheveux gris, le sourcil gris ; en mûrissant, cela lui sied, et, à ce second âge, elle paraîtra plus jeune que d'abord, car tout en elle s'accordera. Ce moment de maturité chez Boileau est aussi l'époque de son plus vif agrément. S'il a quelque *charme* à proprement parler, c'est alors seulement, à cette époque des quatre premiers chants du *Lutrin* et de l'Épître à Racine.

La muse de Boileau, à le bien voir, n'a jamais eu de la jeunesse que le courage et l'audace.

Il en fallait beaucoup pour tenter son entreprise. Il ne s'agissait de rien moins que de dire aux littérateurs les plus en vogue, aux académiciens les plus en possession du crédit : « Vous êtes de mauvais auteurs, ou du moins des auteurs très-mélangés. Vous écrivez au hasard ; sur dix vers, sur vingt et sur cent, vous n'en avez quelquefois qu'un ou deux de bons, et qui se noient dans le mauvais goût, dans le style relâché et dans les fadeurs. » L'œuvre de Boileau, ce fut, non pas de revenir à Malherbe déjà bien lointain, mais de faire subir à la poésie française une réforme du même genre que celle que Pascal avait faite dans la prose. C'est de Pascal surtout et avant tout que me paraît relever Boileau; on peut dire qu'il est né littérairement des *Provinciales*. Le dessein critique et poétique de Boileau se définirait très-bien en ces termes : Amener et élever la poésie française qui, sauf deux ou trois noms, allait à l'aventure et était en décadence, l'amener à ce niveau où les *Provinciales* avaient fixé la prose, et maintenir pourtant les limites exactes et les distinctions des deux genres.

Pascal s'était moqué de la poésie et de ces oripeaux convenus, *siècle d'or, merveille de nos jours, fatal laurier, bel astre :* « Et on appelle ce jargon, disait-il, beauté poétique ! » Il s'agissait pour Boileau de rendre désormais la poésie respectable aux Pascals eux-mêmes, et de n'y rien souffrir qu'un bon jugement réprouvât.

Qu'on se représente l'état précis de la poésie française au moment où il parut, et qu'on la prenne chez les meilleurs et chez les plus grands. Molière, avec son génie, rime à bride abattue ; La Fontaine, avec son nonchaloir, laisse souvent flotter les rênes, surtout dans sa première manière ; le grand Corneille emporte son vers comme il peut, et ne retouche guère. Voilà donc Boileau le premier qui applique au style de la poésie la méthode de Pascal :

Si j'écris quatre mots, j'en effacerai trois.

Il reprend la loi de Malherbe et la remet en vigueur ; il l'étend et l'approprie à son siècle ; il l'apprend à son jeune ami Racine, qui s'en passerait quelquefois sans cela ; il la rappelle et l'inculque à La Fontaine déjà mûr[1] ; il obtient même que Molière, en ses plus accomplis ouvrages en vers, y pense désormais à deux fois. Boileau comprit et fit comprendre à ses amis que « des vers admirables n'autorisaient point à négliger ceux qui les devaient environner. » Telle est son œuvre littéraire dans sa vraie définition.

Mais cette seule pensée tuait cette foule de beaux esprits et de rimeurs à la mode qui ne devaient qu'au hasard et à la multitude des coups de plume quelques traits heureux, et qui ne vivaient que du relâchement et de la tolérance. Elle ne frappait pas moins directement ces oracles cérémonieux et empesés, qui s'étaient fait un crédit imposant en cour, à l'aide d'une érudition sans finesse de jugement et sans goût. Chape-

---

[1] Ce fut Boileau, savez-vous bien ? qui procura un libraire à La Fontaine pour ses meilleurs ouvrages. La première édition des Fables, contenant les six premiers livres, fut publiée en 1668, chez le libraire Denys Thierry. Ce Thierry d'abord ne voulait point imprimer les ouvrages de La Fontaine : « Je l'en pressai, dit Boileau, et ce fut à ma considération qu'il lui donna quelque argent. Il y a gagné des sommes infinies. » (Conversation de Boileau du 12 décembre 1703, recueillie et notée par Mathieu Marais.)

lain était le chef de ce vieux parti encore régnant. Un des premiers soins de Boileau fut de le déloger de l'estime de Colbert, sous qui Chapelain était comme le premier commis des lettres, et de le rendre ridicule aux yeux de tous comme écrivain.

Dieu sait quel scandale causa cette audace du jeune homme ! Les Montausier, les Huet, les Pellisson, les Scudéry en frémirent ; mais il suffit que Colbert comprît, qu'il distinguât entre tous le judicieux téméraire, qu'il se déridât à le lire et à l'entendre, et qu'au milieu de ses graves labeurs la seule vue de Despréaux lui inspirât jusqu'à la fin de l'allégresse. Boileau était un des rares et justes divertissements de Colbert. On nous a tant fait Boileau sévère et sourcilleux dans notre jeunesse, que nous avons peine à nous le figurer ce qu'il était en réalité, le plus vif des esprits sérieux et le plus agréable des censeurs.

Pour mieux me remettre en sa présence, j'ai voulu revoir, au Musée de sculpture, le beau buste qu'a fait de lui Girardon. Il y est traité dans une libre et large manière : l'ample perruque de rigueur est noblement jetée sur son front et ne le surcharge pas ; il a l'attitude ferme et même fière, le port de tête assuré ; un demi-sourire moqueur erre sur ses lèvres ; le pli du nez un peu relevé, et celui de la bouche, indiquent l'habitude railleuse, rieuse et même mordante ; la lèvre pourtant est bonne et franche, entr'ouverte et parlante ; elle ne sait pas retenir le trait. Le cou nu laisse voir un double menton plus voisin pourtant de la maigreur que de l'embonpoint ; ce cou, un peu creusé, est bien d'accord avec la fatigue de la voix qu'il éprouvera de bonne heure. Mais à voir l'ensemble, comme on sent bien que ce personnage vivant était le contraire du triste et du sombre, et point du tout ennuyeux !

Avant de prendre lui-même cette perruque un peu solennelle, Boileau jeune en avait arraché plus d'une à autrui. Je ne répéterai pas ce que chacun sait, mais voici une historiette qui n'est pas encore entrée, je crois, dans les livres imprimés. Un jour, Racine, qui était aisément malin quand il s'en mêlait, eut l'idée de faire l'excellente niche de mener Boileau en visite chez Chapelain, logé rue des Cinq-Diamants, quartier des Lombards. Racine avait eu à se louer d'abord de Chapelain pour ses premières Odes, et avait reçu de lui des encouragements. Usant donc de l'accès qu'il avait auprès du docte personnage, il lui conduisit le satirique qui déjà l'avait pris à partie sur ses vers, et il le présenta sous le titre et en qualité de M. *le bailli* de Chevreuse, lequel, se trouvant à Paris, avait voulu connaître un homme de cette importance. Chapelain ne soupçonne rien du déguisement; mais, à un moment de la visite, le bailli, qu'on avait donné comme un amateur de littérature, ayant amené la conversation sur la comédie, Chapelain, en véritable érudit qu'il était, se déclara pour les comédies italiennes et se mit à les exalter au préjudice de Molière. Boileau ne se tint pas, Racine avait beau lui faire des signes, le prétendu bailli prenait feu et allait se déceler dans sa candeur. Il fallut que son introducteur se hâtât de lever la séance. En sortant ils rencontrèrent l'abbé Cotin sur l'escalier, mais qui ne reconnut pas le bailli. Telles furent les premières espiègleries de Despréaux et ses premières irrévérences. Le tout, quand on en fait, est de les bien placer.

Les Satires de Boileau ne sont pas aujourd'hui ce qui plaît le plus dans ses ouvrages. Les sujets en sont assez petits, ou, quand l'auteur les prend dans l'ordre moral, ils tournent au lieu commun : ainsi la Satire à l'abbé Le Vayer, sur les *folies humaines*, ainsi celle à Dangeau sur la *noblesse*. Dans la Satire et dans l'Épître, du moment qu'il ne s'agit point en particulier des ouvrages de l'esprit, Boileau est fort inférieur à Horace et à Pope; il l'est incomparablement à Molière et à La Fontaine; ce n'est qu'un moraliste ordinaire, honnête homme et sensé, qui se relève par le détail et par les portraits qu'il introduit. Sa meilleure Satire est la IXe, « et c'est peut-être le chef-d'œuvre du genre, » a dit Fontanes. Ce chef-d'œuvre de satire est celle qu'il adresse à son *Esprit*, sujet favori encore, toujours le même, rimes, métier d'auteur, portrait de sa propre verve; il s'y peint tout entier avec plus de développement que jamais, avec un feu qui grave merveilleusement sa figure, et qui fait de lui dans l'avenir le type vivant du critique.

La sensibilité de Boileau, on l'a dit, avait passé de bonne heure dans sa raison, et ne faisait qu'un avec elle. Sa passion (car en ce sens il en avait) était toute critique, et s'exhalait par ses jugements. *Le vrai dans les ouvrages de l'esprit*, voilà de tout temps sa Bérénice à lui, et sa Champmeslé. Quand son droit sens était choqué, il ne se contentait pas, il était prêt plutôt à se faire toutes les querelles :

> Et je serai le seul qui ne pourrai rien dire !
> On sera ridicule, et je n'oserai rire !...

Et encore, parlant de la vérité dans la satire :

> C'est elle qui, m'ouvrant le chemin qu'il faut suivre,
> M'inspira, dès quinze ans, la haine d'un sot livre...

la haine des sots livres, et aussi l'amour, le culte des bons ouvrages et des beaux. Quand Boileau loue à plein cœur et à plein sens, comme il est touché et comme il touche! comme son vers d'Aristarque se passionne et s'affectionne!

> En vain contre le *Cid* un ministre se ligue,
> Tout Paris pour Chimène a les yeux de Rodrigue.
> L'Académie en corps a beau le censurer,
> Le public révolté s'obstine à l'admirer.

Quelle générosité d'accent! comme le sourcil s'est déridé! Cet œil gris petille d'une larme ; son vers est bien alors ce vers de la saine satire, et *qu'elle épure aux rayons du bon sens*, car le bon sens chez lui arrive, à force de chaleur, au rayonnement et à la lumière. Il faudrait relire ici en entier l'Épître à Racine après *Phèdre* (1677), qui est le triomphe le plus magnifique et le plus inaltéré de ce sentiment de justice, chef-d'œuvre de la poésie critique, où elle sait être tour à tour et à la fois étincelante, échauffante, harmonieuse, attendrissante et fraternelle. Il faut surtout relire ces beaux vers au sujet de la mort de Molière sur lesquels a dû tomber une larme vengeresse, une larme de Boileau. Et quand il fait, à la fin de cette Épître, un retour sur lui-même et sur ses ennemis :

> Et qu'importe à nos vers que Perrin les admire?
> . . . .
> Pourvu qu'avec éclat leurs rimes débitées
> Soient du peuple, des grands, des provinces goûtées!

quelle largeur de ton, et, sans une seule image, par la seule combinaison des syllabes, quelle majesté! — Et dans ces noms qui suivent, et qui ne semblent d'abord qu'une simple énumération, quel choix, quelle gradation sentie, quelle plénitude poétique! Le roi d'abord, à part et seul dans un vers ; Condé de même, qui le méritait bien par son sang royal, par son génie, sa gloire et son goût fin de l'esprit ; Enghien, son fils, a un demi-vers : puis vient l'élite des juges du premier

rang, tous ces noms qui, convenablement prononcés, forment
un vers si plein et si riche comme certains vers antiques :

> . . . . . . Que Colbert et Vivonne,
> Que La Rochefoucauld, Marsillac et Pomponne, etc.

Mais dans le nom de Montausier, qui vient le dernier à titre
d'espoir et de vœu, la malice avec un coin de grâce reparaît.
Ce sont là de ces tours délicats de flatterie comme en avait
Boileau; ce satirique, qui savait si bien piquer au vif, est le
même qui a pu dire :

> La louange agréable est l'âme des beaux vers.

Nous atteignons par cette Épître à Racine au comble de la
gloire et du rôle de Boileau. Il s'y montre en son haut rang,
au centre du groupe des illustres poëtes du siècle, calme, équitable, certain, puissamment établi dans son genre qu'il a gra-
duellement élargi, n'enviant celui de personne, distribuant
sobrement la sentence, classant même ceux qui sont au-dessus
de lui... *his dantem jura Catonem ;* le *maître de chœur*, comme
dit Montaigne ; un de ces hommes à qui est déférée l'autorité
et dont chaque mot porte.

On peut distinguer trois périodes dans la carrière poétique
de Boileau : la première, qui s'étend jusqu'en 1667 à peu près,
est celle du satirique pur, du jeune homme audacieux, chagrin, un peu étroit de vues, échappé du greffe et encore voisin de la basoche, occupé à rimer et à railler les sots rimeurs,
à leur faire des niches dans ses hémistiches, et aussi à peindre avec relief et précision les ridicules extérieurs du quartier, à nommer bien haut les masques de sa connaissance :

> J'appelle un chat un chat, et Rolet un fripon.

La seconde période, de 1669 à 1677, comprend le satirique
encore, mais qui de plus en plus s'apaise, qui a des ménage-
ments à garder d'ailleurs en s'établissant dans la gloire ; déjà
sur un bon pied à la cour, qui devient plus sagement critique dans tous les sens, législateur du Parnasse en son *Art
poétique*, et aussi plus philosophe dans sa vue agrandie de
l'homme (Épître à Guilleragues), capable de délicieux loisir et

des jouissances variées des champs (Épître à M. de Lamoignon), et dont l'imagination reposée et nullement refroidie sait combiner et inventer des tableaux désintéressés, d'une forme profonde dans leur badinage, et d'un ingénieux poussé à la perfection suprême, à l'art immortel.

Les quatre premiers chants du *Lutrin* nous expriment bien la veine, l'esprit de Boileau dans tout son honnête loisir, dans sa sérénité et son plus libre jeu, dans l'agrément rassis et le premier entrain de son après-dînée.

Enfin, comme troisième période, après une interruption de plusieurs années, sous prétexte de sa place d'historiographe et pour cause de maladie, d'extinction de voix physique et poétique, Boileau fait en poésie une rentrée modérément heureuse, mais non pas si déplorable qu'on l'a bien voulu dire, par les deux derniers chants du *Lutrin*, par ses dernières Épîtres, par ses dernières Satires, l'*Amour de Dieu* et la triste *Équivoque* comme terme.

Là même encore, les idées et les sujets le trahissent plus peut-être que le talent. Jusque dans cette désagréable Satire contre les *Femmes*, j'ai vu les plus ardents admirateurs de l'école pittoresque moderne distinguer le tableau de la *lésine* si affreusement retracé dans la personne du lieutenant-criminel Tardieu et sa femme. Il y a là une cinquantaine de vers à la Juvénal qui peuvent se réciter sans pâlir, même quand on vient de lire *Eugénie Grandet*, ou lorsqu'on sort de voir une des pages éclatantes d'Eugène Delacroix.

Mais de cette dernière période de Boileau, par laquelle il se rattache de plus près à la cause des Jansénistes et de Port-Royal, j'en parlerai peu ici, comme étant trop ingrate et trop particulière. C'est un sujet, d'ailleurs, que je me suis mis dès longtemps en réserve pour l'avenir.

A la cour et dans le monde, qu'était Boileau dans son bon temps, avant les infirmités croissantes et la vieillesse chagrine? Il était plein de bons mots, de reparties et de franchise; il parlait avec feu, mais seulement dans les sujets qui lui tenaient à cœur, c'est-à-dire sur les matières littéraires. Une fois le discours lancé là-dessus, il ne s'y ménageait pas. Madame de Sévigné nous a fait le récit d'un dîner où Boileau, aux prises avec un jésuite au sujet de Pascal, donna, aux dépens du Père, une scène d'excellente et naïve comédie. Boileau retenait de mémoire ses vers, et les récitait longtemps avant de les mettre sur le papier; il faisait mieux que les réciter, il les jouait pour ainsi dire. Ainsi, un jour, étant au lit (car il se levait tard) et débitant au docteur Arnauld, qui l'était venu voir, sa troisième Épître où se trouve le beau passage qui finit par ces vers :

> Hâtons-nous, le temps fuit, et nous traîne avec soi:
> Le moment où je parle est déjà loin de moi !

il récita ce dernier vers d'un ton si léger et rapide, qu'Arnauld, naïf et vif, et qui se laissait faire aisément, de plus assez novice à l'effet des beaux vers français, se leva brusquement de son siége et fit deux ou trois tours de chambre comme pour courir après ce moment qui fuyait. — De même, Boileau récitait si bien au Père Lachaise son Épître théologique sur l'*Amour de Dieu*, qu'il enlevait (ce qui était plus délicat) son approbation entière.

Pour jouir de tout l'agrément du *Lutrin*, j'aime à me le figurer débité par Boileau avec ses vers descriptifs et pittoresques, tantôt sombres et noirs comme la nuit :

> Mais la Nuit aussitôt de ses ailes affreuses
> *Couvre des Bourguignons les campagnes vineuses;*

tantôt frais et joyeux dans leurs rimes toutes matinales

> Les cloches dans les airs, de leurs voix argentines,
> Appelaient à grand bruit les chantres à matines;

avec ces effets de savant artifice et de légèreté, quand, à la fin du troisième chant, après tant d'efforts, la lourde machine étant replacée sur son banc,

> Le sacristain achève en deux coups de rabot,
> Et le pupitre enfin tourne sur son pivot;

ou avec ces contrastes de destruction et d'arrachement pénible, quand le poëte, à la fin du quatrième chant, nous dit:

> La masse est emportée, et *ses ais arrachés*
> Sont aux yeux des mortels *chez le chantre cachés.*

Tout cela, récité par Boileau chez M de Lamoignon, avec cet

art de débit qui rendait au vif l'inspiration, parlait à l'œil, à l'oreille, et riait de tout point à l'esprit.

« On devrait, disait Boileau, ordonner le vin de Champagne à ceux qui n'ont pas d'esprit, comme on ordonne le lait d'ânesse à ceux qui n'ont point de santé : le premier de ces remèdes serait plus sûr que l'autre. » Boileau dans son bon temps ne haïssait pas lui-même le vin de Champagne, la bonne chère, le train du monde ; il se ménageait moins à cet égard que son ami Racine, qui soignait sa santé à l'excès et craignait toujours de tomber malade. Boileau avait plus de verve devant le monde, plus d'entrain social que Racine ; il payait de sa personne. Jusque dans un âge assez avancé, il recevait volontiers ceux qui l'écoutaient et qui faisaient cercle autour de lui : « Il est heureux comme un roi, disait Racine, dans sa solitude ou plutôt dans son hôtellerie d'Auteuil. Je l'appelle ainsi, parce qu'il n'y a point de jour où il n'y ait quelque nouvel écot, et souvent deux ou trois qui ne se connaissent pas trop les uns les autres. Il est heureux de s'accommoder ainsi de tout le monde ; pour moi, j'aurais cent fois vendu la maison. » Boileau finit par la vendre, mais ce ne fut que quand ses infirmités lui eurent rendu la vie plus difficile et la conversation tout à fait pénible.

L'extinction de voix qui l'envoya aux eaux de Bourbon dans l'été de 1687 fit paraître l'intérêt que les plus grands du royaume prenaient à lui. Le roi à table s'informait souvent de sa santé ; les princes et les princesses s'y joignaient : « Vous fîtes, lui écrivait Racine, l'entretien de plus de la moitié du dîner. » Boileau était chargé avec Racine, depuis 1677, d'écrire l'Histoire des campagnes du roi. Les courtisans s'étaient d'abord un peu égayés de voir les deux poëtes à cheval, à la suite de l'armée, ou à la tranchée, étudiant consciencieusement leur sujet. On fit sur leur compte mille histoires vraies ou fausses, et sans doute embellies. Voici l'une de ces anecdotes qui est toute neuve ; je la tire d'une lettre du Père Quesnel à Arnauld ; les deux poëtes ne sont point à l'armée cette fois, mais simplement à Versailles, et il leur arrive néanmoins mésaventure :

« Madame de Montespan, écrit le Père Quesnel (vers 1680), a deux ours qui vont et viennent comme bon leur semble. Ils ont passé une nuit dans un magnifique appartement que l'on fait à mademoiselle de Fontanges. Les peintres, en sortant le soir, n'avaient pas songé à fermer les portes ; ceux qui ont soin de cet appartement avait eu autant de négligence que les peintres : ainsi les ours, trouvant les portes ouvertes, entrèrent, et, toute la nuit, gâtèrent tout. Le lendemain on dit que les ours avaient vengé leur maîtresse, et autres folies de poëtes. Ceux qui devaient avoir fermé l'appartement furent grondés, mais de telle sorte qu'ils résolurent bien de fermer les portes de bonne heure. Cependant, comme on parlait fort du dégât des ours, quantité de gens allèrent dans l'appartement voir tout ce désordre. MM. Despréaux et Racine y allèrent aussi vers le soir, et, entrant de chambre en chambre, enfoncés ou dans leur curiosité ou dans leur douce conversation, ils ne prirent pas garde qu'on fermait les premières chambres ; de sorte que, quand ils voulurent sortir, ils ne le purent. Ils crièrent par les fenêtres, mais on ne les entendit point. Les deux poëtes firent *bivouac* où les deux ours l'avaient fait la nuit précédente, et eurent le loisir de songer ou à leur poésie passée, ou à leur histoire future. »

C'est assez de ces anecdotes pour montrer que le sujet de Despréaux n'est pas si triste ni si uniformément grave qu'on le croirait. Louis XIV, en couvrant Despréaux de son estime, n'aurait pas souffert qu'il fût sérieusement entamé par les railleries de cour. Le grand sens royal de l'un avait apprécié le bon sens littéraire de l'autre, et il en était résulté un véritable accord de puissances. Boileau, en 1683, à l'âge de quarante-sept ans, ayant produit déjà tous ses chefs-d'œuvre, n'était point encore de l'Académie ; il portait la peine de ses premières Satires. Louis XIV était un peu impatienté qu'il n'en fût pas. Une vacance s'offrit ; La Fontaine, concurrent ici de Despréaux, ayant été agréé à un premier tour de scrutin et proposé au roi comme *sujet* ou membre (c'était alors l'usage), il y eut ajournement à la décision du monarque, et dès lors un second tour de scrutin académique. Dans l'intervalle, une seconde place vint à vaquer ; l'Académie y porta Despréaux, et, son nom étant présenté au roi, Louis XIV dit aussitô « que ce choix lui était très-agréable et serait généralement approuvé. Vous pouvez, ajouta-t-il, recevoir incessamment La Fontaine, il a promis d'être sage. » Mais jusque-là, et dans les six mois qui s'étaient écoulés d'une élection à l'autre, le roi (remarque d'Olivet) n'avait laissé qu'à peine entrevoir son inclination, « parce qu'il s'était fait une loi de ne prévenir jamais les suffrages de l'Académie. » Nous avons connu des rois qui étaient moins délicats en cela que Louis XIV.

Saluons et reconnaissons aujourd'hui la noble et forte harmonie du grand siècle. Sans Boileau, et sans Louis XIV, qui reconnaissait Boileau comme son contrôleur général du Parnasse, que serait-il arrivé? Les plus grands talents eux-mêmes auraient-ils rendu également tout ce qui forme désormais leur plus solide héritage de gloire? Racine, je le crains, aurait fait plus souvent des *Bérénice*; La Fontaine moins de Fables et plus de Contes; Molière lui-même aurait donné davantage dans les Scapins, et n'aurait peut-être pas atteint aux hauteurs sévères du *Misanthrope*. En un mot, chacun de ces beaux génies aurait abondé dans ses défauts. Boileau, c'est-à-dire le bon sens du poëte critique, autorisé et doublé de celui d'un grand roi, les contint tous et les contraignit, par sa présence respectée, à leurs meilleures et à leurs plus graves œuvres. Savez-vous ce qui, de nos jours, a manqué à nos poëtes, si pleins à leur début de facultés naturelles, de promesses et d'inspirations heureuses? Il a manqué un Boileau et un monarque éclairé, l'un des deux appuyant et consacrant l'autre. Aussi ces hommes de talent, se sentant dans un siècle d'anarchie et d'indiscipline, se sont vite conduits à l'avenant; ils se sont conduits, au pied de la lettre, non comme de nobles génies ni comme des hommes, mais comme des écoliers en vacances. Nous avons vu le résultat.

Boileau, vieillissant et morose, jugeait déjà le bon goût très-compromis et déclarait à qui voulait l'entendre la poésie française en pleine décadence. Quand il mourut, le 13 mars 1711, il y avait longtemps qu'il désespérait de ses contemporains et de ses successeurs. Était-ce de sa part une pure illusion de la vieillesse? Supposez Boileau revenant au monde au milieu ou vers la fin du dix-huitième siècle, et demandez-vous ce qu'il penserait de la poésie de ce temps-là? Placez-le encore en idée sous l'Empire, et adressez-vous la même question Il m'a toujours semblé que ceux alors qui étaient les plus ardents à invoquer l'autorité de Boileau, n'étaient pas ceux qu'il aurait le plus sûrement reconnus pour siens. L'homme qui a le mieux senti et commenté Boileau poëte, au dix-huitième siècle, est encore Le Brun, l'ami d'André Chénier, et si accusé de trop d'audace par les rimeurs prosaïques Boileau était plus hardi et plus neuf que ne le pensaient, même les Andrieux. Mais laissons les suppositions sans but précis et sans solution possible. Prenons les choses littéraires telles qu'elles nous sont venues aujourd'hui, dans leur morcellement et leur confusion ; isolés et faibles que nous sommes, acceptons-les avec tout leur poids, avec les fautes de tous, en y comprenant nos propres fautes aussi et nos écarts dans le passé. Mais, même les choses étant telles, que ceux du moins qui se sentent en eux quelque part du bon sens et du courage de Boileau et des hommes de sa race, ne faiblissent pas. Car il y a la race des hommes qui, lorsqu'ils découvrent autour d'eux un vice, une sottise, ou littéraire ou morale, gardent le secret et ne songent qu'à s'en servir et à en profiter doucement dans la vie par des flatteries intéressées ou des alliances ; c'est le grand nombre. Et pourtant il y a la race encore de ceux qui, voyant ce faux et ce convenu hypocrite, n'ont pas de cesse que, sous une forme ou sous une autre, la vérité, comme ils la sentent, ne soit sortie et proférée. Qu'il s'agisse de rimes ou même de choses un peu plus sérieuses, soyons de ceux-là.

Sainte-Beuve.

PRÉFACES DE BOILEAU

PRÉFACE I

ÉDITIONS DE 1666 A 1669

LE LIBRAIRE AU LECTEUR

Ces satires dont on fait part au public n'auroient jamais couru le hasard de l'impression si l'on eût laissé faire leur auteur. Quelques applaudissemens qu'un assez grand nombre de personnes amoureuses de ces sortes d'ouvrages ait donnés aux siens, sa modéstie lui persuadoit que de les faire imprimer, ce seroit augmenter le nombre des méchans livres, qu'il blâme en tant de rencontres, et se rendre par là digne lui-même en quelque façon d'avoir place dans ses satires. C'est ce qui lui a fait souffrir fort long-temps, avec une patience qui tient quelque chose de l'héroïque dans un auteur, les mauvaises copies qui ont couru de ses ouvrages, sans être tenté pour cela de les faire mettre sous la presse. Mais enfin toute sa constance l'a abandonné à la vue de cette monstrueuse édition qui en a paru depuis peu [1]. Sa tendresse de père s'est réveillée à l'aspect de ses enfans ainsi défigurés et mis en pièces, surtout lorsqu'il les a vus accompagnés de cette prose fade et insipide, que tout le sel de ses vers ne pourroit pas rele-

[1] 1666, in-16, S. L.

ver : je veux dire de ce *Jugement sur les Sciences* [1], qu'on a cousu si peu judicieusement à la fin de son livre. Il a eu peur que ses satires n'achevassent de se gâter en une si méchante compagnie; et il a cru enfin, que puisqu'un ouvrage, tôt ou tard, doit passer par les mains de l'imprimeur, il valoit mieux subir le joug de bonne grâce, et faire de lui-même ce qu'on avoit déjà fait malgré lui. Joint que ce galant homme qui a pris le soin de la première édition y a mêlé les noms de quelques personnes que l'auteur honore, et devant qui il est bien aise de se justifier. Toutes ces considérations, dis-je, l'ont obligé à me confier les véritables originaux de ses pièces, augmentées encore de deux autres [2], pour lesquelles il appréhendoit le même sort. Mais en même temps il m'a laissé la charge de faire ses excuses aux auteurs qui pourront être choqués de la liberté qu'il s'est donnée de parler de leurs ouvrages en quelques endroits de ses écrits. Il les prie donc de considérer que le Parnasse fut de tout temps un pays de liberté; que le plus habile y est tous les jours exposé à la censure du plus ignorant; que le sentiment d'un seul homme ne fait point de loi; et qu'au pis aller, s'ils se persuadent qu'il ait fait du tort à leurs ouvrages, ils s'en peuvent venger sur les siens, dont il leur abandonne jusqu'aux points et aux virgules. Que si cela ne les satisfait pas encore, il leur conseille d'avoir recours à cette bienheureuse tranquillité des grands hommes, comme eux, qui ne manquent jamais de se consoler d'une semblable disgrâce par quelque exemple fameux, pris des plus célèbres auteurs de l'antiquité, dont ils se font l'application tout seuls. En un mot, il les supplie de faire réflexion que si leurs ouvrages sont mauvais, ils méritent d'être censurés; et que s'ils sont bons, tout ce qu'on dira contre eux ne les fera pas trouver mauvais. Au reste, comme la malignité de ses ennemis s'efforce depuis peu de donner un sens coupable à ses pensées même les plus innocentes, il prie les honnêtes gens de ne se pas laisser surprendre aux subtilités raffinées de ces petits esprits qui ne savent se

---

[1] Dissertation anonyme de Saint-Évremond.
[2] Les satires III et VI.

venger que par des voies lâches, et qui lui veulent souvent faire un crime affreux d'une élégance poétique.

J'ai charge encore d'avertir ceux qui voudront faire des satires contre les satires de ne se point cacher. Je leur réponds que l'auteur ne les citera point devant d'autre tribunal que celui des Muses : parce que, si ce sont des injures grossières, les beurrières lui en feront raison; et si c'est une raillerie délicate, il n'est pas assez ignorant dans les lois pour ne pas savoir qu'il doit porter la peine du talion. Qu'ils écrivent donc librement : comme ils contribueront sans doute à rendre l'auteur plus illustre, ils feront le profit du libraire; et cela me regarde. Quelque intérêt pourtant que j'y trouve, je leur conseille d'attendre quelque temps, et de laisser mûrir leur mauvaise humeur. On ne fait rien qui vaille dans la colère. Vous avez beau vomir des injures sales et odieuses; cela marque la bassesse de votre âme, sans rabaisser la gloire de celui que vous attaquez; et le lecteur qui est de sens froid n'épouse point les sottes passions d'un rimeur emporté. Il y auroit aussi plusieurs choses à dire touchant le reproche qu'on fait à l'auteur d'avoir pris ses pensées dans Juvénal et dans Horace : mais, tout bien considéré, il trouve l'objection si honorable pour lui, qu'il croiroit se faire tort d'y répondre.

PRÉFACE II

ÉDITIONS DE 1674, IN-4°, ET 1674 ET 1675, PETIT IN-12

AU LECTEUR

J'avois médité une assez longue préface, où, suivant la coutume reçue parmi les écrivains de ce temps, j'espérois rendre un compte fort exact de mes ouvrages, et justifier les libertés que j'y ai prises, mais depuis j'ai fait réflexion que ces sortes d'avant-propos ne servoient ordinairement qu'à mettre en jour la vanité de l'auteur, et, au lieu d'excuser ses fautes, fournissoient souvent de nouvelles armes contre lui. D'ailleurs, je ne crois point mes ouvrages assez bons pour mériter des éloges, ni assez criminels pour avoir besoin d'apologie. Je ne me louerai donc ici, ni ne me justifierai de rien. Le lecteur saura seulement que je lui donne une édition de mes satires plus correcte que les précédentes, deux épîtres nouvelles [1], l'Art poétique en vers, et quatre chants du Lutrin. J'y ai ajouté aussi la traduction du Traité que le rhéteur Longin a composé du sublime ou du merveilleux dans le discours. J'ai fait originairement cette traduction pour m'instruire, plutôt que dans le dessein de la donner au public, mais j'ai cru qu'on ne seroit pas fâché de la voir ici à la suite de la Poétique, avec laquelle ce traité a quelque rapport, et où j'ai même inséré plusieurs préceptes qui en sont tirés. J'avois dessein d'y joindre aussi quelques dialogues en prose [2] que j'ai composés; mais des considérations particulières m'en ont empêché. J'espère en donner quelque jour un volume à part. Voilà tout ce que j'ai à dire au lecteur. Encore ne sais-je si je ne lui en ai point déjà trop dit, et si, en ce peu de paroles, je ne suis point tombé dans le défaut que je voulois éviter.

PRÉFACE III

ÉDITIONS DE 1674 ET 1675, GRAND IN-12

AU LECTEUR

Je m'imagine que le public me fait la justice de croire que je n'aurois pas beaucoup de peine à répondre aux livres qu'on a publiés contre moi; mais j'ai naturellement une espèce d'aversion pour ces longues apologies qui se font en faveur de bagatelles, aussi bagatelles que sont mes ouvrages. Et d'ailleurs ayant attaqué, comme j'ai fait, de gaieté de cœur, plusieurs écrivains célèbres, je serois bien injuste, si je trouvois mauvais qu'on m'attaquât à mon tour. Ajoutez que si les objections qu'on me fait sont

---

[1] Epîtres II et III.
[2] Sur les héros de roman et les auteurs qui écrivent en latin.

bonnes, il est raisonnable qu'elles passent pour telles; et si elles sont mauvaises, il se trouvera assez de lecteurs sensés pour redresser les petits esprits qui s'en pourroient laisser surprendre. Je ne répondrai donc rien à tout ce qu'on a dit ni à tout ce qu'on a écrit contre moi; et si je n'ai donné aux auteurs de bonnes règles de poésie, j'espère leur donner par là une leçon assez belle de modération. Bien loin de leur rendre injures pour injures, ils trouveront bon que je les remercie ici du soin qu'ils prennent de publier que ma Poétique est une traduction de la Poétique d'Horace : car puisque dans mon ouvrage qui est d'onze cents vers, il n'y en a pas plus de cinquante ou soixante tout au plus imités d'Horace, ils ne peuvent pas faire un plus bel éloge du reste qu'en le supposant traduit de ce grand poëte; et je m'étonne après cela qu'ils osent combattre les règles que j'y débite. Pour Vida [1], dont ils m'accusent d'avoir pris aussi quelque chose, mes amis savent bien que je ne l'ai jamais lu, et j'en puis faire tel serment qu'on voudra, sans craindre de blesser ma conscience.

PRÉFACE IV

ÉDITIONS DE 1683, 1685 ET 1694

Voici une édition de mes ouvrages beaucoup plus exacte que les précédentes, qui ont toutes été assez peu correctes. J'y ai joint cinq épîtres nouvelles [2], que j'avois composées longtemps avant que d'être engagé dans le glorieux emploi [3] qui m'a tiré du métier de la poésie. Elles sont du même style que mes autres écrits, et j'ose me flatter qu'elles ne leur feront point de tort; mais c'est au lecteur à en juger, et je n'emploierai point ici ma préface, non plus que dans mes autres éditions, à le gagner par

---

[1] Marc-Jérôme Vida, chanoine de Saint-Jean-de-Latran, évêque d'Albe, né à Crémone en 1490, mort à Albe le 27 septembre 1566.
[2] Épîtres v à ix.
[3] Il avait été nommé historiographe en 1677.

des flatteries, ou à le prévenir par des raisons dont il doit s'aviser de lui-même. Je me contenterai de l'avertir d'une chose dont il est bon qu'on soit instruit : c'est qu'en attaquant dans mes satires les défauts de quantité d'écrivains de notre siècle, je n'ai pas prétendu pour cela ôter à ces écrivains le mérite et les bonnes qualités qu'ils peuvent avoir d'ailleurs. Je n'ai pas prétendu, dis-je, que Chapelain, par exemple, quoique assez méchant poëte, n'ait pas fait autrefois, je ne sais comment, une assez belle ode : et qu'il n'y eût point d'esprit ni d'agrément dans les ouvrages de M. Q***[1], quoique si éloignés de la perfection de Virgile. J'ajouterai même, sur ce dernier, que dans le temps où j'écrivis contre lui, nous étions tous deux fort jeunes, et qu'il n'avoit pas fait alors beaucoup d'ouvrages qui lui ont dans la suite acquis une juste réputation. Je veux bien aussi avouer qu'il y a du génie dans les écrits de Saint-Amant, de Brébeuf, de Scudéri et de plusieurs autres que j'ai critiqués, et qui sont en effet d'ailleurs, aussi bien que moi, très-dignes de critique. En un mot, avec la même sincérité que j'ai raillé de ce qu'ils ont de blâmable, je suis prêt à convenir de ce qu'ils peuvent avoir d'excellent. Voilà, ce me semble, leur rendre justice, et faire bien voir que ce n'est point un esprit d'envie et de médisance qui m'a fait écrire contre eux. Pour revenir à mon édition (outre mon remercîment à l'Académie et quelques épigrammes que j'y ai jointes), j'ai aussi ajouté au poëme du Lutrin deux chants nouveaux qui en font la conclusion. Ils ne sont pas, à mon avis, plus mauvais que les quatre autres chants, et je me persuade qu'ils consoleront aisément les lecteurs de quelques vers que j'ai retranchés à l'épisode de l'horlogère, qui m'avoit toujours paru un peu trop long. Il serait inutile maintenant de nier que ce poëme a été composé à l'occasion d'un différend [2]...

---

[1] Quinault.
[2] La fin de cette préface est devenue un *Avis au lecteur*, qu'on trouvera en tête du *Lutrin*.

PRÉFACE V

OU AVIS

MIS DANS L'ÉDITION DE 1694, APRÈS LA IVe PRÉFACE

AU LECTEUR

J'ai laissé ici la même préface qui étoit dans les deux éditions précédentes[1], à cause de la justice que j'y rends à beaucoup d'auteurs que j'ai attaqués. Je croyois avoir assez fait connoître, par cette démarche où personne ne m'obligeoit, que ce n'est point un esprit de malignité qui m'a fait écrire contre ces auteurs, et que j'ai été plutôt sincère à leur égard que médisant. M. P.[2] néanmoins n'en a pas jugé de la sorte. Ce galant homme, au bout de près de vingt-cinq ans qu'il y a que mes satires ont été imprimées la première fois, est venu tout à coup, et dans le temps qu'il se disoit de mes amis, réveiller des querelles entièrement oubliées, et me faire sur mes ouvrages un procès que mes ennemis ne me faisoient plus. Il a compté pour rien les bonnes raisons que j'ai mises en rimes pour montrer qu'il n'y a point de médisance à se moquer des méchans écrits, et, sans prendre la peine de réfuter ces raisons, a jugé à propos de me traiter dans un livre, en termes assez peu obscurs, de médisant, d'envieux, de calomniateur, d'homme qui n'a songé qu'à établir sa réputation sur la ruine de celle des autres. Et cela fondé principalement sur ce que j'ai dit dans mes satires que Chapelain avoit fait des vers durs, et qu'on étoit à l'aise aux sermons de l'abbé Cotin.

Ce sont en effet les deux grands crimes qu'il me reproche jusqu'à me vouloir faire comprendre que je ne dois jamais espérer de rémission du mal que j'ai causé, en donnant par là occasion à la postérité de croire que sous le règne de

---

[1] De 1683 et de 1685.
[2] Perrault.

Louis le Grand, il y a eu en France un poëte ennuyeux et un prédicateur assez peu suivi. Le plaisant de l'affaire est que, dans le livre qu'il fait pour justifier notre siècle de cette étrange calomnie, il avoue lui-même que Chapelain est un poëte très-peu divertissant, et si dur dans ses expressions, qu'il n'est pas possible de le lire. Il ne convient pas ainsi du désert qui étoit aux prédications de l'abbé Cotin. Au contraire, il assure qu'il a été fort pressé à un des sermons de cet abbé; mais en même temps il nous apprend cette jolie particularité de la vie d'un si grand prédicateur, que sans ce sermon, où heureusement quelques-uns de ses juges se trouvèrent, la justice, sur la requête de ses parents, lui alloit donner un curateur comme à un imbécile. C'est ainsi que M. P. sait défendre ses amis, et mettre en usage les leçons de cette belle rhétorique moderne inconnue aux anciens, où vraisemblablement il a appris à dire ce qu'il ne faut point dire. Mais je parle assez de la justesse d'esprit de M. P. dans mes réflexions critiques sur Longin, et il est bon d'y renvoyer les lecteurs.

Tout ce que j'ai ici à leur dire, c'est que je leur donne dans cette nouvelle édition, outre mes anciens ouvrages exactement revus, ma satire contre les femmes, l'ode sur Namur, quelques épigrammes, et mes réflexions critiques sur Longin. Ces réflexions, que j'ai composées à l'occasion des dialogues de M. P., se sont multipliées sous ma main beaucoup plus que je ne croyois, et sont cause que j'ai divisé mon livre en deux volumes. J'ai mis à la fin du second volume les traductions latines qu'ont faites de mon ode les deux plus célèbres professeurs en éloquence de l'Université; je veux dire M. Lenglet et M. Rollin. Ces traductions ont été généralement admirées, et ils m'ont fait en cela tous deux d'autant plus d'honneur, qu'ils savent bien que c'est la seule lecture de mon ouvrage qui les a excités à entreprendre ce travail. J'ai aussi joint à ces traductions quatre épigrammes latines que le révérend père Fraguier[1], jésuite, a faites contre le Zoïle moderne. Il y

---

[1] L'abbé Claude-François Fraguier, né à Paris en 1666, mort d'apoplexie en 1728.

en a deux qui sont imitées d'une des miennes. On ne peut rien voir de plus poli ni de plus élégant que ces quatre épigrammes, et il semble que Catulle y soit ressuscité pour venger Catulle : j'espère donc que le public me saura quelque gré du présent que je lui en fais.

Au reste, dans le temps que cette nouvelle édition de mes ouvrages alloit voir le jour, le révérend père de La Landelle, autre célèbre jésuite, m'a apporté une traduction latine qu'il a aussi faite de mon ode, et cette traduction m'a paru si belle, que je n'ai pu résister à la tentation d'en enrichir encore mon livre, où on la trouvera avec les deux autres à la fin du second tome[1].

PRÉFACE VI

ÉDITION DE 1701

Comme c'est ici vraisemblablement la dernière édition de mes ouvrages que je reverrai, et qu'il n'y a pas d'apparence qu'âgé comme je suis de plus de soixante-trois ans, et accablé de beaucoup d'infirmités, ma course puisse être encore fort longue, le public trouvera bon que je prenne congé de lui dans les formes, et que je le remercie de la bonté qu'il a eu d'acheter tant de fois des ouvrages si peu dignes de son admiration. Je ne saurois attribuer un si heureux succès qu'au soin que j'ai pris de me conformer toujours à ses sentimens, et d'attraper, autant qu'il m'a été possible, son goût en toutes choses. C'est effectivement à quoi il me semble que les écrivains ne sauroient trop s'étudier. Un ouvrage a beau être approuvé d'un petit nombre de connoisseurs : s'il n'est plein d'un certain agrément et d'un certain sel propre à piquer le goût général des hommes, il ne passera jamais pour un bon ouvrage, et il faudra à la fin que les connoisseurs eux-mêmes avouent qu'ils se sont trompés en lui donnant leur

[1] Nous supprimons ces pièces latines, comme ont fait, avant nous, tous les éditeurs.

approbation. Que si on me demande ce que c'est que cet agrément et ce sel, je répondrai que c'est un je ne sais quoi, qu'on peut beaucoup mieux sentir que dire. A mon avis néanmoins, il consiste principalement à ne jamais présenter au lecteur que des pensées vraies et des expressions justes. L'esprit de l'homme est naturellement plein d'un nombre infini d'idées confuses du vrai, que souvent il n'entrevoit qu'à demi; et rien ne lui est plus agréable que lorsqu'on lui offre quelqu'une de ces idées bien éclaircie et mise dans un beau jour. Qu'est-ce qu'une pensée neuve, brillante, extraordinaire? Ce n'est point, comme se le persuadent les ignorans, une pensée que personne n'a jamais eue, ni dû avoir : c'est au contraire une pensée qui a dû venir à tout le monde, et que quelqu'un s'avise le premier d'exprimer. Un bon mot n'est bon mot qu'en ce qu'il dit une chose que chacun pensoit, et qu'il la dit d'une manière vive, fine et nouvelle. Considérons, par exemple, cette réplique si fameuse de Louis douzième à ceux de ses ministres qui lui conseilloient de faire punir plusieurs personnes qui, sous le règne précédent, et lorsqu'il n'étoit encore que duc d'Orléans, avoient pris à tâche de le desservir. « Un roi de France, leur répondit-il, » ne venge point les injures d'un duc d'Orléans. » D'où vient que ce mot frappe d'abord? N'est-il pas aisé de voir que c'est parce qu'il présente aux yeux une vérité que tout le monde sent, et qu'il dit, mieux que tous les plus beaux discours de morale, « qu'un grand prince, lorsqu'il est « une fois sur le trône, ne doit plus agir par des mou- « vemens particuliers, ni avoir d'autre vue que la gloire « et le bien général de son état ? » Veut-on voir au contraire combien une pensée fausse est froide et puérile? Je ne saurois rapporter un exemple qui le fasse mieux sentir que deux vers du poëte Théophile, dans sa tragédie intitulée *Pyrame et Thisbé*, lorsque cette malheureuse amante ayant ramassé le poignard encore tout sanglant dont Pyrame s'étoit tué, elle querelle ainsi ce poignard [1].

> Ah! voicy le poignard qui du sang de son maistre
> S'est souillé laschement. Il en rougit, le traistre!

[1] A la fin du second monologue du cinquième acte.

Toutes les glaces du Nord ensemble ne sont pas, à mon sens, plus froides que cette pensée. Quelle extravagance, bon Dieu ! de vouloir que la rougeur du sang dont est teint le poignard d'un homme qui vient de s'en tuer lui-même soit un effet de la honte qu'a ce poignard de l'avoir tué ! Voici encore une pensée qui n'est pas moins fausse, ni par conséquent moins froide. Elle est de Benserade, dans ses Métamorphoses en rondeaux, où, parlant du déluge envoyé par les dieux pour châtier l'insolence de l'homme, il s'exprime ainsi :

Dieu lava bien la tête à son image [1].

Peut-on, à propos d'une si grande chose que le déluge, dire rien de plus petit ni de plus ridicule que ce quolibet, dont la pensée est d'autant plus fausse en toutes manières, que le dieu dont il s'agit à cet endroit, c'est Jupiter, qui n'a jamais passé chez les païens pour avoir fait l'homme à son image; l'homme dans la Fable étant, comme tout le monde sait, l'ouvrage de Prométhée ?

Puis donc qu'une pensée n'est belle qu'en ce qu'elle est vraie, et que l'effet infaillible du vrai, quand il est bien énoncé, c'est de frapper les hommes, il s'ensuit que ce qui ne frappe point les hommes n'est ni beau ni vrai, ou qu'il est mal énoncé, et que par conséquent, un ouvrage qui n'est point goûté du public est un très-méchant ouvrage. Le gros des hommes peut bien, durant quelque temps, prendre le faux pour le vrai, et admirer de méchantes choses ; mais il n'est pas possible qu'à la longue une bonne chose ne lui plaise; et je défie tous les auteurs les plus mécontens du public de me citer un bon livre que le public ait jamais rebuté, à moins qu'ils ne mettent en ce rang leurs écrits, de la bonté desquels eux seuls sont persuadés. J'avoue néanmoins, et on ne le sauroit nier, que quelquefois, lorsque d'excellens ouvrages viennent à paroître, la cabale et l'envie trouvent moyen de les rabaisser, et d'en rendre en apparence le succès douteux : mais cela ne dure guère; et il en arrive de ces ouvrages

[1] Rondeau sur le *Déluge*, p. 17 de l'édition de Paris, 1694, in-12.

comme d'un morceau de bois qu'on enfonce dans l'eau avec la main : il demeure au fond tant qu'on l'y retient ; mais bientôt la main venant à se lasser, il se relève et gagne le dessus. Je pourrois dire un nombre infini de pareilles choses sur ce sujet, et ce seroit la matière d'un gros livre ; mais en voilà assez, ce me semble, pour marquer au public ma reconnaissance et la haute idée que j'ai de son goût et de ses jugemens.

Parlons maintenant de mon édition nouvelle. C'est la plus correcte qui ait encore paru ; et non-seulement je l'ai revue avec beaucoup de soin, mais j'y ai retouché de nouveau plusieurs endroits de mes ouvrages : car je ne suis point de ces auteurs fuyans la peine, qui ne se croient plus obligés de rien raccommoder à leurs écrits, dès qu'ils les ont une fois donnés au public. Ils allèguent, pour excuser leur paresse, qu'ils auroient peur, en les trop remaniant, de les affoiblir, et de leur ôter cet air libre et facile qui fait, disent-ils, un des plus grands charmes du discours ; mais leur excuse, à mon avis, est très-mauvaise. Ce sont les ouvrages faits à la hâte, et, comme on dit, au courant de la plume, qui sont ordinairement secs, durs et forcés. Un ouvrage ne doit point paroître trop travaillé, mais il ne sauroit être trop travaillé ; et c'est souvent le travail même qui, en le polissant, lui donne cette facilité tant vantée qui charme le lecteur. Il y a bien de la différence entre des vers faciles, et des vers facilement faits. Les écrits de Virgile, quoique extraordinairement travaillés, sont bien plus naturels que ceux de Lucain, qui écrivoit, dit-on, avec une rapidité prodigieuse. C'est ordinairement la peine que s'est donnée un auteur à limer et à perfectionner ses écrits qui fait que le lecteur n'a point de peine en les lisant. Voiture, qui paroît si aisé, travailloit extrêmement ses ouvrages. On ne voit que des gens qui font aisément des choses médiocres ; mais des gens qui en fassent même difficilement de fort bonnes, on en trouve très-peu.

Je n'ai donc point de regret d'avoir encore employé quelques-unes de mes veilles à rectifier mes écrits dans cette nouvelle édition, qui est, pour ainsi dire, mon édition favorite : aussi y ai-je mis mon nom, que je m'étois abstenu de mettre à toutes les autres. J'en avois ainsi usé par pure modestie; mais aujourd'hui que mes ouvrages sont entre les mains de tout le monde, il m'a paru que cette modestie pourroit avoir quelque chose d'affecté. D'ailleurs j'ai été bien aise, en le mettant à la tête de mon livre, de faire voir par là quels sont précisément les ouvrages que j'avoue, et d'arrêter, s'il est possible, le cours d'un nombre infini de méchantes pièces qu'on répand partout sous mon nom, et principalement dans les provinces et dans les pays étrangers. J'ai même, pour mieux prévenir cet inconvénient, fait mettre au commencement de ce volume une liste exacte et détaillée de tous mes écrits, et on la trouvera immédiatement après cette préface. Voilà de quoi il est bon que le lecteur soit instruit.

Il ne reste plus présentement qu'à lui dire quels sont les ouvrages dont j'ai augmenté ce volume. Le plus considérable est une onzième satire que j'ai tout récemment composée, et qu'on trouvera à la suite des dix précédentes. Elle est adressée à M. de Valincour, mon illustre associé [1] à l'histoire. J'y traite du vrai et du faux honneur, et je l'ai composée avec le même soin que tous mes autres écrits. Je ne saurois pourtant dire si elle est bonne ou mauvaise : car je ne l'ai encore communiquée qu'à deux ou trois de mes amis, à qui même je n'ai fait que la réciter fort vite, dans la peur qu'il ne lui arrivât ce qui est arrivé à quelques autres de mes pièces, que j'ai vu devenir publiques avant même que je les eusse mises sur le papier; plusieurs personnes, à qui je les avois dites plus d'une fois, les ayant retenues par cœur, et en ayant donné des copies. C'est donc au public à m'apprendre ce que je dois penser de cet ouvrage, ainsi que de plusieurs autres petites pièces de poésie qu'on trouvera dans cette nouvelle édition, et qu'on y a mêlées parmi les épigrammes qui y étoient déjà. Ce sont toutes bagatelles, que j'ai la plupart composées dans ma première jeunesse, mais que j'ai un peu rajustées, pour les rendre plus supportables au lecteur. J'y ai fait aussi ajouter deux nouvelles lettres; l'une que j'écris à M. Perrault[2], et où je badine

---

[1] Voir, sur M. de Valincour, la note de la satire xi.
[2] Ils s'étaient réconciliés en 1694.

avec lui sur notre démêlé poétique, presque aussitôt éteint qu'allumé; l'autre est un remerciment à M. le comte d'Ériceira[1], au sujet de la traduction de mon *Art poétique* faite par lui en vers portugais, qu'il a eu la bonté de m'envoyer de Lisbonne, avec une lettre et des vers françois de sa composition, où il me donne des louanges très-délicates, et auxquelles il ne manque que d'être appliquées à un meilleur sujet. J'aurois bien voulu pouvoir m'acquitter de la parole que je lui donne à la fin de ce remerciment, de faire imprimer cette excellente traduction à la suite de mes poésies; mais malheureusement un de mes amis[2], à qui je l'avois prêtée, m'en a égaré le premier chant; et j'ai eu la mauvaise honte de n'oser récrire à Lisbonne pour en avoir une autre copie! Ce sont là à peu près tous les ouvrages de ma façon, bons ou méchants, dont on trouvera ici mon livre augmenté. Mais une chose qui sera sûrement agréable au public, c'est le présent que je lui fais dans ce même livre, de la lettre que le célèbre M. Arnauld a écrite à M. P***[3], à propos de ma dixième satire, et où, comme je l'ai dit dans l'épître A mes vers, il fait en quelque sorte mon apologie. J'ai mis cette lettre la dernière de tout le volume, afin qu'on la trouvât plus aisément. Je ne doute point que beaucoup de gens ne m'accusent de témérité, d'avoir osé associer à mes écrits l'ouvrage d'un si excellent homme; et j'avoue que leur accusation est bien fondée : mais le moyen de résister à la tentation de montrer à toute la terre, comme je le montre en effet par l'impression de cette lettre, que ce grand personnage me faisoit l'honneur de m'estimer, et avoit la bonté *Meas esse aliquid putare nugas*[4]?

Au reste, comme, malgré une apologie si authentique, et malgré les bonnes raisons que j'ai vingt fois alléguées en vers et en prose[5], il y a encore des gens qui traitent de médisances les railleries que j'ai faites de quantité

---

[1] François-Xavier de Ménèzes, comte d'Ériceira, né à Lisbonne le 29 janvier 1673, mort le 21 décembre 1743.
[2] Régnier-Desmarais, secrétaire de l'Académie française.
[3] A. Perrault.
[4] Catulle : A Cornelius Nepos, vers 4.
[5] Dans le *Discours sur la satire*, et dans la satire IX.

d'auteurs modernes, et qui publient qu'en attaquant les défauts de ces auteurs, je n'ai pas rendu justice à leurs bonnes qualités, je veux bien, pour les convaincre du contraire, répéter encore ici les mêmes paroles que j'ai dites sur cela dans la préface de mes deux éditions précédentes. Les voici :

« Il est bon que le lecteur soit averti d'une chose, « c'est qu'en attaquant[1]..., » etc.

Après cela, si on m'accuse encore de médisance, je ne sais point de lecteur qui n'en doive aussi être accusé, puisqu'il n'y en a point qui ne dise librement son avis des écrits qu'on fait imprimer, et qui ne se croie en plein droit de le faire, du consentement même de ceux qui les mettent au jour. En effet, qu'est-ce que mettre un ouvrage au jour? N'est-ce pas en quelque sorte dire au public : Jugez-moi? Pourquoi donc trouver mauvais qu'on nous juge? Mais j'ai mis tout ce raisonnement en rimes dans ma neuvième satire, et il suffit d'y renvoyer mes censeurs.

[1] Voir préface IV, ligne 12.

CATALOGUE

DES

ŒUVRES DE BOILEAU

PLACÉ A LA SUITE DE LA PRÉFACE DE L'ÉDITION DE 1713

AVEC CE TITRE

ŒUVRES DE M. DESPRÉAUX, SELON L'ORDRE OU ELLES SONT ICI IMPRIMÉES, SELON L'AGE AUQUEL IL LES A COMPOSÉES ET SELON L'ANNÉE OU IL LES A PUBLIÉES [1].

PIÈCES ET ORDRE DE L'IMPRESSION.	AGE AUQUEL L'AUTEUR LES A FAITES.	ANNÉES OU ELLES ONT ÉTÉ COMPOS
Discours au roi.	27.	1664
Satire I.	21.	1658
II.	26.	1663
III.	Id.	Id.
IV.	Id.	Id.
V.	Id.	Id.
VI.	24.	1661
VII.	25.	1662
VIII.	30.	1667
IX.	29.	1666
X.	55.	1692
XI.	63.	1700
Épître I.	30.	1667
II.	29.	1666
III.	33.	1670
IV.	35.	1672
V.	39.	1676

[1] Lisez : composées.

PIÈCES ET ORDRE DE L'IMPRESSION.	AGE AUQUEL L'AUTEUR LES A FAITES.	ANNÉES OU ELLES ONT ÉTÉ COMPOS.
VI.	39.	1676
VII.	40.	1677
VIII.	Id.	Id.
IX.	36.	1673
X.	56.	1693
XI.	57.	1694
XII.	58.	1695
L'Art poétique.	34.	1672
Le Lutrin.	36.	1673
Ode sur Namur.	55.	1692
Vers sur Macarise.	19.	1656
Sonnet sur une parente.	15.	1652
Stances sur l'École des femmes.	25.	1662
Arrêt burlesque.	38.	1675
Discours sur la satire.	29.	1666
Lettre à M. le duc de Vivonne.	39.	1676
Remercîment à l'Académie.	47.	1684
Les Héros de roman.	27.	1664
Réflexions sur Longin.	57.	1694
Dissertation contre M. Le Clerc[1].	73.	1710
Traduction de Longin.	37.	1674
Lettre à M. le comte d'Ériceira.	68.	1704
Épigrammes faites en divers temps.		

Voilà au vrai, *dit M. Despréaux dans un récit que l'on a trouvé après sa mort*, tous les ouvrages que j'ai faits : car pour tous les autres ouvrages qu'on m'attribue et qu'on s'opiniâtre de mettre dans les éditions étrangères, il n'y a que des ridicules[2] qui m'en puissent soupçonner l'auteur. Dans ce rang on doit mettre une satire très-fade contre les frais des enterremens; une autre, encore plus plate, contre le mariage, qui commence par : *On veut me marier, et je n'en ferai rien*, celle contre les jésuites, et quantité d'autres aussi impertinentes. J'avoue pourtant que, dans la parodie des vers du *Cid*, faite sur

---

[1] C'est la Xe réflexion critique.
[2] C'est-à-dire un homme ridicule. Cf. Molière, préface des *Précieuses ridicules*; *École des femmes*, acte I, sc. 1; *Critique de l'École des femmes*, sc. VI; *Don Juan*, acte I, sc. II, etc.

la perruque de Chapelain, qu'on m'attribue encore, il y a quelques traits qui nous échappèrent, à M. Racine et à moi, dans un repas que nous fîmes chez Furetière, auteur du Dictionnaire; mais dont nous n'écrivîmes jamais rien ni l'un ni l'autre : de sorte que c'est Furetière qui est proprement le vrai et l'unique auteur de cette parodie, comme il ne s'en cachoit pas lui-même.

OEUVRES
DE BOILEAU

DISCOURS AU ROI[1]

Jeune et vaillant héros, dont la haute sagesse
N'est point le fruit tardif d'une lente vieillesse,
Et qui seul, sans ministre, à l'exemple des dieux,
Soutiens tout par toi-même, et vois tout par tes yeux,
Grand roi, si jusqu'ici, par un trait de prudence,
J'ai demeuré pour toi dans un humble silence,
Ce n'est pas que mon cœur, vainement suspendu,
Balance pour t'offrir un encens qui t'est dû;
Mais je sais peu louer; et ma muse tremblante
Fuit d'un si grand fardeau la charge trop pesante,
Et, dans ce haut éclat où tu te viens offrir,
Touchant à tes lauriers, craindroit de les flétrir.
  Ainsi, sans m'aveugler d'une vaine manie,
Je mesure mon vol à mon foible génie :
Plus sage en mon respect que ces hardis mortels
Qui d'un indigne encens profanent tes autels;
Qui, dans ce champ d'honneur où le gain les amène,
Osent chanter ton nom, sans force et sans haleine;

[1] Composé en 1665.

Et qui vont tous les jours, d'une importune voix,
T'ennuyer du récit de tes propres exploits.
 L'un, en style pompeux habillant une églogue,
De ses rares vertus te fait un long prologue,
Et mêle, en se vantant soi-même à tout propos,
Les louanges d'un fat à celles d'un héros.
 L'autre, en vain se lassant à polir une rime,
Et reprenant vingt fois le rabot et la lime,
Grand et nouvel effort d'un esprit sans pareil !
Dans la fin d'un sonnet te compare au soleil.
 Sur le haut Hélicon leur veine méprisée
Fut toujours des neuf sœurs la fable et la risée.
Calliope jamais ne daigna leur parler,
Et Pégase pour eux refuse de voler.
Cependant à les voir, enflés de tant d'audace,
Te promettre en leur nom les faveurs du Parnasse,
On diroit qu'ils ont seuls l'oreille d'Apollon,
Qu'ils disposent de tout dans le sacré vallon :
C'est à leurs doctes mains, si l'on veut les en croire,
Que Phébus a commis tout le soin de ta gloire ;
Et ton nom, du midi jusqu'à l'ourse vanté,
Ne devra qu'à leurs vers son immortalité.
Mais plutôt, sans ce nom, dont la vive lumière
Donne un lustre éclatant à leur veine grossière,
Ils verroient leurs écrits, honte de l'univers,
Pourrir dans la poussière à la merci des vers.
A l'ombre de ton nom ils trouvent leur asile,
Comme on voit dans les champs un arbrisseau débile,
Qui, sans l'heureux appui qui le tient attaché,
Languiroit tristement sur la terre couché.
 Ce n'est pas que ma plume, injuste et téméraire,
Veuille blâmer en eux le dessein de te plaire ;
Et, parmi tant d'auteurs, je veux bien l'avouer,
Apollon en connoît qui te peuvent louer ;
Oui, je sais qu'entre ceux qui t'adressent leurs veilles,
Parmi les Pelletiers on compte des Corneilles.
Mais je ne puis souffrir qu'un esprit de travers,
Qui, pour rimer des mots, pense faire des vers,

Se donne en le louant une gêne inutile ;
Pour chanter un Auguste, il faut être un Virgile :
Et j'approuve les soins du monarque guerrier
Qui ne pouvoit souffrir qu'un artisan grossier
Entreprit de tracer, d'une main criminelle,
Un portrait réservé pour le pinceau d'Apelle.
 Moi donc, qui connois peu Phébus et ses douceurs,
Qui suis nouveau sevré sur le mont des neuf sœurs,
Attendant que pour toi l'âge ait mûri ma muse,
Sur de moindres sujets je l'exerce et l'amuse ;
Et, tandis que ton bras, des peuples redouté,
Va, la foudre à la main, rétablir l'équité,
Et retient les méchants par la peur des supplices,
Moi, la plume à la main, je gourmande les vices,
Et, gardant pour moi-même une juste rigueur,
Je confie au papier les secrets de mon cœur.
Ainsi, dès qu'une fois ma verve se réveille,
Comme on voit au printemps la diligente abeille
Qui du butin de fleurs va composer son miel,
Des sottises du temps je compose mon fiel :
Je vais de toutes parts où me guide ma veine,
Sans tenir en marchant une route certaine ;
Et, sans gêner ma plume en ce libre métier,
Je la laisse au hasard courir sur le papier.
 Le mal est qu'en rimant, ma muse un peu légère
Nomme tout par son nom, et ne sauroit rien taire.
C'est là ce qui fait peur aux esprits de ce temps,
Qui, tout blancs au dehors, sont tout noirs au dedans :
Ils tremblent qu'un censeur, que sa verve encourage,
Ne vienne en ses écrits démasquer leur visage,
Et, fouillant dans leurs mœurs en toute liberté,
N'aille du fond du puits tirer la Vérité.
Tous ces gens éperdus au seul nom de satire
Font d'abord le procès à quiconque ose rire :
Ce sont eux que l'on voit, d'un discours insensé,
Publier dans Paris que tout est renversé,
Au moindre bruit qui court qu'un auteur les menace
De jouer des bigots la trompeuse grimace.

Pour eux un tel ouvrage est un monstre odieux;
C'est offenser les lois, c'est s'attaquer aux cieux.
Mais bien que d'un faux zèle ils masquent leur faiblesse,
Chacun voit qu'en effet la vérité les blesse :
En vain d'un lâche orgueil leur esprit revêtu
Se couvre du manteau d'une austère vertu;
Leur cœur qui se connoît, et qui fuit la lumière,
S'il se moque de Dieu, craint Tartufe et Molière [1].

Mais pourquoi sur ce point sans raison m'écarter?
GRAND ROI, c'est mon défaut, je ne saurois flatter :
Je ne sais point au ciel placer un ridicule,
D'un nain faire un Atlas, ou d'un lâche un Hercule,
Et, sans cesse en esclave, à la suite des grands,
A des dieux sans vertus prodiguer mon encens.
On ne me verra point d'une veine forcée,
Même pour te louer, déguiser ma pensée;
Et, quelque grand que soit ton pouvoir souverain,
Si mon cœur en ces vers ne parloit par ma main,
Il n'est espoir de biens, ni raison, ni maxime,
Qui pût en ta faveur m'arracher une rime.

Mais lorsque je te vois, d'une si noble ardeur,
T'appliquer sans relâche aux soins de ta grandeur,
Faire honte à ces rois que le travail étonne,
Et qui sont accablés du faix de leur couronne :
Quand je vois ta sagesse en ses justes projets,
D'une heureuse abondance enrichir tes sujets,
Fouler aux pieds l'orgueil et du Tage et du Tibre,
Nous faire de la mer une campagne libre,
Et tes braves guerriers, secondant ton grand cœur,
Rendre à l'aigle éperdu sa première vigueur;
La France sous tes lois maîtriser la fortune;
Et nos vaisseaux domptant l'un et l'autre Neptune,
Nous aller chercher l'or, malgré l'onde et le vent,
Aux lieux où le soleil le forme en se levant.
Alors, sans consulter si Phébus l'en avoue,
Ma muse toute en feu me prévient et te loue.

---

[1] Molière, environ vers ce temps-là (1664), fit jouer son *Tartufe*. B.

Mais bientôt la raison arrivant au secours
Vient d'un si beau projet interrompre le cours,
Et me fait concevoir, quelque ardeur qui m'emporte,
Que je n'ai ni le ton, ni la voix assez forte.
Aussitôt je m'effraie, et mon esprit troublé
Laisse là le fardeau dont il est accablé ;
Et, sans passer plus loin, finissant mon ouvrage,
Comme un pilote en mer qu'épouvante l'orage,
Dès que le bord paroît, sans songer où je suis,
Je me sauve à la nage, et j'aborde où je puis [1].

[1] Quelques éditeurs ont imprimé à la suite du *Discours au Roi*, le *Discours sur la satire*, qui n'a paru qu'en 1668, avec la satire ix. Nous le donnons aux œuvres en prose.

SATIRES

SATIRE I[1]

Damon[2], ce grand auteur, dont la muse fertile
Amusa si longtemps et la cour et la ville ;
Mais qui, n'étant vêtu que de simple bureau[3],
Passe l'été sans linge et l'hiver sans manteau :
Et de qui le corps sec et la mine affamée
N'en sont pas mieux refaits pour tant de renommée ;
Las de perdre en rimant et sa peine et son bien,
D'emprunter en tous lieux, et de ne gagner rien,
Sans habits, sans argent, ne sachant plus que faire,
Vient de s'enfuir, chargé de sa seule misère ;
Et, bien loin des sergens, des clercs et du palais,
Va chercher un repos qu'il ne trouva jamais ;
Sans attendre qu'ici la justice ennemie
L'enferme en un cachot le reste de sa vie,
Ou que d'un bonnet vert le salutaire affront
Flétrisse les lauriers qui lui couvrent le front[4].

[1] Composée en 1660, publiée en 1666.
[2] Il (le nom de Damon) est un peu chimérique. Toutefois j'ai eu quelque vue à Cassandre, celui qui a traduit la *Rhétorique* d'Aristote. B. — François Cassandre, mort en 1695.
[3] Bure.
[4] Du temps que cette satire fut faite, un débiteur insolvable pouvoit sortir de prison en faisant cession, c'est-à-dire, en souffrant qu'on lui mît, en pleine rue, un bonnet vert sur la tête. B.

Mais le jour qu'il partit, plus défait et plus blème
Que n'est un pénitent sur la fin d'un carême,
La colère dans l'ame et le feu dans les yeux,
Il distilla sa rage en ces tristes adieux :
 Puisqu'en ce lieu, jadis aux muses si commode,
Le mérite et l'esprit ne sont plus à la mode,
Qu'un poëte, dit-il, s'y voit maudit de Dieu,
Et qu'ici la vertu n'a plus ni feu ni lieu,
Allons du moins chercher quelque antre ou quelque roche
D'où jamais ni l'huissier ni le sergent n'approche,
Et, sans lasser le ciel par des vœux impuissans,
Mettons-nous à l'abri des injures du temps ;
Tandis que, libre encor, malgré les destinées,
Mon corps n'est point courbé sous le faix des années,
Qu'on ne voit point mes pas sous l'âge chanceler,
Et qu'il reste à la parque encor de quoi filer :
C'est là dans mon malheur le seul conseil à suivre.
Que George vive ici, puisque George y sait vivre [1],
Qu'un million comptant, par ses fourbes acquis,
De clerc, jadis laquais, a fait comte et marquis :
Que Jacquin vive ici, dont l'adresse funeste
A plus causé de maux que la guerre et la peste ;
Qui de ses revenus écrits par alphabet,
Peut fournir aisément un calepin complet [2] ;
Qu'il règne dans ces lieux, il a droit de s'y plaire.
Mais moi, vivre à Paris! Eh! qu'y voudrois-je faire?
Je ne sais ni tromper, ni feindre, ni mentir,
Et, quand je le pourrois, je n'y puis consentir.
Je ne sais point en lâche essuyer les outrages
D'un faquin orgueilleux qui vous tient à ses gages,

[1] « George est là un mot inventé, qui n'a point de rapport à M. Gorge, qui n'avoit pas dix ans quand je fis cette satire, et qui depuis a été un de mes meilleurs amis... Jacquin est un nom mis au hasard. On l'a voulu imputer depuis à M. Jacquier, homme célèbre dans les finances...; mais je n'ai jamais pensé à lui. » BOILEAU, note manuscrite, dans les papiers de Brossette.
[2] Ambroise Calepin ou da Calepino, religieux augustin, né le 6 juin 1435, mort le 30 novembre 1511. Il est auteur d'un dictionnaire latin, italien, etc.

De mes sonnets flatteurs lasser tout l'univers,
Et vendre au plus offrant mon encens et mes vers :
Pour un si bas emploi ma muse est trop altière.
Je suis rustique et fier, et j'ai l'ame grossière :
Je ne puis rien nommer, si ce n'est par son nom ;
J'appelle un chat un chat, et Rolet un fripon [1].
De servir un amant, je n'en ai pas l'adresse ;
J'ignore ce grand art qui gagne une maîtresse,
Et je suis, à Paris, triste, pauvre et reclus,
Ainsi qu'un corps sans âme, ou devenu perclus.
  Mais pourquoi, dira-t-on, cette vertu sauvage
Qui court à l'hôpital, et n'est plus en usage?
La richesse permet une juste fierté ;
Mais il faut être souple avec la pauvreté.
C'est par là qu'un auteur que presse l'indigence
Peut des astres malins corriger l'influence,
Et que le sort burlesque, en ce siècle de fer,
D'un pédant, quand il veut, sait faire un duc et pair [2].
Ainsi de la vertu la fortune se joue :
Tel aujourd'hui triomphe au plus haut de sa roue,
Qu'on verroit, de couleurs bizarrement orné,
Conduire le carrosse où l'on le voit traîné,
Si dans les droits du roi sa funeste science
Par deux ou trois avis n'eût ravagé la France.
Je sais qu'un juste effroi, l'éloignant de ces lieux,
L'a fait pour quelques mois disparoître à nos yeux :
Mais en vain pour un temps une taxe l'exile ;
On le verra bientôt pompeux en cette ville,
Marcher encor chargé des dépouilles d'autrui,
Et jouir du ciel même irrité contre lui ;
Tandis que Colletet, crotté jusqu'à l'échine,

---

[1] C'est un hôtelier du pays Blaisois. B. — Comme il s'est trouvé un hôtelier de ce nom qui a réclamé, Boileau, en 1713, mit cette autre note : Procureur très-décrié qui a été dans la suite (1681), condamné à faire amende honorable, et banni à perpétuité.

[2] L'abbé de la Rivière, dans ce temps-là (1655), fut fait évêque de Langres (l'évêché de Langres était duché-pairie); il avoit été régent dans un collége. B.

S'en va chercher son pain de cuisine en cuisine [1],
Savant en ce métier, si cher aux beaux esprits,
Dont Montmaur [2] autrefois fit leçon dans Paris.
   Il est vrai que du roi la bonté secourable
Jette enfin sur la muse un regard favorable,
Et, réparant du sort l'aveuglement fatal,
Va tirer désormais Phébus de l'hôpital [3].
On doit tout espérer d'un monarque si juste ;
Mais sans un Mécénas à quoi sert un Auguste?
Et fait comme je suis, au siècle d'aujourd'hui,
Qui voudra s'abaisser à me servir d'appui ?
Et puis, comment percer cette foule effroyable
De rimeurs affamés dont le nombre l'accable ;
Qui, dès que sa main s'ouvre, y courent les premiers,
Et ravissent un bien qu'on devoit aux derniers ;
Comme on voit les frelons, troupe lâche et stérile,
Aller piller le miel que l'abeille distille?
Cessons donc d'aspirer à ce prix tant vanté
Que donne la faveur à l'importunité.
Saint-Amant [4] n'eut du ciel que sa veine en partage :
L'habit qu'il eut sur lui fut son seul héritage ;
Un lit et deux placets [5] composoient tout son bien ;
Ou, pour en mieux parler, Saint-Amant n'avoit rien.
Mais quoi ! las de traîner une vie importune,
Il engagea ce rien pour chercher la fortune,
Et, tout chargé de vers qu'il devoit mettre au jour,
Conduit d'un vain espoir, il parut à la cour [6].

---

[1] *Colletet*, poëte fameux, fort gueux, dont on a plusieurs ouvrages. B. — François Colletet vivait encore en 1672.

[2] Célèbre parasite dont Ménage a écrit la vie. ... — Pierre de Montmaur, né dans la Manche, mort en 1648 à 74 ans.

[3] Le roi en ce temps-là (dès 1663) donna plusieurs pensions aux gens de lettres. B.

[4] On a plusieurs ouvrages de lui où il y a beaucoup de génie. Il ne savoit pas le latin et étoit fort pauvre. B. — Marc-Antoine Gérard de Saint-Amant, voyageur et poëte, de l'Académie française, né à Rouen en 1594, mort en 1660.

[5] Sorte de siége sans dos ni bras. BOISTE.

[6] Le poëme qu'il y porta étoit intitulé : le *Poëme de la lune*, et il y louoit surtout le roi de savoir bien nager. B.

Qu'arriva-t-il enfin de sa muse abusée?
Il en revint couvert de honte et de risée :
Et la fièvre, au retour, terminant son destin,
Fit par avance en lui ce qu'auroit fait la faim.
Un poëte à la cour fut jadis à la mode;
Mais des fous aujourd'hui c'est le plus incommode ;
Et l'esprit le plus beau, l'auteur le plus poli,
N'y parviendra jamais au sort de l'Angéli [1].

Faut-il donc désormais jouer un nouveau rôle?
Dois-je, las d'Apollon, recourir à Barthole?
Et, feuilletant Louet allongé par Brodeau [2],
D'une robe à longs plis balayer le barreau?
Mais à ce seul penser je sens que je m'égare.
Moi! que j'aille crier dans ce pays barbare,
Où l'on voit tous les jours l'innocence aux abois
Errer dans les détours d'un dédale de lois,
Et, dans l'amas confus des chicanes énormes,
Ce qui fut blanc au fond rendu noir par les formes;
Où Patru gagne moins qu'Uot et le Mazier [3],
Et dont les Cicérons se font chez Pé-Fournier [4] !
Avant qu'un tel dessein m'entre dans la pensée,
On pourra voir la Seine à la Saint-Jean glacée ;
Arnauld à Charenton devenir huguenot,
Saint-Sorlin janséniste, et Saint-Pavin bigot [5].

---

[1] Célèbre fou que M. le Prince (le grand Condé) avoit amené avec lui des Pays-Bas, et qu'il donna au roi. B. — « Il gagnoit beaucoup d'argent, ajoute Boileau dans une note manuscrite, et tous les gens de qualité lui en donnoient parce qu'ils craignoient ses bons mots. »

[2] Brodeau a commenté Louet. Boileau, 1713. — Barthole, jurisconsulte, né à Sasso-Ferrato (marche d'Ancône) en 1313, mort à Pérouse en 1356; Georges Louet, jurisconsulte, évêque de Tréguier, mort en 1608 avant d'avoir pris possession de son évêché; Julien Brodeau, avocat au parlement de Paris, originaire de Tours, mort à Paris en 1653.

[3] Uot, ou plutôt Huot, et le Mazier, avocats très-médiocres. Brossette. — Olivier Patru, avocat célèbre de l'Académie française, né à Paris en 1604, mort en 1681.

[4] Célèbre procureur; il s'appeloit Pierre Fournier, mais les gens de palais, pour abréger, l'appeloient Pé-Fournier. B.

[5] Antoine Arnauld, né à Paris le 6 février 1612, mort le 6 août 1691; Jean des Marets de Saint-Sorlin, de l'Académie française, né à Paris en 1595, mort en 1676; Denys Sanguin de Saint-Pavin, abbé de Livri,

Quittons donc pour jamais une ville importune,
Où l'honneur a toujours guerre avec la fortune ;
Où le vice orgueilleux s'érige en souverain,
Et va la mitre en tête et la crosse à la main ;
Où la science triste, affreuse, délaissée,
Est partout des bons lieux comme infâme chassée ;
Où le seul art en vogue est l'art de bien voler ;
Où tout me choque ; enfin, où... Je n'ose parler.
Et quel homme si froid ne seroit plein de bile,
A l'aspect odieux des mœurs de cette ville ?
Qui pourroit les souffrir ? et qui, pour les blâmer,
Malgré muse et Phébus n'apprendroit à rimer ?
Non, non, sur ce sujet, pour écrire avec grace,
Il ne faut point monter au sommet du Parnasse ;
Et, sans aller rêver dans le double vallon,
La colère suffit, et vaut un Apollon.

Tout beau, dira quelqu'un, vous entrez en furie.
A quoi bon ces grands mots ? doucement, je vous prie :
Ou bien montez en chaire, et là, comme un docteur,
Allez de vos sermons endormir l'auditeur :
C'est là que bien ou mal on a droit de tout dire.

Ainsi parle un esprit qu'irrite la satire,
Qui contre ses défauts croit être en sûreté,
En raillant d'un censeur la triste austérité ;
Qui fait l'homme intrépide, et, tremblant de foiblesse,
Attend pour croire en Dieu que la fièvre le presse ;
Et, toujours dans l'orage au ciel levant les mains,
Dès que l'air est calmé, rit des foibles humains.
Car de penser alors qu'un Dieu tourne le monde,
Et règle les ressorts de la machine ronde,
Ou qu'il est une vie au delà du trépas,
C'est là, tout haut du moins, ce qu'il n'avouera pas.

Pour moi, qu'en santé même un autre monde étonne,
Qui crois l'âme immortelle, et que c'est Dieu qui tonne,
Il vaut mieux pour jamais me bannir de ce lieu.
Je me retire donc. Adieu, Paris, adieu.

poëte fameux par son impiété, mort le 8 avril 1670 dans un âge
avancé.

SATIRE II[1]

A M. DE MOLIÈRE

Rare et fameux esprit, dont la fertile veine
Ignore en écrivant le travail et la peine ;
Pour qui tient Apollon tous ses trésors ouverts,
Et qui sais à quel coin se marquent les bons vers :
Dans les combats d'esprit savant maître d'escrime,
Enseigne-moi, Molière, où tu trouves la rime.
On diroit, quand tu veux, qu'elle te vient chercher;
Jamais au bout du vers on ne te voit broncher ;
Et, sans qu'un long détour t'arrête, ou t'embarrasse,
A peine as-tu parlé, qu'elle-même s'y place.
Mais moi, qu'un vain caprice, une bizarre humeur,
Pour mes péchés, je crois, fit devenir rimeur,
Dans ce rude métier, où mon esprit se tue,
En vain, pour la trouver, je travaille et je sue.
Souvent j'ai beau rêver du matin jusqu'au soir :
Quand je veux dire « blanc, » la quinteuse dit « noir. »
Si je veux d'un galant dépeindre la figure,
Ma plume pour rimer trouve l'abbé de Pure [2] ;
Si je pense exprimer un auteur sans défaut,
La raison dit Virgile, et la rime Quinault [3].
Enfin, quoi que je fasse, ou que je veuille faire,
La bizarre toujours vient m'offrir le contraire.
De rage quelquefois, ne pouvant la trouver,
Triste, las et confus, je cesse d'y rêver ;
Et, maudissant vingt fois le démon qui m'inspire,
Je fais mille sermens de ne jamais écrire.

---

[1] C'est la quatrième dans l'ordre chronologique. Elle fut composée en 1662, selon le catalogue de l'édition de 1713, en 1663, selon M. Berriat-Saint-Prix, et en 1664, selon Brossette.

[2] Michel, abbé de Pure, né à Lyon en 1634, il est mort à Paris en 1680.

[3] Philippe Quinault, poëte lyrique, de l'Académie française, né à Paris le 3 juin 1635, mort le 20 novembre 1688.

Mais, quand j'ai bien maudit et Muses et Phébus,
Je la vois qui paroît quand je n'y pense plus :
Aussitôt, malgré moi, tout mon feu se rallume :
Je reprends sur-le-champ le papier et la plume ;
Et de mes vains sermens perdant le souvenir,
J'attends de vers en vers qu'elle daigne venir.
Encor si pour rimer, dans sa verve indiscrète,
Ma muse au moins souffroit une froide épithète,
Je ferois comme un autre [1], et, sans chercher si loin,
J'aurois toujours des mots pour les coudre au besoin.
Si je louois Philis, EN MIRACLES FÉCONDE,
Je trouverois bientôt, A NULLE AUTRE SECONDE ;
Si je voulois vanter un objet NOMPAREIL,
Je mettrois à l'instant, PLUS BEAU QUE LE SOLEIL ;
Enfin, parlant toujours d'ASTRES et de MERVEILLES,
De CHEFS-D'ŒUVRE DES CIEUX, de BEAUTÉS SANS PAREILLES ;
Avec tous ces beaux mots, souvent mis au hasard,
Je pourrois aisément, sans génie et sans art,
Et transposant cent fois et le nom et le verbe,
Dans mes vers recousus mettre en pièces Malherbe [2].
Mais mon esprit, tremblant sur le choix de ses mots,
N'en dira jamais un, s'il ne tombe à propos,
Et ne sauroit souffrir qu'une phrase insipide
Vienne à la fin d'un vers remplir la place vide ;
Ainsi, recommençant un ouvrage vingt fois,
Si j'écris quatre mots, j'en effacerai trois.

Maudit soit le premier dont la verve insensée
Dans les bornes d'un vers renferma sa pensée,
Et, donnant à ses mots une étroite prison,
Voulut avec la rime enchaîner la raison !
Sans ce métier fatal au repos de ma vie,
Mes jours, pleins de loisir, couleroient sans envie.
Je n'aurois qu'à chanter, rire, boire d'autant,

---

[1] MÉNAGE. On lit dans l'*Épître à Chapelain* :

> J'abandonnai Bélinde, en miracles féconde ;
> Et pour qui je brûlois d'une ardeur sans seconde.

[2] François de Malherbe, né à Caen vers 1555, mort en 1628

Et, comme un gras chanoine, à mon aise et content,
Passer tranquillement, sans souci, sans affaire,
La nuit à bien dormir, et le jour à rien faire.
Mon cœur, exempt de soins, libre de passion,
Sait donner une borne à son ambition ;
Et, fuyant des grandeurs la présence importune,
Je ne vais point au Louvre adorer la fortune :
Et je serois heureux si, pour me consumer,
Un destin envieux ne m'avoit fait rimer.
   Mais depuis le moment que cette frénésie
De ses noires vapeurs troubla ma fantaisie,
Et qu'un démon jaloux de mon contentement
M'inspira le dessein d'écrire poliment,
Tous les jours malgré moi, cloué sur un ouvrage,
Retouchant un endroit, effaçant une page,
Enfin passant ma vie en ce triste métier,
J'envie, en écrivant, le sort de Pelletier [1].
   Bienheureux Scudéri [2], dont la fertile plume
Peut tous les mois sans peine enfanter un volume !
Tes écrits, il est vrai, sans art et languissans,
Semblent être formés en dépit du bon sens ;
Mais ils trouvent pourtant, quoi qu'on en puisse dire,
Un marchand pour les vendre, et des sots pour les lire ;
Et quand la rime enfin se trouve au bout des vers,
Qu'importe que le reste y soit mis de travers !
Malheureux mille fois celui dont la manie
Veut aux règles de l'art asservir son génie !
Un sot, en écrivant, fait tout avec plaisir.
Il n'a point en ses vers l'embarras de choisir ;
Et, toujours amoureux de ce qu'il vient d'écrire,
Ravi d'étonnement, en soi-même il s'admire.
Mais un esprit sublime en vain veut s'élever
A ce degré parfait qu'il tâche de trouver ;

---

[1] Poëte du dernier ordre qui faisoit tous les jours un sonnet. B.

[2] C'est le fameux Scudéri, auteur de beaucoup de romans, et frère de la fameuse mademoiselle de Scudéri. B. — Georges de Scudéri, de l'Académie françoise, né au Havre-de-Grace en 1601, mort à Paris en 1667.

Et, toujours mécontent de ce qu'il vient de faire,
Il plaît à tout le monde, et ne sauroit se plaire;
Et tel, dont en tous lieux chacun vante l'esprit,
Voudroit pour son repos n'avoir jamais écrit.
  Toi donc, qui vois les maux où ma muse s'abîme,
De grace, enseigne-moi l'art de trouver la rime :
Ou, puisque enfin tes soins y seroient superflus,
Molière, enseigne-moi l'art de ne rimer plus.

SATIRE III [1]

A [2]. Quel sujet inconnu vous trouble et vous altère,
D'où vous vient aujourd'hui cet air sombre et sévère,
Et ce visage enfin plus pâle qu'un rentier
A l'aspect d'un arrêt qui retranche un quartier [3] ?
Qu'est devenu ce teint dont la couleur fleurie
Sembloit d'ortolans seuls et de bisques nourrie,
Où la joie en son lustre attiroit les regards,
Et le vin en rubis brilloit de toutes parts?
Qui vous a pu plonger dans cette humeur chagrine?
A-t-on par quelque édit réformé la cuisine?
Ou quelque longue pluie, inondant vos vallons,
A-t-elle fait couler vos vins et vos melons?
Répondez donc enfin, ou bien je me retire.
  P [4]. Ah! de grace, un moment, souffrez que je respire.
Je sors de chez un fat, qui, pour m'empoisonner,
Je pense, exprès chez lui m'a forcé de dîner.
Je l'avois bien prévu. Depuis près d'une année
J'éludois tous les jours sa poursuite obstinée.

---

[1] Composée en 1665. Horace, l. II, satire VIII, a traité le même sujet.
[2] A. C'est-à-dire l'auditeur.
[3] Le roi en ce temps-là (1664), avoit supprimé un quartier des rentes. B.
[4] P. C'est-à-dire le poëte.

Mais hier il m'aborde, et, me serrant la main,
Ah! monsieur, m'a-t-il dit, je vous attends demain.
N'y manquez pas au moins. J'ai quatorze bouteilles
D'un vin vieux... Boucingo [1] n'en a point de pareilles :
Et je gagerois bien que, chez le commandeur,
Villandry [2] priseroit sa séve et sa verdeur.
Molière avec Tartufe [3] y doit jouer son rôle;
Et Lambert [4], qui plus est, m'a donné sa parole.
C'est tout dire en un mot, et vous le connoissez. —
Quoi! Lambert?—Oui, Lambert. A demain.—C'est assez.
 Ce matin donc, séduit par sa vaine promesse,
J'y cours, midi sonnant, au sortir de la messe.
A peine étois-je entré, que, ravi de me voir,
Mon homme, en m'embrassant, m'est venu recevoir;
Et, montrant à mes yeux une allégresse entière,
Nous n'avons, m'a-t-il dit, ni Lambert ni Molière;
Mais, puisque je vous vois, je me tiens trop content.
Vous êtes un brave homme; entrez : on vous attend.
 A ces mots, mais trop tard, reconnoissant ma faute,
Je le suis en tremblant dans une chambre haute,
Où, malgré les volets, le soleil irrité
Formoit un poêle ardent au milieu de l'été.
Le couvert étoit mis dans ce lieu de plaisance,
Où j'ai trouvé d'abord, pour toute connoissance,
Deux nobles campagnards grands lecteurs de romans,
Qui m'ont dit tout Cyrus dans leurs longs complimens [5].
J'enrageois. Cependant on apporte un potage.
Un coq y paroissoit en pompeux équipage,
Qui, changeant sur ce plat et d'état et de nom,
Par tous les conviés s'est appelé chapon.

---

[1] Illustre marchand de vin. B.

[2] Homme de qualité qui alloit fréquemment dîner chez le commandeur de Souvré. B.

[3] Le *Tartufe*, en ce temps-là, avoit été défendu, et tout le monde vouloit avoir Molière pour le lui entendre réciter. B.

[4] Lambert, le fameux musicien, étoit un fort bon homme qui promettoit à tout le monde de venir, mais qui ne venoit jamais. B. — Michel Lambert, né en 1610 à Vivonne (Vienne), mourut à Paris en 1696.

[5] Roman de dix tomes de mademoiselle de Scudéri. B.

Deux assiettes suivoient, dont l'une étoit ornée
D'une langue en ragoût, de persil couronnée ;
L'autre, d'un godiveau tout brûlé par dehors,
Dont un beurre gluant inondoit tous les bords.
On s'assied : mais d'abord notre troupe serrée
Tenoit à peine autour d'une table carrée,
Où chacun, malgré soi, l'un sur l'autre porté,
Faisoit un tour à gauche, et mangeoit de côté.
Jugez en cet état, si je pouvois me plaire,
Moi qui ne compte rien ni le vin ni la chère,
Si l'on n'est plus au large assis en un festin,
Qu'aux sermons de Cassagne, ou de l'abbé Cotin [1].
　Notre hôte cependant, s'adressant à la troupe,
Que vous semble, a-t-il dit, du goût de cette soupe ?
Sentez-vous le citron dont on a mis le jus
Avec des jaunes d'œufs mêlés dans du verjus ?
Ma foi, vive Mignot [2] et tout ce qu'il apprête !
Les cheveux cependant me dressoient à la tête :
Car Mignot, c'est tout dire, et dans le monde entier
Jamais empoisonneur ne sut mieux son métier.
J'approuvois tout pourtant de la mine et du geste,
Pensant qu'au moins le vin dût réparer le reste.
Pour m'en éclaircir donc, j'en demande ; et d'abord
Un laquais effronté m'apporte un rouge-bord [3]
D'un Auvernat fumeux, qui, mêlé de Lignage [4],
Se vendoit chez Crenet [5] pour vin de l'Hermitage [6],
Et qui, rouge et vermeil, mais fade et doucereux,
N'avoit rien qu'un goût plat, et qu'un déboire affreux.
A peine ai-je senti cette liqueur traîtresse,
Que de ces vins mêlés j'ai reconnu l'adresse.

---

[1] Jacques Cassagnes ou Cassaignes, garde de la Bibliothèque du roi, de l'Académie française et de celle des inscriptions ; né à Nîmes en 1636, mort fou à Saint-Lazare en 1679. — Charles Cotin, de l'Académie française, aumônier du roi, chanoine de Bayeux ; né à Paris en 1604, mort en janvier 1682.

[2] Fameux pâtissier-traiteur. Brossette.

[3] Verre plein jusqu'au bord.

[4] Deux fameux vins du terroir d'Orléans. B.

[5] Fameux marchand de vin, logé à la Pomme-de-Pin. B.

[6] Cru du département de la Drôme.

Toutefois avec l'eau que j'y mets à foison,
J'espérois adoucir la force du poison.
Mais, qui l'auroit pensé? pour comble de disgrace,
Par le chaud qu'il faisoit nous n'avions point de glace.
Point de glace, bon Dieu! dans le fort de l'été!
Au mois de juin! Pour moi, j'étois si transporté,
Que, donnant de fureur tout le festin au diable,
Je me suis vu vingt fois prêt à quitter la table;
Et, dût-on m'appeler et fantasque et bourru,
J'allois sortir enfin quand le rôt a paru.
  Sur un lièvre flanqué de six poulets étiques,
S'élevoient trois lapins, animaux domestiques,
Qui, dès leur tendre enfance élevés dans Paris,
Sentoient encor le chou dont ils furent nourris,
Autour de cet amas de viandes entassées
Régnoit un long cordon d'alouettes pressées,
Et sur les bords du plat six pigeons étalés
Présentoient pour renfort leurs squelettes brûlés.
A côté de ce plat paroissoient deux salades,
L'une de pourpier jaune, et l'autre d'herbes fades,
Dont l'huile de fort loin saisissoit l'odorat,
Et nageoit dans des flots de vinaigre rosat.
Tous mes sots, à l'instant changeant de contenance,
Ont loué du festin la superbe ordonnance;
Tandis que mon faquin qui se voyoit priser,
Avec un ris moqueur les prioit d'excuser.
Surtout certain hâbleur, à la gueule affamée,
Qui vint à ce festin conduit par la fumée,
Et qui s'est dit profès dans l'ordre des coteaux [1],
A fait, en bien mangeant, l'éloge des morceaux.
Je riois de le voir, avec sa mine étique,
Son rabat jadis blanc, et sa perruque antique,
En lapins de garenne ériger nos clapiers,
Et nos pigeons cauchois en superbes ramiers;
Et, pour flatter notre hôte, observant son visage,

---

[1] Ce nom fut donné à trois grands seigneurs tenant table, qui étoient partagés sur l'estime qu'on devoit faire des vins des coteaux des environs de Reims. Ils avoient chacun leurs partisans. B.

Composer sur ses yeux son geste et son langage;
Quand notre hôte charmé, m'avisant sur ce point :
Qu'avez-vous donc, dit-il, que vous ne mangez point?
Je vous trouve aujourd'hui l'ame toute inquiète,
Et les morceaux entiers restent sur votre assiette.
Aimez-vous la muscade? on en a mis partout.
Ah! monsieur, ces poulets sont d'un merveilleux goût.
Ces pigeons sont dodus, mangez, sur ma parole.
J'aime à voir aux lapins cette chair blanche et molle.
Ma foi, tout est passable, il le faut confesser,
Et Mignot aujourd'hui s'est voulu surpasser.
Quand on parle de sauce, il faut qu'on y raffine;
Pour moi, j'aime surtout que le poivre y domine :
J'en suis fourni, Dieu sait! et j'ai tout Pelletier
Roulé dans mon office en cornets de papier.
A tous ces beaux discours j'étois comme une pierre,
Ou comme la statue est au Festin de Pierre;
Et, sans dire un seul mot, j'avalois au hasard,
Quelque aile de poulet dont j'arrachois le lard.
  Cependant mon hâbleur, avec une voix haute,
Porte à mes campagnards la santé de notre hôte,
Qui tous deux pleins de joie, en jetant un grand cri,
Avec un rouge-bord acceptent son défi.
Un si galant exploit réveillant tout le monde,
On a porté partout des verres à la ronde,
Où les doigts des laquais, dans la crasse tracés,
Témoignoient par écrit qu'on les avoit rincés :
Quand un des conviés, d'un ton mélancolique,
Lamentant tristement une chanson bachique,
Tous mes sots à la fois ravis de l'écouter,
Détonnant de concert, se mettent à chanter.
La musique sans doute étoit rare et charmante!
L'un traîne en longs fredons une voix glapissante:
Et l'autre, l'appuyant de son aigre fausset,
Semble un violon faux qui jure sous l'archet.
  Sur ce point, un jambon d'assez maigre apparence,
Arrive sous le nom de jambon de Mayence.
Un valet le portoit, marchant à pas comptés,

Comme un recteur suivi des quatre facultés.
Deux marmitons crasseux, revêtus de serviettes,
Lui servoient de massiers, et portoient deux assiettes,
L'une de champignons avec des ris de veau,
Et l'autre de pois verts qui se noyoient dans l'eau.
Un spectacle si beau surprenant l'assemblée,
Chez tous les conviés la joie est redoublée;
Et la troupe à l'instant, cessant de fredonner,
D'un ton gravement fou s'est mise à raisonner.
Le vin au plus muet fournissant des paroles,
Chacun a débité ses maximes frivoles,
Réglé les intérêts de chaque potentat,
Corrigé la police, et réformé l'État;
Puis, de là s'embarquant dans la nouvelle guerre,
A vaincu la Hollande, ou battu l'Angleterre [1].

Enfin, laissant en paix tous ces peuples divers,
De propos en propos on a parlé de vers.
Là, tous mes sots, enflés d'une nouvelle audace,
Ont jugé des auteurs en maîtres du Parnasse :
Mais notre hôte surtout, pour la justesse et l'art,
Élevoit jusqu'au ciel Théophile et Ronsard [2];
Quand un des campagnards relevant sa moustache,
Et son feutre à grands poils ombragé d'un panache,
Impose à tous silence, et d'un ton de docteur :
Morbleu! dit-il, La Serre est un charmant auteur [3]!
Ses vers sont d'un beau style, et sa prose est coulante.
La Pucelle est encore [4] une œuvre bien galante,
Et je ne sais pourquoi je bâille en la lisant.
Le Pays, sans mentir, est un bouffon plaisant [5].

---

[1] L'Angleterre et la Hollande étoient alors (1665) en guerre, et le roi avoit envoyé des secours aux Hollandois. B.

[2] Théophile Viaud, ou plutôt de Viau, né à Boussères-Sainte-Radegonde (Gironde), en 1590, mort à Paris le 25 septembre 1626. Pierre de Ronsard, prieur de Saint-Côme, près Tours, né à la Poissonnière en Vendômois, le 10 septembre 1524, mort dans son prieuré le 27 décembre 1585.

[3] Jean Puget de la Serre, écrivain célèbre par son galimatias. B. — Né à Toulouse vers 1600, mort en 1665.

[4] De Chapelain.

[5] Écrivain estimé chez les provinciaux, à cause d'un livre qu'il a

Mais je ne trouve rien de beau dans ce Voiture !.
Ma foi, le jugement sert bien dans la lecture.
A mon gré, le Corneille [2] est joli quelquefois.
En vérité, pour moi j'aime le beau françois.
Je ne sais pas pourquoi l'on vante l'Alexandre [3] ;
Ce n'est qu'un glorieux qui ne dit rien de tendre,
Les héros chez Quinault parlent bien autrement,
Et jusqu'à *Je vous hais*, tout s'y dit tendrement.
On dit qu'on l'a drapé dans certaine satire ;
Qu'un jeune homme... Ah! je sais ce que vous voulez dire,
A répondu notre hôte : « Un auteur sans défaut,
« La raison dit Virgile, et la rime Quinault. »
— Justement. A mon gré, la pièce est assez plate.
Et puis, blâmer Quinault !... Avez-vous vu l'Astrate [4] ?
C'est là ce qu'on appelle un ouvrage achevé.
Surtout « l'anneau royal » me semble bien trouvé.
Son sujet est conduit d'une belle manière ;
Et chaque acte, en sa pièce, est une pièce entière.
Je ne puis plus souffrir ce que les autres font.
  Il est vrai que Quinault est un esprit profond,
A repris certain fat, qu'à sa mine discrète
Et son maintien jaloux j'ai reconnu poëte,
Mais il en est pourtant qui le pourroient valoir.
Ma foi, ce n'est pas vous qui nous le ferez voir,
A dit mon campagnard avec une voix claire,
Et déjà tout bouillant de vin et de colère.
Peut-être, a dit l'auteur pâlissant de courroux :
Mais vous, pour en parler, vous y connoissez-vous ?
Mieux que vous mille fois, dit le noble en furie.
Vous ? mon Dieu ! mêlez-vous de boire, je vous prie,

---

fait, intitulé : *Amitiés, amours, amourettes...* B. — René le Pays, sieur de Villeneuve, directeur des gabelles, né à Nantes en 1636, mort en 1690.

[1] Vincent Voiture, de l'Académie française, né à Amiens en 1598, mort en 1648.

[2] Les comédiens dans leurs affiches, l'appeloient le *grand* Corneille. B.

[3] De Racine.

[4] De Quinault.

A l'auteur sur-le-champ aigrement reparti.
Je suis donc un sot? moi? vous en avez menti,
Reprend le campagnard; et, sans plus de langage,
Lui jette pour défi son assiette au visage.
L'autre esquive le coup, et l'assiette volant
S'en va frapper le mur, et revient en roulant.
A cet affront, l'auteur, se levant de la table,
Lance à mon campagnard un regard effroyable.
Et, chacun vainement se ruant entre deux,
Nos braves s'accrochant se prennent aux cheveux.
Aussitôt sous leurs pieds les tables renversées
Font voir un long débris de bouteilles cassées :
En vain à lever tout les valets sont fort prompts,
Et les ruisseaux de vin coulent aux environs.

Enfin, pour arrêter cette lutte barbare,
De nouveau l'on s'efforce, on crie, on les sépare;
Et, leur première ardeur passant en un moment,
On a parlé de paix et d'accommodement.
Mais, tandis qu'à l'envi tout le monde y conspire,
J'ai gagné doucement la porte sans rien dire,
Avec un bon serment, que, si pour l'avenir
En pareille cohue on me peut retenir,
Je consens de bon cœur, pour punir ma folie,
Que tous les vins pour moi deviennent vins de Brie,
Qu'à Paris le gibier manque tous les hivers,
Et qu'à peine au mois d'août l'on mange des pois verts.

SATIRE IV[1]

A MONSIEUR L'ABBÉ LE VAYER[2]

D'où vient, cher Le Vayer, que l'homme le moins sage
Croit toujours seul avoir la sagesse en partage,

---

[1] Composée en 1664.
[2] L'abbé de la Mothe Le Vayer a publié en 1656 une traduction de

Et qu'il n'est point de fou, qui, par belles raisons,
Ne loge son voisin aux petites-maisons?

    Un pédant enivré de sa vaine science,
Tout hérissé de grec, tout bouffi d'arrogance,
Et qui, de mille auteurs retenus mot pour mot,
Dans sa tête entassés, n'a souvent fait qu'un sot,
Croit qu'un livre fait tout, et que, sans Aristote,
La raison ne voit goutte, et le bon sens radote.

    D'autre part un galant, de qui tout le métier
Est de courir le jour de quartier en quartier,
Et d'aller, à l'abri d'une perruque blonde,
De ses froides douceurs fatiguer le beau monde,
Condamne la science, et, blâmant tout écrit,
Croit qu'en lui l'ignorance est un titre d'esprit ;
Que c'est des gens de cour le plus beau privilége,
Et renvoie un savant dans le fond d'un collége.

    Un bigot orgueilleux, qui, dans sa vanité,
Croit duper jusqu'à Dieu par son zèle affecté,
Couvrant tous ses défauts d'une sainte apparence,
Damne tous les humains, de sa pleine puissance.

    Un libertin [1] d'ailleurs, qui, sans ame et sans foi,
Se fait de son plaisir une suprême loi,
Tient que ces vieux propos de démons et de flammes
Sont bons pour étonner des enfans et des femmes,
Que c'est s'embarrasser de soucis superflus,
Et qu'enfin tout dévot a le cerveau perclus.

    En un mot, qui voudroit épuiser ces matières,
Peignant de tant d'esprits les diverses manières,
Il compteroit plutôt combien, dans un printemps,
Guénaud [2] et l'antimoine ont fait mourir de gens,
Et combien la Neveu [3], devant son mariage,
A de fois au public vendu son p*** [4].

Florus. Il mourut en 1664, âgé de 55 ans, victime du vin d'émétique,
s'il faut en croire Guy-Patin.

   [1] Incrédule, irréligieux.

   [2] Guénaud, médecin de la reine, mort en 1667, et grand partisan de
l'antimoine.

   [3] Infâme débordée connue de tout le monde. B.

   [4] Les éditions de 1666 à 1682 portaient le mot en toutes lettres.

Mais, sans errer en vain dans ces vagues propos,
Et pour rimer ici ma pensée en deux mots,
N'en déplaise à ces fous nommés sages de Grèce,
En ce monde il n'est point de parfaite sagesse :
Tous les hommes sont fous, et, malgré tous leurs soins,
Ne diffèrent entre eux que du plus ou du moins.

Comme on voit qu'en un bois que cent routes séparent,
Les voyageurs sans guide assez souvent s'égarent,
L'un à droit, l'autre à gauche, et, courant vainement,
La même erreur les fait errer diversement :
Chacun suit dans le monde une route incertaine,
Selon que son erreur le joue et le promène ;
Et tel y fait l'habile et nous traite de fous,
Qui sous le nom de sage est le plus fou de tous.
Mais, quoi que sur ce point la satire publie,
Chacun veut en sagesse ériger sa folie,
Et, se laissant régler à son esprit tortu,
De ses propres défauts se fait une vertu.
Ainsi, cela soit dit pour qui veut se connoître,
Le plus sage est celui qui ne pense point l'être ;
Qui, toujours pour un autre enclin vers la douceur,
Se regarde soi-même en sévère censeur,
Rend à tous ses défauts une exacte justice,
Et fait sans se flatter le procès à son vice.
Mais chacun pour soi-même est toujours indulgent.

Un avare, idolâtre et fou de son argent,
Rencontrant la disette au sein de l'abondance,
Appelle sa folie une rare prudence,
Et met toute sa gloire et son souverain bien
A grossir un trésor qui ne lui sert de rien.
Plus il le voit accru, moins il en sait l'usage.

Sans mentir, l'avarice est une étrange rage,
Dira cet autre fou non moins privé de sens,
Qui jette, furieux, son bien à tous venans,
Et dont l'ame inquiète, à soi-même importune,
Se fait un embarras de sa bonne fortune.
Qui des deux en effet est le plus aveuglé ?

L'un et l'autre, à mon sens, ont le cerveau troublé,

Répondra, chez Frédoc¹, ce marquis sage et prude,
Et qui sans cesse au jeu, dont il fait son étude,
Attendant son destin d'un quatorze ou d'un sept,
Voit sa vie ou sa mort sortir de son cornet.
Que si d'un sort fâcheux la maligne inconstance
Vient par un coup fatal faire tourner la chance,
Vous le verrez bientôt les cheveux hérissés,
Et les yeux vers le ciel de fureur élancés,
Ainsi qu'un possédé que le prêtre exorcise,
Fêter dans ses sermens tous les saints de l'Église.
Qu'on le lie; ou je crains, à son air furieux,
Que ce nouveau Titan n'escalade les cieux.
    Mais laissons-le plutôt en proie à son caprice;
Sa folie, aussi bien, lui tient lieu de supplice.
Il est d'autres erreurs dont l'aimable poison
D'un charme bien plus doux enivre la raison :
L'esprit dans ce nectar heureusement s'oublie.
    Chapelain² veut rimer, et c'est là sa folie.
Mais bien que ses durs vers, d'épithètes enflés,
Soient des moindres grimauds chez Ménage sifflés³,
Lui-même il s'applaudit, et, d'un esprit tranquille,
Prend le pas au Parnasse au-dessus de Virgile.
Que feroit-il, hélas! si quelque audacieux
Alloit pour son malheur lui dessiller les yeux,
Lui faisant voir ces vers et sans force et sans graces,
Montés sur deux grands mots, comme sur deux échasses;
Ces termes sans raison l'un de l'autre écartés,
Et ces froids ornemens à la ligne plantés?
Qu'il maudiroit le jour où son ame insensée
Perdit l'heureuse erreur qui charmoit sa pensée!
    Jadis certain bigot, d'ailleurs homme sensé,
D'un mal assez bizarre eut le cerveau blessé,
S'imaginant sans cesse, en sa douce manie,

---

¹ Frédoc tenait une académie de jeu. BROSSETTE.
² Cet auteur, avant que sa *Pucelle* fût imprimée, passoit pour le premier poëte du siècle. L'impression gâta tout. B.
³ On tenoit toutes les semaines (le mercredi), chez Ménage, une assemblée où alloient beaucoup de petits esprits. B.

Des esprits bienheureux entendre l'harmonie.
Enfin, un médecin fort expert en son art,
Le guérit par adresse, ou plutôt par hasard ;
Mais voulant de ses soins exiger le salaire,
Moi ! vous payer ! lui dit le bigot en colère,
Vous dont l'art infernal, par des secrets maudits,
En me tirant d'erreur m'ôte du paradis !

    J'approuve son courroux ; car puisqu'il faut le dire,
Souvent de tous nos maux la raison est le pire.
C'est elle qui, farouche, au milieu des plaisirs,
D'un remords importun vient brider nos désirs.
La fâcheuse a pour nous des rigueurs sans pareilles ;
C'est un pédant qu'on a sans cesse à ses oreilles,
Qui toujours nous gourmande, et, loin de nous toucher,
Souvent, comme Joli[1], perd son temps à prêcher.
En vain certains rêveurs nous l'habillent en reine,
Veulent sur tous nos sens la rendre souveraine,
Et, s'en formant en terre une divinité,
Pensent aller par elle à la félicité :
C'est elle, disent-ils, qui nous montre à bien vivre.
Ces discours, il est vrai, sont fort beaux dans un livre ;
Je les estime fort ; mais je trouve en effet
Que le plus fou souvent est le plus satisfait.

SATIRE V[2]

A MONSIEUR LE MARQUIS DE DANGEAU[3]

La noblesse, Dangeau, n'est pas une chimère,
Quand, sous l'étroite loi d'une vertu sévère,

---

[1] Illustre prédicateur, alors curé de Saint-Nicolas-des-Champs, à Paris, et depuis évêque d'Agen. B. — Claude Joli, né à Bury-sur-l'Orne, en 1610, mourut en 1678 à Agen.

[2] Composée en 1665.

[3] Philippe de Courcillon, marquis de Dangeau, de l'Académie française et de celle des sciences ; né le 21 septembre 1638, mort le 9 septembre 1720.

Un homme issu d'un sang fécond en demi-dieux,
Suit, comme toi, la trace où marchoient ses aïeux.
　Mais je ne puis souffrir qu'un fat, dont la mollesse
N'a rien pour s'appuyer qu'une vaine noblesse,
Se pare insolemment du mérite d'autrui,
Et me vante un honneur qui ne vient pas de lui.
Je veux que la valeur de ses aïeux antiques
Ait fourni de matière aux plus vieilles chroniques,
Et que l'un des Capets, pour honorer leur nom,
Ait de trois fleurs de lis doté leur écusson :
Que sert ce vain amas d'une inutile gloire,
Si, de tant de héros célèbres dans l'histoire,
Il ne peut rien offrir aux yeux de l'univers
Que de vieux parchemins qu'ont épargnés les vers,
Si, tout sorti qu'il est d'une source divine,
Son cœur dément en lui sa superbe origine,
Et, n'ayant rien de grand qu'une sotte fierté,
S'endort dans une lâche et molle oisiveté?
Cependant, à le voir avec tant d'arrogance
Vanter le faux éclat de sa haute naissance,
On diroit que le ciel est soumis à sa loi,
Et que Dieu l'a pétri d'autre limon que moi.
Enivré de lui-même, il croit, dans sa folie,
Qu'il faut que devant lui d'abord tout s'humilie.
Aujourd'hui toutefois, sans trop le ménager,
Sur ce ton un peu haut je vais l'interroger :
　Dites-moi, grand héros, esprit rare et sublime,
Entre tant d'animaux, qui sont ceux qu'on estime?
On fait cas d'un coursier qui, fier et plein de cœur,
Fait paroître en courant sa bouillante vigueur;
Qui jamais ne se lasse, et qui dans la carrière
S'est couvert mille fois d'une noble poussière.
Mais la postérité d'Alfane [1] et de Bayard [2],
Quand ce n'est qu'une rosse, est vendue au hasard,
Sans respect des aïeux dont elle est descendue,

---

[1] Cheval du roi Gradasse dans l'Arioste. B.
[2] Cheval des quatre fils Aimon. B.

Et va porter la malle, ou tirer la charrue.
Pourquoi donc voulez-vous que, par un sot abus,
Chacun respecte en vous un honneur qui n'est plus?
On ne m'éblouit point d'une apparence vaine :
La vertu, d'un cœur noble est la marque certaine.
Si vous êtes sorti de ces héros fameux,
Montrez-nous cette ardeur qu'on vit briller en eux,
Ce zèle pour l'honneur, cette horreur pour le vice.
Respectez-vous les lois? fuyez-vous l'injustice?
Savez-vous pour la gloire oublier le repos,
Et dormir en plein champ le harnois sur le dos?
Je vous connois pour noble à ces illustres marques.
Alors soyez issu des plus fameux monarques,
Venez de mille aïeux, et, si ce n'est assez,
Feuilletez à loisir tous les siècles passés ;
Voyez de quel guerrier il vous plaît de descendre;
Choisissez de César, d'Achille, ou d'Alexandre :
En vain un faux censeur voudroit vous démentir,
Et si vous n'en sortez, vous en devez sortir.
Mais, fussiez-vous issu d'Hercule en droite ligne,
Si vous ne faites voir qu'une bassesse indigne,
Ce long amas d'aïeux que vous diffamez tous,
Sont autant de témoins qui parlent contre vous ;
Et tout ce grand éclat de leur gloire ternie
Ne sert plus que de jour à votre ignominie.
En vain, tout fier d'un sang que vous déshonorez,
Vous dormez à l'abri de ces noms révérés ;
En vain vous vous couvrez des vertus de vos pères :
Ce ne sont à mes yeux que de vaines chimères ;
Je ne vois rien en vous qu'un lâche, un imposteur,
Un traître, un scélérat, un perfide, un menteur,
Un fou dont les accès vont jusqu'à la furie,
Et d'un tronc fort illustre une branche pourrie.

   Je m'emporte peut-être, et ma muse en fureur
Verse dans ses discours trop de fiel et d'aigreur :
Il faut avec les grands un peu de retenue.
Eh bien ! je m'adoucis. Votre race est connue,
Depuis quand ? répondez. Depuis mille ans entiers,

SATIRE V.

Et vous pouvez fournir deux fois seize quartiers :
C'est beaucoup. Mais enfin les preuves en sont claires,
Tous les livres sont pleins des titres de vos pères ;
Leurs noms sont échappés du naufrage des temps.
Mais qui m'assurera qu'en ce long cercle d'ans,
A leurs fameux époux vos aïeules fidèles,
Aux douceurs des galans furent toujours rebelles ?
Et comment savez-vous si quelque audacieux
N'a point interrompu le cours de vos aïeux ;
Et si leur sang tout pur, ainsi que leur noblesse,
Est passé jusqu'à vous de Lucrèce en Lucrèce ?
 Que maudit soit le jour où cette vanité
Vint ici de nos mœurs souiller la pureté !
Dans les temps bienheureux du monde en son enfance,
Chacun mettoit sa gloire en sa seule innocence ;
Chacun vivoit content, et sous d'égales lois,
Le mérite y faisoit la noblesse et les rois ;
Et, sans chercher l'appui d'une naissance illustre,
Un héros de soi-même empruntoit tout son lustre.
Mais enfin par le temps le mérite avili
Vit l'honneur en roture, et le vice ennobli ;
Et l'orgueil, d'un faux titre appuyant sa foiblesse,
Maîtrisa les humains sous le nom de noblesse.
De là vinrent en foule et marquis et barons :
Chacun pour ses vertus n'offrit plus que des noms.
Aussitôt maint esprit fécond en rêveries,
Inventa le blason avec les armoiries ;
De ses termes obscurs fit un langage à part ;
Composa tous ces mots de Cimier et d'Écart,
De Pal, de Contre-pal, de Lambel et de Fasce,
Et tout ce que Segoing[1] dans son Mercure entasse.
Une vaine folie enivrant la raison,
L'honneur triste et honteux ne fut plus de saison.
Alors, pour soutenir son rang et sa naissance,
Il fallut étaler le luxe et la dépense ;
Il fallut habiter un superbe palais,

---

[1] Auteur qui a fait le *Mercure armorial*. B.

Faire par les couleurs distinguer ses valets ;
Et, traînant en tous lieux de pompeux équipages,
Le duc et le marquis se reconnut aux pages [1].
  Bientôt, pour subsister, la noblesse sans bien
Trouva l'art d'emprunter, et de ne rendre rien ;
Et, bravant des sergens la timide cohorte,
Laissa le créancier se morfondre à sa porte.
Mais, pour comble, à la fin, le marquis en prison
Sous le faix des procès vit tomber sa maison.
Alors le noble altier, pressé de l'indigence,
Humblement du faquin rechercha l'alliance ;
Avec lui trafiquant d'un nom si précieux,
Par un lâche contrat vendit tous ses aïeux ;
Et, corrigeant ainsi la fortune ennemie,
Rétablit son honneur à force d'infamie.
Car, si l'éclat de l'or ne relève le sang,
En vain l'on fait briller la splendeur de son rang ;
L'amour de vos aïeux passe en vous pour manie,
Et chacun pour parent vous fuit et vous renie.
Mais quand un homme est riche, il vaut toujours son prix,
Et, l'eût-on vu porter la mandille [2] à Paris ;
N'eût il de son vrai nom ni titre ni mémoire,
D'Hozier lui trouvera [3] cent aïeux dans l'histoire.
  Toi donc, qui, de mérite et d'honneurs revêtu,
Des écueils de la cour as sauvé ta vertu,
Dangeau, qui, dans le rang où notre roi t'appelle,
Le vois, toujours orné d'une gloire nouvelle,
Et plus brillant par soi que par l'éclat des lis,
Dédaigner tous ces rois dans la pourpre amollis ;
Fuir d'un honteux loisir la douceur importune ;
A ses sages conseils asservir la fortune ;
Et, de tout son bonheur ne devant rien qu'à soi,
Montrer à l'univers ce que c'est qu'être roi :

[1] Tous les gentilshommes considérables en ce temps-là avoient des pages. B.

[2] Petite casaque qu'en ce temps-là portoient les laquais. B.

[3] Auteur très-savant dans les généalogies. B. — Il s'agit de Charles-René d'Hozier, né à Paris le 24 février 1640, mort à Paris le 13 février 1732.

Si tu veux te couvrir d'un éclat légitime,
Va par mille beaux faits mériter son estime;
Sers un si noble maître; et fais voir qu'aujourd'hui
Ton prince a des sujets qui sont dignes de lui.

SATIRE VI[1]

Qui frappe l'air, bon Dieu! de ces lugubres cris?
Est-ce donc pour veiller qu'on se couche à Paris?
Et quel fâcheux démon, durant les nuits entières,
Rassemble ici les chats de toutes les gouttières?
J'ai beau sauter du lit, plein de trouble et d'effroi,
Je pense qu'avec eux tout l'enfer est chez moi :
L'un miaule en grondant comme un tigre en furie,
L'autre roule sa voix comme un enfant qui crie.
Ce n'est pas tout encor : les souris et les rats
Semblent, pour m'éveiller, s'entendre avec les chats,
Plus importuns pour moi, durant la nuit obscure,
Que jamais, en plein jour, ne fut l'abbé De Pure[2].
Tout conspire à la fois à troubler mon repos,
Et je me plains ici du moindre de mes maux :
Car à peine les coqs, commençant leur ramage,
Auront de cris aigus frappé le voisinage,
Qu'un affreux serrurier, laborieux Vulcain,
Qu'éveillera bientôt l'ardente soif du gain,
Avec un fer maudit, qu'à grand bruit il apprête,
De cent coups de marteau me va fendre la tête.
J'entends déjà partout les charrettes courir,
Les maçons travailler, les boutiques s'ouvrir :
Tandis que dans les airs mille cloches émues,
D'un funèbre concert font retentir les nues;
Et, se mêlant au bruit de la grêle et des vents,

---

[1] Composée avec la satire Ire dont elle faisait d'abord partie. Cf. Juvénal, fin de la IIIe satire, et Martial, l. XII, épigramme LVII.
[2] Ennuyeux célèbre. B.

Pour honorer les morts font mourir les vivans.
   Encor je bénirois la bonté souveraine,
Si le ciel à ces maux avoit borné ma peine ;
Mais si seul en mon lit je peste avec raison,
C'est encor pis vingt fois en quittant la maison :
En quelque endroit que j'aille, il faut fendre la presse
D'un peuple d'importuns qui fourmillent sans cesse.
L'un me heurte d'un ais dont je suis tout froissé ;
Je vois d'un autre coup mon chapeau renversé.
Là, d'un enterrement la funèbre ordonnance,
D'un pas lugubre et lent vers l'église s'avance ;
Et plus loin des laquais l'un l'autre s'agaçans,
Font aboyer les chiens et jurer les passans.
Des paveurs en ce lieu me bouchent le passage.
Là, je trouve une croix de funeste présage[1],
Et des couvreurs grimpés au toit d'une maison,
En font pleuvoir l'ardoise et la tuile à foison.
Là, sur une charrette une poutre branlante
Vient menaçant de loin la foule qu'elle augmente ;
Six chevaux attelés à ce fardeau pesant
Ont peine à l'émouvoir sur le pavé glissant.
D'un carrosse en tournant il accroche une roue,
Et du choc le renverse en un grand tas de boue :
Quand un autre à l'instant s'efforçant de passer,
Dans le même embarras se vient embarrasser.
Vingt carrosses bientôt arrivant à la file,
Y sont en moins de rien suivis de plus de mille ;
Et, pour surcroit de maux, un sort malencontreux
Conduit en cet endroit un grand troupeau de bœufs.
Chacun prétend passer ; l'un mugit, l'autre jure ;
Des mulets en sonnant augmentent le murmure.
Aussitôt cent chevaux dans la foule appelés,
De l'embarras qui croît ferment les défilés,
Et partout, des passans enchaînant les brigades,
Au milieu de la paix font voir les barricades.

---

[1] On faisoit pendre du toit de toutes les maisons que l'on couvroit une croix de lattes, pour avertir les passans de s'éloigner. On n'y pend plus maintenant qu'une simple latte. B.

On n'entend que des cris poussés confusément :
Dieu, pour s'y faire ouïr, tonneroit vainement.
Moi donc, qui dois souvent en certain lieu me rendre,
Le jour déjà baissant, et qui suis las d'attendre,
Ne sachant plus tantôt à quel saint me vouer,
Je me mets au hasard de me faire rouer.
Je saute vingt ruisseaux, j'esquive, je me pousse;
Guenaud sur son cheval en passant m'éclabousse [1] :
Et, n'osant plus paroître en l'état où je suis,
Sans songer où je vais, je me sauve où je puis.
   Tandis que dans un coin en grondant je m'essuie,
Souvent pour m'achever, il survient une pluie :
On diroit que le ciel, qui se fond tout en eau,
Veuille inonder ces lieux d'un déluge nouveau.
Pour traverser la rue, au milieu de l'orage,
Un ais sur deux pavés forme un étroit passage;
Le plus hardi laquais n'y marche qu'en tremblant :
Il faut pourtant passer sur ce pont chancelant;
Et les nombreux torrens qui tombent des gouttières,
Grossissant les ruisseaux, en ont fait des rivières.
J'y passe en trébuchant; mais, malgré l'embarras,
La frayeur de la nuit précipite mes pas.
   Car, sitôt que du soir les ombres pacifiques
D'un double cadenas font fermer les boutiques;
Que, retiré chez lui, le paisible marchand
Va revoir ses billets et compter son argent;
Que dans le Marché-Neuf tout est calme et tranquille,
Les voleurs à l'instant s'emparent de la ville.
Le bois le plus funeste et le moins fréquenté
Est, au prix de Paris, un lieu de sûreté [2].
Malheur donc à celui qu'une affaire imprévue
Engage un peu trop tard au détour d'une rue!
Bientôt quatre bandits lui serrant les côtés :
La bourse!... Il faut se rendre; ou bien non, résistez,

---

[1] C'étoit le plus célèbre médecin de Paris, et qui alloit toujours à cheval. B.

[2] On voloit beaucoup en ce temps-là, dans les rues de Paris. B.

Afin que votre mort, de tragique mémoire,
Des massacres fameux aille grossir l'histoire [1].
Pour moi, fermant la porte, et cédant au sommeil,
Tous les jours je me couche avecque le soleil :
Mais en ma chambre à peine ai-je éteint la lumière,
Qu'il ne m'est plus permis de fermer la paupière.
Des filous effrontés, d'un coup de pistolet,
Ébranlent ma fenêtre, et percent mon volet :
J'entends crier partout : Au meurtre ! On m'assassine !
Ou : Le feu vient de prendre à la maison voisine !
Tremblant et demi-mort, je me lève à ce bruit,
Et souvent sans pourpoint [2] je cours toute la nuit.
Car le feu, dont la flamme en ondes se déploie,
Fait de notre quartier une seconde Troie,
Où maint Grec affamé, maint avide Argien,
Au travers des charbons va piller le Troyen.
Enfin sous mille crocs la maison abîmée
Entraine aussi le feu qui se perd en fumée.

    Je me retire donc, encor pâle d'effroi,
Mais le jour est venu quand je rentre chez moi.
Je fais pour reposer un effort inutile :
Ce n'est qu'à prix d'argent qu'on dort en cette ville.
Il faudroit, dans l'enclos d'un vaste logement,
Avoir loin de la rue un autre appartement.

    Paris est pour un riche un pays de Cocagne.
Sans sortir de la ville, il trouve la campagne :
Il peut dans son jardin, tout peuplé d'arbres verts,
Recéler le printemps au milieu des hivers ;
Et, foulant le parfum de ses plantes fleuries,
Aller entretenir ses douces rêveries.

    Mais moi, grace au destin, qui n'ai ni feu ni lieu,
Je me loge où je puis, et comme il plaît à Dieu.

---

[1] Il y a une histoire intitulée : *Histoire des larrons.* B.
[2] Tout le monde en ce temps-là portoit des pourpoints. B.

SATIRE VII[1]

Muse, changeons de style, et quittons la satire ;
C'est un méchant métier que celui de médire ;
A l'auteur qui l'embrasse il est toujours fatal :
Le mal qu'on dit d'autrui ne produit que du mal.
Maint poëte, aveuglé d'une telle manie,
En courant à l'honneur trouve l'ignominie ;
Et tel mot, pour avoir réjoui le lecteur,
A coûté bien souvent des larmes à l'auteur.
 Un éloge ennuyeux, un froid panégyrique,
Peut pourrir à son aise au fond d'une boutique,
Ne craint point du public les jugemens divers,
Et n'a pour ennemis que la poudre et les vers :
Mais un auteur malin, qui rit et qui fait rire,
Qu'on blâme en le lisant, et pourtant qu'on veut lire,
Dans ses plaisans accès qui se croit tout permis,
De ses propres rieurs se fait des ennemis.
Un discours trop sincère aisément nous outrage :
Chacun dans ce miroir pense voir son visage :
Et tel, en vous lisant, admire chaque trait,
Qui dans le fond de l'ame et vous craint et vous hait.
 Muse, c'est donc en vain que la main vous démange.
S'il faut rimer ici, rimons quelque louange ;
Et cherchons un héros, parmi cet univers,
Digne de notre encens et digne de nos vers.
Mais à ce grand effort en vain je vous anime :
Je ne puis pour louer rencontrer une rime ;
Dès que j'y veux rêver, ma veine est aux abois.
J'ai beau frotter mon front, j'ai beau mordre mes doigts,
Je ne puis arracher du creux de ma cervelle
Que des vers plus forcés que ceux de la Pucelle[2].

---

[1] Composée en 1663. Cf. Horace, l. II, sat. 1.
[2] Poëme héroïque de Chapelain, dont tous les vers semblent faits en dépit de Minerve. B.

Je pense être à la gêne, et, pour un tel dessein,
La plume et le papier résistent à ma main.
Mais, quand il faut railler, j'ai ce que je souhaite.
Alors, certes, alors je me connois poëte :
Phébus, dès que je parle, est prêt à m'exaucer;
Mes mots viennent sans peine, et courent se placer.
Faut-il peindre un fripon fameux dans cette ville?
Ma main, sans que j'y rêve, écrira Raumaville.
Faut-il d'un sot parfait montrer l'original?
Ma plume au bout du vers d'abord trouve Sofal [1] :
Je sens que mon esprit travaille de génie.
Faut-il d'un froid rimeur dépeindre la manie?
Mes vers comme un torrent, coulent sur le papier :
Je rencontre à la fois Perrin et Pelletier,
Bonnecorse, Pradon, Colletet, Titreville [2];
Et, pour un que je veux, j'en trouve plus de mille
Aussitôt je triomphe; et ma muse en secret
S'estime et s'applaudit du beau coup qu'elle a fait.
C'est en vain qu'au milieu de ma fureur extrême
Je me fais quelquefois des leçons à moi-même ;
En vain je veux au moins faire grace à quelqu'un :
Ma plume auroit regret d'en épargner aucun :
Et sitôt qu'une fois la verve me domine,
Tout ce qui s'offre à moi passe par l'étamine.
Le mérite pourtant m'est toujours précieux :
Mais tout fat me déplaît, et me blesse les yeux ;
Je le poursuis partout, comme un chien fait sa proie,
Et ne le sens jamais qu'aussitôt je n'aboie.
Enfin, sans perdre temps en de si vains propos,
Je sais coudre une rime au bout de quelques mots.
Souvent j'habille en vers une maligne prose :
C'est par là que je vaux, si je vaux quelque chose.
Ainsi, soit que bientôt, par une dure loi,
La mort d'un vol affreux vienne fondre sur moi,
Soit que le ciel me garde un cours long et tranquille,

---

[1] Henri Sauval, avocat au Parlement de Paris, né vers 1620, mort en 1670.
[2] Poëtes décriés. B.

A Rome ou dans Paris, aux champs ou dans la ville.
Dût ma muse par là choquer tout l'univers,
Riche, gueux, triste ou gai, je veux faire des vers.

    Pauvre esprit, dira-t-on, que je plains ta folie!
Modère ces bouillons de ta mélancolie;
Et garde qu'un de ceux que tu penses blâmer
N'éteigne dans ton sang cette ardeur de rimer.

    Eh quoi! lorsqu'autrefois Horace, après Lucile,
Exhaloit en bons mots les vapeurs de sa bile,
Et, vengeant la vertu par des traits éclatans,
Alloit ôter le masque aux vices de son temps;
Ou bien quand Juvénal, de sa mordante plume
Faisant couler des flots de fiel et d'amertume,
Gourmandoit en courroux tout le peuple latin,
L'un ou l'autre, fit-il une tragique fin?
Et que craindre après tout, d'une fureur si vaine?
Personne ne connoît ni mon nom ni ma veine :
On ne voit point mes vers, à l'envi de Montreuil [1],
Grossir impunément les feuillets d'un recueil.
A peine quelquefois je me force à les lire,
Pour plaire à quelque ami que charme la satire,
Qui me flatte peut-être, et, d'un air imposteur,
Rit tout haut de l'ouvrage, et tout bas de l'auteur [2].
Enfin c'est mon plaisir; je me veux satisfaire.
Je ne puis bien parler, et ne saurois me taire;
Et, dès qu'un mot plaisant vient luire à mon esprit,
Je n'ai point de repos qu'il ne soit en écrit :
Je ne résiste point au torrent qui m'entraîne.

    Mais c'est assez parlé; prenons un peu d'haleine :
Ma main, pour cette fois, commence à se lasser.
Finissons. Mais demain, Muse, à recommencer.

---

[1] Le nom de Montreuil dominoit dans tous les fréquens recueils de poésies choisies qu'on faisoit alors. B. — Matthieu de Montreuil, né à Paris en 1620, mort à Aix, secrétaire de l'archevêque Daniel de Cosnac, en 1691.

[2] Par ces derniers vers, Boileau désignoit Furetière.

SATIRE VIII [1]

A MONSIEUR M** (MOREL) [2]

DOCTEUR DE SORBONNE.

De tous les animaux qui s'élèvent dans l'air,
Qui marchent sur la terre, ou nagent dans la mer,
De Paris au Pérou, du Japon jusqu'à Rome,
Le plus sot animal, à mon avis, c'est l'homme
  Quoi! dira-t-on d'abord, un ver, une fourmi,
Un insecte rampant qui ne vit qu'à demi,
Un taureau qui rumine, une chèvre qui broute,
Ont l'esprit mieux tourné que n'a l'homme? Oui sans doute.
Ce discours te surprend, docteur, je l'aperçoi.
L'homme de la nature est le chef et le roi :
Bois, prés, champs, animaux, tout est pour son usage,
Et lui seul a, dis-tu, la raison en partage.
Il est vrai, de tout temps, la raison fut son lot :
Mais de là je conclus que l'homme est le plus sot.
  Ces propos, diras-tu, sont bons dans la satire,
Pour égayer d'abord un lecteur qui veut rire :
Mais il faut les prouver. En forme. — J'y consens.
Réponds-moi donc, docteur, et mets-toi sur les bancs.
  Qu'est-ce que la sagesse? une égalité d'âme
Que rien ne peut troubler, qu'aucun désir n'enflamme,
Qui marche en ses conseils à pas plus mesurés
Qu'un doyen au palais ne monte les degrés.
Or cette égalité dont se forme le sage,
Qui jamais moins que l'homme en a connu l'usage?

---

[1] Composée en 1667. — Cette satire est tout à fait dans le goût de Perse, et marque un philosophe chagrin, qui ne peut souffrir les vices des hommes. B.

[2] Claude Morel, docteur en Sorbonne, doyen de la Faculté de théologie et chanoine théologal de Paris, né à Châlons-sur-Marne, mort à Paris le 30 avril 1679.

La fourmi tous les ans traversant les guérets,
Grossit ses magasins des trésors de Cérès ;
Et dès que l'aquilon ramenant la froidure,
Vient de ses noirs frimas attrister la nature,
Cet animal, tapi dans son obscurité,
Jouit l'hiver des biens conquis durant l'été.
Mais on ne la voit point, d'une humeur inconstante,
Paresseuse au printemps, en hiver diligente,
Affronter en plein champ les fureurs de janvier,
Ou demeurer oisive au retour du bélier.
Mais l'homme, sans arrêt dans sa course insensée,
Voltige incessamment de pensée en pensée :
Son cœur, toujours flottant entre mille embarras,
Ne sait ni ce qu'il veut ni ce qu'il ne veut pas.
Ce qu'un jour il abhorre, en l'autre il le souhaite.
Moi ! j'irois épouser une femme coquette !
J'irois, par ma constance aux affronts endurci,
Me mettre au rang des saints qu'a célébrés Bussi [1] !
Assez de sots sans moi feront parler la ville,
Disoit le mois passé, ce marquis indocile,
Qui, depuis quinze jours dans le piége arrêté,
Entre les bons maris pour exemple cité,
Croit que Dieu tout exprès d'une côte nouvelle
A tiré pour lui seul une femme fidèle.
    Voilà l'homme en effet. Il va du blanc au noir :
Il condamne au matin ses sentimens du soir :
Importun à tout autre, à soi-même incommode,
Il change à tous momens d'esprit comme de mode :
Il tourne au moindre vent, il tombe au moindre choc,
Aujourd'hui dans un casque et demain dans un froc.
    Cependant à le voir plein de vapeurs légères,
Soi-même se bercer de ses propres chimères,
Lui seul de la nature est la base et l'appui,
Et le dixième ciel ne tourne que pour lui.

---

[1] Bussi, dans son histoire galante, raconte beaucoup de galanteries très-criminelles de dames mariées de la cour. B. — Roger, comte de Bussy-Rabutin, né à Épiry (Nièvre) le 18 avril 1618, mort à Autun le 9 avril 1693.

De tous les animaux, il est, dit-il, le maître. —
Qui pourroit le nier? poursuis-tu. — Moi, peut-être.
Mais, sans examiner si, vers les antres sourds,
L'ours a peur du passant, ou le passant de l'ours;
Et si, sur un édit des pâtres de Nubie,
Les lions de Barca videraient la Libye;
Ce maître prétendu qui leur donne des lois,
Ce roi des animaux, combien a-t-il de rois?
L'ambition, l'amour, l'avarice, la haine,
Tiennent comme un forçat son esprit à la chaîne.
Le sommeil sur ses yeux commence à s'épancher :
Debout, dit l'avarice, il est temps de marcher.
Hé! laissez-moi. — Debout! — Un moment. — Tu répli-
A peine le soleil fait ouvrir les boutiques. — [ques! —
N'importe, lève-toi. — Pour quoi faire après tout? —
Pour courir l'Océan de l'un à l'autre bout,
Chercher jusqu'au Japon la porcelaine et l'ambre,
Rapporter de Goa [1] le poivre et le gingembre. —
Mais j'ai des biens en foule, et je puis m'en passer. —
On n'en peut trop avoir; et pour en amasser
Il ne faut épargner ni crime, ni parjure;
Il faut souffrir la faim et coucher sur la dure;
Eût-on plus de trésors que n'en perdit Galet [2],
N'avoir en sa maison ni meubles ni valet;
Parmi les tas de blé vivre de seigle et d'orge;
De peur de perdre un liard souffrir qu'on vous égorge [3].
— Et pourquoi cette épargne enfin? — L'ignores-tu?
Afin qu'un héritier, bien nourri, bien vêtu,
Profitant d'un trésor en tes mains inutile,
De son train quelque jour embarrasse la ville. —
Que faire? Il faut partir : les matelots sont prêts.
Ou, si pour l'entraîner l'argent manque d'attraits,
Bientôt l'ambition et toute son escorte
Dans le sein du repos vient le prendre à main-forte,

[1] Ville des Portugais dans les Indes orientales. B.
[2] Fameux joueur dont il est fait mention dans Régnier. B.
[3] Allusion à l'aventure du lieutenant-criminel Tardieu et de sa femme. Voir la satire x.

SATIRE VIII.

L'envoie en furieux, au milieu des hasards,
Se faire estropier sur les pas des Césars ;
Et cherchant sur la brèche une mort indiscrète,
De sa folle valeur embellir la gazette.
   Tout beau, dira quelqu'un, raillez plus à propos :
Ce vice fut toujours la vertu des héros.
Quoi donc! à votre avis, fut-ce un fou qu'Alexandre? —
Qui? cet écervelé qui mit l'Asie en cendre?
Ce fougueux l'Angely [1], qui, de sang altéré,
Maître du monde entier s'y trouvait trop serré !
L'enragé qu'il étoit, né roi d'une province
Qu'il pouvoit gouverner en bon et sage prince,
S'en alla follement, et pensant être Dieu,
Courir comme un bandit qui n'a ni feu ni lieu ;
Et, traînant avec soi les horreurs de la guerre,
De sa vaste folie emplir toute la terre ;
Heureux, si de son temps, pour cent bonnes raisons,
La Macédoine eût eu des petites-maisons [2],
Et qu'un sage tuteur l'eût en cette demeure,
Par avis de parens, enfermé de bonne heure!
   Mais, sans nous égarer dans ces digressions,
Traiter, comme Senaut, toutes les passions ;
Et, les distribuant, par classes et par titres,
Dogmatiser en vers, et rimer par chapitres,
Laissons-en discourir La Chambre ou Coeffeteau [3],
Et voyons l'homme enfin par l'endroit le plus beau.
   Lui seul, vivant, dit-on, dans l'enceinte des villes,
Fait voir d'honnêtes mœurs, des coutumes civiles,
Se fait des gouverneurs, des magistrats, des rois,
Observe une police, obéit à des lois.
   Il est vrai. Mais pourtant sans loi et sans police,
Sans craindre archers, prévôt, ni suppôt de justice,
Voit-on les loups brigands, comme nous inhumains,
Pour détrousser les loups courir les grands chemins?

---

[1] Il en est parlé dans la première satire. B.
[2] C'est un hôpital de Paris où l'on enferme les fous. B.
[3] Senault, la Chambre et Coëffeteau ont tous trois fait chacun un *Traité des passions*. B.

Jamais, pour s'agrandir, vit-on dans sa manie
Un tigre en factions partager l'Hyrcanie [1] ?
L'ours a-t-il dans les bois la guerre avec les ours?
Le vautour dans les airs fond-il sur les vautours?
A-t-on vu quelquefois dans les plaines d'Afrique,
Déchirant à l'envi leur propre république,
« Lions contre lions, parens contre parens,
« Combattre follement pour le choix des tyrans [2] ? »
L'animal le plus fier qu'enfante la nature,
Dans un autre animal respecte sa figure,
De sa rage avec lui modère les accès,
Vit sans bruit, sans débats, sans noise, sans procès.
Un aigle, sur un champ prétendant droit d'aubaine [3],
Ne fait point appeler un aigle à la huitaine ;
Jamais contre un renard chicanant un poulet
Un renard de son sac n'alla charger Rolet ;
Jamais la biche en rut n'a, pour fait d'impuissance,
Traîné du fond des bois un cerf à l'audience ;
Et jamais juge, entre eux ordonnant le congrès [4],
De ce burlesque mot n'a sali ses arrêts.
On ne connoît chez eux ni placets ni requêtes,
Ni haut, ni bas conseil, ni chambre des enquêtes.
Chacun l'un avec l'autre en toute sûreté,
Vit sous les pures lois de la simple équité,
L'homme seul, l'homme seul, en sa fureur extrême,
Met un brutal honneur à s'égorger soi-même.
C'étoit peu que sa main conduite par l'enfer,
Eût pétri le salpêtre, eût aiguisé le fer :
Il falloit que sa rage, à l'univers funeste,
Allât encor de lois embrouiller un Digeste ;
Cherchât pour l'obscurcir des gloses, des docteurs,
Accablât l'équité sous des monceaux d'auteurs.

---

[1] Province de Perse, sur les bords de la mer Caspienne. B.

[2] Parodie. Il y a dans le Cinna, *Romains contre Romains*, etc. B.

[3] C'est un droit qu'a le roi de succéder aux biens des étrangers qui meurent en France et qui n'y sont pas naturalisés. B. — Il a été supprimé en 1819.

[4] Cet usage fut aboli sur le plaidoyer de M. le président de Lamoignon, alors avocat général. B.

Et pour comble de maux apportât dans la France
Des harangueurs du temps l'ennuyeuse éloquence.
    Doucement, diras-tu! que sert de s'emporter?
L'homme a ses passions, on n'en sauroit douter;
Il a comme la mer ses flots et ses caprices :
Mais ses moindres vertus balancent tous ses vices.
N'est-ce pas l'homme enfin dont l'art audacieux
Dans le tour d'un compas a mesuré les cieux?
Dont la vaste science, embrassant toutes choses,
A fouillé la nature, en a percé les causes?
Les animaux ont-ils des universités?
Voit-on fleurir chez eux des quatre facultés [1]?
Y voit-on des savans en droit, en médecine,
Endosser l'écarlate et se fourrer d'hermine?
Non, sans doute; et jamais chez eux un médecin
N'empoisonna les bois de son art assassin.
Jamais docteur armé d'un argument frivole
Ne s'enroua chez eux sur les bancs d'une école.
Mais sans chercher au fond, si notre esprit déçu
Sait rien de ce qu'il sait, s'il a jamais rien su;
Toi-même réponds-moi : Dans le siècle où nous sommes
Est-ce au pied du savoir qu'on mesure les hommes?
Veux-tu voir tous les grands à ta porte courir?
Dit un père à son fils dont le poil va fleurir;
Prends-moi le bon parti : laisse là tous les livres.
Cent francs au denier cinq combien font-ils? — Vingt livres.
C'est bien dit. Va, tu sais tout ce qu'il faut savoir.
Que de biens, que d'honneurs sur toi s'en vont pleuvoir!
Exerce-toi, mon fils, dans ces hautes sciences ;
Prends, au lieu d'un Platon, le Guidon des finances [2] :
Sache quelle province enrichit les traitans;
Combien le sel au roi peut fournir tous les ans.
Endurcis-toi le cœur, sois arabe, corsaire,
Injuste, violent, sans foi, double, faussaire.

---

[1] L'Université est composée de quatre facultés, qui sont les Arts, la Théologie, le Droit et la Médecine. Les docteurs portent dans les jours de cérémonie des robes rouges fourrées d'hermine. B.

[2] Livre qui traite des finances. B.

Ne va point sottement faire le généreux :
Engraisse-toi, mon fils, du suc des malheureux ;
Et, trompant de Colbert la prudence importune,
Va par tes cruautés mériter la fortune.
Aussitôt tu verras poëtes, orateurs,
Rhéteurs, grammairiens, astronomes, docteurs,
Dégrader les héros pour te mettre en leurs places,
De tes titres pompeux enfler leurs dédicaces,
Te prouver à toi-même, en grec, hébreu, latin,
Que tu sais de leur art et le fort et le fin.
Quiconque est riche est tout : sans sagesse il est sage ;
Il a, sans rien savoir, la science en partage ;
Il a l'esprit, le cœur, le mérite, le rang,
La vertu, la valeur, la dignité, le sang ;
Il est aimé des grands, il est chéri des belles :
Jamais surintendant ne trouva de cruelles.
L'or même à la laideur donne un teint de beauté :
Mais tout devient affreux avec la pauvreté.

    C'est ainsi qu'à son fils un usurier habile
Trace vers la richesse une route facile :
Et souvent tel y vient, qui sait, pour tout secret,
Cinq et quatre font neuf, ôtez deux, reste sept.

    Après cela, docteur, va pâlir sur la Bible,
Va marquer les écueils de cette mer terrible ;
Perce la sainte horreur de ce livre divin ;
Confonds dans un ouvrage et Luther et Calvin,
Débrouille des vieux temps les querelles célèbres ;
Éclaircis des rabbins les savantes ténèbres :
Afin qu'en ta vieillesse un livre en maroquin
Aille offrir ton travail à quelque heureux faquin,
Qui, pour digne loyer de la Bible éclaircie,
Te paye en l'acceptant d'un « Je vous remercie. »
Ou, si ton cœur aspire à des honneurs plus grands,
Quitte là le bonnet, la Sorbonne, et les bancs ;
Et, prenant désormais un emploi salutaire,
Mets-toi chez un banquier, ou bien chez un notaire :
Laisse là saint Thomas s'accorder avec Scot[1] ;

[1] Saint Thomas d'Aquin, surnommé le *Docteur angélique*, né en 1227,

Et conclus avec moi qu'un docteur n'est qu'un sot.
　　Un docteur! diras-tu. Parlez de vous, poëte;
C'est pousser un peu loin votre muse indiscrète.
Mais, sans perdre en discours le temps hors de saison,
L'homme, venez au fait, n'a-t-il pas la raison?
N'est-ce pas son flambeau, son pilote fidèle?
　　Oui. Mais de quoi lui sert que sa voix le rappelle,
Si, sur la foi des vents tout prêt à s'embarquer,
Il ne voit point d'écueil qu'il ne l'aille choquer?
Et que sert à Cotin [1] la raison qui lui crie:
N'écris plus, guéris-toi d'une vaine furie,
Si tous ces vains conseils, loin de la réprimer,
Ne font qu'accroître en lui la fureur de rimer?
Tous les jours de ses vers, qu'à grand bruit il récite,
Il met chez lui voisins, parens, amis, en fuite;
Car, lorsque son démon commence à l'agiter,
Tout, jusqu'à sa servante, est prêt à déserter.
Un âne, pour le moins, instruit par la nature,
A l'instinct qui le guide obéit sans murmure,
Ne va point follement de sa bizarre voix
Défier aux chansons les oiseaux dans les bois:
Sans avoir la raison, il marche sur sa route.
L'homme seul, qu'elle éclaire, en plein jour ne voit goutte,
Réglé par ses avis, fait tout à contre-temps,
Et dans tout ce qu'il fait n'a ni raison ni sens.
Tout lui plaît et déplaît, tout le choque et l'oblige;
Sans raison il est gai, sans raison il s'afflige;
Son esprit au hasard aime, évite, poursuit,
Défait, refait, augmente, ôte, élève, détruit.
Et voit-on, comme lui, les ours ni les panthères
S'effrayer sottement de leurs propres chimères,
Plus de douze attroupés craindre le nombre impair,

---

mort le 7 mars 1274; — Jean Duns Scot, né à Duns, en Écosse, mort à Cologne en 1308, âgé de trente à trente-cinq ans; on l'appelait le *Docteur subtil*.

[1] Il avoit écrit contre moi et contre Molière; ce qui donna occasion à Molière de faire les *Femmes savantes*, et d'y tourner Cotin en ridicule. B.

Ou croire qu'un corbeau les menace dans l'air[1].
Jamais l'homme, dis-moi, vit-il la bête folle
Sacrifier à l'homme, adorer son idole,
Lui venir, comme au dieu des saisons et des vents,
Demander à genoux la pluie ou le beau temps?
Non, mais cent fois la bête a vu l'homme hypocondre
Adorer le métal que lui-même il fait fondre;
A vu dans un pays les timides mortels
Trembler aux pieds d'un singe assis sur leurs autels;
Et sur les bords du Nil les peuples imbéciles,
L'encensoir à la main, chercher les crocodiles.
  Mais pourquoi, diras-tu, cet exemple odieux?
Que peut servir ici l'Égypte et ses faux dieux?
Quoi! me prouverez-vous par ce discours profane
Que l'homme, qu'un docteur est au-dessous d'un âne!
Un âne, le jouet de tous les animaux,
Un stupide animal, sujet à mille maux;
Dont le nom seul en soi comprend une satire!
— Oui, d'un âne : et qu'a-t-il qui nous excite à rire?
Nous nous moquons de lui : mais s'il pouvoit un jour,
Docteur, sur nos défauts s'exprimer à son tour;
Si, pour nous réformer le ciel prudent et sage
De la parole enfin lui permettoit l'usage;
Qu'il pût dire tout haut ce qu'il se dit tout bas;
Ah! docteur, entre nous, que ne diroit-il pas?
Et que peut-il penser lorsque dans une rue,
Au milieu de Paris, il promène sa vue;
Qu'il voit de toutes parts les hommes bigarrés,
Les uns gris, les uns noirs, les autres chamarrés?
Que dit-il quand il voit, avec la mort en trousse,
Courir chez un malade un assassin en housse;
Qu'il trouve de pédans un escadron fourré,
Suivi par un recteur de bedeaux entouré;
Ou qu'il voit la Justice, en grosse compagnie,
Mener tuer un homme avec cérémonie?

---

[1] Bien des gens croient que, lorsqu'on se trouve treize à table, il y a toujours dans l'année un des treize qui meurt, et qu'un corbeau aperçu dans l'air présage quelque chose de sinistre. B.

Que pense-t-il de nous lorsque sur le midi
Un hasard au palais le conduit un jeudi [1];
Lorsqu'il entend de loin, d'une gueule infernale,
La chicane en fureur mugir dans la grand'salle?
Que dit-il quand il voit les juges, les huissiers,
Les clercs, les procureurs, les sergens, les greffiers?
Oh! que si l'âne alors, à bon droit misanthrope,
Pouvoit trouver la voix qu'il eut au temps d'Ésope;
De tous côtés, docteur, voyant les hommes fous,
Qu'il diroit de bon cœur, sans en être jaloux,
Content de ses chardons, et secouant la tête :
Ma foi, non plus que nous, l'homme n'est qu'une bête!

SATIRE IX [2]

LE LIBRAIRE AU LECTEUR

Voici le dernier ouvrage qui est sorti de la plume du sieur D***. L'auteur, après avoir écrit contre tous les hommes en général [3], a cru qu'il ne pouvoit mieux finir qu'en écrivant contre lui-même, et que c'étoit le plus beau champ de satire qu'il pût trouver. Peut-être que ceux qui ne sont pas fort instruits des démêlés du Parnasse, et qui n'ont pas beaucoup lu les autres satires du même auteur, ne verront pas tout l'agrément de celle-ci, qui n'en est, à bien parler, qu'une suite. Mais je ne doute point que les gens de lettres, et ceux surtout qui ont le goût délicat, ne lui donnent le prix comme à celle où il y a le plus d'art, d'invention et de finesse d'esprit. Il y a déjà du temps qu'elle est faite; l'auteur s'étoit en quelque sorte résolu de ne la jamais publier. Il vouloit

---

[1] C'est le jour des grandes audiences. B.
[2] Composée en 1667. — Cette satire est entièrement dans le goût d'Horace, et d'un homme qui se fait son procès à soi-même, pour le faire à tous les autres. B. — C'est une imitation d'Horace, sat. vii, l. II.
[3] Dans la satire viii.

bien épargner ce chagrin aux auteurs qui s'en pourront choquer. Quelques libelles diffamatoires que l'abbé Kautain[1] et plusieurs autres eussent fait imprimer contre lui, il s'en tenoit assez vengé par le mépris que tout le monde a fait de leurs ouvrages, qui n'ont été lus de personne, et que l'impression même n'a pu rendre publics. Mais une copie de cette satire étant tombée, par une fatalité inévitable, entre les mains des libraires, ils ont réduit l'auteur à recevoir encore la loi d'eux. C'est donc à moi qu'il a confié l'original de sa pièce, et il l'a accompagné d'un petit discours en prose[2], où il justifie, par l'autorité des poëtes anciens et modernes, la liberté qu'il s'est donnée dans ses satires. Je ne doute donc point que le lecteur ne soit bien aise du présent que je lui en fais.

C'est à vous, mon Esprit, à qui je veux parler.
Vous avez des défauts que je ne puis celer :
Assez et trop longtemps ma lâche complaisance
De vos jeux criminels a nourri l'insolence ;
Mais, puisque vous poussez ma patience à bout,
Une fois en ma vie il faut vous dire tout.
  On croiroit à vous voir dans vos libres caprices
Discourir en Caton des vertus et des vices,
Décider du mérite et du prix des auteurs,
Et faire impunément la leçon aux docteurs,
Qu'étant seul à couvert des traits de la satire
Vous avez tout pouvoir de parler et d'écrire.
Mais moi, qui dans le fond sais bien ce que j'en crois,
Qui compte tous les jours vos défauts par mes doigts,
Je ris, quand je vous vois, si foible et si stérile,
Prendre sur vous le soin de réformer la ville,
Dans vos discours chagrins plus aigre et plus mordant
Qu'une femme en furie, ou Gautier[3] en plaidant.

---

[1] Cotin.
[2] *Discours sur la satire*. Voir dans les Œuvres en prose.
[3] Avocat célèbre et très-mordant. B. — Il était surnommé Gautier-la-Gueule, et mourut le 15 septembre 1666.

Mais répondez un peu. Quelle verve indiscrète
Sans l'aveu des neuf sœurs vous a rendu poëte?
Sentiez-vous, dites-moi, ces violens transports
Qui d'un esprit divin font mouvoir les ressorts?
Qui vous a pu souffler une si folle audace?
Phébus a-t-il pour vous aplani le Parnasse?
Et ne savez-vous pas que, sur ce mont sacré,
Qui ne vole au sommet tombe au plus bas degré,
Et qu'à moins d'être au rang d'Horace ou de Voiture
On rampe dans la fauge avec l'abbé de Pure?
   Que si tous mes efforts ne peuvent réprimer
Cet ascendant malin qui vous force à rimer,
Sans perdre en vains discours tout le fruit de vos veilles,
Osez chanter du roi les augustes merveilles:
Là, mettant à profit vos caprices divers,
Vous verriez tous les ans fructifier vos vers [1],
Et par l'espoir du gain votre muse animée
Vendroit au poids de l'or une once de fumée.
Mais en vain, direz-vous, je pense vous tenter
Par l'éclat d'un fardeau trop pesant à porter.
Tout chantre ne peut pas, sur le ton d'un Orphée,
Entonner en grands vers « la Discorde étouffée; »
Peindre « Bellone en feu tonnant de toutes parts, »
« Et le Belge effrayé fuyant sur ses remparts [2]. »
Sur un ton si hardi, sans être téméraire,
Racan [3] pourroit chanter au défaut d'un Homère;
Mais pour Cotin et moi, qui rimons au hasard,
Que l'amour de blâmer fit poëtes par art,
Quoiqu'un tas de grimauds vante notre éloquence,
Le plus sûr est pour nous de garder le silence.
Un poëme insipide et sottement flatteur
Déshonore à la fois le héros et l'auteur:

---

[1] Dans une note inédite sur ce vers, Boileau observe qu'alors il n'avait point de pension. B.-S.-P.

[2] Cette satire a été faite dans le temps que le roi prit Lille en Flandre, et plusieurs autres villes. B.

[3] Honorat de Bucil, marquis de Racan, né l'an 1588 à la Roche-Racan en Touraine, où il mourut en 1670.

Enfin de tels projets passent notre foiblesse.

 Ainsi parle un esprit languissant de mollesse,
Qui, sous l'humble dehors d'un respect affecté,
Cache le noir venin de sa malignité.
Mais, dussiez-vous en l'air voir vos ailes fondues,
Ne valoit-il pas mieux vous perdre dans les nues
Que d'aller sans raison, d'un style peu chrétien,
Faire insulte en rimant à qui ne vous dit rien,
Et du bruit dangereux d'un livre téméraire
A vos propres périls enrichir le libraire?

 Vous vous flattez peut-être, en votre vanité,
D'aller comme un Horace à l'immortalité;
Et déjà vous croyez dans vos rimes obscures
Aux Saumaises [1] futurs préparer des tortures.
Mais combien d'écrivains, d'abord si bien reçus,
Sont de ce fol espoir honteusement déçus!
Combien, pour quelques mois, ont vu fleurir leur livre,
Dont les vers en paquet se vendent à la livre!
Vous pourrez voir, un temps, vos écrits estimés
Courir de main en main par la ville semés;
Puis de là, tout poudreux, ignorés sur la terre,
Suivre chez l'épicier Neuf-Germain [2] et La Serre [3];
Ou de trente feuillets réduits peut-être à neuf,
Parer, demi-rongés, les rebords du pont Neuf [4].
Le bel honneur pour vous, en voyant vos ouvrages
Occuper le loisir des laquais et des pages,
Et souvent dans un coin renvoyés à l'écart
Servir de second tome aux airs du Savoyard [5]!

 Mais je veux que le sort, par un heureux caprice,
Fasse de vos écrits prospérer la malice,
Et qu'enfin votre livre aille, au gré de vos vœux,

---

[1] Saumaise, célèbre commentateur. B. — Né le 15 avril 1588 à Semur (Côte-d'Or), mort à Spa en 1653.

[2] Auteur extravagant. B. — Louis de Neuf-Germain, qui se qualifiait de *poëte hétéroclite de Monseigneur, frère unique de Sa Majesté*, vivait sous Louis XIII.

[3] Auteur peu estimé. B.

[4] Où l'on vend d'ordinaire les livres de rebut. B.

[5] Chantre du pont Neuf. B. — Il s'appelait Philipot et était aveugle.

Faire siffler Cotin chez nos derniers neveux.
Que vous sert-il qu'un jour l'avenir vous estime,
Si vos vers aujourd'hui vous tiennent lieu de crime,
Et ne produisent rien, pour fruit de leurs bons mots,
Que l'effroi du public et la haine des sots?
Quel démon vous irrite et vous porte à médire?
Un livre vous déplaît : qui vous force à le lire?
Laissez mourir un fat dans son obscurité :
Un auteur ne peut-il pourrir en sûreté?
Le Jonas inconnu sèche dans la poussière;
Le David imprimé n'a point vu la lumière;
Le Moïse commence à moisir par les bords[1].
Quel mal cela fait-il? Ceux qui sont morts sont morts·
Le tombeau contre vous ne peut-il les défendre?
Et qu'ont fait tant d'auteurs, pour remuer leur cendre?
Que vous ont fait Perrin, Bardin, Pradon, Hainaut[2],
Colletet, Pelletier, Titreville, Quinault,
Dont les noms en cent lieux, placés comme en leurs niches,
Vont de vos vers malins remplir les hémistiches?
Ce qu'ils font vous ennuie. O le plaisant détour!
Ils ont bien ennuyé le roi, toute la cour,
Sans que le moindre édit ait, pour punir leur crime,
Retranché les auteurs, ou supprimé la rime.
Écrive qui voudra : chacun à ce métier
Peut perdre impunément de l'encre et du papier.
Un roman, sans blesser les lois ni la coutume,
Peut conduire un héros au dixième volume[3].
De là vient que Paris voit chez lui de tout temps
Les auteurs à grands flots déborder tous les ans;
Et n'a point de portail où, jusques aux corniches,
Tous les piliers ne soient enveloppés d'affiches.
Vous seul, plus dégoûté, sans pouvoir et sans nom,

---

[1] Ces trois poëmes avaient été faits, le *Jonas* par Coras, le *David* par Les Fargues et le *Moïse* par Saint-Amand.

[2] Jean Hesnault, fils d'un boulanger de Paris, est surtout connu par un sonnet contre Colbert.

[3] Les romans de *Cyrus*, de *Clélie* et de *Pharamond*, sont chacun de dix volumes. B. — Les deux premiers sont de Scudéry et le troisième de La Calprenède.

Viendrez régler les droits et l'état d'Apollon !
 Mais vous, qui raffinez sur les écrits des autres,
De quel œil pensez-vous qu'on regarde les vôtres?
Il n'est rien en ce temps à couvert de vos coups;
Mais savez-vous aussi comme on parle de vous?
 Gardez-vous, dira l'un, de cet esprit critique :
On ne sait bien souvent quelle mouche le pique ;
Mais c'est un jeune fou qui se croit tout permis,
Et qui pour un bon mot va perdre vingt amis.
Il ne pardonne pas aux vers de la Pucelle,
Et croit régler le monde au gré de sa cervelle.
Jamais dans le barreau trouva-t-il rien de bon?
Peut-on si bien prêcher qu'il ne dorme au sermon?
Mais lui, qui fait ici le régent du Parnasse,
N'est qu'un gueux revêtu des dépouilles d'Horace [1];
Avant lui Juvénal avoit dit en latin
« Qu'on est assis à l'aise aux sermons de Cotin. »
L'un et l'autre avant lui s'étoient plaints de la rime,
Et c'est aussi sur eux qu'il rejette son crime :
Il cherche à se couvrir de ces noms glorieux.
J'ai peu lu ces auteurs, mais tout n'iroit que mieux,
Quand de ces médisans l'engeance tout entière
Iroit la tête en bas rimer dans la rivière [2].
 Voilà comme on vous traite : et le monde effrayé
Vous regarde déjà comme un homme noyé.
En vain quelque rieur, prenant votre défense,
Veut faire au moins, de grace, adoucir la sentence.
Rien n'apaise un lecteur toujours tremblant d'effroi,
Qui voit peindre en autrui ce qu'il remarque en soi.
 Vous ferez-vous toujours des affaires nouvelles?
Et faudra-t-il sans cesse essuyer des querelles?
N'entendrai-je qu'auteurs se plaindre et murmurer?
Jusqu'à quand vos fureurs doivent-elles durer?

---

[1] Saint-Pavin reprochoit à l'auteur qu'il n'étoit riche que des dépouilles d'Horace, de Juvénal et de Régnier. B.

[2] Allusion à un mot du duc de Montausier, disant qu'il falloit envoyer aux galères Boileau couronné de lauriers. Le duc avait pourtant, dans sa jeunesse, composé lui-même des satires.

Répondez, mon Esprit; ce n'est plus raillerie :
Dites... Mais, direz-vous, pourquoi cette furie?
Quoi, pour un maigre auteur que je glose en passant,
Est-ce un crime, après tout, et si noir et si grand?
Et qui, voyant un fat s'applaudir d'un ouvrage
Où la droite raison trébuche à chaque page,
Ne s'écrie aussitôt : « L'impertinent auteur !
« L'ennuyeux écrivain ! Le maudit traducteur !
« A quoi bon mettre au jour tous ces discours frivoles,
« Et ces riens enfermés dans de grandes paroles? »
 Est-ce donc là médire, ou parler franchement?
Non, non, la médisance y va plus doucement.
Si l'on vient à chercher pour quel secret mystère
Alidor à ses frais bâtit un monastère :
« Alidor ! » dit un fourbe, « il est de mes amis,
« Je l'ai connu laquais avant qu'il fût commis :
« C'est un homme d'honneur, de piété profonde,
« Et qui veut rendre à Dieu ce qu'il a pris au monde [1]. »
 Voilà jouer d'adresse, et médire avec art;
Et c'est avec respect enfoncer le poignard.
Un esprit né sans fard, sans basse complaisance,
Fuit ce ton radouci que prend la médisance.
Mais de blâmer des vers ou durs ou languissans,
De choquer un auteur qui choque le bon sens,
De railler d'un plaisant qui ne sait pas nous plaire,
C'est ce que tout lecteur eut toujours droit de faire.
 Tous les jours à la cour un sot de qualité
Peut juger de travers avec impunité;
A Malherbe, à Racan, préférer Théophile,
Et le clinquant du Tasse à tout l'or de Virgile [2].
 Un clerc, pour quinze sous, sans craindre le holà,
Peut aller au parterre attaquer Attila [3];

---

[1] Son Alidor étoit si connu, qu'au lieu de dire la maison de l'*institution*, on disoit souvent par plaisanterie la maison de la *restitution*. Louis Racine, *Mémoires*, p. 50.
[2] Un homme de qualité fit un jour ce beau jugement en ma présence. B.
[3] *Attila* fut représenté par la troupe de Molière le 4 mars 1667. Il fut joué vingt fois de suite, et eut trois autres représentations la même année.

Et, si le roi des Huns ne lui charme l'oreille,
Traiter de visigoths tous les vers de Corneille.
   Il n'est valet d'auteur, ni copiste à Paris,
Qui, la balance en main, ne pèse les écrits.
Dès que l'impression fait éclore un poëte,
Il est esclave né de quiconque l'achète :
Il se soumet lui-même aux caprices d'autrui,
Et ses écrits tout seuls doivent parler pour lui.
Un auteur à genoux, dans une humble préface,
Au lecteur qu'il ennuie a beau demander grace;
Il ne gagnera rien sur ce juge irrité,
Qui lui fait son procès de pleine autorité.
   Et je serai le seul qui ne pourrai rien dire!
On sera ridicule, et je n'oserai rire!
Et qu'ont produit mes vers de si pernicieux,
Pour armer contre moi tant d'auteurs furieux?
Loin de les décrier, je les ai fait paroître :
Et souvent, sans ces vers qui les ont fait connoître,
Leur talent dans l'oubli demeureroit caché.
Et qui sauroit sans moi que Cotin a prêché?
La satire ne sert qu'à rendre un fat illustre :
C'est une ombre au tableau, qui lui donne du lustre.
En les blâmant enfin j'ai dit ce que j'en croi;
Et tel qui m'en reprend en pense autant que moi.
« Il a tort, » dira l'un; « pourquoi faut-il qu'il nomme? »
« Attaquer Chapelain! ah! c'est un si bon homme! »
« Balzac[1] en fait l'éloge en cent endroits divers. »
« Il est vrai, s'il m'eût cru, qu'il n'eût point fait de vers. »
« Il se tue à rimer : que n'écrit-il en prose? »
Voilà ce que l'on dit. Et que dis-je autre chose?
En blâmant ses écrits, ai-je d'un style affreux
Distillé sur sa vie un venin dangereux?
Ma muse, en l'attaquant, charitable et discrète,
Sait de l'homme d'honneur distinguer le poëte.
Qu'on vante en lui la foi, l'honneur, la probité;
Qu'on prise sa candeur et sa civilité;

---

[1] Jean-Louis Guez, seigneur de Balzac, né à Angoulême en 1594, mort dans sa terre de Balzac le 18 février 1654.

SATIRE IX.

Qu'il soit doux, complaisant, officieux, sincère :
On le veut, j'y souscris, et suis prêt de me taire.
Mais que pour un modèle on montre ses écrits ;
Qu'il soit le mieux renté de tous les beaux esprits [1] ;
Comme roi des auteurs qu'on l'élève à l'empire :
Ma bile alors s'échauffe, et je brûle d'écrire,
Et, s'il ne m'est permis de le dire au papier,
J'irai creuser la terre, et, comme ce barbier,
Faire dire aux roseaux par un nouvel organe :
« Midas, le roi Midas a des oreilles d'âne. »
Quel tort lui fais-je enfin ? Ai-je par un écrit
Pétrifié sa veine et glacé son esprit ?
Quand un livre au palais se vend et se débite,
Que chacun par ses yeux juge de son mérite,
Que Bilaine [2] l'étale au deuxième pilier,
Le dégoût d'un censeur peut-il le décrier ?
En vain contre le Cid un ministre se ligue [3] :
Tout Paris pour Chimène a les yeux de Rodrigue.
L'Académie en corps a beau le censurer :
Le public révolté s'obstine à l'admirer.
Mais, lorsque Chapelain met une œuvre en lumière,
Chaque lecteur d'abord lui devient un Linière [4].
En vain il a reçu l'encens de mille auteurs :
Son livre en paroissant dément tous ses flatteurs.
Ainsi, sans m'accuser, quand tout Paris le joue,
Qu'il s'en prenne à ses vers que Phébus désavoue ;
Qu'il s'en prenne à sa muse allemande en françois.
Mais laissons Chapelain pour la dernière fois.

La satire, dit-on, est un métier funeste,
Qui plait à quelques gens, et choque tout le reste.
La suite en est à craindre : en ce hardi métier
La peur plus d'une fois fit repentir Régnier.
Quittez ces vains plaisirs dont l'appât vous abuse :
A de plus doux emplois occupez votre muse ;

---

[1] Chapelain avoit, de divers endroits, huit mille livres de pension. B.
[2] Libraire du palais. B.
[3] Voyez l'*Histoire de l'Académie*, par Pellisson. B.
[4] Auteur qui a écrit contre Chapelain. B.

Ét laissez à Feuillet[1] réformer l'univers.
　Et sur quoi donc faut-il que s'exercent mes vers ?
Irai-je dans une ode, en phrases de Malherbe,
« Troubler dans ses roseaux le Danube superbe ;
« Délivrer de Sion le peuple gémissant ;
« Faire trembler Memphis, ou pâlir le croissant ;
« Et, passant du Jourdain les ondes alarmées,
« Cueillir » mal à propos, « les palmes idumées ? »
Viendrai-je, en une églogue, entouré de troupeaux,
Au milieu de Paris enfler mes chalumeaux,
Et, dans mon cabinet assis au pied des hêtres,
Faire dire aux échos des sottises champêtres ?
Faudra-t-il de sens froid, et sans être amoureux,
Pour quelque Iris en l'air faire le langoureux ;
Lui prodiguer les noms de Soleil et d'Aurore,
Et, toujours bien mangeant, mourir par métaphore ?
Je laisse au doucereux ce langage affété,
Où s'endort un esprit de mollesse hébété.
　La satire, en leçons, en nouveautés fertile,
Sait seule assaisonner le plaisant et l'utile,
Et, d'un vers qu'elle épure aux rayons du bon sens,
Détromper les esprits des erreurs de leur temps.
Elle seule, bravant l'orgueil et l'injustice,
Va jusque sous le dais faire pâlir le vice ;
Et souvent sans rien craindre, à l'aide d'un bon mot,
Va venger la raison des attentats d'un sot.
C'est ainsi que Lucile[2], appuyé de Lélie[3],
Fit justice en son temps des Cotins d'Italie,
Et qu'Horace, jetant le sel à pleines mains,
Se jouoit aux dépens des Pelletiers romains.
C'est elle qui, m'ouvrant le chemin qu'il faut suivre,
M'inspira dès quinze ans la haine d'un sot livre ;
Et sur ce mont fameux, où j'osai la chercher,
Fortifia mes pas et m'apprit à marcher.
C'est pour elle, en un mot, que j'ai fait vœu d'écrire.

[1] Fameux prédicateur et chanoine de Saint-Cloud. B.
[2] Poëte latin satirique. B.
[3] Consul romain. B.

Toutefois, s'il le faut, je veux bien m'en dédire,
Et, pour calmer enfin tous ces flots d'ennemis,
Réparer en mes vers les maux qu'ils ont commis.
Puisque vous le voulez, je vais changer de style.
Je le déclare donc : Quinault est un Virgile ;
Pradon [1] comme un soleil en nos ans a paru ;
Pelletier écrit mieux qu'Ablancourt [2] ni Patru ;
Cotin, à ses sermons traînant toute la terre,
Fend les flots d'auditeurs pour aller à sa chaire ;
Saufal est le phénix des esprits relevés ;
Perrin... Bon, mon Esprit ! courage ! poursuivez.
Mais ne voyez-vous pas que leur troupe en furie
Va prendre encor ces vers pour une raillerie ?
Et Dieu sait aussitôt que d'auteurs en courroux,
Que de rimeurs blessés s'en vont fondre sur vous !
Vous les verrez bientôt, féconds en impostures,
Amasser contre vous des volumes d'injures,
Traiter en vos écrits chaque vers d'attentat,
Et d'un mot innocent faire un crime d'État [3].
Vous aurez beau vanter le roi dans vos ouvrages,
Et de ce nom sacré sanctifier vos pages ;
Qui méprise Cotin n'estime point son roi,
Et n'a, selon Cotin, ni Dieu, ni foi, ni loi.
    Mais quoi ! répondrez-vous, Cotin nous peut-il nuire ?
Et par ses cris enfin que sauroit-il produire ?
Interdire à mes vers, dont peut-être il fait cas,
L'entrée aux pensions où je ne prétends pas [4] ?
Non, pour louer un roi que tout l'univers loue,
Ma langue n'attend point que l'argent la dénoue,
Et, sans espérer rien de mes foibles écrits,
L'honneur de le louer m'est un trop digne prix ;
On me verra toujours, sage dans mes caprices,

[1] Nicolas Pradon, né à Rouen en 1632, mort à Paris au mois de janvier 1698.

[2] Nicolas Perrot d'Ablancourt, traducteur célèbre, né à Châlons-sur-Marne le 5 avril 1606, mort le 17 novembre 1664.

[3] Cotin, dans un de ses écrits, m'accusoit d'être criminel de lèse-majesté divine et humaine. B.

[4] En 1662, Chapelain avait fait donner une de ces pensions à Cotin.

De ce même pinceau dont j'ai noirci les vices
Et peint du nom d'auteur tant de sots revêtus,
Lui marquer mon respect, et tracer ses vertus.
Je vous crois; mais pourtant on crie, on vous menace
Je crains peu, direz-vous, les braves du Parnasse.
Hé! mon Dieu, craignez tout d'un auteur en courroux,
Qui peut...—Quoi?—Je m'entends.—Mais encor?—Taisez-vous.

SATIRE X[1]

AU LECTEUR

Voici enfin la satire qu'on me demande depuis si longtemps. Si j'ai tant tardé à la mettre au jour, c'est que j'ai été bien aise qu'elle ne parût qu'avec la nouvelle édition qu'on faisoit de mon livre[2], où je voulois qu'elle fût insérée. Plusieurs de mes amis, à qui je l'ai lue, en ont parlé dans le monde avec de grands éloges, et ont publié que c'étoit la meilleure de mes satires. Ils ne m'ont pas en cela fait plaisir. Je connois le public : je sais que naturellement il se révolte contre ces louanges outrées qu'on donne aux ouvrages avant qu'ils aient paru, et que la plupart des lecteurs ne lisent ce qu'on leur a élevé si haut qu'avec un dessein formé de le rabaisser.

Je déclare donc que je ne veux point profiter de ces discours avantageux; et non-seulement je laisse au public son jugement libre, mais je donne plein pouvoir à tous ceux qui ont tant critiqué mon ode sur Namur d'exercer aussi contre ma satire toute la rigueur de leur critique. J'espère qu'ils le feront avec le même succès; et je puis les assurer que tous leurs discours ne m'obligeront point à rompre l'espèce de vœu que j'ai fait de ne jamais défendre mes ouvrages, quand on n'en attaquera que les

---

[1] Composée en 1692 et 1693. Juvénal, dans sa première satire, a traité le même sujet.
[2] Il s'agit ici de l'édition de 1694.

mots et les syllabes. Je saurai fort bien soutenir contre ces censeurs Homère, Horace, Virgile, et tous ces autres grands personnages dont j'admire les écrits; mais pour mes écrits, que je n'admire point, c'est à ceux qui les approuveront à trouver des raisons pour les défendre. C'est tout l'avis que j'ai à donner ici au lecteur.

La bienséance néanmoins voudroit, ce me semble, que je fisse quelque excuse au beau sexe de la liberté que je me suis donnée de peindre ses vices; mais, au fond, toutes les peintures que je fais dans ma satire sont si générales, que, bien loin d'appréhender que les femmes s'en offensent, c'est sur leur approbation et sur leur curiosité que je fonde la plus grande espérance du succès de mon ouvrage. Une chose au moins dont je suis certain qu'elles me loueront, c'est d'avoir trouvé moyen, dans une matière aussi délicate que celle que j'y traite, de ne pas laisser échapper un seul mot qui pût le moins du monde blesser la pudeur. J'espère donc que j'obtiendrai aisément ma grâce, et qu'elles ne seront pas plus choquées des prédications que je fais contre leurs défauts dans cette satire que des satires que les prédicateurs font tous les jours en chaire contre ces mêmes défauts.

Enfin, bornant le cours de tes galanteries,
Alcippe, il est donc vrai, dans peu tu te maries;
Sur l'argent, c'est tout dire, on est déjà d'accord;
Ton beau-père futur vide son coffre-fort;
Et déjà le notaire a, d'un style énergique,
Griffonné de ton joug l'instrument authentique [1].
C'est bien fait. Il est temps de fixer tes désirs :
Ainsi que ses chagrins l'hymen a ses plaisirs.
Quelle joie, en effet, quelle douceur extrême,
De se voir caressé d'une épouse qu'on aime !
De s'entendre appeler « petit cœur, » ou « mon bon ! »
De voir autour de soi croître dans sa maison,

---

[1] *Instrument*, en style de pratique, veut dire toutes sortes de contrats. B.

Sous les paisibles lois d'une agréable mère,
De petits citoyens dont on croit être père !
Quel charme, au moindre mal qui nous vient menacer,
De la voir aussitôt accourir, s'empresser,
S'effrayer d'un péril qui n'a point d'apparence,
Et souvent de douleur se pâmer par avance ! »
Car tu ne seras point de ces jaloux affreux,
Habiles à se rendre inquiets, malheureux,
Qui, tandis qu'une épouse à leurs yeux se désole,
Pensent toujours qu'un autre en secret la console.
   Mais quoi ! je vois déjà que ce discours t'aigrit.
Charmé de Juvénal [1], et plein de son esprit,
Venez-vous, diras-tu, dans une pièce outrée,
Comme lui nous chanter « que, dès le temps de Rhée,
« La chasteté déjà, la rougeur sur le front,
« Avoit chez les humains reçu plus d'un affront [2] ;
« Qu'on vit avec le fer naître les injustices,
« L'impiété, l'orgueil et tous les autres vices ;
« Mais que la bonne foi dans l'amour conjugal
« N'alla point jusqu'au temps du troisième métal ? »
Ces mots ont dans sa bouche une emphase admirable :
Mais je vous dirai, moi, sans alléguer la fable,
Que si sous Adam même, et loin avant Noé,
Le vice audacieux, des hommes avoué,
A la triste innocence en tous lieux fit la guerre,
Il demeura pourtant de l'honneur sur la terre ;
Qu'aux temps les plus féconds en Phrynés, en Laïs [3],
Plus d'une Pénélope honora son pays ;
Et que, même aujourd'hui, sur ce fameux modèle,
On peut trouver encor quelque femme fidèle.
   Sans doute, et dans Paris, si je sais bien compter,
Il en est jusqu'à trois [4] que je pourrois citer.
Ton épouse dans peu sera la quatrième :
Je le veux croire ainsi. Mais la chasteté même

---

[1] Juvénal a fait une satire contre les femmes (la 1ʳᵉ). B.
[2] Paroles du commencement de cette satire. B.
[3] Phryné, courtisane d'Athènes. — Laïs, courtisane de Corinthe. B.
[4] Ceci est dit figurément. B.

Sous ce beau nom d'épouse entrât-elle chez toi,
De retour d'un voyage, en arrivant, crois-moi,
Fais toujours du logis avertir la maîtresse.
Tel partit tout baigné des pleurs de sa Lucrèce,
Qui, faute d'avoir pris ce soin judicieux,
Trouva... tu sais... — Je sais que d'un conte odieux [1]
Vous avez comme moi sali votre mémoire.
Mais laissons là, dis-tu, Joconde et son histoire :
Du projet d'un hymen déjà fort avancé,
Devant vous aujourd'hui criminel dénoncé,
Et mis sur la sellette aux pieds de la critique,
Je vois bien tout de bon qu'il faut que je m'explique.
　Jeune autrefois par vous dans le monde conduit,
J'ai trop bien profité pour n'être pas instruit
A quels discours malins le mariage expose :
Je sais que c'est un texte où chacun fait sa glose ;
Que de maris trompés tout rit dans l'univers,
Épigrammes, chansons, rondeaux, fables en vers,
Satire, comédie ; et, sur cette matière,
J'ai vu tout ce qu'ont fait La Fontaine et Molière ;
J'ai lu tout ce qu'ont dit Villon et Saint-Gelais,
Arioste, Marot, Boccace, Rabelais [2],
Et tous ces vieux recueils [3] de satires naïves,
Des malices du sexe immortelles archives.
Mais, tout bien balancé, j'ai pourtant reconnu
Que de ces contes vains le monde entretenu
N'en a pas de l'hymen moins vu fleurir l'usage ;
Que sous ce joug moqué tout à la fin s'engage ;
Qu'à ce commun filet les railleurs mêmes pris

---

[1] Conte de La Fontaine.

[2] François Villon, dont les poésies ont fait peu à peu oublier les friponneries, naquit à Paris en 1431 et faillit deux fois être pendu pour vol ; Rabelais le fait mourir en Angleterre. — Mellin de Saint-Gelais, abbé de Péclus, aumônier et bibliothécaire du roi Henri II, naquit à Angoulême en 1491 et mourut à Paris en 1558. — Ludovico Ariosto, né à Reggio le 8 septembre 1474, mort le 6 juin 1533. — Clément Marot, valet de chambre de François Ier, né à Cahors en 1495, mort à Turin en 1544. — Giovanni Boccaccio, né à Paris, à Florence, ou à Certaldo (Toscane) en 1313, mort dans cette ville le 21 décembre 1375.

[3] Les contes de la reine de Navarre, etc. B.

Ont été très-souvent de commodes maris ;
Et que, pour être heureux sous ce joug salutaire,
Tout dépend, en un mot, du bon choix qu'on sait faire.
  Enfin, il faut ici parler de bonne foi :
Je vieillis, et ne puis regarder sans effroi
Ces neveux affamés dont l'importun visage
De mon bien à mes yeux fait déjà le partage.
Je crois déjà les voir, au moment annoncé
Qu'à la fin sans retour leur cher oncle est passé,
Sur quelques pleurs forcés qu'ils auront soin qu'on voie,
Se faire consoler du sujet de leur joie.
Je me fais un plaisir, à ne vous rien celer,
De pouvoir, moi vivant, dans peu les désoler,
Et, trompant un espoir pour eux si plein de charmes,
Arracher de leurs yeux de véritables larmes.
Vous dirai-je encor plus ? Soit foiblesse ou raison,
Je suis las de me voir le soir en ma maison
Seul avec des valets, souvent voleurs et traîtres,
Et toujours, à coup sûr, ennemis de leurs maîtres.
Je ne me couche point qu'aussitôt dans mon lit
Un souvenir fâcheux n'apporte à mon esprit
Ces histoires de mort lamentables, tragiques,
Dont Paris tous les ans peut grossir ses chroniques [1].
Dépouillons-nous ici d'une vaine fierté :
Nous naissons, nous vivons pour la société.
A nous-mêmes livrés dans une solitude,
Notre bonheur bientôt fait notre inquiétude ;
Et, si durant un jour notre premier aïeul,
Plus riche d'une côte, avoit vécu tout seul,
Je doute, en sa demeure alors si fortunée,
S'il n'eût point prié Dieu d'abréger la journée.
N'allons donc point ici réformer l'univers,
Ni, par de vains discours et de frivoles vers,
Étalant au public notre misanthropie,
Censurer le lien le plus doux de la vie.
Laissons là, croyez-moi, le monde tel qu'il est.

---

[1] Blandin et Du Rosset ont composé ces histoires. B.

L'hyménée est un joug, et c'est ce qui m'en plaît :
L'homme, en ses passions toujours errant sans guide,
A besoin qu'on lui mette et le mors et la bride :
Son pouvoir malheureux ne sert qu'à le gêner ;
Et, pour le rendre libre, il le faut enchaîner.
C'est ainsi que souvent la main de Dieu l'assiste.
  Ha ! bon ! voilà parler en docte janséniste,
Alcippe ; et, sur ce point si savamment touché,
Desmares[1] dans Saint-Roch[2] n'auroit pas mieux prêché.
Mais c'est trop t'insulter ; quittons la raillerie ;
Parlons sans hyperbole et sans plaisanterie.
Tu viens de mettre ici l'hymen en son beau jour :
Entends donc, et permets que je prêche à mon tour.
  L'épouse que tu prends, sans tache en sa conduite,
Aux vertus, m'a-t-on dit, dans Port-Royal[3] instruite,
Aux lois de son devoir règle tous ses désirs.
Mais qui peut t'assurer qu'invincible aux plaisirs,
Chez toi, dans une vie ouverte à la licence,
Elle conservera sa première innocence ?
Par toi-même bientôt conduite à l'Opéra,
De quel air penses-tu que ta sainte verra
D'un spectacle enchanteur la pompe harmonieuse,
Ces danses, ces héros à voix luxurieuse,
Entendra ces discours sur l'amour seul roulans,
Ces doucereux Renauds, ces insensés Rolands ;
Saura d'eux qu'à l'amour, comme au seul dieu suprême,
On doit immoler tout, jusqu'à la vertu même ;
Qu'on ne sauroit trop tôt se laisser enflammer ;
Qu'on n'a reçu du ciel un cœur que pour aimer[4] ;
Et tous ces lieux communs de morale lubrique

---

[1] Célèbre prédicateur. B. — Toussaint-Guy-Joseph Desmares, prêtre de l'Oratoire, né à Vire en 1599, mort à Liancourt le 19 janvier 1687.

[2] Paroisse de Paris. B.

[3] Il y a deux abbayes de ce nom, l'une auprès de Chevreuse (Seine-et-Oise), Port-Royal des Champs, et l'autre, la plus ancienne, au faubourg Saint-Jacques, Port-Royal de Paris, fondée en 1204. Port-Royal des Champs, devenu l'asile du jansénisme, fut supprimé violemment en 1709 et détruit par arrêt du 22 janvier 1710.

[4] Maximes fort ordinaires dans les opéras de Quinault. B.

Que Lulli [1] réchauffa des sons de sa musique ?
Mais de quels mouvemens, dans son cœur excités,
Sentira-t-elle alors tous ses sens agités !
Je ne te réponds pas qu'au retour, moins timide,
Digne écolière enfin d'Angélique et d'Armide [2],
Elle n'aille à l'instant, pleine de ces doux sons,
Avec quelque Médor pratiquer ces leçons.
    Supposons toutefois qu'encor fidèle et pure
Sa vertu de ce choc revienne sans blessure :
Bientôt dans ce grand monde où tu vas l'entraîner,
Au milieu des écueils qui vont l'environner,
Crois-tu que, toujours ferme aux bords du précipice,
Elle pourra marcher sans que le pied lui glisse ;
Que, toujours insensible aux discours enchanteurs
D'un idolâtre amas de jeunes séducteurs,
Sa sagesse jamais ne deviendra folie ?
D'abord tu la verras, ainsi que dans Clélie [3],
Recevant ses amans sous le doux nom d'amis,
S'en tenir avec eux aux petits soins permis ;
Puis bientôt en grande eau sur le fleuve de Tendre [4]
Naviguer à souhait, tout dire et tout entendre.
Et ne présume pas que Vénus, ou Satan,
Souffre qu'elle en demeure aux termes du roman.
Dans le crime il suffit qu'une fois on débute ;
Une chute toujours attire une autre chute.
L'honneur est comme une île escarpée et sans bords :
On n'y peut plus rentrer dès qu'on en est dehors.
Peut-être avant deux ans, ardente à te déplaire,
Éprise d'un cadet, ivre d'un mousquetaire [5],

[1] Jean-Baptiste Lulli, né à Paris en 1633, mort à Paris le 22 mars 1687.

[2] Voyez les opéras de Quinault intitulés : *Roland* et *Armide*. B.

[3] Roman de *Clélie* et autres romans du même auteur. B. — Madeleine de Scudéry, née au Havre le 15 novembre 1607, morte à Paris le 2 juin 1701.

[4] Il y a dans la *Clélie* une géographie très-détaillée du pays de *Tendre*.

[5] On fit, en 1682, des compagnies de *cadets*, où les jeunes gens étaient exercés avant de passer officiers. — Il y avait dans la maison du roi deux compagnies de *mousquetaires*.

Nous la verrons hanter les plus honteux brelans,
Donner chez la Cornu ¹ rendez-vous aux galans ;
De Phèdre dédaignant la pudeur enfantine,
Suivre à front découvert Z... et Messaline ;
Compter pour grands exploits vingt hommes ruinés,
Blessés, battus pour elle, et quatre assassinés :
Trop heureux, si, toujours femme désordonnée,
Sans mesure et sans règle au vice abandonnée,
Par cent traits d'impudence aisés à ramasser
Elle t'acquiert au moins un droit pour la chasser !
   Mais que deviendras-tu, si, folle en son caprice,
N'aimant que le scandale et l'éclat dans le vice,
Bien moins pour son plaisir que pour t'inquiéter,
Au fond peu vicieuse, elle aime à coqueter ?
Entre nous, verras-tu d'un esprit bien tranquille
Chez ta femme aborder et la cour et la ville ?
Hormis toi, tout chez toi rencontre un doux accueil :
L'un est payé d'un mot, et l'autre d'un coup d'œil.
Ce n'est que pour toi seul qu'elle est fière et chagrine :
Aux autres elle est douce, agréable, badine ;
C'est pour eux qu'elle étale et l'or et le brocart,
Que chez toi se prodigue et le rouge et le fard,
Et qu'une main savante, avec tant d'artifice,
Bâtit de ses cheveux le galant édifice.
Dans sa chambre, crois-moi, n'entre point tout le jour.
Si tu veux posséder ta Lucrèce à ton tour,
Attends, discret mari, que la belle en cornette
Le soir ait étalé son teint sur la toilette,
Et dans quatre mouchoirs, de sa beauté salis,
Envoie au blanchisseur ses roses et ses lis.
Alors tu peux entrer ; mais, sage en sa présence,
Ne va pas murmurer de sa folle dépense.
D'abord, l'argent en main, paye et vite et comptant.
Mais non, fais mine un peu d'en être mécontent,
Pour la voir aussitôt, de douleur oppressée,
Déplorer sa vertu si mal récompensée.

¹ Une infâme dont le nom étoit alors connu de tout le monde. B.

Un mari ne veut pas fournir à ses besoins!
Jamais femme, après tout, a-t-elle coûté moins?
A cinq cents louis d'or, tout au plus, chaque année,
Sa dépense en habits n'est-elle pas bornée?
Que répondre? Je vois qu'à de si justes cris,
Toi-même convaincu, déjà tu t'attendris,
Tout prêt à la laisser, pourvu qu'elle s'apaise,
Dans ton coffre, à pleins sacs, puiser tout à son aise.
 A quoi bon, en effet, t'alarmer de si peu?
Eh! que seroit-ce donc, si, le démon du jeu
Versant dans son esprit sa ruineuse rage,
Tous les jours, mis par elle à deux doigts du naufrage,
Tu voyois tous tes biens, au sort abandonnés,
Devenir le butin d'un pique ou d'un sonnez [1]?
Le doux charme pour toi de voir, chaque journée,
De nobles champions ta femme environnée,
Sur une table longue et façonnée exprès,
D'un tournoi de bassette [2] ordonner les apprêts!
Ou, si par un arrêt la grossière police
D'un jeu si nécessaire interdit l'exercice,
Ouvrir sur cette table un champ au lansquenet,
Ou promener trois dés chassés de son cornet!
Puis sur une autre table, avec un air plus sombre,
S'en aller méditer une vole au jeu d'hombre;
S'écrier sur un as mal à propos jeté;
Se plaindre d'un gâno [3] qu'on n'a point écouté;
Ou, querellant tout bas le ciel qu'elle regarde,
A la bête gémir d'un roi venu sans garde!
Chez elle, en ces emplois, l'aube du lendemain
Souvent la trouve encor les cartes à la main :
Alors, pour se coucher les quittant, non sans peine,
Elle plaint le malheur de la nature humaine,
Qui veut qu'en un sommeil où tout s'ensevelit
Tant d'heures sans jouer se consument au lit.

---

[1] (Pique) terme du jeu de piquet. Sonnez, (les deux six), terme du jeu de trictrac. B.

[2] Bassette, lansquenet, hombre, bête; autant de jeux de cartes.

[3] Termes du jeu d'hombre. B.

Toutefois en partant la troupe la console,
Et d'un prochain retour chacun donne parole.
C'est ainsi qu'une femme en doux amusemens
Sait du temps qui s'envole employer les momens;
C'est ainsi que souvent par une forcenée
Une triste famille à l'hôpital traînée
Voit ses biens en décret¹ sur tous les murs écrits
De sa déroute illustre effrayer tout Paris.
   Mais que plutôt son jeu mille fois te ruine,
Que si, la famélique et honteuse lésine
Venant mal à propos la saisir au collet,
Elle te réduisoit à vivre sans valet,
Comme ce magistrat² de hideuse mémoire,
Dont je veux bien ici te crayonner l'histoire.
   Dans la robe on vantoit son illustre maison :
Il étoit plein d'esprit, de sens et de raison;
Seulement pour l'argent un peu trop de foiblesse
De ces vertus en lui ravaloit la noblesse.
Sa table toutefois, sans superfluité,
N'avoit rien que d'honnête en sa frugalité.
Chez lui deux bons chevaux, de pareille encolure,
Trouvoient dans l'écurie une pleine pâture,
Et, du foin que leur bouche au râtelier laissoit,
De surcroît une mule encor se nourrissoit.
Mais cette soif de l'or qui le brûloit dans l'âme
Le fit enfin songer à choisir une femme,
Et l'honneur dans ce choix ne fut point regardé.
Vers son triste penchant son naturel guidé
Le fit, dans une avare et sordide famille,
Chercher un monstre affreux sous l'habit d'une fille :
Et, sans trop s'enquérir d'où la laide venoit,
Il sut, ce fut assez, l'argent qu'on lui donnoit.

¹ Ancien mode d'expropriation des immeubles. B.-S.-P.
² Le lieutenant criminel Tardieu. B. — Il était le parrain de Jacques Boileau, le docteur en Sorbonne, frère de Despréaux. Sa femme, Marie Ferrier, était fille d'un ministre converti. Ils furent assassinés dans leur maison du quai des Orfévres, le 24 août 1665, par les frères René et François Touchet, qui furent rompus vifs trois jours après.

Rien ne le rebuta, ni sa vue éraillée,
Ni sa masse de chair bizarrement taillée :
Et trois cent mille francs avec elle obtenus
La firent à ses yeux plus belle que Vénus.
Il l'épouse ; et bientôt son hôtesse nouvelle,
Le prêchant, lui fit voir qu'il étoit, au prix d'elle,
Un vrai dissipateur, un parfait débauché.
Lui-même le sentit, reconnut son péché,
Se confessa prodigue, et, plein de repentance,
Offrit sur ses avis de régler sa dépense.
Aussitôt de chez eux tout rôti disparut ;
Le pain bis, renfermé, d'une moitié décrut ;
Les deux chevaux, la mule, au marché s'envolèrent ;
Deux grands laquais, à jeun, sur le soir s'en allèrent :
De ces coquins déjà l'on se trouvoit lassé,
Et pour n'en plus revoir le reste fut chassé.
Deux servantes déjà, largement souffletées,
Avoient à coups de pied descendu les montées,
Et, se voyant enfin hors de ce triste lieu,
Dans la rue en avoient rendu grâces à Dieu.
Un vieux valet restoit, seul chéri de son maître,
Que toujours il servit, et qu'il avoit vu naître,
Et qui de quelque somme amassée au bon temps
Vivoit encor chez eux, partie à ses dépens.
Sa vue embarrassoit : il fallut s'en défaire ;
Il fut de la maison chassé comme un corsaire.
Voilà nos deux époux, sans valets, sans enfans,
Tout seuls dans leur logis libres et triomphans.
Alors on ne mit plus de borne à la lésine :
On condamna la cave, on ferma la cuisine ;
Pour ne s'en point servir aux plus rigoureux mois,
Dans le fond d'un grenier on séquestra le bois.
L'un et l'autre dès lors vécut à l'aventure
Des présens qu'à l'abri de la magistrature
Le mari quelquefois des plaideurs extorquoit,
Ou de ce que la femme aux voisins escroquoit.
 Mais, pour bien mettre ici leur crasse en tout son lustre,
Il faut voir du logis sortir ce couple illustre :

Il faut voir le mari, tout poudreux, tout souillé,
Couvert d'un vieux chapeau de cordon dépouillé,
Et de sa robe, en vain de pièces rajeunie,
A pied dans les ruisseaux traînant l'ignominie.
Mais qui pourroit compter le nombre de haillons,
De pièces, de lambeaux, de sales guenillons,
De chiffons ramassés dans la plus noire ordure,
Dont la femme, aux bons jours, composoit sa parure?
Décrirai-je ses bas en trente endroits percés,
Ses souliers grimaçans, vingt fois rapetassés,
Ses coiffes d'où pendoit au bout d'une ficelle
Un vieux masque pelé presque aussi hideux qu'elle [1]?
Peindrai-je son jupon bigarré de latin,
Qu'ensemble composoient trois thèses de satin,
Présent qu'en un procès sur certain privilége
Firent à son mari les régens d'un collége,
Et qui, sur cette jupe, à maint rieur encor
Derrière elle faisoit dire ARGUMENTABOR?

   Mais peut-être j'invente une fable frivole.
Démens donc tout Paris, qui, prenant la parole,
Sur ce sujet encor de bons témoins pourvu,
Tout prêt à le prouver, te dira : Je l'ai vu;
Vingt ans j'ai vu ce couple, uni d'un même vice,
A tous mes habitans montrer que l'avarice
Peut faire dans les biens trouver la pauvreté,
Et nous réduire à pis que la mendicité.
Ces voleurs, qui chez eux pleins d'espérance entrèrent,
De cette triste vie enfin les délivrèrent :
Digne et funeste fruit du nœud le plus affreux
Dont l'hymen ait jamais uni deux malheureux!

   Ce récit passe un peu l'ordinaire mesure :
Mais un exemple enfin si digne de censure
Peut-il dans la satire occuper moins de mots?
Chacun sait son métier. Suivons notre propos.
Nouveau prédicateur aujourd'hui, je l'avoue,

---

[1] La plupart des femmes portoient alors un masque de velours noir, lorsqu'elles sortoient. B.

Écolier ou plutôt singe de Bourdaloue [1],
Je me plais à remplir mes sermons de portraits.
En voilà déjà trois peints d'assez heureux traits.
La femme sans honneur, la coquette et l'avare.
Il faut y joindre encor la revêche bizarre,
Qui sans cesse, d'un ton par la colère aigri,
Gronde, choque, dément, contredit un mari.
Il n'est point de repos ni de paix avec elle;
Son mariage n'est qu'une longue querelle.
Laisse-t-elle un moment respirer son époux,
Ses valets sont d'abord l'objet de son courroux;
Et, sur le ton grondeur lorsqu'elle les harangue,
Il faut voir de quels mots elle enrichit la langue :
Ma plume ici, traçant ces mots par alphabet,
Pourrait d'un nouveau tome augmenter Richelet [2].

Tu crains peu d'essuyer cette étrange furie :
En trop bon lieu, dis-tu, ton épouse nourrie
Jamais de tels discours ne te rendra martyr.
Mais, eût-elle sucé la raison dans Saint-Cyr [3],
Crois-tu que d'une fille humble, honnête, charmante,
L'hymen n'ait jamais fait de femme extravagante?
Combien n'a-t-on point vu de belles aux doux yeux,
Avant le mariage anges si gracieux,
Tout à coup se changeant en bourgeoises sauvages,
Vrais démons apporter l'enfer dans leurs ménages,
Et, découvrant l'orgueil de leurs rudes esprits,
Sous leur fontange [4] altière asservir leurs maris!
Et puis, quelque douceur dont brille ton épouse,

---

[1] Louis Bourdaloue, de la Compagnie de Jésus, né à Bourges le 20 août 1632, mort le 13 mai 1704.

[2] Auteur qui a donné un dictionnaire français. B. — César-Pierre Richelet, avocat, l'un des membres de l'Académie des beaux esprits qui se réunissait chez l'abbé d'Aubignac; né à Cheminon (Marne) en 1665, mort à Paris le 23 novembre 1698.

[3] Célèbre maison près de Versailles, où on élève un grand nombre de jeunes demoiselles. B.— Madame de Maintenon la fit élever en 1686 pour y recevoir deux cent cinquante demoiselles nobles. Napoléon I*' lui donna la destination actuelle d'École spéciale militaire.

[4] C'est un nœud de ruban que les femmes mettent sur le devant de la tête pour attacher leur coiffure. B.

Penses-tu, si jamais elle devient jalouse,
Que son âme, livrée à ses tristes soupçons,
De la raison encore écoute les leçons?
Alors, Alcippe, alors, tu verras de ses œuvres :
Résous-toi, pauvre époux, à vivre de couleuvres;
A la voir tous les jours, dans ses fougueux accès,
A ton geste, à ton rire, intenter un procès;
Souvent, de ta maison gardant les avenues,
Les cheveux hérissés, t'attendre au coin des rues;
Te trouver en des lieux de vingt portes fermés,
Et, partout où tu vas, dans ses yeux enflammés
T'offrir, non pas d'Isis la tranquille Euménide [1],
Mais la vraie Alecto [2], peinte dans l'Énéide,
Un tison à la main, chez le roi Latinus,
Soufflant sa rage au sein d'Amate et de Turnus [3].
Mais quoi! je chausse ici le cothurne tragique!
Reprenons au plus tôt le brodequin comique,
Et d'objets moins affreux songeons à te parler.
Dis-moi donc, laissant là cette folle hurler,
T'accommodes-tu mieux de ces douces Ménades [4],
Qui, dans leurs vains chagrins, sans mal, toujours malades,
Se font des mois entiers, sur un lit effronté,
Traiter d'une visible et parfaite santé;
Et douze fois par jour, dans leur molle indolence,
Aux yeux de leurs maris tombent en défaillance?
Quel sujet, dira l'un, peut donc si fréquemment
Mettre ainsi cette belle aux bords du monument?
La Parque, ravissant ou son fils ou sa fille,
A-t-elle moissonné l'espoir de sa famille?
Non : il est question de réduire un mari
A chasser un valet dans la maison chéri,
Et qui, parce qu'il plaît, a trop su lui déplaire;
Ou de rompre un voyage utile et nécessaire,

---

[1] Furie, dans l'opéra d'*Isis*, qui demeure presque toujours à ne rien faire. B.
[2] Une de furies. B.
[3] *Énéide*, l. VII. B.
[4] Bacchantes. B.

Mais qui la priveroit huit jours de ses plaisirs,
Et qui, loin d'un galant, objet de ses désirs...
Oh! que pour la punir de cette comédie
Ne lui vois-je une vraie et triste maladie!
Mais ne nous fâchons point. Peut-être avant deux jours,
Courtois et Denyau [1], mandés à son secours,
Digne ouvrage de l'art dont Hippocrate traite,
Lui sauront bien ôter cette santé d'athlète;
Pour consumer l'humeur qui fait son embonpoint,
Lui donner sagement le mal qu'elle n'a point;
Et, fuyant de Fagon [2] les maximes énormes,
Au tombeau mérité la mettre dans les formes.
Dieu veuille avoir son âme, et nous délivre d'eux!
Pour moi, grand ennemi de leur art hasardeux,
Je ne puis cette fois que je ne les excuse.
Mais à quels vains discours est-ce que je m'amuse?
Il faut sur des sujets plus grands, plus curieux,
Attacher de ce pas ton esprit et tes yeux.

Qui s'offrira d'abord? Bon, c'est cette savante
Qu'estime Roberval, et que Sauveur [3] fréquente.
D'où vient qu'elle a l'œil trouble et le teint si terni?
C'est que sur le calcul, dit-on, de Cassini [4],
Un astrolabe en main, elle a, dans sa gouttière,
A suivre Jupiter [5] passé la nuit entière.
Gardons de la troubler. Sa science, je croi,
Aura pour s'occuper ce jour plus d'un emploi :
D'un nouveau microscope on doit, en sa présence,

---

[1] Médecins de Paris. B.

[2] Fagon, premier médecin du roi. B. — Gui-Crescent Fagon, né à Paris le 11 mai 1638, mort en 1718.

[3] Illustres mathématiciens. B. — Gilles Personne, de l'Académie des sciences, né à Roberval (Oise), en 1602, mort à Paris le 27 octobre 1675. — Joseph Sauveur, de l'Académie des sciences, maître de mathématiques du roi d'Espagne et de monseigneur le duc de Bourgogne, né à la Flèche (Sarthe) le 24 mars 1653, mort le 9 juillet 1713.

[4] Fameux astronome. B. — Jean Dominique Cassini, né à Périnaldo, dans le comté de Nice, le 8 juin 1625, mort à Paris le 14 septembre 1712.

[5] Une des sept planètes. B. — On en connaît trente-cinq aujourd'hui.

Tantôt chez Dalancé¹ faire l'expérience ;
Puis d'une femme morte avec son embryon
Il faut chez Du Verney² voir la dissection.
Rien n'échappe aux regards de notre curieuse.
  Mais qui vient sur ses pas? c'est une précieuse,
Reste de ces esprits jadis si renommés
Que d'un coup de son art Molière a diffamés ³.
De tous leurs sentimens cette noble héritière
Maintient encore ici leur secte façonnière.
C'est chez elle toujours que les fades auteurs
S'en vont se consoler du mépris des lecteurs.
Elle y reçoit leur plainte ; et sa docte demeure
Aux Perrins, aux Coras, est ouverte à toute heure.
Là, du faux bel esprit se tiennent les bureaux :
Là, tous les vers sont bons, pourvu qu'ils soient nouveaux.
Au mauvais goût public la belle y fait la guerre ;
Plaint Pradon opprimé des sifflets du parterre ;
Rit des vains amateurs du grec et du latin ;
Dans la balance met Aristote et Cotin ;
Puis, d'une main encor plus fine et plus habile,
Pèse sans passion Chapelain et Virgile ;
Remarque en ce dernier beaucoup de pauvretés,
Mais pourtant confessant qu'il a quelques beautés,
Ne trouve en Chapelain, quoi qu'ait dit la satire,
Autre défaut, sinon qu'on ne le sauroit lire ;
Et, pour faire goûter son livre à l'univers,
Croit qu'il faudroit en prose y mettre tous les vers.
  A quoi bon m'étaler cette bizarre école
Du mauvais sens, dis-tu, prêché par une folle ?
De livres et d'écrits bourgeois admirateur,
Vais-je épouser ici quelque apprentive auteur ?
Savez-vous que l'épouse avec qui je me lie

---

¹ Chez qui on faisoit beaucoup d'expériences de physique. B. — C'était le fils d'un chirurgien célèbre.

² Médecin du roi, connu pour être très-savant dans l'anatomie. B. — Joseph Guichard Duverney, professeur d'anatomie au Jardin du roi, de l'Académie des sciences, né à Tours (Indre-et-Loire) le 5 août 1648, mort à Paris le 10 septembre 1730.

³ Voyez la comédie des *Précieuses*. B.

Compte entre ses parens des princes d'Italie ;
Sort d'aïeux dont les noms...? Je t'entends, et je voi
D'où vient que tu t'es fait secrétaire du roi :
Il falloit de ce titre appuyer ta naissance.
Cependant (t'avouerai-je ici mon insolence?),
Si quelque objet pareil chez moi, deçà les monts,
Pour m'épouser entroit avec tous ces grands noms,
Le sourcil rehaussé d'orgueilleuses chimères,
Je lui dirois bientôt : Je connois tous vos pères ;
Je sais qu'ils ont brillé dans ce fameux combat [1]
Où sous l'un des Valois Enghien sauva l'État.
D'Hozier n'en convient pas ; mais, quoi qu'il en puisse être,
Je ne suis point si sot que d'épouser mon maître.
Ainsi donc, au plus tôt délogeant de ces lieux,
Allez, princesse, allez, avec tous vos aïeux,
Sur le pompeux débris des lances espagnoles,
Coucher, si vous voulez, aux champs de Cérisoles :
Ma maison ni mon lit ne sont point faits pour vous.

J'admire, poursuis-tu, votre noble courroux.
Souvenez-vous pourtant que ma famille illustre
De l'assistance au sceau [2] ne tire point son lustre,
Et que, né dans Paris de magistrats connus,
Je ne suis point ici de ces nouveaux venus,
De ces nobles sans nom, que, par plus d'une voie,
La province souvent en guêtres nous envoie.
Mais, eussé-je comme eux des meuniers pour parens,
Mon épouse vînt-elle encor d'aïeux plus grands,
On ne la verroit point, vantant son origine,
A son triste mari reprocher la farine.
Son cœur, toujours nourri dans la dévotion,
De trop bonne heure apprit l'humiliation :
Et, pour vous détromper de la pensée étrange
Que l'hymen aujourd'hui la corrompe et la change,
Sachez qu'en notre accord elle a, pour premier point,

---

[1] Combat de Cérisoles, gagné par le duc d'Enghien en Italie. B. — Le 14 avril 1545, Pâques tombant le 15 avril cette année-là.

[2] Principale fonction des secrétaires du roi, nouveaux anoblis.

Exigé qu'un époux ne la contraindroit point
A traîner après elle un pompeux équipage,
Ni surtout de souffrir, par un profane usage,
Qu'à l'église jamais devant le Dieu jaloux
Un fastueux carreau soit vu sous ses genoux.
Telle est l'humble vertu qui dans son âme empreinte...
   Je le vois bien, tu vas épouser une sainte,
Et dans tout ce grand zèle il n'est rien d'affecté.
Sais-tu bien cependant, sous cette humilité,
L'orgueil que quelquefois nous cache une bigote,
Alcippe, et connois-tu la nation dévote?
Il te faut de ce pas en tracer quelques traits,
Et par ce grand portrait finir tous mes portraits.
   A Paris, à la cour, on trouve, je l'avoue,
Des femmes dont le zèle est digne qu'on le loue,
Qui s'occcupent du bien, en tout temps, en tout lieu.
J'en sais une chérie et du monde et de Dieu,
Humble dans les grandeurs, sage dans la fortune,
Qui gémit, comme Esther, de sa gloire importune,
Que le vice lui-même est contraint d'estimer,
Et que sur ce tableau d'abord tu vas nommer.
Mais pour quelques vertus si pures, si sincères,
Combien y trouve-t-on d'impudentes faussaires,
Qui, sous un vain dehors d'austère piété,
De leurs crimes secrets cherchent l'impunité;
Et couvrent de Dieu même, empreint sur leur visage,
De leurs honteux plaisirs l'affreux libertinage!
N'attends pas qu'à tes yeux j'aille ici l'étaler;
Il vaut mieux le souffrir que de le dévoiler.
De leurs galans exploits les Bussis, les Brantômes [1],
Pourroient avec plaisir te compiler des tomes :
Mais pour moi, dont le front trop aisément rougit,
Ma bouche a déjà peur de t'en avoir trop dit.
Rien n'égale en fureur, en monstrueux caprices,
Une fausse vertu qui s'abandonne aux vices.

[1] Pierre de Bourdeilles, abbé et seigneur de Branthome, naquit probablement dans le Périgord, vers 1540, et mourut à Paris le 15 juillet 1614, après une vie fort agitée.

De ces femmes pourtant l'hypocrite noirceur
Au moins pour un mari garde quelque douceur.
Je les aime encor mieux qu'une bigote altière,
Qui, dans son fol orgueil, aveugle et sans lumière,
A peine sur le seuil de la dévotion,
Pense atteindre au sommet de la perfection;
Qui du soin qu'elle prend de me gêner sans cesse
Va quatre fois par mois se vanter à confesse;
Et, les yeux vers le ciel, pour se le faire ouvrir,
Offre à Dieu les tourmens qu'elle me fait souffrir.
Sur cent pieux devoirs aux saints elle est égale;
Elle lit Rodriguez [1], fait l'oraison mentale,
Va pour les malheureux quêter dans les maisons,
Hante les hôpitaux, visite les prisons,
Tous les jours à l'église entend jusqu'à six messes :
Mais de combattre en elle et dompter ses foiblesses,
Sur le fard, sur le jeu, vaincre sa passion,
Mettre un frein à son luxe, à son ambition,
Et soumettre l'orgueil de son esprit rebelle,
C'est ce qu'en vain le ciel voudroit exiger d'elle.
 Et peut-il, dira-t-elle, en effet l'exiger?
Elle a son directeur, c'est à lui d'en juger :
Il faut sans différer savoir ce qu'il en pense.
Bon! vers nous à propos je le vois qui s'avance.
Qu'il paroît bien nourri! Quel vermillon! quel teint!
Le printemps dans sa fleur sur son visage est peint.
Cependant, à l'entendre, il se soutient à peine;
Il eut encore hier la fièvre et la migraine;
Et, sans les prompts secours qu'on prit soin d'apporter,
Il seroit sur son lit peut-être à trembloter.
Mais de tous les mortels, grâce aux dévotes âmes,
Nul n'est si bien soigné qu'un directeur de femmes.
Quelque léger dégoût vient-il le travailler,
Une foible vapeur le fait-elle bâiller,
Un escadron coiffé d'abord court à son aide :

---

[1] Alphonse Rodriguez, de la Compagnie de Jésus, né à Valladolid en 1526, mort à Séville le 21 février 1616.

L'une chauffe un bouillon, l'autre apprête un remède;
Chez lui sirops exquis, ratafias vantés,
Confitures surtout, volent de tous côtés :
Car de tous mets sucrés, secs, en pâte, ou liquides,
Les estomacs dévots toujours furent avides :
Le premier massepain pour eux, je crois, se fit,
Et le premier citron à Rouen fut confit [1].
 Notre docteur bientôt va lever tous ses doutes,
Du paradis pour elle il aplanit les routes;
Et, loin sur ses défauts de la mortifier,
Lui-même prend le soin de la justifier.
Pourquoi vous alarmer d'une vaine censure?
Du rouge qu'on vous voit on s'étonne, on murmure :
Mais a-t-on, dira-t-il, sujet de s'étonner?
Est-ce qu'à faire peur on veut vous condamner?
Aux usages reçus il faut qu'on s'accommode :
Une femme surtout doit tribut à la mode.
L'orgueil brille, dit-on, sur vos pompeux habits;
L'œil à peine soutient l'éclat de vos rubis;
Dieu veut-il qu'on étale un luxe si profane?
Oui, lorsqu'à l'étaler notre rang nous condamne.
Mais ce grand jeu chez vous comment l'autoriser?
Le jeu fut de tout temps permis pour s'amuser;
On ne peut pas toujours travailler, prier, lire :
Il vaut mieux s'occuper à jouer qu'à médire.
Le plus grand jeu, joué dans cette intention,
Peut même devenir une bonne action :
Tout est sanctifié par une âme pieuse.
Vous êtes, poursuit-on, avide, ambitieuse;
Sans cesse vous brûlez de voir tous vos parens
Engloutir à la cour charges, dignités, rangs.
Votre bon naturel en cela pour eux brille;
Dieu ne nous défend point d'aimer notre famille.
D'ailleurs, tous vos parens sont sages, vertueux :
Il est bon d'empêcher ces emplois fastueux
D'être donnés peut-être à des âmes mondaines,

---

[1] Les plus exquis citrons confits se font à Rouen. B.

Éprises du néant des vanités humaines.
Laissez là, croyez-moi, gronder les indévots,
Et sur votre salut demeurez en repos.
　Sur tous ces points douteux c'est ainsi qu'il prononce.
Alors, croyant d'un ange entendre la réponse,
Sa dévote s'incline, et, calmant son esprit,
A cet ordre d'en haut sans réplique souscrit.
Ainsi, pleine d'erreurs qu'elle croit légitimes,
Sa tranquille vertu conserve tous ses crimes;
Dans un cœur tous les jours nourri du sacrement
Maintient la vanité, l'orgueil, l'entêtement,
Et croit que devant Dieu ses fréquens sacriléges
Sont pour entrer au ciel d'assurés priviléges.
Voilà le digne fruit des soins de son docteur.
Encore est-ce beaucoup si ce guide imposteur,
Par les chemins fleuris d'un charmant quiétisme,
Tout à coup l'amenant au vrai molinosisme [1],
Il ne lui fait bientôt, aidé de Lucifer,
Goûter en paradis les plaisirs de l'enfer.
　Mais dans ce doux état, molle, délicieuse,
La hais-tu plus, dis-moi, que cette bilieuse
Qui, follement outrée en sa sévérité,
Baptisant son chagrin du nom de piété,
Dans sa charité fausse où l'amour-propre abonde,
Croit que c'est aimer Dieu que haïr tout le monde?
Il n'est rien où d'abord son soupçon attaché
Ne présume du crime et ne trouve un péché.
Pour une fille honnête et pleine d'innocence
Croit-elle en ses valets voir quelque complaisance,
Réputés criminels, les voilà tous chassés,
Et chez elle à l'instant par d'autres remplacés.
Son mari, qu'une affaire appelle dans la ville,
Et qui chez lui sortant a tout laissé tranquille,
Se trouve assez surpris, rentrant dans la maison,

---

[1] Miguel Molinos, né dans le diocèse de Saragosse en 1627, mort en 1696 dans les prisons de l'inquisition, publia en 1675 la *Guide spirituelle*, où soixante-huit propositions furent condamnées et qui donna naissance à la secte des molinistes ou quiétistes.

De voir que le portier lui demande son nom;
Et que, parmi ses gens, changés en son absence,
Il cherche vainement quelqu'un de connoissance

Fort bien! le trait est bon! dans les femmes, dis-tu,
Enfin vous n'approuvez ni vice ni vertu.
Voilà le sexe peint d'une noble manière :
Et Théophraste même, aidé de La Bruyère [1],
Ne m'en pourroit pas faire un plus riche tableau.
C'est assez : il est temps de quitter le pinceau;
Vous avez désormais épuisé la satire.

Épuisé, cher Alcippe! Ah! tu me ferois rire!
Sur ce vaste sujet si j'allois tout tracer,
Tu verrois sous ma main des tomes s'amasser.
Dans le sexe j'ai peint la piété caustique :
Et que seroit-ce donc, si, censeur plus tragique,
J'allois t'y faire voir l'athéisme établi,
Et, non moins que l'honneur, le ciel mis en oubli;
Si j'allois t'y montrer plus d'une Capanée [2]
Pour souveraine loi mettant la destinée,
Du tonnerre dans l'air bravant les vains carreaux,
Et nous parlant de Dieu du ton de Des Barreaux [3]?

Mais, sans aller chercher cette femme infernale,
T'ai-je encor peint, dis-moi, la fantasque inégale
Qui, m'aimant le matin, souvent me hait le soir?
T'ai-je peint la maligne aux yeux faux, au cœur noir?
T'ai-je encore exprimé la brusque impertinente?
T'ai-je tracé la vieille à morgue dominante,
Qui veut, vingt ans encore après le sacrement,
Exiger d'un mari les respects d'un amant?

---

[1] La Bruyère a traduit les *Caractères* de Théophraste, et fait ceux de son siècle. B. — Théophraste, philosophe grec, né dans l'île de Lesbos en 371 avant J. C. et mort fort âgé. — Jean de La Bruyère, d'abord trésorier de France à Caen, puis attaché à la maison de M. le Duc, petit-fils du grand Condé, de l'Académie française, né à Dourdan (Seine-et-Oise) vers 1646, mort à Versailles le 11 mai 1696.

[2] Capanée étoit un des sept chefs de l'armée qui mit le siége devant Thèbes. Les poëtes ont dit que Jupiter le foudroya à cause de son impiété. B.

[3] On dit qu'il se convertit avant que de mourir. B.

T'ai-je fait voir de joie une belle animée,
Qui souvent d'un repas sortant tout enfumée
Fait, même à ses amans, trop foibles d'estomac,
Redouter ses baisers pleins d'ail et de tabac?
T'ai-je encore décrit la dame brelandière
Qui des joueurs chez soi se fait cabaretière[1],
Et souffre des affronts que ne souffriroit pas
L'hôtesse d'une auberge à dix sous par repas?
Ai-je offert à tes yeux ces tristes Tisiphones,
Ces monstres pleins d'un fiel que n'ont point les lionnes,
Qui, prenant en dégoût les fruits nés de leur flanc,
S'irritent sans raison contre leur propre sang;
Toujours en des fureurs que les plaintes aigrissent,
Battent dans leurs enfans l'époux qu'elles haïssent;
Et font de leur maison, digne de Phalaris[2],
Un séjour de douleur, de larmes et de cris?
Enfin t'ai-je dépeint la superstitieuse,
La pédante au ton fier, la bourgeoise ennuyeuse,
Celle qui de son chat fait son seul entretien,
Celle qui toujours parle et ne dit jamais rien?
Il en est des milliers; mais ma bouche enfin lasse
Des trois quarts pour le moins veut bien te faire grace.
 J'entends, c'est pousser loin la modération.
Ah! finissez, dis-tu, la déclamation.
Pensez-vous qu'ébloui de vos vaines paroles,
J'ignore qu'en effet tous ces discours frivoles
Ne sont qu'un badinage, un simple jeu d'esprit
D'un censeur dans le fond qui folâtre et qui rit,
Plein du même projet qui vous vint dans la tête
Quand vous plaçâtes l'homme au-dessous de la bête?
Mais enfin vous et moi c'est assez badiner,
Il est temps de conclure; et, pour tout terminer,
Je ne dirai qu'un mot. La fille qui m'enchante,
Noble, sage, modeste, humble, honnête, touchante,
N'a pas un des défauts que vous m'avez fait voir.

---

[1] Il y a des femmes qui donnent à souper aux joueurs, de peur de ne les plus revoir s'ils sortoient de leurs maisons. B.

[2] Tyran en Sicile, très-cruel. B.

Si, par un sort pourtant qu'on ne peut concevoir,
La belle, tout à coup rendue insociable,
D'ange, ce sont vos mots, se transformoit en diable,
Vous me verriez bientôt, sans me désespérer,
Lui dire : Eh bien, madame, il faut nous séparer ;
Nous ne sommes pas faits, je le vois, l'un pour l'autre.
Mon bien se monte à tant : tenez ; voilà le vôtre.
Partez : délivrons-nous d'un mutuel souci.
 Alcippe, tu crois donc qu'on se sépare ainsi?
Pour sortir de chez toi sur cette offre offensante,
As-tu donc oublié qu'il faut qu'elle y consente?
Et crois-tu qu'aisément elle puisse quitter
Le savoureux plaisir de t'y persécuter?
Bientôt son procureur, pour elle usant sa plume,
De ses prétentions va t'offrir un volume :
Car, grace au droit reçu chez les Parisiens,
Gens de douce nature, et maris bons chrétiens,
Dans ses prétentions une femme est sans borne[1].
Alcippe, à ce discours je te trouve un peu morne.
Des arbitres, dis-tu, pourront nous accorder.
Des arbitres!... Tu crois l'empêcher de plaider!
Sur ton chagrin déjà contente d'elle-même,
Ce n'est point tous ses droits, c'est le procès qu'elle aime :
Pour elle un bout d'arpent qu'il faudra disputer
Vaut mieux qu'un fief entier acquis sans contester.
Avec elle il n'est point de droit qui s'éclaircisse,
Point de procès si vieux qui ne se rajeunisse ;
Et sur l'art de former un nouvel embarras,
Devant elle Rolet mettroit pavillon bas.
Crois-moi, pour la fléchir, trouve enfin quelque voie,
Ou je ne réponds pas dans peu qu'on ne te voie,
Sous le faix des procès abattu, consterné,
Triste, à pied, sans laquais, maigre, sec, ruiné,
Vingt fois dans ton malheur résolu de te pendre,
Et, pour comble de maux, réduit à la reprendre.

---

[1] Boileau fait allusion aux dispositions de la coutume de Paris, qui étaient très-favorables aux femmes.

SATIRE XI[1]

A MONSIEUR DE VALINCOUR[2]

CONSEILLER DU ROI EN SES CONSEILS, SECRÉTAIRE GÉNÉRAL DE LA MARINE
ET DES COMMANDEMENS DE MONSEIGNEUR LE COMTE DE TOULOUSE.

Oui, l'honneur, Valincour, est chéri dans le monde :
Chacun, pour l'exalter, en paroles abonde ;
A s'en voir revêtu chacun met son bonheur ;
Et tout crie ici-bas : L'honneur ! vive l'honneur !
    Entendons discourir, sur les bancs des galères,
Ce forçat abhorré, même de ses confrères ;
Il plaint, par un arrêt injustement donné,
L'honneur en sa personne à ramer condamné :
En un mot, parcourons et la mer et la terre ;
Interrogeons marchands, financiers, gens de guerre,
Courtisans, magistrats : chez eux, si je les croi,
L'intérêt ne peut rien, l'honneur seul fait la loi.
    Cependant, lorsqu'aux yeux leur portant la lanterne[3],
J'examine au grand jour l'esprit qui les gouverne,
Je n'aperçois partout que folle ambition,
Foiblesse, iniquité, fourbe, corruption.
Que ridicule orgueil de soi-même idolâtre.
Le monde, à mon avis, est comme un grand théâtre,
Où chacun en public, l'un par l'autre abusé,
Souvent à ce qu'il est joue un rôle opposé.
Tous les jours on y voit, orné d'un faux visage,
Impudemment le fou représenter le sage ;
L'ignorant s'ériger en savant fastueux,

---

[1] Composée en 1698, à l'occasion du procès intenté aux Boileau sur leur noblesse, par une compagnie de financiers.
[2] Jean-Baptiste-Henri Du Trousset de Valincour, de l'Académie française et de celle des sciences, né à Paris en 1653, mort en 1730.
[3] Allusion au mot de Diogène le Cynique, qui portoit une lanterne en plein jour, et qui disoit qu'il cherchoit un homme. B.

Et le plus vil faquin trancher du vertueux.
Mais, quelque fol espoir dont leur orgueil les berce,
Bientôt on les connoît, et la vérité perce.
On a beau se farder aux yeux de l'univers :
A la fin sur quelqu'un de nos vices couverts
Le public malin jette un œil inévitable;
Et bientôt la censure, au regard formidable,
Sait, le crayon en main, marquer nos endroits faux
Et nous développer avec tous nos défauts.
Du mensonge toujours le vrai demeure maître,
Pour paroître honnête homme, en un mot, il faut l'être;
Et jamais, quoi qu'il fasse, un mortel ici-bas
Ne peut aux yeux du monde être ce qu'il n'est pas.
En vain ce misanthrope aux yeux tristes et sombres
Veut, par un air riant, en éclaircir les ombres :
Le ris sur son visage est en mauvaise humeur :
L'agrément fuit ses traits, ses caresses font peur;
Ses mots les plus flatteurs paroissent des rudesses,
Et la vanité brille en toutes ses bassesses.
Le naturel toujours sort et sait se montrer :
Vainement on l'arrête, on le force à rentrer;
Il rompt tout, perce tout, et trouve enfin passage.

   Mais loin de mon projet je sens que je m'engage.
Revenons de ce pas à mon texte égaré.
L'honneur partout, disois-je, est du monde admiré;
Mais l'honneur en effet qu'il faut que l'on admire,
Quel est-il, Valincour? pourras-tu me le dire?
L'ambitieux le met souvent à tout brûler;
L'avare, à voir chez lui le Pactole[1] rouler;
Un faux brave, à vanter sa prouesse frivole,
Un vrai fourbe, à jamais ne garder sa parole;
Ce poëte, à noircir d'insipides papiers;
Ce marquis, à savoir frauder ses créanciers;
Un libertin, à rompre et jeûnes et carême;
Un fou perdu d'honneur, à braver l'honneur même.

[1] Fleuve de Lydie, où l'on trouve de l'or, ainsi que dans plusieurs autres fleuves. B.

L'un d'eux a-t-il raison? Qui pourroit le penser?
Qu'est-ce donc que l'honneur que tout doit embrasser?
Est-ce de voir, dis-moi, vanter notre éloquence,
D'exceller en courage, en adresse, en prudence;
De voir à notre aspect tout trembler sous les cieux;
De posséder enfin mille dons précieux?
Mais avec tous ces dons de l'esprit et de l'ame
Un roi même souvent peut n'être qu'un infâme,
Qu'un Hérode, un Tibère effroyable à nommer.
Où donc est cet honneur qui seul doit nous charmer?
Quoi qu'en ses beaux discours Saint-Évremond [1] nous prône,
Aujourd'hui j'en croirai Sénèque avant Pétrone?
 Dans le monde il n'est rien de beau que l'équité :
Sans elle, la valeur, la force, la bonté,
Et toutes les vertus dont s'éblouit la terre,
Ne sont que faux brillans et que morceaux de verre
Un injuste guerrier, terreur de l'univers [2],
Qui, sans sujet, courant chez cent peuples divers,
S'en va tout ravager jusqu'aux rives du Gange,
N'est qu'un plus grand voleur que Du Terte et Saint-Ange [3].
Du premier des Césars on vante les exploits;
Mais dans quel tribunal jugé suivant les lois,
Eût-il pu disculper son injuste manie?
Qu'on livre son pareil en France à La Reynie [4].
Dans trois jours nous verrons le phénix des guerriers
Laisser sur l'échafaud sa tête et ses lauriers.
C'est d'un roi [5] que l'on tient cette maxime auguste,
Que jamais on n'est grand qu'autant que l'on est juste.
Rassemblez à la fois Mithridate et Sylla ;
Joignez-y Tamerlan, Genséric, Attila :

---

[1] Saint-Évremond a fait une Dissertation dans laquelle il donne la préférence à Pétrone sur Sénèque. B. — Charles Marguetel de Saint-Denis, seigneur de Saint-Évremond, né à Saint-Denis-le-Gast (Manche), le 1ᵉʳ d'avril 1613, mort à Londres, le 20 de septembre 1703 et inhumé à Westminster.
[2] Alexandre. B.
[3] Fameux voleurs de grands chemins. B.
[4] Gabriel-Nicolas de La Reynie, lieutenant de police.
[5] Agésilas roi de Sparte. B.

Tous ces fiers conquérans, rois, princes, capitaines,
Sont moins grands à mes yeux que ce bourgeois d'Athènes [1]
Qui sut, pour tous exploits, doux, modéré, frugal,
Toujours vers la justice aller d'un pas égal.
Oui, la justice en nous est la vertu qui brille :
Il faut de ses couleurs qu'ici-bas tout s'habille ;
Dans un mortel chéri, tout injuste qu'il est,
C'est quelque air d'équité qui séduit et qui plaît.
A cet unique appas l'ame est vraiment sensible :
Même aux yeux de l'injuste un injuste est horrible ;
Et tel qui n'admet point la probité chez lui
Souvent à la rigueur l'exige chez autrui.
Disons plus : il n'est point d'ame livrée au vice
Où l'on ne trouve encor des traces de justice.
Chacun de l'équité ne fait pas son flambeau ;
Tout n'est pas Caumartin, Bignon, ni Daguesseau.
Mais jusqu'en ces pays où tout vit de pillage,
Chez l'Arabe et le Scythe, elle est de quelque usage ;
Et du butin acquis en violant les lois,
C'est elle entre eux qui fait le partage et le choix.
   Mais allons voir le vrai jusqu'en sa source même.
Un dévot aux yeux creux, et d'abstinence blême,
S'il n'a point le cœur juste, est affreux devant Dieu.
L'Évangile au chrétien ne dit en aucun lieu :
Sois dévot : elle dit : Sois doux, simple, équitable.
Car d'un dévot souvent au chrétien véritable
La distance est deux fois plus longue, à mon avis,
Que du pôle antarctique au détroit de Davis [2].
Encor par ce dévot ne crois pas que j'entende
Tartufe, ou Molinos et sa mystique bande :
J'entends un faux chrétien, mal instruit, mal guidé,
Et qui, de l'Évangile en vain persuadé,
N'en a jamais conçu l'esprit ni la justice ;
Un chrétien qui s'en sert pour disculper le vice ;
Qui toujours près des grands, qu'il prend soin d'abuser,

---

[1] Socrate. B.
[2] Détroit sous le pôle arctique, près de la Nouvelle-Zemble. B.

Sur leurs foibles honteux sait les autoriser,
Et croit pouvoir au ciel, par ses folles maximes,
Comblés de sacremens faire entrer tous les crimes,
Des faux dévots pour moi voilà le vrai héros.

 Mais, pour borner enfin tout ce vague propos,
Concluons qu'ici-bas le seul honneur solide,
C'est de prendre toujours la vérité pour guide ;
De regarder en tout la raison et la loi ;
D'être doux pour tout autre, et rigoureux pour soi ;
D'accomplir tout le bien que le ciel nous inspire ;
Et d'être juste enfin : ce mot seul veut tout dire.
Je doute que le flot des vulgaires humains
A ce discours pourtant donne aisément les mains ;
Et, pour t'en dire ici la raison historique,
Souffre que je l'habille en fable allégorique.

 Sous le bon roi Saturne, ami de la douceur,
L'honneur, cher Valincour, et l'équité, sa sœur,
De leurs sages conseils, éclairant tout le monde,
Régnoient, chéris du ciel, dans une paix profonde
Tout vivoit en commun sous ce couple adoré :
Aucun n'avoit d'enclos ni de champ séparé.
La vertu n'étoit point sujette à l'ostracisme [1],
Ni ne s'appeloit point alors un jansénisme.
L'honneur, beau par soi-même, et sans vains ornemens
N'étaloit point aux yeux l'or ni les diamans ;
Et, jamais ne sortant de ses devoirs austères,
Maintenoit de sa sœur les règles salutaires.
Mais une fois au ciel par les dieux appelé,
Il demeura longtemps au séjour étoilé.

 Un fourbe cependant, assez haut de corsage,
Et qui lui ressembloit de geste et de visage,
Prend son temps, et partout ce hardi suborneur
S'en va chez les humains crier qu'il est l'honneur ;
Qu'il arrive du ciel, et que, voulant lui-même
Seul porter désormais le faix du diadème,
De lui seul il prétend qu'on reçoive la loi.

---

[1] Loi par laquelle les Athéniens avoient droit de reléguer tel de leurs citoyens qu'ils vouloient. B.

A ces discours trompeurs le monde ajoute foi.
L'innocente équité, honteusement bannie,
Trouve à peine un désert où fuir l'ignominie.
Aussitôt sur un trône éclatant de rubis
L'imposteur monte, orné de superbes habits.
La hauteur, le dédain, l'audace l'environnent ;
Et le luxe et l'orgueil de leurs mains le couronnent.
Tout fier il montre alors un front plus sourcilleux.
Et le Mien et le Tien, deux frères pointilleux,
Par son ordre amenant les procès et la guerre,
En tous lieux de ce pas vont partager la terre ;
En tous lieux, sous les noms de bon droit et de tort,
Vont chez elle établir le seul droit du plus fort.
Le nouveau roi triomphe, et, sur ce droit inique,
Bâtit de vaines lois un code fantastique ;
Avant tout aux mortels prescrit de se venger,
L'un l'autre au moindre affront les force à s'égorger,
Et dans leur ame, en vain de remords combattue,
Trace en lettres de sang ces deux mots : « Meurs » ou « tues. »
Alors, ce fut alors, sous ce vrai Jupiter,
Qu'on vit naître ici-bas le noir siècle de fer.
Le frère au même instant s'arma contre le frère ;
Le fils trempa ses mains dans le sang de son père ;
La soif de commander enfanta les tyrans,
Du Tanaïs [1] au Nil porta les conquérans ;
L'ambition passa pour la vertu sublime ;
Le crime heureux fut juste et cessa d'être crime.
On ne vit plus que haine et que division,
Qu'envie, effroi, tumulte, horreur, confusion.
Le véritable honneur sur la voûte céleste
Est enfin averti de ce trouble funeste.
Il part sans différer, et, descendu des cieux,
Va partout se montrer dans les terrestres lieux ;
Mais il n'y fait plus voir qu'un visage incommode ;
On n'y peut plus souffrir ses vertus hors de mode ;
Et lui-même, traité de fourbe et d'imposteur,

---

[1] Le Tanaïs est un fleuve du pays des Scythes. B.

Est contraint de ramper aux pieds du séducteur.
Enfin, las d'essuyer outrage sur outrage,
Il livre les humains à leur triste esclavage ;
S'en va trouver sa sœur, et dès ce même jour,
Avec elle s'envole au céleste séjour.
Depuis, toujours ici riche de leur ruine,
Sur les tristes mortels le faux honneur domine,
Gouverne tout, fait tout, dans ce bas univers ;
Et peut-être est-ce lui qui m'a dicté ces vers.
Mais en fût-il l'auteur, je conclus de sa fable
Que ce n'est qu'en Dieu seul qu'est l'honneur véritable.

SATIRE XII[1]

DISCOURS DE L'AUTEUR

POUR SERVIR D'APOLOGIE A LA SATIRE SUIVANTE[2].

Quelque heureux succès qu'aient eu mes ouvrages, j'avois résolu depuis leur dernière édition[3] de ne plus rien donner au public ; et quoiqu'à mes heures perdues, il y a environ cinq ans, j'eusse encore fait contre l'*Équivoque* une satire que tous ceux à qui je l'ai communiquée ne jugeoient pas inférieure à mes autres écrits, bien loin de la publier, je la tenois soigneusement cachée, et je ne croyois pas que, moi vivant, elle dût jamais voir le jour. Ainsi donc, aussi soigneux désormais de me faire oublier, que j'avois été autrefois curieux de faire parler de moi, je jouissois, à mes infirmités près, d'une assez grande tranquillité, lorsque tout d'un coup j'ai appris qu'on débitoit dans le monde, sous mon nom, quantité de méchans écrits, et entre autres une pièce en vers contre les jé-

---

[1] Composée en 1705 et publiée pour la première fois en 1711, après la mort de l'auteur.
[2] Ce discours, composé vers la fin de 1708, fut publié en 1711.
[3] Celle de 1701.

suites, également odieuse et insipide, et où l'on me faisoit, en mon propre nom, dire à toute leur société les injures les plus atroces et les plus grossières. J'avoue que cela m'a donné un très-grand chagrin : car, bien que tous les gens sensés aient connu sans peine que la pièce n'étoit point de moi, et qu'il n'y ait eu que de très-petits esprits qui aient présumé que j'en pouvois être l'auteur, la vérité est pourtant que je n'ai pas regardé comme un médiocre affront de me voir soupçonné, même par des ridicules, d'avoir fait un ouvrage si ridicule

J'ai donc cherché les moyens les plus propres pour me laver de cette infamie ; et, tout bien considéré, je n'ai point trouvé de meilleur expédient que de faire imprimer ma satire contre l'Équivoque ; parce qu'en la lisant, les moins éclairés même de ces petits esprits ouvriroient peut-être les yeux, et verroient manifestement le peu de rapport qu'il y a de mon style, même en l'âge où je suis, au style bas et rampant de l'auteur de ce pitoyable écrit. Ajoutez à cela que je pouvois mettre à la tête de ma satire, en la donnant au public, un avertissement en manière de préface, où je me justifierois pleinement, et tirerois tout le monde d'erreur. C'est ce que je fais aujourd'hui ; et j'espère que le peu que je viens de dire produira l'effet que je me suis proposé. Il ne me reste donc plus maintenant qu'à parler de la satire pour laquelle est fait ce discours.

Je l'ai composée par le caprice du monde le plus bizarre, et par une espèce de dépit et de colère poétique, s'il faut ainsi dire, qui me saisit à l'occasion de ce que je vais raconter. Je me promenois dans mon jardin à Auteuil, et rêvois en marchant à un poëme que je voulois faire contre les mauvais critiques de notre siècle. J'en avois même déjà composé quelques vers, dont j'étois assez content. Mais voulant continuer, je m'aperçus qu'il y avoit dans ces vers une équivoque de langue ; et m'étant sur-le-champ mis en devoir de la corriger, je n'en pus jamais venir à bout. Cela m'irrita de telle manière, qu'au lieu de m'appliquer davantage à réformer cette équivoque et de poursuivre mon poëme contre les faux critiques, la folle pensée me vint de faire contre l'équivoque même une satire, qui pût me venger de tous les chagrins qu'elle m'a causés depuis que je me mêle d'écrire. Je vis bien que je ne rencontrerois pas de médiocres difficultés à mettre en vers un sujet si sec : et même il s'en présenta d'abord une qui m'arrêta tout court : ce fut de savoir duquel des deux genres, masculin ou féminin, je ferois le mot d'équivoque, beaucoup d'habiles écrivains, ainsi que le remarque Vaugelas, le faisant masculin. Je me déterminai pourtant assez vite au féminin, comme au plus usité des deux : et bien loin que cela empêchât l'exécution de mon projet, je crus que ce ne seroit pas une méchante plaisanterie de commencer ma satire par cette difficulté même. C'est ainsi que je m'engageai dans la composition de cet ouvrage. Je croyois d'abord faire tout au plus cinquante ou soixante vers, mais ensuite les pensées me venant en foule, et les choses que j'avois à reprocher à l'équivoque se multipliant à mes yeux, j'ai poussé ces vers jusqu'à près de trois cent cinquante.

C'est au public maintenant à voir si j'ai bien ou mal réussi et je n'emploierai point ici, non plus que dans les préfaces de mes autres écrits, mon adresse et ma rhétorique à le prévenir en ma faveur. Tout ce que je lui puis dire, c'est que j'ai travaillé cette pièce avec le même soin que toutes mes autres poésies. Une chose pourtant dont il est bon que les jésuites soient avertis, c'est qu'en attaquant l'équivoque, je n'ai pas pris ce mot dans toute l'étroite rigueur de sa signification grammaticale; le mot d'équivoque, en ce sens-là, ne voulant dire qu'une ambiguïté de paroles; mais que je l'ai pris, comme le prend ordinairement le commun des hommes, pour toutes sortes d'ambiguïté de sens, de pensées, d'expressions, et enfin pour tous ces abus et toutes ces méprises de l'esprit humain qui font qu'il prend souvent une chose pour une autre. Et c'est dans ce sens que j'ai dit que l'idolâtrie avoit pris naissance de l'équivoque ; les hommes, à mon avis, ne pouvant pas s'équivoquer plus lourdement que de prendre des pierres, de l'or et du cuivre pour Dieu. J'ajouterai à cela que la Providence divine, ainsi que je l'établis clairement dans ma satire, n'ayant permis chez eux cet horrible aveuglement qu'en punition de ce que leur premier père avoit prêté l'oreille aux promesses du démon, j'ai pu conclure infailliblement que l'idolâtrie est un fruit, ou, pour mieux dire, un véritable enfant de l'équivoque. Je ne vois donc pas qu'on me puisse faire sur cela aucune bonne critique ; surtout ma satire étant un pur jeu d'esprit, où il seroit ridicule d'exiger une précision géométrique de pensées et de paroles.

Mais il y a une autre objection plus importante et plus considérable qu'on me fera peut-être au sujet des propositions de morale relâchée que j'attaque dans la dernière partie de mon ouvrage : car ces propositions ayant été, à ce qu'on prétend, avancées par quantité de théologiens, même célèbres, la moquerie que j'en fais peut, dira-t-on, diffamer en quelque sorte ces théologiens, et causer ainsi une espèce de scandale dans l'Église. A cela je réponds premièrement qu'il n'y a aucune des propositions que j'attaque qui n'ait été plus d'une fois condamnée par toute l'Église, et tout récemment encore par deux des plus grands papes qui aient depuis longtemps rempli le Saint-Siége. Je dis en second lieu qu'à l'exemple de ces célèbres vicaires de Jésus-Christ, je n'ai point nommé les auteurs de ces propositions, ni aucun de ces théologiens dont on dit que je puis causer la diffamation, et contre lesquels même j'avoue que je ne puis rien décider, puisque je n'ai point lu ni ne suis d'humeur à lire leurs écrits, ce qui seroit pourtant absolument nécessaire pour prononcer sur les accusations que l'on forme contre eux ; leurs accusateurs pouvant les avoir mal entendus et s'être trompés dans l'intelligence des passages où ils prétendent que sont ces erreurs dont ils les accusent. Je soutiens en troisième lieu qu'il est contre la droite raison de penser que je puisse exciter quelque scandale dans l'Église, en traitant de ridicules des propositions rejetées de toute l'Église, et plus dignes encore, par leur absurdité, d'être sifflées de tous les fidèles que réfutées sérieusement. C'est ce que je me crois obligé de dire pour me justifier. Que si après cela il se trouve encore quelques théologiens qui se figurent qu'en décriant ces propositions j'ai eu en vue de les décrier eux-mêmes, je déclare que cette fausse idée qu'ils ont de moi ne sauroit venir que des mauvais artifices de l'équivoque, qui, pour se venger des injures que je lui dis dans ma pièce, s'efforce d'intéresser dans sa cause ces théologiens, en me faisant penser ce que je n'ai pas pensé, et dire ce que je n'ai point dit.

Voilà, ce me semble, bien des paroles, et peut-être trop de paroles employées pour justifier un aussi peu considérable ouvrage qu'est la satire qu'on va voir. Avant néanmoins que de finir, je ne crois pas me pouvoir dispenser d'apprendre aux lecteurs qu'en attaquant, comme je fais dans ma satire, ces erreurs, je ne me suis point fié à mes seules lumières ; mais qu'ainsi que je l'ai pratiqué, il y a environ dix ans, à l'égard de mon épitre de l'Amour de Dieu [1], j'ai non-seulement consulté sur mon ouvrage tout ce que je connois de plus habiles docteurs, mais que je l'ai donné à examiner au prélat de l'Église qui, par l'étendue de ses connoissances et par l'éminence de sa dignité, est le plus capable et le plus en droit de me prescrire ce que je dois penser sur ces matières : je veux dire M. le cardinal de Noailles [2], mon archevêque. J'ajouterai que ce pieux et savant cardinal a eu trois semaines ma satire entre les mains, et qu'à mes instantes prières, après l'avoir lue et relue plus d'une fois, il me l'a enfin rendue en me comblant d'éloges, et m'a assuré qu'il n'y avoit trouvé à redire qu'un seul mot, que j'ai corrigé sur-le-champ, et sur lequel je lui ai donné une entière satisfaction. Je me flatte donc qu'avec une approbation si authentique, si sûre et si glorieuse, je puis marcher la tête levée, et dire hardiment des critiques qu'on pourra faire désormais contre la doctrine de mon ouvrage, que ce ne sauroient être que de vaines subtilités d'un tas de misérables sophistes formés dans l'école du mensonge, et aussi affidés amis de l'équivoque qu'opiniâtres ennemis de Dieu, du bon sens et de la vérité.

---

[1] Voir plus loin la préface des trois dernières épîtres.

[2] Louis-Antoine de Noailles, né le 27 de mai 1651, archevêque de Paris en 1695, cardinal en 1700, mort le 4 de mai 1729.

SATIRE XII,

SUR L'ÉQUIVOQUE

Du langage françois bizarre hermaphrodite,
De quel genre te faire, équivoque maudite,
Ou maudit? car sans peine aux rimeurs hasardeux
L'usage encor, je crois, laisse le choix des deux.
Tu ne me réponds rien. Sors d'ici, fourbe insigne,
Mâle aussi dangereux que femelle maligne,
Qui crois rendre innocens les discours imposteurs ;
Tourment des écrivains, juste effroi des lecteurs ;
Par qui de mots confus sans cesse embarrassée
Ma plume, en écrivant, cherche en vain ma pensée.
Laisse-moi ; va charmer de tes vains agrémens
Les yeux faux et gâtés de tes louches amans,
Et ne viens point ici de ton ombre grossière
Envelopper mon style, ami de la lumière.
Tu sais bien que jamais chez toi, dans mes discours,
Je n'ai d'un faux brillant emprunté le secours :
Fuis donc. Mais non, demeure ; un démon qui m'inspire
Veut qu'encore une utile et dernière satire,
De ce pas en mon livre exprimant tes noirceurs,
Se vienne, en nombre pair, joindre à ses onze sœurs ;
Et je sens que ta vue échauffe mon audace.
Viens, approche : voyons, malgré l'âge et sa glace,
Si ma muse aujourd'hui sortant de sa langueur,
Pourra trouver encore un reste de vigueur [1].
   Mais où tend, dira-t-on, ce projet fantastique ?
Ne vaudroit-il pas mieux dans mes vers, moins caustique,
Répandre de tes jeux le sel réjouissant,
Que d'aller contre toi, sur ce ton menaçant,
Pousser jusqu'à l'excès ma critique boutade ?
   Je ferois mieux, j'entends, d'imiter Benserade [2].
C'est par lui qu'autrefois, mise en ton plus beau jour,

---

[1] En 1705 Boileau avait soixante-neuf ans.
[2] Isaac de Benserade, de l'Académie française, né à Lyons-la-Forêt (Eure) en 1612, mort à Paris en 1691.

Tu sus, trompant les yeux du peuple et de la cour
Leur faire, à la faveur de tes bluettes folles,
Goûter comme bons mots tes quolibets frivoles.
Mais ce n'est plus le temps : le public détrompé
D'un pareil enjouement ne se sent plus frappé.
Tes bons mots, autrefois délices des ruelles [1],
Approuvés chez les grands, applaudis chez les belles,
Hors de mode aujourd'hui chez nos plus froids badins,
Sont des collets montés et des vertugadins [2].
Le lecteur ne sait plus admirer dans Voiture
De ton froid jeu de mots l'insipide figure :
C'est à regret qu'on voit cet auteur si charmant,
Et pour mille beaux traits vanté si justement,
Chez toi toujours cherchant quelque finesse aiguë,
Présenter au lecteur sa pensée ambiguë,
Et souvent du faux sens d'un proverbe affecté
Faire de son discours la piquante beauté.
   Mais laissons là le tort qu'à ces brillans ouvrages
Fit le plat agrément de tes vains badinages.
Parlons des maux sans fin que ton sens de travers,
Source de toute erreur, sema dans l'univers :
Et, pour les contempler, jusque dans leur naissance,
Dès le temps nouveau-né, quand la Toute-Puissance
D'un mot forma le ciel, l'air, la terre et les flots,
N'est-ce pas toi, voyant le monde à peine éclos,
Qui, par l'éclat trompeur d'une funeste pomme,
Et tes mots ambigus, fis croire au premier homme
Qu'il alloit, en goûtant de ce morceau fatal,
Comblé de tout savoir, à Dieu se rendre égal ?
Il en fit sur-le-champ la folle expérience :
Mais tout ce qu'il acquit de nouvelle science
Fut que, triste et honteux de voir sa nudité,

---

[1] La ruelle est, à proprement parler, l'espace qui, dans la chambre à coucher, se trouve derrière le lit; on a fini par l'appliquer à la chambre elle-même.

[2] C'est une manière de cercle de baleine que les dames se mettent sur les hanches et sur quoi pose la jupe, de sorte que cela étend et élargit leurs jupes considérablement. Richelet.

Il sut qu'il n'étoit plus, grace à sa vanité,
Qu'un chétif animal pétri d'un peu de terre,
A qui la faim, la soif partout faisoient la guerre,
Et qui, courant toujours de malheur en malheur,
A la mort arrivoit enfin par la douleur.
Oui, de tes noirs complots et de ta triste rage
Le genre humain perdu fut le premier ouvrage :
Et bien que l'homme alors parût si rabaissé,
Par toi contre le ciel un orgueil insensé
Armant de ses neveux la gigantesque engeance,
Dieu résolut enfin, terrible en sa vengeance,
D'abimer sous les eaux tous ces audacieux.
Mais avant qu'il lâchât les écluses des cieux,
Par un fils de Noé fatalement sauvée,
Tu fus, comme serpent, dans l'arche conservée.
Et d'abord poursuivant tes projets suspendus,
Chez les mortels restans, encor tout éperdus,
De nouveau tu semas tes captieux mensonges,
Et remplis leurs esprits de fables et de songes,
Tes voiles offusquant leurs yeux de toutes parts,
Dieu disparut lui-même à leurs troubles regards.
Alors ce ne fut plus que stupide ignorance,
Qu'impiété sans borne en son extravagance,
Puis, de cent dogmes faux la superstition
Répandant l'idolâtre et folle illusion
Sur la terre en tous lieux disposée à les suivre,
L'art se tailla des dieux d'or, d'argent et de cuivre,
Et l'artisan lui-même, humblement prosterné
Au pied du vain métal par sa main façonné,
Lui demanda les biens, la santé, la sagesse.
Le monde fut rempli de dieux de toute espèce :
On vit le peuple fou qui du Nil boit les eaux
Adorer les serpens, les poissons, les oiseaux ;
Aux chiens, aux chats, aux boucs offrir des sacrifices ;
Conjurer l'ail, l'oignon, d'être à ses vœux propices ;
Et croire follement maîtres de ses destins
Ces dieux nés du fumier porté dans ses jardins.
Bientôt te signalant par mille faux miracles,

Ce fut toi qui partout fis parler les oracles :
C'est par ton double sens dans leurs discours jeté
Qu'ils surent, en mentant, dire la vérité ;
Et sans crainte, rendant leurs réponses normandes,
Des peuples et des rois engloutir les offrandes.
 Ainsi, loin du vrai jour par toi toujours conduit,
L'homme ne sortit plus de son épaisse nuit.
Pour mieux tromper ses yeux, ton adroit artifice
Fit à chaque vertu prendre le nom d'un vice ;
Et par toi, de splendeur faussement revêtu,
Chaque vice emprunta le nom d'une vertu.
Par toi l'humilité devint une bassesse ;
La candeur se nomma grossièreté, rudesse.
Au contraire, l'aveugle et folle ambition
S'appela des grands cœurs la belle passion ;
Du nom de fierté noble on orna l'impudence,
Et la fourbe passa pour exquise prudence :
L'audace brilla seule aux yeux de l'univers ;
Et, pour vraiment héros, chez les hommes pervers,
On ne reconnut plus qu'usurpateurs iniques,
Que tyranniques rois censés grands politiques,
Qu'infâmes scélérats à la gloire aspirans,
Et voleurs revêtus du nom de conquérans.
 Mais à quoi s'attacha ta savante malice ?
Ce fut surtout à faire ignorer la justice.
Dans les plus claires lois ton ambiguïté
Répandant son adroite et fine obscurité,
Aux yeux embarrassés des juges les plus sages
Tout sens devint douteux, tout mot eut deux visages ;
Plus on crut pénétrer, moins on fut éclairci ;
Le texte fut souvent par la glose obscurci :
Et, pour comble de maux, à tes raisons frivoles
L'éloquence prêtant l'ornement des paroles,
Tous les jours accablé sous leur commun effort,
Le vrai passa pour faux, et le bon droit eut tort.
Voilà comme, déchu de sa grandeur première,
Concluons, l'homme enfin perdit toute lumière.
Et, par tes yeux trompeurs se figurant tout voir,

Ne vit, ne sut plus rien, ne put plus rien savoir.
　De la raison pourtant, par le vrai Dieu guidée,
Il resta quelque trace encor dans la Judée.
Chez les hommes ailleurs sous ton joug gémissans
Vainement on chercha la vertu, le droit sens :
Car, qu'est-ce, loin de Dieu, que l'humaine sagesse?
Et Socrate, l'honneur de la profane Grèce,
Qu'étoit-il, en effet, de près examiné,
Qu'un mortel par lui-même au seul mal entraîné,
Et, malgré la vertu dont il faisoit parade,
Très-équivoque ami du jeune Alcibiade?
Oui, j'ose hardiment l'affirmer contre toi,
Dans le monde idolâtre, asservi sous ta loi,
Par l'humaine raison de clarté dépourvue
L'humble et vraie équité fut à peine entrevue :
Et, par un sage altier, au seul faste attaché,
Le bien même accompli souvent fut un péché.
　Pour tirer l'homme enfin de ce désordre extrême,
Il fallut qu'ici-bas Dieu, fait homme lui-même,
Vint du sein lumineux de l'éternel séjour
De tes dogmes trompeurs dissiper le faux jour.
A l'aspect de ce Dieu les démons disparurent;
Dans Delphes, dans Délos, tes oracles se turent :
Tout marqua, tout sentit sa venue en ces lieux ;
L'estropié marcha, l'aveugle ouvrit les yeux.
Mais bientôt contre lui ton audace rebelle,
Chez la nation même à son culte fidèle,
De tous côtés arma tes nombreux sectateurs,
Prêtres, pharisiens, rois, pontifes, docteurs.
C'est par eux que l'on vit la vérité suprême
De mensonge et d'erreur accusée elle-même,
Au tribunal humain le Dieu du ciel traîné,
Et l'auteur de la vie à mourir condamné.
Ta fureur toutefois à ce coup fut déçue,
Et pour toi ton audace eut une triste issue.
Dans la nuit du tombeau ce Dieu précipité
Se releva soudain tout brillant de clarté ;
Et partout sa doctrine en peu de temps portée

Fut du Gange et du Nil et du Tage écoutée.
Des superbes autels à leur gloire dressés
Tes ridicules dieux tombèrent renversés.
On vit en mille endroits leurs honteuses statues
Pour le plus bas usage utilement fondues ;
Et gémir vainement Mars, Jupiter, Vénus,
Urnes, vases, trépieds, vils meubles devenus.
Sans succomber pourtant tu soutins cet orage,
Et, sur l'idolâtrie enfin perdant courage,
Pour embarrasser l'homme en des nœuds plus subtils,
Tu courus chez Satan brouiller de nouveaux fils.

 Alors, pour seconder ta triste frénésie,
Arriva de l'enfer ta fille l'hérésie,
Ce monstre, dès l'enfance à ton école instruit,
De tes leçons bientôt te fit goûter le fruit.
Par lui l'erreur, toujours finement apprêtée,
Sortant pleine d'attraits de sa bouche empestée,
De son mortel poison tout courut s'abreuver,
Et l'Église elle-même eut peine à s'en sauver.
Elle-même deux fois, presque toute arienne,
Sentit chez soi trembler la vérité chrétienne ;
Lorsque attaquant le Verbe et sa divinité,
D'une syllabe impie un saint mot augmenté
Remplit tous les esprits d'aigreurs si meurtrières,
Et fit de sang chrétien couler tant de rivières [1].
Le fidèle, au milieu de ces troubles confus,
Quelque temps égaré, ne se reconnut plus ;
Et dans plus d'un aveugle et ténébreux concile [2]
Le mensonge parut vainqueur de l'Évangile.

---

[1] Au lieu de ces quatre vers, Boileau avait d'abord écrit :

> Lorsque chez ses sujets, l'un contre l'autre armés,
> Et sur un Dieu fait homme au combat animés,
> Tu fis, dans une guerre, et si triste et si longue
> Périr tant de chrétiens, martyrs d'une diphthongue.

Ce dernier vers est resté célèbre. Les orthodoxes disent que le Fils est de même substance que le Père, *Omousios ;* les ariens qu'il est de substance semblable, *Omoiousios.*

[2] On cite plus de vingt conciles tenus par les ariens de 318 à 360.

Mais à quoi bon ici du profond des enfers,
Nouvel historien de tant de maux soufferts,
Rappeler Arius, Valentin et Pélage [1],
Et tous ces fiers démons que toujours d'âge en âge
Dieu, pour faire éclaircir à fond ces vérités,
A permis qu'aux chrétiens l'enfer ait suscités?
Laissons hurler là-bas tous ces damnés antiques,
Et bornons nos regards aux troubles fanatiques
Que ton horrible fille ici sut émouvoir,
Quand Luther et Calvin [2], remplis de ton savoir,
Et soi-disant choisis pour réformer l'Église,
Vinrent du célibat affranchir la prêtrise,
Et, des vœux les plus saints blâmant l'austérité,
Aux moines las du joug rendre la liberté.
Alors n'admettant plus d'autorité visible,
Chacun fut de la foi censé juge infaillible;
Et, sans être approuvé par le clergé romain,
Tout protestant fut pape, une bible à la main.
De cette erreur dans peu naquirent plus de sectes
Qu'en automne on ne voit de bourdonnans insectes
Fondre sur les raisins nouvellement mûris,
Ou qu'en toutes saisons sur les murs, à Paris,
On ne voit affichés de rccueils d'amourettes,
De vers, de contes bleus, de frivoles sornettes,
Souvent peu recherchés du public nonchalant,
Mais vantés à coup sûr du Mercure Galant.
Ce ne fut plus partout que fous anabaptistes,
Qu'orgueilleux puritains, qu'exécrables déistes.
Le plus vil artisan eut ses dogmes à soi,
Et chaque chrétien fut de différente loi.
La discorde, au milieu de ces sectes altières,
En tout lieu cependant déploya ses bannières;

---

[1] Arius, né en Libye, ou à Alexandrie, fut le fondateur de la secte *arienne*, qui niait la divinité de Jésus-Christ. — Valentin, hérésiarque platonicien du deuxième siècle, né en Égypte. — Pélage, hérésiarque anglais, mourut en 424, probablement à Jérusalem.

[2] Martin Luther, né en 1484 à Eisleben, mort à Wittenberg en 1546. Jean Calvin ou Cauvin, né à Noyon (Oise) le 10 de juillet 1509, mort à Genève le 27 de mai 1564.

Et ta fille, au secours des vains raisonnemens,
Appelant le ravage et les embrasemens,
Fit, en plus d'un pays, aux villes désolées,
Sous l'herbe en vain chercher leurs églises brûlées.
L'Europe fut un champ de massacre et d'horreur,
Et l'orthodoxe même, aveugle en sa fureur,
De tes dogmes trompeurs nourrissant son idée,
Oublia la douceur aux chrétiens commandée,
Et crut, pour venger Dieu de ses fiers ennemis,
Tout ce que Dieu défend légitime et permis.
Au signal tout à coup donné pour le carnage,
Dans les villes, partout théâtres de leur rage,
Cent mille faux zélés [1], le fer en main courans,
Allèrent attaquer leurs amis, leurs parens ;
Et, sans distinction, dans tout sein hérétique
Pleins de joie enfoncer un poignard catholique.
Car quel lion, quel tigre égale en cruauté
Une injuste fureur qu'arme la piété ?

Ces fureurs, jusqu'ici du vain peuple admirées,
Étoient pourtant toujours de l'Église abhorrées.
Et, dans ton grand crédit pour te bien conserver,
Il falloit que le ciel parût les approuver :
Ce chef-d'œuvre devoit couronner ton adresse.
Pour y parvenir donc, ton active souplesse,
Dans l'école abusant tes grossiers écrivains,
Fit croire à leurs esprits ridiculement vains
Qu'un sentiment impie, injuste, abominable,
Par deux ou trois d'entre eux réputé soutenable,
Prenoit chez eux un sceau de probabilité
Qui même contre Dieu lui donnoit sûreté ;
Et qu'un chrétien pouvoit, rempli de confiance,
Même en le condamnant, le suivre en conscience.

C'est sur ce beau principe, admis si follement,
Qu'aussitôt tu posas l'énorme fondement
De la plus dangereuse et terrible morale
Que Lucifer, assis dans sa chaire infernale,

---

[1] Nuit de la Saint-Barthélemi, le 24 d'août 1572.

Vomissant contre Dieu ses monstrueux sermons,
Ait jamais enseignée aux novices démons.
Soudain, au grand honneur de l'école païenne,
On entendit prêcher dans l'école chrétienne
Que sous le joug du vice un pécheur abattu
Pouvoit, sans aimer Dieu ni même la vertu,
Par la seule frayeur au sacrement unie,
Admis au ciel, jouir de la gloire infinie ;
Et que, les clefs en main, sur ce seul passe-port,
Saint Pierre à tous venans devoit ouvrir d'abord.
 Ainsi, pour éviter l'éternelle misère
Le vrai zèle au chrétien n'étant plus nécessaire,
Tu sus, dirigeant bien en eux l'intention,
De tout crime laver la coupable action.
Bientôt, se parjurer cessa d'être un parjure ;
L'argent à tout denier se prêta sans usure ;
Sans simonie, on put, contre un bien temporel,
Hardiment échanger un bien spirituel ;
Du soin d'aider le pauvre on dispensa l'avare,
Et même chez les rois le superflu fut rare.
C'est alors qu'on trouva, pour sortir d'embarras,
L'art de mentir tout haut en disant vrai tout bas.
C'est alors qu'on apprit qu'avec un peu d'adresse
Sans crime un prêtre peut vendre trois fois sa messe,
Pourvu que, laissant là son salut à l'écart,
Lui-même en la disant n'y prenne aucune part.
C'est alors que l'on sut qu'on peut, pour une pomme,
Sans blesser la justice, assassiner un homme :
Assassiner ! ah ! non, je parle improprement,
Mais que, prêt à la perdre, on peut innocemment,
Surtout ne la pouvant sauver d'une autre sorte,
Massacrer le voleur qui fuit et qui l'emporte.
Enfin ce fut alors que, sans se corriger,
Tout pécheur... Mais où vais-je aujourd'hui m'engager ?
Veux-je d'un pape illustre [1], armé contre tes crimes,

---

[1] Innocent XI (Benoît Odescalchi), élu le 20 de septembre 1676, mort le 12 d'août 1689.

A tes yeux mettre ici toute la bulle en rimes ;
Exprimer tes détours burlesquement pieux
Pour disculper l'impur, le gourmand, l'envieux ;
Tes subtils faux-fuyans pour sauver la mollesse,
Le larcin, le duel, le luxe, la paresse,
En un mot, faire voir à fond développés
Tous ces dogmes affreux d'anathème frappés ;
Que, sans peur débitant tes distinctions folles,
L'erreur encor pourtant maintient dans tes écoles ?
Mais sur ce seul projet soudain puis-je ignorer
A quels nombreux combats il faut me préparer ?
J'entends déjà d'ici tes docteurs frénétiques
Hautement me compter au rang des hérétiques ;
M'appeler scélérat, traître, fourbe, imposteur,
Froid plaisant, faux bouffon, vrai calomniateur,
De Pascal, de Wendrock[1], copiste misérable ;
Et, pour tout dire enfin, janséniste exécrable.
J'aurai beau condamner, en tous sens expliqués,
Les cinq dogmes fameux par ta main fabriqués[2],
Blâmer de tes docteurs la morale risible :
C'est, selon eux, prêcher un calvinisme horrible ;
C'est nier qu'ici-bas par l'amour appelé
Dieu pour tous les humains voulut être immolé.
Prévenons tout ce bruit : trop tard, dans le naufrage,
Confus on se repent d'avoir bravé l'orage.
Halte-là donc, ma plume. Et toi, sors de ces lieux,
Monstre à qui, par un trait des plus capricieux,
Aujourd'hui terminant ma course satirique,
J'ai prêté dans mes vers une ame allégorique.
Fuis, va chercher ailleurs tes patrons bien-aimés,
Dans ces pays par toi rendus si renommés,
Où l'Orne épand ses eaux, et que la Sarthe arrose[3] ;

---

[1] Nom sous lequel Nicole a publié sa traduction latine des *Provinciales*.

[2] C'est-à-dire les cinq propositions qui se trouvent, dit-on, dans le livre de Jansénius.

[3] Rivières qui passent par la Normandie. B. — La Sarthe prend seulement sa source dans la Normandie.

SATIRE XII.

Ou, si plus sûrement tu veux gagner ta cause,
Porte-la dans Trévoux[1], à ce beau tribunal
Où de nouveaux Midas un sénat monacal,
Tous les mois, appuyé de ta sœur l'ignorance,
Pour juger Apollon tient, dit-on, sa séance.

Chef-lieu d'arrondissement du département de l'Ain. C'était la capitale de la principauté de Dombes. Les jésuites y publièrent un recueil littéraire célèbre : *Mémoires pour servir à l'histoire des sciences, et des beaux-arts.* Paris et Trévoux, 265 vol. in-12. C'est aussi à Trévoux, en 1704, que parut la réimpression du dictionnaire de Furetières connue sous le nom de *Dictionnaire de Trévoux.*

ÉPITRES

AVIS AU LECTEUR[1]

Je m'étois persuadé que la fable de l'huître, que j'avois mise à la fin de cette épître au roi, pourroit y délasser agréablement l'esprit des lecteurs qu'un sublime trop sérieux peut enfin fatiguer, joint que la correction que j'y avois mise sembloit me mettre à couvert d'une faute dont je faisois voir que je m'apercevois le premier; mais j'avoue qu'il y a eu des personnes de bon sens qui ne l'ont pas approuvée. J'ai néanmoins balancé longtemps si je l'ôterois, parce qu'il y en avoit plusieurs qui la louoient avec autant d'excès que les autres la blâmoient; mais enfin je me suis rendu à l'autorité d'un prince[2], non moins considérable par les lumières de son esprit que par le nombre de ses victoires. Comme il m'a déclaré franchement que cette fable, quoique très-bien contée, ne lui sembloit pas digne du reste de l'ouvrage, je n'ai point résisté[3]; j'ai mis une autre fin à ma pièce, et je n'ai pas cru, pour une vingtaine de vers, devoir me brouiller avec le premier capitaine de notre siècle. Au reste, je suis bien aise d'avertir le lecteur qu'il y a quantité de pièces impertinentes qu'on s'efforce de faire courir sous mon nom, et entre autres une satire contre les maltôtes ecclésiastiques. Je

---

[1] Cet *Avis* a paru en tête de la 2ᵉ édition séparée (1672) de l'épître iʳᵉ.
[2] Le grand Condé.
[3] Boileau a replacé cette fable dans l'épître ii.

ne crains pas que les habiles gens m'attribuent toutes ces pièces, parce que mon style, bon ou mauvais, est aisé à reconnoître; mais comme le nombre des sots est fort grand, et qu'ils pourroient aisément s'y méprendre, il est bon de leur faire savoir que, hors les onze pièces [1] qui sont dans ce livre, il n'y a rien de moi entre les mains du public, ni imprimé, ni en manuscrit.

ÉPITRE I[2]

AU ROI

Grand roi, c'est vainement qu'abjurant la satire
Pour toi seul désormais j'avois fait vœu d'écrire.
Dès que je prends la plume, Apollon éperdu
Semble me dire : Arrête, insensé; que fais-tu?
Sais-tu dans quels périls aujourd'hui tu t'engages?
Cette mer où tu cours est célèbre en naufrages.
   Ce n'est pas qu'aisément, comme un autre, à ton char,
Je ne pusse attacher « Alexandre » et « César; »
Qu'aisément je ne pusse, en quelque ode insipide,
T'exalter aux dépens et de « Mars » et « d'Alcide, »
Te livrer le « Bosphore, » et, d'un vers incivil,
Proposer au « sultan » de te céder le Nil;
Mais, pour te bien louer, une raison sévère
Me dit qu'il faut sortir de la route vulgaire;
Qu'après avoir joué tant d'auteurs différens,
Phébus même auroit peur s'il entroit sur les rangs;
Que par des vers tout neufs, avoués du Parnasse,
Il faut de mes dégoûts justifier l'audace;

[1] Discours au roi, satires I à IX, épître I. Boileau ne tient compte que des ouvrages en vers.
[2] Composée après le traité d'Aix-la-Chapelle en 1668, à la demande de Colbert, pour détourner le roi de la guerre. Cette épître a été présentée à Louis XIV par madame de Thiange, sœur de madame de Montespan.

Et, si ma muse enfin n'est égale à mon roi,
Que je prête aux Cotins des armes contre moi.
   Est-ce là cet auteur, l'effroi de la Pucelle,
Qui devoit des bons vers nous tracer le modèle,
Ce censeur, diront-ils, qui nous réformoit tous?
Quoi! ce critique affreux n'en sait pas plus que nous!
N'avons-nous pas cent fois en faveur de la France,
Comme lui dans nos vers pris « Memphis » et « Byzance, »
Sur les bords de « l'Euphrate » abattu le « turban, »
Et coupé, pour rimer, « les cèdres du Liban? »
De quel front aujourd'hui vient-il, sur nos brisées,
Se revêtir encor de nos phrases usées?
   Que répondrois-je alors? Honteux et rebuté,
J'aurois beau me complaire en ma propre beauté,
Et, de mes tristes vers admirateur unique,
Plaindre, en les relisant, l'ignorance publique :
Quelque orgueil en secret dont s'aveugle un auteur,
Il est fâcheux, grand roi, de se voir sans lecteur,
Et d'aller du récit de ta gloire immortelle
Habiller chez Francœur[1] le sucre et la cannelle.
Ainsi, craignant toujours un funeste accident,
J'imite de Conrart le silence prudent[2] :
Je laisse aux plus hardis l'honneur de la carrière,
Et regarde le champ, assis sur la barrière.
   Malgré moi toutefois un mouvement secret
Vient flatter mon esprit, qui se tait à regret.
Quoi! dis-je tout chagrin, dans ma verve infertile,
Des vertus de mon roi spectateur inutile,
Faudra-t-il sur sa gloire attendre à m'exercer
Que ma tremblante voix commence à se glacer?
Dans un si beau projet, si ma muse rebelle
N'ose le suivre aux champs de Lille et de Bruxelle[3],

---

[1] Claude Julienne, dit Francœur, épicier, fournisseur de la Maison du roi.

[2] Fameux académicien qui n'a jamais rien écrit. B. — Valentin Conrart, chez qui s'assembloient les littérateurs qui furent le noyau de l'Académie française, naquit à Paris en 1603 et mourut le 23 de septembre 1675.

[3] La campagne de Flandre faite en 1667.

Sans le chercher aux bords de l'Escaut et du Rhin,
La paix l'offre à mes yeux plus calme et plus serein
Oui, grand roi, laissons là les siéges, les batailles :
Qu'un autre aille en rimant renverser des murailles;
Et souvent, sur tes pas marchant sans ton aveu,
S'aille couvrir de sang, de poussière et de feu.
A quoi bon, d'une muse au carnage animée,
Échauffer ta valeur, déjà trop allumée?
Jouissons à loisir du fruit de tes bienfaits,
Et ne nous lassons point des douceurs de la paix.

 Pourquoi ces éléphans, ces armes, ce bagage,
Et ces vaisseaux tout prêts à quitter le rivage?
Disoit au roi Pyrrhus un sage confident [1],
Conseiller très-sensé d'un roi très-imprudent.
Je vais, lui dit ce prince, à Rome où l'on m'appelle. —
Quoi faire? — L'assiéger. — L'entreprise est fort belle,
Et digne seulement d'Alexandre ou de vous :
Mais Rome, prise enfin, seigneur, où courons-nous? —
Du reste des Latins la conquête est facile. —
Sans doute, on les peut vaincre : est-ce tout? — La Sicile
De là nous tend les bras; et bientôt sans effort,
Syracuse reçoit nos vaisseaux dans son port. —
Bornez-vous là vos pas? — Dès que nous l'aurons prise,
Il ne faut qu'un bon vent, et Carthage est conquise.
Les chemins sont ouverts : qui peut nous arrêter? —
Je vous entends, seigneur, nous allons tout dompter :
Nous allons traverser les sables de Libye,
Asservir en passant l'Égypte, l'Arabie,
Courir delà le Gange en de nouveaux pays,
Faire trembler le Scythe aux bords du Tanaïs,
Et ranger sous nos lois tout ce vaste hémisphère;
Mais, de retour enfin, que prétendez-vous faire? —
Alors, cher Cinéas, victorieux, contens,
Nous pourrons rire à l'aise, et prendre du bon temps. —
Eh! seigneur, dès ce jour, sans sortir de l'Épire,
Du matin jusqu'au soir qui vous défend de rire?

---

[1] Plutarque, dans la *Vie de Pyrrhus*. B.

Le conseil étoit sage et facile à goûter.
Pyrrhus vivoit heureux s'il eût pu l'écouter;
Mais à l'ambition d'opposer la prudence,
C'est aux prélats de cour prêcher la résidence.
  Ce n'est pas que mon cœur, du travail ennemi,
Approuve un fainéant sur le trône endormi,
Mais, quelques vains lauriers que promette la guerre,
On peut être héros sans ravager la terre.
Il est plus d'une gloire. En vain aux conquérans
L'erreur, parmi les rois, donne les premiers rangs :
Entre les grands héros ce sont les plus vulgaires.
Chaque siècle est fécond en heureux téméraires;
Chaque climat produit des favoris de Mars ;
La Seine a des Bourbons, le Tibre a des Césars :
On a vu mille fois des fanges Méotides
Sortir des conquérans goths, vandales, gépides.
Mais un roi vraiment roi, qui, sage en ses projets,
Sache en un calme heureux maintenir ses sujets;
Qui du bonheur public ait cimenté sa gloire,
Il faut pour le trouver courir toute l'histoire.
La terre compte peu de ces rois bienfaisans,
Le ciel à les former se prépare longtemps.
Tel fut cet empereur [1] sous qui Rome adorée
Vit renaître les jours de Saturne et de Rhée;
Qui rendit de son joug l'univers amoureux;
Qu'on n'alla jamais voir sans revenir heureux;
Qui soupiroit le soir, si sa main fortunée
N'avoit par ses bienfaits signalé la journée.
Le cours ne fut pas long d'un empire si doux.
  Mais où cherché-je ailleurs ce qu'on trouve chez nous?
Grand roi, sans recourir aux histoires antiques,
Ne t'avons-nous pas vu dans les plaines belgiques,
Quand l'ennemi vaincu, désertant ses remparts,
Au-devant de ton joug couroit de toutes parts,
Toi-même te borner, au fort de ta victoire,
Et chercher dans la paix une plus juste gloire [2] ?

Titus. B.
La paix de 1668. B.

Ce sont là les exploits que tu dois avouer ;
Et c'est par là, grand roi, que je te veux louer.
Assez d'autres, sans moi, d'un style moins timide,
Suivront aux champs de Mars ton courage rapide ;
Iront de ta valeur effrayer l'univers,
Et camper devant Dôle au milieu des hivers [1].
Pour moi, loin des combats, sur un ton moins terrible
Je dirai les exploits de ton règne paisible :
Je peindrai les plaisirs en foule renaissans [2] ;
Les oppresseurs du peuple à leur tour gémissans [3].
On verra par quels soins ta sage prévoyance
Au fort de la famine entretint l'abondance [4] ;
On verra les abus par ta main réformés [5],
La licence et l'orgueil en tous lieux réprimés,
Du débris des traitans ton épargne grossie [6],
Des subsides affreux la rigueur adoucie [7] ;
Le soldat, dans la paix, sage et laborieux [8] ;
Nos artisans grossiers rendus industrieux [9] ;
Et nos voisins frustrés de ces tributs serviles
Que payoit à leur art le luxe de nos villes.
Tantôt je tracerai tes pompeux bâtimens [10],
Du loisir d'un héros nobles amusemens.
J'entends déjà frémir les deux mers étonnées

---

[1] Le roi venoit de conquérir la Franche-Comté en plein hiver (février 1668). B.

[2] Le carrousel de 1662, et les *Plaisirs de l'île enchantée*, à Versailles, en mai 1664.

[3] La chambre de justice de 1661, contre les traitans.

[4] Ce fut en 1663. B. — C'est en 1662 que l'on fit venir des blés de Russie et de Pologne. Le roi avait fait établir des fours dans le Louvre et on y fabriquait du pain vendu à un prix modique.

[5] Plusieurs édits donnés pour réformer le luxe. B. — Le vers suivant désigneroit-il les Grands Jours d'Auvergne en 1665 ?

[6] La chambre de justice (décembre 1661). B.

[7] Les tailles furent diminuées de quatre millions. B.

[8] Les soldats employés aux travaux publics. B.

[9] Établissement en France des manufactures. B. — Les manufactures de tapisseries des Gobelins, et de points de France, en 1665 ; celle des glaces en 1666.

[10] La colonnade du Louvre, Versailles, etc.

De voir leurs flots unis au pied des Pyrénées [1].
Déjà de tous côtés la chicane aux abois
S'enfuit au seul aspect de tes nouvelles lois [2].
Oh ! que ta main par là va sauver de pupilles !
Que de savans plaideurs désormais inutiles !
Qui ne sent point l'effet de tes soins généreux ?
L'univers sous ton règne a-t-il des malheureux ?
Est-il quelque vertu, dans les glaces de l'Ourse,
Ni dans ces lieux brûlés où le jour prend sa source,
Dont la triste indigence ose encore approcher ;
Et qu'en foule tes dons d'abord n'aillent chercher ?
C'est par toi qu'on va voir les muses enrichies
De leur longue disette à jamais affranchies [3].
Grand roi, poursuis toujours, assure leur repos.
Sans elles un héros n'est pas longtemps héros :
Bientôt, quoi qu'il ait fait, la mort d'une ombre noire,
Enveloppe avec lui son nom et son histoire.
En vain, pour s'exempter de l'oubli du cercueil,
Achille mit vingt fois tout Ilion en deuil ;
En vain, malgré les vents, aux bords de l'Hespérie,
Énée enfin porta ses dieux et sa patrie :
Sans le secours des vers, leurs noms tant publiés
Seroient depuis mille ans avec eux oubliés.
Non, à quelques hauts faits que ton destin t'appelle,
Sans le secours soigneux d'une muse fidèle,
Pour t'immortaliser tu fais de vains efforts.
Apollon te la doit : ouvre-lui tes trésors.
En poëtes fameux rends nos climats fertiles :
Un Auguste aisément peut faire des Virgiles.
Que d'illustres témoins de ta vaste bonté
Vont pour toi déposer à la postérité !
Pour moi qui, sur ton nom déjà brûlant d'écrire,
Sens au bout de ma plume expirer la satire,

---

[1] Le canal du Languedoc. B. — Proposé par Paul Riquet en 1664, commencé en 1665.

[2] L'ordonnance de 1667. B. — L'*Ordonnance civile* fut publiée en avril 1667 ; l'*Ordonnance criminelle* ne parut qu'en août 1670.

[3] Le roi, en 1663, donna des pensions à beaucoup de gens de lettres de toute l'Europe. B.

Je n'ose de mes vers vanter ici le prix.
Toutefois si quelqu'un de mes foibles écrits
Des ans injurieux peut éviter l'outrage,
Peut-être pour ta gloire aura-t-il son usage
Et comme tes exploits, étonnant les lecteurs,
Seront à peine crus sur la foi des auteurs,
Si quelque esprit malin les veut traiter de fables,
On dira quelque jour, pour les rendre croyables :
Boileau, qui, dans ses vers pleins de sincérité,
Jadis à tout son siècle a dit la vérité,
Qui mit à tout blâmer son étude et sa gloire,
A pourtant de ce roi parlé comme l'histoire.

ÉPITRE II[1]

MONSIEUR L'ABBÉ DES ROCHES[2]

A quoi bon réveiller mes muses endormies,
Pour tracer aux auteurs des règles ennemies?
Penses-tu qu'aucun d'eux veuille subir mes lois,
Ni suivre une raison qui parle par ma voix?
O le plaisant docteur, qui, sur les pas d'Horace,
Vient prêcher, diront-ils, la réforme au Parnasse :
Nos écrits sont mauvais ; les siens valent-ils mieux ?
J'entends déjà d'ici Linière furieux
Qui m'appelle au combat sans prendre un plus long terme.
De l'encre, du papier ! dit-il ; qu'on nous enferme !
Voyons qui de nous deux, plus aisé dans ses vers,
Aura plutôt rempli la page et le revers.
Moi donc, qui suis peu fait à ce genre d'escrime,

---

[1] Composée en 1669, pour y intercaler l'apologue de l'huître, publiée en 1672. Cf. *Avertissement* de l'épître I, p. 122.
[2] Jean-François-Armand Fumée Des Roches, à qui Gabriel Guéret a dédié son *Parnasse réformé*. Il descendait d'Armand Fumée, premier médecin de Charles VII, et mourut en 1711, âgé d'environ soixante-quinze ans.

Je le laisse tout seul verser rime sur rime,
Et, souvent de dépit contre moi s'exerçant,
Punir de mes défauts le papier innocent.
Mais toi, qui ne crains point qu'un rimeur te noircisse,
Que fais-tu cependant seul en ton bénéfice?
Attends-tu qu'un fermier, payant, quoiqu'un peu tard,
De ton bien pour le moins daigne te faire part?
Vas-tu, grand défenseur des droits de ton église,
De tes moines mutins réprimer l'entreprise?
Crois-moi, dût Auzanet t'assurer du succès [1],
Abbé, n'entreprends point même un juste procès.
N'imite point ces fous dont la sotte avarice
Va de ses revenus engraisser la justice;
Qui, toujours assignans, et toujours assignés,
Souvent demeurent gueux de vingt procès gagnés.
Soutenons bien nos droits : sot est celui qui donne.
C'est ainsi devers Caen que tout Normand raisonne.
Ce sont là les leçons dont un père manceau
Instruit son fils novice au sortir du berceau.
Mais pour toi, qui, nourri bien en deçà de l'Oise,
As sucé la vertu picarde et champenoise,
Non, non, tu n'iras point, ardent bénéficier,
Faire enrouer pour toi Corbin ni Le Mazier [2].
Toutefois si jamais quelque ardeur bilieuse
Allumoit dans ton cœur l'humeur litigieuse,
Consulte-moi d'abord, et, pour la réprimer,
Retiens bien la leçon que je te vais rimer.
  Un jour, dit un auteur, n'importe en quel chapitre,
Deux voyageurs à jeun rencontrèrent une huitre.
Tous deux la contestoient, lorsque dans leur chemin
La Justice passa, la balance à la main.
Devant elle à grand bruit ils expliquent la chose.

---

[1] Fameux avocat au parlement de Paris. B. — Barthélemy Auzanet, conseiller d'État, mort à Paris le 17 d'avril 1673, âgé de quatre-vingt-deux ans.

[2] Deux autres avocats. B. — Jacques Corbin était fils d'un auteur dont Boileau parle dans l'*Art poétique*. Le Mazier a déjà été nommé dans la satire i.

Tous deux avec dépens veulent gagner leur cause.
La Justice, pesant ce droit litigieux,
Demande l'huître, l'ouvre, et l'avale à leurs yeux,
Et par ce bel arrêt terminant la bataille :
Tenez, voilà, dit-elle, à chacun une écaille.
Des sottises d'autrui nous vivons au palais :
Messieurs, l'huître étoit bonne. Adieu. Vivez en paix [1].

ÉPITRE III

A MONSIEUR ARNAULD

DOCTEUR DE SORBONNE.

Oui, sans peine, au travers des sophismes de Claude [3],
Arnauld, des novateurs tu découvres la fraude,
Et romps de leurs erreurs les filets captieux;
Mais que sert que ta main leur dessille les yeux,
Si toujours dans leur ame une pudeur rebelle,
Près d'embrasser l'Église, au prêche les rappelle?
Non, ne crois pas que Claude, habile à se tromper,
Soit insensible aux traits dont tu le sais frapper ;
Mais un démon l'arrête, et, quand ta voix l'attire,
Lui dit : Si tu te rends, sais-tu ce qu'on va dire?
Dans son heureux retour lui montre un faux malheur,
Lui peint de Charenton [4] l'hérétique douleur;

[1] Cf. La Fontaine, l. IX, fable IX : *l'Huître et les Plaideurs*.
[2] Composée en 1675.
[3] Il étoit alors occupé à écrire contre le sieur Claude, ministre de Charenton. B. — Jean Claude, le plus célèbre des controversistes protestants et qui discuta contre Bossuet, Arnauld et Nicole, naquit à la Sauvetat (Lot-et-Garonne) en 1619 et mourut à la Haye, où il s'était réfugié après la révocation de l'édit de Nantes, le 13 de janvier 1687. Ses œuvres, toutes de controverses, n'ont pas été réunies.
[4] Lieu près de Paris, où ceux de la R. P. R. (religion prétendue réformée) avoient un temple. B. — L'édification d'un temple à Charenton fut autorisée par lettres patentes d'Henri IV du 1er d'août 1606.

Et, balançant Dieu même en son ame flottante,
Fait mourir dans son cœur la vérité naissante.
  Des superbes mortels le plus affreux lien,
N'en doutons point, Arnauld, c'est la honte du bien.
Des plus nobles vertus cette adroite ennemie
Peint l'honneur à nos yeux des traits de l'infamie,
Asservit nos esprits sous un joug rigoureux,
Et nous rend l'un de l'autre esclaves malheureux.
Par elle la vertu devient lâche et timide,
Vois-tu ce libertin en public intrépide,
Qui prêche contre un Dieu que dans son ame il croit?
Il iroit embrasser la vérité qu'il voit;
Mais de ses faux amis il craint la raillerie,
Et ne brave ainsi Dieu que par poltronnerie.
  C'est là de tous nos maux le fatal fondement.
Des jugemens d'autrui nous tremblons follement;
Et, chacun l'un de l'autre adorant les caprices,
Nous cherchons hors de nous nos vertus et nos vices.
Misérables jouets de notre vanité,
Faisons au moins l'aveu de notre infirmité.
A quoi bon, quand la fièvre en nos artères brûle,
Faire de notre mal un secret ridicule?
Le feu sort de vos yeux petillans et troublés,
Votre pouls inégal marche à pas redoublés:
Quelle fausse pudeur à feindre vous oblige?
Qu'avez-vous?— Je n'ai rien.— Mais...— Je n'ai rien, vous dis-je,
Répondra ce malade à se taire obstiné.
Mais cependant voilà tout son corps gangrené
Et la fièvre, demain se rendant la plus forte,
Un bénitier aux pieds va l'étendre à la porte.
Prévenons sagement un si juste malheur.
Le jour fatal est proche, et vient comme un voleur.
Avant qu'à nos erreurs le ciel nous abandonne,
Profitons de l'instant que de grace il nous donne
Hâtons-nous; le temps fuit, et nous traîne avec soi:
Le moment où je parle est déjà loin de moi [1].

---

[1] Perse, sat. v. B. — Vers 153.

Mais quoi ! toujours la honte en esclaves nous lie,
Oui, c'est toi qui nous perds, ridicule folie :
C'est toi qui fis tomber le premier malheureux,
Le jour que, d'un faux bien sottement amoureux,
Et n'osant soupçonner sa femme d'imposture,
Au démon, par pudeur, il vendit la nature.
Hélas ! avant ce jour qui perdit ses neveux,
Tous les plaisirs couroient au-devant de ses vœux.
La faim aux animaux ne faisoit point la guerre ;
Le blé, pour se donner, sans peine ouvrant la terre,
N'attendoit point qu'un bœuf, pressé de l'aiguillon,
Traçât à pas tardifs un pénible sillon ;
La vigne offroit partout des grappes toujours pleines,
Et des ruisseaux de lait serpentoient dans les plaines.
Mais dès ce jour Adam, déchu de son état,
D'un tribut de douleurs paya son attentat.
Il fallut qu'au travail son corps rendu docile
Forçât la terre avare à devenir fertile.
Le chardon importun hérissa les guérets,
Le serpent venimeux rampa dans les forêts,
La canicule en feu désola les campagnes,
L'aquilon en fureur gronda sur les montagnes
Alors, pour se couvrir durant l'âpre saison,
Il fallut aux brebis dérober leur toison.
La peste en même temps, la guerre et la famine,
Des malheureux humains jurèrent la ruine :
Mais aucun de ces maux n'égala les rigueurs
Que la mauvaise honte exerça dans les cœurs.
De ce nid à l'instant sortirent tous les vices.
L'avare, des premiers en proie à ses caprices,
Dans un infâme gain mettant l'honnêteté,
Pour toute honte alors compta la pauvreté :
L'honneur et la vertu n'osèrent plus paroître;
La piété chercha les déserts et le cloître.
Depuis on n'a point vu de cœur si détaché
Qui par quelque lien ne tint à ce péché.
Triste et funeste effet du premier de nos crimes !
Moi-même, Arnauld, ici, qui te prêche en ces rimes,

Plus qu'aucun des mortels par la honte abattu,
En vain j'arme contre elle une foible vertu.
Ainsi toujours douteux, chancelant et volage,
A peine du limon où le vice m'engage
J'arrache un pied timide, et sors en m'agitant,
Que l'autre m'y reporte et s'embourbe à l'instant.
Car si, comme aujourd'hui, quelque rayon de zèle
Allume dans mon cœur une clarté nouvelle,
Soudain, aux yeux d'autrui s'il faut la confirmer,
D'un geste, d'un regard, je me sens alarmer;
Et même sur ces vers que je te viens d'écrire,
Je tremble en ce moment de ce que l'on va dire.

ÉPITRE IV[1]

AU LECTEUR[2]

Je ne sais si les rangs de ceux qui passèrent le Rhin à la nage devant Tholus sont fort exactement gardés dans le poëme que je donne au public; et je n'en voudrois pas être garant, parce que franchement je n'y étois pas, et que je n'en suis encore que fort médiocrement instruit. Je viens même d'apprendre en ce moment que M. de Soubise[3], dont je ne parle point, est un de ceux qui s'y est le plus signalé. Je m'imagine qu'il en est ainsi de beaucoup d'autres, et j'espère de leur faire justice dans une autre édition. Tout ce que je sais, c'est que ceux dont je fais mention ont passé des premiers. Je ne me déclare donc caution que de l'histoire du fleuve en colère, que j'ai apprise d'une de ses naïades, qui s'est réfugiée dans la Seine. J'aurois bien pu aussi parler de la fameuse ren-

---

[1] Composée au mois de juillet 1672 et publiée au mois d'août de la même année.
[2] Imprimé en 1672, en tête de la 1ʳᵉ édition séparée de l'épître iv.
[3] François de Rohan, prince de Soubise, second fils d'Hercule de Rohan, duc de Montbazon et de Marie de Bretagne Vertus, mort le 24 d'août 1712 dans sa quatre-vingt-huitième année.

contre qui suivit le passage ; mais je la réserve pour un
poëme à part. C'est là que j'espère rendre aux mânes
de M. de Longueville [1] l'honneur que tous les écrivains
lui doivent, et que je peindrai cette victoire qui fut
arrosée du plus illustre sang de l'univers ; mais il faut un
peu reprendre haleine pour cela [2].

AU ROI

En vain, pour te louer, ma muse toujours prête,
Vingt fois de la Hollande a tenté la conquête.
Ce pays, où cent murs n'ont pu te résister,
Grand roi, n'est pas en vers si facile à dompter.
Des villes que tu prends les noms durs et barbares
N'offrent de toutes parts que syllabes bizarres,
Et, l'oreille effrayée, il faut depuis l'Issel,
Pour trouver un beau mot courir jusqu'au Tessel.
Oui, partout de son nom chaque place munie
Tient bon contre le vers, en détruit l'harmonie.
Et qui peut sans frémir aborder Voërden?
Quel vers ne tomberoit au seul nom de Heusden?
Quelle muse à rimer en tous lieux disposée
Oseroit approcher des bords du Zuiderzée?
Comment en vers heureux assiéger Doësbourg,
Zutphen, Wageninghen, Harderwic, Knotzembourg?
Il n'est fort, entre ceux que tu prends par centaines,
Qui ne puisse arrêter un rimeur six semaines :
Et partout sur le Whal, ainsi que sur le Lech [3],
Le vers est en déroute, et le poëte à sec.

---

[1] Charles-Paris d'Orléans, duc de Longueville et d'Estouteville, né le
29 de janvier 1649, tué au passage du Rhin le 12 de juin 1672.

[2] Ce projet n'a pas eu de suite.

[3] Issel, rivière de Hollande qui se jette dans le Zuiderzée ; Tessel, île hollandaise de l'océan Germanique ; Woërden, ville forte de la Hollande, sur le Rhin ; Heusden, autre ville de Hollande ; Doesbourg, prise par Monsieur le 22 de juin 1672 ; Zutphen, capitale du comté de ce nom, prise par Monsieur le 26 de juin ; Wageninghem, Harderwic, villes du duché de Gueldre, qui se rendirent les 22 et 23 de juin ; Knotzem-

Encor si tes exploits, moins grands et moins rapides,
Laissoient prendre courage à nos muses timides,
Peut-être avec le temps, à force d'y rêver,
Par quelque coup de l'art nous pourrions nous sauver.
Mais, dès qu'on veut tenter cette vaste carrière,
Pégase s'effarouche et recule en arrière ;
Mon Apollon s'étonne ; et Nimègue est à toi,
Que ma muse est encore au camp devant Orsoi [1].

Aujourd'hui toutefois mon zèle m'encourage :
Il faut au moins du Rhin tenter l'heureux passage.
Un trop juste devoir veut que nous l'essayons.
Muses, pour le tracer, cherchez tous vos crayons :
Car, puisqu'en cet exploit tout paroît incroyable,
Que la vérité pure y ressemble à la fable,
De tous vos ornemens vous pouvez l'égayer.
Venez donc, et surtout gardez bien d'ennuyer :
Vous savez des grands vers les disgraces tragiques,
Et souvent on ennuie en termes magnifiques.

Au pied du mont Adule [2], entre mille roseaux,
Le Rhin tranquille, et fier du progrès de ses eaux,
Appuyé d'une main sur son urne penchante,
Dormoit au bruit flatteur de son onde naissante
Lorsqu'un cri tout à coup suivi de mille cris,
Vient d'un calme si doux retirer ses esprits.
Il se trouble, il regarde, et partout sur ses rives
Il voit fuir à grands pas ses naïades craintives,
Qui, toutes accourant vers leur humide roi,
Par un récit affreux redoublent son effroi.
Il apprend qu'un héros, conduit par la victoire,
A de ses bords fameux flétri l'antique gloire ;
Que Rhinberg et Wesel, terrassés en deux jours [3],

---

bourg, fort sur le Wahal, assiégé le 15, pris le 17 de juin par Turenne ; le Wahal et le Lech sont deux branches du Rhin qui se mêlent à la Meuse.

[1] Orsoi, place forte du duché de Clèves, fut prise en deux jours au commencement de juin 1672 ; Nimègue, capitale du duché de Gueldres, fut prise par Turenne le 7 de juillet de la même année.

[2] Montagne où le Rhin prend sa source. B.

[3] Les 4 et 6 de juin 1672.

D'un joug déjà prochain menacent tout son cours.
Nous l'avons vu, dit l'une, affronter la tempête
De cent foudres d'airain tournés contre sa tête.
Il marche vers Tholus[1], et tes flots en courroux
Au prix de sa fureur sont tranquilles et doux.
Il a de Jupiter la taille et le visage[2];
Et, depuis ce Romain, dont l'insolent passage[3]
Sur un pont en deux jours trompa tous tes efforts,
Jamais rien de si grand n'a paru sur tes bords.

Le Rhin tremble et frémit à ces tristes nouvelles;
Le feu sort à travers ses humides prunelles.
C'est donc trop peu, dit-il, que l'Escaut en deux mois
Ait appris à couler sous de nouvelles lois[4];
Et de mille remparts mon onde environnée
De ces fleuves sans nom suivra la destinée?
Ah! périssent mes eaux! ou par d'illustres coups,
Montrons qui doit céder des mortels ou de nous.

A ces mots essuyant sa barbe limoneuse,
Il prend d'un vieux guerrier la figure poudreuse.
Son front cicatricé rend son air furieux;
Et l'ardeur du combat étincelle en ses yeux.
En ce moment il part; et, couvert d'une nue,
Du fameux fort de Skink prend la route connue.
Là, contemplant son cours, il voit de toutes parts
Ses pâles défenseurs par la frayeur épars :
Il voit cent bataillons qui, loin de se défendre,
Attendent sur des murs l'ennemi pour se rendre.
Confus, il les aborde; et renforçant sa voix :
Grands arbitres, dit-il, des querelles des rois,
Est-ce ainsi que votre ame, aux périls aguerrie,
Soutient sur ces remparts l'honneur et la patrie[5]?
Votre ennemi superbe, en cet instant fameux,

---

[1] Lieu sur la rive du Rhin (près du fort de Skinck) où étoit un bureau (*Tolhuis*) de péage. BROSSETTE.

[2] Imitation d'Homère : *Iliade*, 11, vers 478.

[3] Jules César. B.

[4] La conquête de la Flandre espagnole en 1667.

[5] Il y avoit sur les drapeaux des Hollandois : *Pro honore et patria*. B.

Du Rhin, près de Tholus, fend les flots écumeux :
Du moins, en vous montrant sur la rive opposée,
N'oseriez-vous saisir une victoire aisée?
Allez, vils combattans, inutiles soldats;
Laissez là ces mousquets trop pesans pour vos bras :
Et, la faux à la main, parmi vos marécages,
Allez couper vos joncs, et presser vos laitages;
Ou, gardant les seuls bords qui vous peuvent couvrir,
Avec moi, de ce pas, venez vaincre ou mourir.

Ce discours d'un guerrier que la colère enflamme
Ressuscite l'honneur déjà mort en leur ame;
Et, leurs cœurs s'allumant d'un reste de chaleur,
La honte fait en eux l'effet de la valeur.
Ils marchent droit au fleuve, où Louis en personne,
Déjà prêt à passer, instruit, dispose, ordonne.
Par son ordre Grammont [1] le premier dans les flots
S'avance soutenu des regards du héros :
Son coursier écumant sous son maître intrépide
Nage tout orgueilleux de la main qui le guide.
Revel [2] le suit de près : sous ce chef redouté
Marche des cuirassiers l'escadron indompté.
Mais déjà devant eux une chaleur guerrière
Emporte loin du bord le bouillant Lesdiguière [3],
Vivonne, Nantouillet, et Coislin, et Salart [4];
Chacun d'eux au péril veut la première part.
Vendôme [5], que soutient l'orgueil de sa naissance,
Au même instant dans l'onde impatient s'élance :

---

[1] M. le comte de Guiche. B. — Il était fils aîné du maréchal de Grammont et lieutenant général de l'armée de M. le Prince.

[2] Charles-Amédée de Broglio, comte de Revel, mort lieutenant général en 1707.

[3] M. le comte de Saux. B. — François-Emmanuel de Blanchefort de Bonne de Créqui, duc de Lesdiguières, pair de France, gouverneur du Dauphiné, mort en 1681.

[4] Louis-Victor de Rochechouart, duc de Mortemart et de Vivonne, alors général des galères, mort maréchal de France en 1688. — Armand de Cambout, duc de Coislin, pair de France, chevalier des ordres du roi, mort le 16 de septembre 1702, âgé de 67 ans. — Salart?

[5] Philippe de Vendôme, chevalier de Malte, né le 23 d'août 1655. Nommé grand prieur de France en 1693, il mourut au Temple le 24 de janvier 1727.

La Salle, Béringhen, Nogent, d'Ambre, Cavois [1],
Fendent les flots tremblans sous un si noble poids.
Louis, les animant du feu de son courage,
Se plaint de sa grandeur qui l'attache au rivage.
Par ses soins cependant trente légers vaisseaux
D'un tranchant aviron déjà coupent les eaux :
Cent guerriers s'y jetant signalent leur audace.
Le Rhin les voit d'un œil qui porte la menace;
Il s'avance en courroux. Le plomb vole à l'instant,
Et pleut de toutes parts sur l'escadron flottant.
Du salpêtre en fureur l'air s'échauffe et s'allume,
Et des coups redoublés tout le rivage fume.
Déjà du plomb mortel plus d'un brave est atteint.
Sous les fougueux coursiers l'onde écume et se plaint.
De tant de coups affreux la tempête orageuse
Tient un temps sur les eaux la fortune douteuse;
Mais Louis d'un regard sait bientôt la fixer :
Le destin à ses yeux n'oseroit balancer.
Bientôt avec Grammont courent Mars et Bellone :
Le Rhin à leur aspect d'épouvante frissonne,
Quand, pour nouvelle alarme à ses esprits glacés,
Un bruit s'épand qu'Enghien et Condé [2] sont passés;
Condé, dont le seul nom fait tomber les murailles,
Force les escadrons et gagne les batailles;
Enghien, de son hymen le seul et digne fruit,
Par lui dès son enfance à la victoire instruit.
L'ennemi renversé fuit et gagne la plaine;
Le dieu lui-même cède au torrent qui l'entraîne;
Et seul, désespéré, pleurant ses vains efforts,

---

[1] Le marquis de La Salle traversa le Rhin un des premiers, et fut blessé par les cuirassiers français, qui le prirent pour un Hollandais. — Le marquis de Béringhen, premier écuyer du roi et colonel du régiment Dauphin. — Arnauld de Bautru, comte de Nogent, maréchal de camp, tué au passage du fleuve. — D'Ambre? — Louis d'Oger, marquis de Cavois ou Cavoie, depuis grand maréchal des logis de la maison du roi, né en 1640, mort le 3 de février 1716.

[2] Henri-Jules de Bourbon, duc d'Enghien, né en 1643, mort le 1er d'avril 1709, et fils de Louis II de Bourbon, prince de Condé (le grand Condé), né en 1621, mort le 11 de décembre 1686.

Abandonne à Louis la victoire et ses bords.
   Du fleuve ainsi dompté la déroute éclatante
A Wurts jusqu'en son camp va porter l'épouvante.
Wurts [1], l'espoir du pays, et l'appui de ses murs;
Wurts... Ah! quel nom, grand roi, quel Hector que ce Wurts!
Sans ce terrible nom, mal né pour les oreilles,
Que j'allois à tes yeux étaler de merveilles!
Bientôt on eût vu Skink [2] dans mes vers emporté
De ses fameux remparts démentir la fierté;
Bientôt... Mais Wurts s'oppose à l'ardeur qui m'anime.
Finissons, il est temps : aussi bien si la rime
Alloit mal à propos m'engager dans Arnheim [3],
Je ne sais pour sortir de porte qu'Hildesheim [4].
   Oh! que le ciel, soigneux de notre poésie,
Grand roi, ne nous fit-il plus voisins de l'Asie [5]!
Bientôt victorieux de cent peuples altiers,
Tu nous aurois fourni des rimes à milliers.
Il n'est plaine en ces lieux si sèche et si stérile
Qui ne soit en beaux mots partout riche et fertile.
Là, plus d'un bourg fameux par son antique nom
Vient offrir à l'oreille un agréable son.
Quel plaisir de te suivre aux rives du Scamandre;
D'y trouver d'Ilion la poétique cendre;
De juger si les Grecs, qui brisèrent ses tours,
Firent plus en dix ans que Louis en dix jours!
Mais pourquoi sans raison désespérer ma veine?
Est-il dans l'univers de plage si lointaine
Où ta valeur, grand roi, ne te puisse porter,
Et ne m'offre bientôt des exploits à chanter?
Non, non, ne faisons plus de plaintes inutiles :
Puisqu'ainsi dans deux mois tu prends quarante villes,

---

[1] Commandant de l'armée ennemie. B. — Il mourut à Hambourg le 24 de mai 1676.

[2] Ce fort, qui passait pour imprenable, fut assiégé le 18 et pris le 21 de juin 1672.

[3] Ville considérable du duché de Gueldre, prise par Turenne le 14 de juin 1672.

[4] Petite ville de l'électorat de Trèves.

[5] Allusion au siége de Troie.

Assuré des beaux vers dont ton bras me répond,
Je t'attends dans deux ans aux bords de l'Hellespont.

ÉPITRE V[1]

A MONSIEUR DE GUILLERAGUES [2]

SECRÉTAIRE DU CABINET.

Esprit né pour la cour, et maître en l'art de plaire,
Guilleragues, qui sais et parler et te taire,
Apprends-moi si je dois ou me taire ou parler.
Faut-il dans la satire encor me signaler,
Et, dans ce champ fécond en plaisantes malices,
Faire encore aux auteurs redouter mes caprices?
Jadis, non sans tumulte, on m'y vit éclater,
Quand mon esprit plus jeune, et prompt à s'irriter,
Aspiroit moins au nom de discret et de sage;
Que mes cheveux plus noirs ombrageoient mon visage. :
Maintenant que le temps a mûri mes désirs,
Que mon âge, amoureux de plus sages plaisirs,
Bientôt s'en va frapper à son neuvième lustre [3],
J'aime mieux mon repos qu'un embarras illustre.
Que d'une égale ardeur mille auteurs animés
Aiguisent contre moi leurs traits envenimés ;
Que tout, jusqu'à Pinchêne [4], et m'insulte et m'accable
Aujourd'hui vieux lion, je suis doux et traitable ;
Je n'arme point contre eux mes ongles émoussés.
Ainsi que mes beaux jours mes chagrins sont passés :

---

[1] Pinchesne étoit neveu de Voiture. B. — Estienne-Martin, seigneur de Pinchesne, né à Amiens.

[2] Composée et publiée en 1674.
Gabriel-Joseph de Lavergne, comte de Guilleragues, secrétaire des commandements du prince de Conti, secrétaire de la chambre et du cabinet du roi, ambassadeur à la cour ottomane, né à Bordeaux, mort d'apoplexie à Constantinople le 5 de décembre 1684.

[3] A la quarante et unième année. B. — Il était né le 1ᵉʳ novembre 1636 et l'épître v fut composée en 1674.

Je ne sens plus l'aigreur de ma bile première,
Et laisse aux froids rimeurs une libre carrière.

Ainsi donc, philosophe à la raison soumis,
Mes défauts désormais sont mes seuls ennemis :
C'est l'erreur que je fuis ; c'est la vertu que j'aime.
Je songe à me connoître, et me cherche en moi-même :
C'est là l'unique étude où je veux m'attacher.
Que, l'astrolabe [1] en main, un autre aille chercher
Si le soleil est fixe ou tourne sur son axe,
Si Saturne à nos yeux peut faire un parallaxe [2] ;
Que Rohaut [3] vainement sèche pour concevoir
Comment, tout étant plein, tout a pu se mouvoir ;
Ou que Bernier [4] compose et le sec et l'humide
Des corps ronds et crochus errans parmi le vide :
Pour moi, sur cette mer qu'ici-bas nous courons,
Je songe à me pourvoir d'esquif et d'avirons,
A régler mes désirs, à prévenir l'orage,
Et sauver, s'il se peut, ma raison du naufrage.

C'est au repos d'esprit que nous aspirons tous,
Mais ce repos heureux se doit chercher en nous.
Un fou rempli d'erreurs, que le trouble accompagne,
Et malade à la ville ainsi qu'à la campagne,
En vain monte à cheval pour tromper son ennui :
Le chagrin monte en croupe et galope avec lui.
Que crois-tu qu'Alexandre, en ravageant la terre,
Cherche parmi l'horreur, le tumulte et la guerre ?
Possédé d'un ennui qu'il ne sauroit dompter,
Il craint d'être à soi-même, et songe à s'éviter.

---

[1] L'astrolabe sert à mesurer la hauteur des astres au-dessus de l'horizon.

[2] La parallaxe, ce mot est féminin, est la différence entre le *lieu* apparent et le *lieu* véritable d'un astre, c'est-à-dire entre la place que semble occuper l'astre vu de la surface de la terre et celle qu'il occuperait vu du centre.

[3] Fameux cartésien. B. — Jacques Rohault, professeur de philosophie cartésienne, gendre de Cl. Clerselier, autre cartésien, né à Amiens en 1620, mort à Paris en 1675.

[4] Célèbre voyageur qui a composé un abrégé de la philosophie de Gassendi. B. — François Bernier, médecin et voyageur, né à Angers, mort à Paris le 22 de septembre 1688.

C'est là ce qui l'emporte aux lieux où naît l'aurore,
Où le Perse est brûlé de l'astre qu'il adore.
  De nos propres malheurs auteurs infortunés,
Nous sommes loin de nous à toute heure entraînés.
A quoi bon ravir l'or au sein du nouveau monde ?
Le bonheur, tant cherché sur la terre et sur l'onde,
Est ici comme aux lieux où mûrit le coco,
Et se trouve à Paris de même qu'à Cusco [1] :
On ne le tire point des veines du Potose [2].
Qui vit content de rien possède toute chose.
Mais, sans cesse ignorans de nos propres besoins,
Nous demandons au ciel ce qu'il nous faut le moins.
  Oh ! que si cet hiver un rhume salutaire,
Guérissant de tous maux mon avare beau-père,
Pouvoit, bien confessé, l'étendre en un cercueil,
Et remplir sa maison d'un agréable deuil !
Que mon ame, en ce jour de joie et d'opulence,
D'un superbe convoi plaindroit peu la dépense !
Disoit le mois passé, doux, honnête et soumis,
L'héritier affamé de ce riche commis
Qui, pour lui préparer cette douce journée,
Tourmenta quarante ans sa vie infortunée.
La mort vient de saisir le vieillard catarrheux :
Voilà son gendre riche ; en est-il plus heureux ?
Tout fier du faux éclat de sa vaine richesse,
Déjà nouveau seigneur il vante sa noblesse.
Quoique fils de meunier, encor blanc du moulin,
Il est prêt à fournir ses titres en vélin.
En mille vains projets à toute heure il s'égare :
Le voilà fou, superbe, impertinent, bizarre,
Rêveur, sombre, inquiet, à soi-même ennuyeux.
Il vivroit plus content, si, comme ses aïeux,
Dans un habit conforme à sa vraie origine,
Sur le mulet encore il chargeoit la farine.
  Mais ce discours n'est pas pour le peuple ignorant,

[1] Capitale du Pérou. B. — Sous les Incas ; aujourd'hui c'est Lima.
[2] Montagne où sont les mines d'argent les plus riches de l'Amérique. B.

Que le faste éblouit d'un bonheur apparent.
L'argent, l'argent, dit-on, sans lui tout est stérile :
La vertu sans l'argent n'est qu'un meuble inutile ;
L'argent en honnête homme érige un scélérat ;
L'argent seul au palais peut faire un magistrat.
Qu'importe qu'en tous lieux on me traite d'infâme ?
Dit ce fourbe sans foi, sans honneur et sans ame ;
Dans mon coffre tout plein de rares qualités,
J'ai cent mille vertus en louis bien comptés.
Est-il quelque talent que l'argent ne me donne ?
C'est ainsi qu'en son cœur ce financier raisonne.
Mais pour moi que l'éclat ne sauroit décevoir,
Qui mets au rang des biens l'esprit et le savoir,
J'estime autant Patru [1], même dans l'indigence,
Qu'un commis engraissé des malheurs de la France.

Non que je sois du goût de ce sage insensé
Qui, d'un argent commode esclave embarrassé,
Jeta tout dans la mer pour crier : Je suis libre [2].
De la droite raison je sens mieux l'équilibre ;
Mais je tiens qu'ici-bas, sans faire tant d'apprêts,
La vertu se contente et vit à peu de frais.
Pourquoi donc s'égarer en des projets si vagues ?
Ce que j'avance ici, crois-moi, cher Guilleragues,
Ton ami dès l'enfance ainsi l'a pratiqué.
Mon père [3], soixante ans au travail appliqué,
En mourant me laissa, pour rouler et pour vivre,
Un revenu léger [4], et son exemple à suivre.
Mais bientôt amoureux d'un plus noble métier,
Fils, frère, oncle, cousin, beau-frère de greffier,
Pouvant charger mon bras d'une utile liasse,
J'allai loin du palais errer sur le Parnasse.
La famille en pâlit, et vit en frémissant

---

[1] Fameux avocat et un des bons grammairiens de notre siècle. B.

[2] Aristippe fit cette action, et Diogène conseilla à Cratès, philosophe cynique, de faire la même chose. B.

[3] Gilles Boileau, greffier de la grand' chambre du parlement de Paris, né à Crosne le 28 de juin 1584, mort à Paris le 2 de février 1657.

[4] Environ douze mille écus de patrimoine.

Dans la poudre du greffe un poëte naissant :
On vit avec horreur une muse effrénée
Dormir chez un greffier la grasse matinée.
Dès lors à la richesse il fallut renoncer :
Ne pouvant l'acquérir, j'appris à m'en passer ;
Et surtout, redoutant la basse servitude,
La libre vérité fut toute mon étude.
Dans ce métier funeste à qui veut s'enrichir,
Qui l'eût cru ? que pour moi le sort dût se fléchir ?
Mais du plus grand des rois la bonté sans limite,
Toujours prête à courir au-devant du mérite,
Crut voir dans ma franchise un mérite inconnu,
Et d'abord de ses dons enfla mon revenu.
La brigue ni l'envie à mon bonheur contraires,
Ni les cris douloureux de mes vains adversaires,
Ne purent dans leur course arrêter ses bienfaits.
C'en est trop : mon bonheur a passé mes souhaits.
Qu'à son gré désormais la fortune me joue ;
On me verra dormir au branle de sa roue.
Si quelque soin encore agite mon repos,
C'est l'ardeur de louer un si fameux héros.
Ce soin ambitieux me tirant par l'oreille,
La nuit, lorsque je dors, en sursaut me réveille ;
Me dit : que ces bienfaits, dont j'ose me vanter,
Par des vers immortels ont dû se mériter.
C'est là le seul chagrin qui trouble encor mon âme.
Mais si, dans le beau feu du zèle qui m'enflamme,
Par un ouvrage enfin des critiques vainqueur
Je puis sur ce sujet satisfaire mon cœur,
Guilleragues, plains-toi de mon humeur légère,
Si jamais, entraîné d'une ardeur étrangère,
Ou d'un vil intérêt reconnaissant la loi,
Je cherche mon bonheur autre part que chez moi.

ÉPITRE VI[1]

A MONSIEUR DE LAMOIGNON[2]

AVOCAT GÉNÉRAL

Oui, Lamoignon, je fuis les chagrins de la ville,
Et contre eux la campagne est mon unique asile.
Du lieu qui m'y retient veux-tu voir le tableau ?
C'est un petit village[3] ou plutôt un hameau,
Bâti sur le penchant d'un long rang de collines,
D'où l'œil s'égare au loin dans les plaines voisines.
La Seine, au pied des monts que son flot vient laver,
Voit du sein de ses eaux vingt îles s'élever,
Qui, partageant son cours en diverses manières,
D'une rivière seule y forment vingt rivières.
Tous ses bords sont couverts de saules non plantés,
Et de noyers souvent du passant insultés.
Le village au-dessus forme un amphithéâtre :
L'habitant ne connoît ni la chaux ni le plâtre ;
Et dans le roc, qui cède et se coupe aisément,
Chacun sait de sa main creuser son logement[4].
La maison du seigneur, seule un peu plus ornée,
Se présente au dehors de murs environnée.
Le soleil en naissant la regarde d'abord,
Et le mont la défend des outrages du nord.
C'est là, cher Lamoignon, que mon esprit tranquille

---

[1] Composée en 1677. Cf. Horace, l. II, sat. vi.

[2] Chrétien-François de Lamoignon de Basville, depuis président à mortier (1698), fils de Guillaume de Lamoignon, premier président du parlement de Paris. B. — Il était né à Paris le 26 de juin 1644 et mourut le 7 d'août 1709.

[3] Hautile, petite seigneurie près de la Roche-Guyon, appartenant à mon neveu, l'illustre M. Dongois, greffier en chef du parlement. B. — Aujourd'hui Haute-Isle, département de Seine-et-Oise.

[4] Ce roc est une espèce de craie blanche très-tendre. Il existe encore quelques édifices de ce genre, mais le plus remarquable est l'église creusée en entier dans le même roc aux frais de Dongois et de son épouse, seigneurs du lieu. B. S. P.

Met à profit les jours que la Parque me file.
Ici, dans un vallon bornant tous mes désirs,
J'achète à peu de frais de solides plaisirs.
Tantôt, un livre en main, errant dans les prairies,
J'occupe ma raison d'utiles rêveries :
Tantôt, cherchant la fin d'un vers que je construi,
Je trouve au coin d'un bois le mot qui m'avoit fui ;
Quelquefois, aux appâts d'un hameçon perfide,
J'amorce en badinant le poisson trop avide ;
Ou d'un plomb qui suit l'œil, et part avec l'éclair,
Je vais faire la guerre aux habitans de l'air.
Une table au retour, propre et non magnifique,
Nous présente un repas agréable et rustique.
Là, sans s'assujettir aux dogmes du Broussain[1],
Tout ce qu'on boit est bon, tout ce qu'on mange est sain ;
La maison le fournit, la fermière l'ordonne,
Et mieux que Bergerat[2] l'appétit l'assaisonne.
O fortuné séjour ! ô champs aimés des cieux !
Que, pour jamais foulant vos prés délicieux,
Ne puis-je ici fixer ma course vagabonde,
Et connu de vous seuls, oublier tout le monde !
   Mais à peine, du sein de vos vallons chéris
Arraché malgré moi, je rentre dans Paris,
Qu'en tous lieux les chagrins m'attendent au passage
Un cousin, abusant d'un fâcheux parentage,
Veux qu'encor tout poudreux, et sans me débotter,
Chez vingt juges pour lui j'aille solliciter :
Il faut voir de ce pas les plus considérables ;
L'un demeure au Marais et l'autre aux Incurables[3].
Je reçois vingt avis qui me glacent d'effroi :
Hier, dit-on, de vous on parla chez le roi,
Et d'attentat horrible on traita la satire.
— Et le roi, que dit-il ? — Le roi se prit à rire.

---

[1] Il était fort habile dans l'art de la bonne chère.
[2] Fameux traiteur. B. — Il demeurait rue des Bons-Enfants, à l'enseigne des Bons-Enfants.
[3] L'hospice des Incurables, consacré aujourd'hui exclusivement aux femmes, est rue de Sèvres, 54.

Contre vos derniers vers on est fort en courroux :
Pradon a mis au jour un livre contre vous [1] ;
Et, chez le chapelier du coin de notre place,
Autour d'un caudebec [2] j'en ai lu la préface.
L'autre jour sur un mot la cour vous condamna ;
Le bruit court qu'avant-hier on vous assassina [3] ;
Un écrit scandaleux [4] sous votre nom se donne :
D'un pasquin qu'on a fait, au Louvre on vous soupçonne.
— Moi? — Vous : on nous l'a dit dans le Palais-Royal [5].

Douze ans [6] sont écoulés depuis le jour fatal
Qu'un libraire, imprimant les essais de ma plume,
Donna, pour mon malheur, un trop heureux volume.
Toujours, depuis ce temps, en proie aux sots discours,
Contre eux la vérité m'est un foible secours.
Vient-il de la province une satire fade,
D'un plaisant du pays insipide boutade,
Pour la faire courir on dit qu'elle est de moi ;
Et le sot campagnard le croit de bonne foi.
J'ai beau prendre à témoin et la cour et la ville : —
Non ; à d'autres, dit-il ; on connoît votre style.
Combien de temps ces vers vous ont-ils bien coûté? —
Ils ne sont point de moi, monsieur, en vérité :
Peut-on m'attribuer ces sottises étranges? —
Ah! monsieur, vos mépris vous servent de louanges.

Ainsi de cent chagrins dans Paris accablé,
Juge si, toujours triste, interrompu, troublé,
Lamoignon, j'ai le temps de courtiser les muses :
Le monde cependant se rit de mes excuses,
Croit que, pour m'inspirer sur chaque événement,

---

[1] C'est la préface de sa *Phèdre*, qui a paru en 1677, six ans avant les épîtres VI et VII; Pradon fut donc l'agresseur.

[2] Sorte de chapeaux de laine qui se font à Caudebec en Normandie. B.

[3] L'abbé Tallemant avait fait courir le bruit, et Pradon avait dit à la table du premier président de Rouen, Pellot, que Boileau avait reçu des coups de bâton.

[4] Un écrit satirique contre le duc de Nevers.

[5] Allusion aux nouvellistes qui s'assemblent dans le jardin de ce palais. B.

[6] La première édition des satires a paru en mars 1666.

Apollon doit venir au premier mandement.

 Un bruit court que le roi va tout réduire en poudre,
Et dans Valencienne est entré comme un foudre ;
Que Cambrai, des François l'épouvantable écueil,
A vu tomber enfin ses murs et son orgueil [1] ;
Que, devant Saint-Omer, Nassau, par sa défaite,
De Philippe vainqueur rend la gloire complète [2].
Dieu sait comme les vers chez vous s'en vont couler !
Dit d'abord un ami qui veut me cajoler,
Et, dans ce temps guerrier et fécond en Achilles,
Croit que l'on fait les vers comme l'on prend les villes.
Mais moi, dont le génie est mort en ce moment,
Je ne sais que répondre à ce vain compliment ;
Et, justement confus de mon peu d'abondance,
Je me fais un chagrin du bonheur de la France.

 Qu'heureux est le mortel qui, du monde ignoré,
Vit content de soi-même en un coin retiré !
Que l'amour de ce rien qu'on nomme renommée
N'a jamais enivré d'une vaine fumée ;
Qui de sa liberté forme tout son plaisir,
Et ne rend qu'à lui seul compte de son loisir !
Il n'a point à souffrir d'affronts ni d'injustices,
Et du peuple inconstant il brave les caprices.
Mais nous autres faiseurs de livres et d'écrits,
Sur les bords du Permesse aux louanges nourris,
Nous ne saurions briser nos fers et nos entraves,
Du lecteur dédaigneux honorables esclaves.
Du rang où notre esprit une fois s'est fait voir,
Sans un fâcheux éclat nous ne saurions déchoir.
Le public, enrichi du tribut de nos veilles,
Croit qu'on doit ajouter merveilles sur merveilles.
Au comble parvenus il veut que nous croissions :

---

[1] Valenciennes fut assiégée et emportée d'assaut en mars 1677 ; Cambrai fut pris le 17 d'avril 1677, après vingt jours de siége.

[2] La bataille de Cassel, gagnée par Monsieur, Philippe de France, frère unique du roi, en (le 11 d'avril) 1677. B. — Après la victoire de Cassel Monsieur reprit le siége interrompu de Saint-Omer qui capitula le 20 d'avril.

Il veut en vieillissant que nous rajeunissions.
Cependant tout décroît ; et moi-même à qui l'âge
D'aucune ride encor n'a flétri le visage [1],
Déjà moins plein de feu, pour animer ma voix,
J'ai besoin du silence et de l'ombre des bois :
Ma muse, qui se plaît dans leurs routes perdues,
Ne sauroit plus marcher sur le pavé des rues.
Ce n'est que dans ces bois, propres à m'exciter,
Qu'Apollon quelquefois daigne encor m'écouter.
Ne demande donc plus par quelle humeur sauvage
Tout l'été, loin de toi, demeurant au village,
J'y passe obstinément les ardeurs du Lion [2],
Et montre pour Paris si peu de passion.
C'est à toi, Lamoignon, que le rang, la naissance,
Le mérite éclatant et la haute éloquence
Appellent dans Paris aux sublimes emplois,
Qu'il sied bien d'y veiller pour le maintien des lois.
Tu dois là tous tes soins au bien de ta patrie :
Tu ne t'en peux bannir que l'orphelin ne crie ;
Que l'oppresseur ne montre un front audacieux :
Et Thémis pour voir clair a besoin de tes yeux.
Mais pour moi, de Paris citoyen inhabile,
Qui ne lui puis fournir qu'un rêveur inutile,
Il me faut du repos, des prés et des forêts.
Laisse-moi donc ici, sous leurs ombrages frais,
Attendre que septembre ait ramené l'automne,
Et que Cérès contente ait fait place à Pomone.
Quand Bacchus comblera de ses nouveaux bienfaits
Le vendangeur ravi de ployer sous le faix,
Aussitôt ton ami, redoutant moins la ville,
T'ira joindre à Paris, pour s'enfuir à Bâville [3].
Là, dans le seul loisir que Thémis t'a laissé,
Tu me verras souvent à te suivre empressé,

---

[1] Il était dans sa quarante et unième année.
[2] Le soleil passe dans le signe du *Lion*, du 23 de juillet au 23 d'août.
[3] Maison de campagne de M. de Lamoignon. B. — C'est aujourd'hui un hameau de soixante-seize habitants, dépendant de la commune de Saint-Chéron, département de Seine-et-Oise, arrondissement de Rambouillet.

Pour monter à cheval rappelant mon audace,
Apprenti cavalier galoper sur ta trace.
Tantôt sur l'herbe assis, au pied de ces coteaux,
Où Polycrène[1] épand ses libérales eaux,
Lamoignon, nous irons, libres d'inquiétude,
Discourir des vertus dont tu fais ton étude;
Chercher quels sont les biens véritables ou faux,
Si l'honnête homme en soi doit souffrir des défauts;
Quel chemin le plus droit à la gloire nous guide,
Ou la vaste science, ou la vertu solide.
C'est ainsi que chez toi tu sauras m'attacher.
Heureux si les fâcheux, prompts à nous y chercher,
N'y viennent point semer l'ennuyeuse tristesse!
Car, dans ce grand concours d'hommes de toute espèce,
Que sans cesse à Bâville attire le devoir,
Au lieu de quatre amis qu'on attendoit le soir,
Quelquefois de fâcheux arrivent trois volées,
Qui du parc à l'instant assiégent les allées.
Alors, sauve qui peut : et quatre fois heureux
Qui sait pour s'échapper quelque antre ignoré d'eux !

ÉPITRE VII[2]

A MONSIEUR RACINE

Que tu sais bien, Racine, à l'aide d'un acteur,
Émouvoir, étonner, ravir un spectateur !
Jamais Iphigénie, en Aulide immolée,
N'a coûté tant de pleurs à la Grèce assemblée,

---

[1] Fontaine à une demi-lieue de Bâville, ainsi nommée par feu M. le premier président de Lamoignon. B. — Dans le pays on la nomme la Rachée.

[2] Composée en 1677, pour consoler Racine du succès de la *Phèdre* de Pradon.

Que dans l'heureux spectacle à nos yeux étalé
En a fait sous son nom verser la Champmêlé [1].
Ne crois pas toutefois, par les savans ouvrages,
Entraînant tous les cœurs, gagner tous les suffrages.
Sitôt que d'Apollon un génie inspiré
Trouve loin du vulgaire un chemin ignoré,
En cent lieux contre lui les cabales s'amassent ;
Ses rivaux obscurcis autour de lui croassent :
Et son trop de lumière importunant les yeux,
De ses propres amis lui fait des envieux ;
La mort seule ici-bas, en terminant sa vie,
Peut calmer sur son nom l'injustice et l'envie ;
Faire au poids du bon sens peser tous ses écrits,
Et donner à ses vers leur légitime prix.

Avant qu'un peu de terre, obtenu par prière,
Pour jamais sous la tombe eût enfermé Molière,
Mille de ces beaux traits, aujourd'hui si vantés,
Furent des sots esprits à nos yeux rebutés.
L'ignorance et l'erreur à ses naissantes pièces,
En habits de marquis, en robes de comtesses,
Venoient pour diffamer son chef-d'œuvre nouveau,
Et secouoient la tête à l'endroit le plus beau.
Le commandeur vouloit la scène plus exacte ;
Le vicomte indigné sortoit au second acte.
L'un, défenseur zélé des bigots mis en jeu,
Pour prix de ses bons mots le condamnoit au feu [2].
L'autre, fougueux marquis, lui déclarant la guerre,
Vouloit venger la cour immolée au parterre.
Mais, sitôt que d'un trait de ses fatales mains,
La Parque l'eut rayé du nombre des humains,
On reconnut le prix de sa muse éclipsée.
L'aimable comédie, avec lui terrassée,
En vain d'un coup si rude espéra revenir,

---

[1] Célèbre comédienne. B. — Marie Desmares, fille d'un président au parlement de Rouen, née dans cette ville en 1644, morte à Auteuil en 1698.

[2] MM. Daunou et Amar pensent que Boileau veut désigner Bourdaloue, qui prêcha contre le *Tartufe*.

ÉPITRE VII.

Et sur ses brodequins ne put plus se tenir.
Tel fut chez nous le sort du théâtre comique.
    Toi donc qui, t'élevant sur la scène tragique,
Suis les pas de Sophocle, et, seul de tant d'esprits,
De Corneille vieilli sais consoler Paris[1],
Cesse de t'étonner si l'envie animée,
Attachant à ton nom sa rouille envenimée,
La calomnie en main quelquefois te poursuit.
En cela, comme en tout, le ciel qui nous conduit,
Racine, fait briller sa profonde sagesse.
Le mérite en repos s'endort dans la paresse :
Mais par les envieux un génie excité
Au comble de son art est mille fois monté.
Plus on veut l'affoiblir, plus il croît et s'élance.
Au Cid persécuté Cinna doit sa naissance,
Et peut-être ta plume aux censeurs de Pyrrhus
Doit les plus nobles traits dont tu peignis Burrhus.
    Moi-même, dont la gloire ici moins répandue
Des pâles envieux ne blesse point la vue,
Mais qu'une humeur trop libre, un esprit peu soumis,
De bonne heure a pourvu d'utiles ennemis,
Je dois plus à leur haine, il faut que je l'avoue,
Qu'au foible et vain talent dont la France me loue.
Leur venin, qui sur moi brûle de s'épancher,
Tous les jours en marchant m'empêche de broncher.
Je songe, à chaque trait que ma plume hasarde,
Que d'un œil dangereux leur troupe me regarde.
Je sais sur leurs avis corriger mes erreurs,
Et je mets à profit leurs malignes fureurs.
Sitôt que sur un vice ils pensent me confondre,
C'est en me guérissant que je sais leur répondre :
Et plus en criminel ils pensent m'ériger,
Plus, croissant en vertu, je songe à me venger.
Imite mon exemple ; et lorsqu'une cabale,
Un flot de vains auteurs follement te ravale,

---

[1] *Suréna*, la dernière tragédie de Corneille, a été jouée à la fin de l'année 1674.

Profite de leur haine et de leur mauvais sens,
Ris du bruit passager de leurs cris impuissans.
Que peut contre tes vers une ignorance vaine ?
Le Parnasse françois, ennobli par ta veine,
Contre tous ces complots saura te maintenir,
Et soulever pour toi l'équitable avenir.
Et qui, voyant un jour la douleur vertueuse
De Phèdre malgré soi perfide, incestueuse,
D'un si noble travail justement étonné,
Ne bénira d'abord le siècle fortuné
Qui, rendu plus fameux par tes illustres veilles,
Vit naître sous ta main ces pompeuses merveilles ?

Cependant laisse ici gronder quelques censeurs,
Qu'aigrissent de tes vers les charmantes douceurs.
Et qu'importe à nos vers que Perrin les admire [1];
Que l'auteur du Jonas [2] s'empresse pour les lire:
Qu'ils charment de Senlis le poëte idiot [3],
Ou le sec traducteur du françois d'Amyot [4] :
Pourvu qu'avec éclat leurs rimes débitées,
Soient du peuple, des grands, des provinces goûtées,
Pourvu qu'ils sachent plaire au plus puissant des rois,
Qu'à Chantilly Condé les souffre quelquefois [5];
Qu'Enghien en soit touché; que Colbert et Vivonne [6],
Que la Rochefoucauld, Marsillac et Pomponne [7],

---

[1] Il a traduit l'*Énéide* et a fait le premier opéra qui ait paru en France. B.

[2] Coras.

[3] Linière. B.

[4] François Tallemant, abbé du Val-Chrétien, prieur de Saint-Irénée, premier aumônier de Madame duchesse d'Orléans, reçu le 10 de mai 1651 à l'Académie française; né à Paris ou à la Rochelle en 1620, mort le 6 de mai 1693.

[5] Louis II de Bourbon, prince de Condé, surnommé le Grand Condé, né en 1621, mort en 1686. Son fils, Henri-Jules de Bourbon, né en 1643, mort en 1709, porta, jusqu'à la mort de son père, le titre de duc d'Enghien.

[6] Jean-Baptiste Colbert, marquis de Seignelay, ministre et secrétaire d'État, commandeur et grand trésorier des ordres du roi, contrôleur général des finances, surintendant des bâtiments, arts et manufactures de France, né à Paris le 21 d'août 1619, mort à Paris le 6 de septembre 1683. Pour Vivonne, voir épître IV, page 138, note 4.

[7] François VI, duc de la Rochefoucauld, né le 15 de décembre 1613,

Et mille autres qu'ici je ne puis faire entrer,
A leurs traits délicats se laissent pénétrer ?
Et plût au ciel encor, pour couronner l'ouvrage,
Que Montausier voulût leur donner son suffrage [1] !
   C'est à de tels lecteurs que j'offre mes écrits ;
Mais pour un tas grossier de frivoles esprits,
Admirateurs zélés de toute œuvre insipide,
Que, non loin de la place où Brioché [2] préside,
Sans chercher dans les vers ni cadence ni son,
Il s'en aille admirer le savoir de Pradon !

ÉPITRE VIII [3]

AU ROI

Grand roi, cesse de vaincre, ou je cesse d'écrire.
Tu sais bien que mon style est né pour la satire ;
Mais mon esprit, contraint de la désavouer,
Sous ton règne étonnant ne veut plus que louer.
Tantôt, dans les ardeurs de ce zèle incommode,
Je songe à mesurer les syllabes d'une ode ;
Tantôt d'une Énéide auteur ambitieux,
Je m'en forme déjà le plan audacieux :
Ainsi, toujours flatté d'une douce manie,
Je sens de jour en jour dépérir mon génie ;
Et mes vers en ce style, ennuyeux, sans appas,
Déshonorent ma plume, et ne t'honorent pas.

---

mort à Paris le 17 de mars 1680 ; c'est l'auteur des *Maximes*. Son fils, François VII, grand veneur de France, né le 15 de juin 1634, mort le 12 de janvier 1714 ; il porta, jusqu'à la mort de son père, le titre de prince de Marsillac. — Simon Arnauld, marquis de Pomponne, né en 1618, mort à Fontainebleau le 26 de septembre 1699.

[1] A la suite de la publication de cette épître, Montausier se réconcilia avec Boileau.

[2] Fameux joueur de marionnettes, logé proche des comédiens. B.

[3] Composée en 1675 et 1676, cette épître ne fut publiée qu'à la fin de 1677.

Encor si ta valeur, à tout vaincre obstinée,
Nous laissoit, pour le moins, respirer une année,
Peut-être mon esprit, prompt à ressusciter,
Du temps qu'il a perdu sauroit se racquitter.
Sur ses nombreux défauts, merveilleux à décrire,
Le siècle m'offre encor plus d'un bon mot à dire.
Mais à peine Dinant et Limbourg sont forcés,
Qu'il faut chanter Bouchain et Condé terrassés [1].
Ton courage, affamé de péril et de gloire,
Court d'exploits en exploits, de victoire en victoire.
Souvent ce qu'un seul jour te voit exécuter
Nous laisse pour un an d'actions à compter.

Que si quelquefois, las de forcer des murailles,
Le soin de tes sujets te rappelle à Versailles,
Tu viens m'embarrasser de mille autres vertus :
Te voyant de plus près, je t'admire encor plus.
Dans les nobles douceurs d'un séjour plein de charmes,
Tu n'es pas moins héros qu'au milieu des alarmes :
De ton trône agrandi portant seul tout le faix,
Tu cultives les arts; tu répands les bienfaits;
Tu sais récompenser jusqu'aux muses critiques.
Ah! crois-moi, c'en est trop. Nous autres satiriques,
Propres à relever les sottises du temps,
Nous sommes un peu nés pour être mécontens :
Notre muse, souvent paresseuse et stérile,
A besoin, pour marcher, de colère et de bile.
Notre style languit dans un remercîment;
Mais, grand roi, nous savons nous plaindre élégamment.

Oh! que si je vivois sous les règnes sinistres
De ces rois nés valets de leurs propres ministres,
Et qui, jamais en main ne prenant le timon,
Aux exploits de leur temps ne prêtoient que leur nom;
Que, sans les fatiguer d'une louange vaine,
Aisément les bons mots couleroient de ma veine!
Mais toujours sous ton règne il faut se récrier;

---

[1] Dinant et Limbourg furent prises en 1675. Louis XIV en personne prit Condé le 26 d'avril 1676, et Monsieur prit Bouchain le 11 de mai de la même année.

Toujours, les yeux au ciel, il faut remercier.
Sans cesse à t'admirer ma critique forcée,
N'a plus en écrivant de maligne pensée ;
Et mes chagrins sans fiel et presque évanouis,
Font grace à tout le siècle en faveur de Louis.
En tous lieux cependant la Pharsale approuvée [1],
Sans crainte de mes vers, va la tête levée ;
La licence partout règne dans les écrits.
Déjà le mauvais sens, reprenant ses esprits,
Songe à nous redonner des poëmes épiques [2],
S'empare des discours mêmes académiques ;
Perrin a de ses vers obtenu le pardon,
Et la scène françoise est en proie à Pradon
Et moi, sur ce sujet loin d'exercer ma plume,
J'amasse de tes faits le pénible volume,
Et ma muse, occupée à cet unique emploi,
Ne regarde, n'entend, ne connoît plus que toi.
  Tu le sais bien pourtant, cette ardeur empressée
N'est point en moi l'effet d'une ame intéressée.
Avant que tes bienfaits courussent me chercher,
Mon zèle impatient ne se pouvoit cacher.
Je n'admirois que toi. Le plaisir de le dire
Vint m'apprendre à louer au sein de la satire ;
Et, depuis que tes dons sont venus m'accabler,
Loin de sentir mes vers avec eux redoubler,
Quelquefois, le dirai-je ? un remords légitime,
Au fort de mon ardeur vient refroidir ma rime.
Il me semble, grand roi, dans mes nouveaux écrits,
Que mon encens payé n'est plus de même prix.
J'ai peur que l'univers, qui sait ma récompense,
N'impute mes transports à ma reconnoissance,
Et que par tes présens mon vers décrédité

---

[1] La *Pharsale* de Brébeuf. B. — Guillaume de Brébeuf, né à Thorigny en 1618, mort à Venoix en décembre 1661.

[2] *Childebrand* et *Charlemagne*, poëmes qui n'ont pas réussi. B. — Le premier est de Jacques Carel de Sainte-Garde, né à Rouen au commencement du dix-septième siècle, mort vers 1684. Le poëme de *Charlemagne* est de Louis Le Laboureur, bailli du duché de Montmorency, mort le 21 de juin 1679.

N'ait moins de poids pour toi dans la postérité.
　　Toutefois je sais vaincre un remords qui te blesse.
Si tout ce qui reçoit des fruits de ta largesse
A peindre tes exploits ne doit point s'engager,
Qui d'un si juste soin se pourra donc charger ?
Ah ! plutôt de nos sons redoublons l'harmonie :
Le zèle à mon esprit tiendra lieu de génie.
Horace tant de fois dans mes vers imité,
De vapeurs en son temps, comme moi tourmenté,
Pour amortir le feu de sa rate indocile,
Dans l'encre quelquefois sut égayer sa bîle.
Mais de la même main qui peignit Tullius[1],
Qui d'affronts immortels couvrit Tigellius[2],
Il sut fléchir Glycère, il sut vanter Auguste,
Et marquer sur la lyre une cadence juste.
Suivons les pas fameux d'un si noble écrivain.
A ces mots, quelquefois prenant la lyre en main,
Au récit que pour toi je suis prêt d'entreprendre,
Je crois voir les rochers accourir pour m'entendre ;
Et déjà mon vers coule à flots précipités,
Quand j'entends le lecteur qui me crie : Arrêtez :
Horace eut cent talens ; mais la nature avare
Ne vous a rien donné qu'un peu d'humeur bizarre :
Vous passez en audace et Perse et Juvénal :
Mais sur le ton flatteur Pinchêne est votre égal.
A ce discours, grand roi, que pourrois-je répondre ?
Je me sens sur ce point trop facile à confondre ;
Et, sans trop relever des reproches si vrais,
Je m'arrête à l'instant, j'admire et je me tais.

[1] Sénateur romain. César l'exclut du sénat, mais il y rentra après sa mort. B.

[2] Fameux musicien, fort chéri d'Auguste. B.

ÉPITRE IX.[1]

A MONSIEUR LE MARQUIS DE SEIGNELAY[2]

SECRÉTAIRE D'ÉTAT.

Dangereux ennemi de tout mauvais flatteur,
Seignelay, c'est en vain qu'un ridicule auteur,
Prêt à porter ton nom « de l'Èbre[3] jusqu'au Gange[4], »
Croit te prendre aux filets d'une sotte louange.
Aussitôt ton esprit, prompt à se révolter,
S'échappe, et rompt le piége où l'on veut l'arrêter.
Il n'en est pas ainsi de ces esprits frivoles,
Que tout flatteur endort au son de ses paroles ;
Qui, dans un vain sonnet, placés au rang des dieux,
Se plaisent à fouler l'Olympe radieux ;
Et, fiers du haut étage où La Serre les loge,
Avalent sans dégoût le plus grossier éloge.
Tu ne te repais point d'encens à si bas prix.
Non que tu sois pourtant de ces rudes esprits
Qui regimbent toujours, quelque main qui les flatte.
Tu souffres la louange adroite et délicate,
Dont la trop forte odeur n'ébranle point les sens.
Mais un auteur novice à répandre l'encens,
Souvent à son héros, dans un bizarre ouvrage,
Donne de l'encensoir au travers du visage ;
Va louer Monterey[5] d'Oudenarde forcé,
Ou vante aux électeurs Turenne repoussé[6].

---

[1] Composée au commencement de 1675, avant l'épître VIII.,
[2] Jean-Baptiste Colbert, ministre et secrétaire d'État, mort en 1690, fils de Jean-Baptiste Colbert, ministre et secrétaire d'État. B. — Le fils aîné du grand Colbert, né à Paris en 1651, mourut le 3 de novembre 1690.
[3] Rivière d'Espagne. B.
[4] Rivière des Indes. B.
[5] Gouverneur des Pays-Bas. B. — Condé força Monterey de lever le siége d'Oudenarde le 12 de septembre 1674.
[6] Il les avait battus à la bataille de Turckheim en Alsace le 5 de février 1675.

Tout éloge imposteur blesse une ame sincère.
Si, pour faire sa cour à ton illustre père,
Seignelay, quelque auteur, d'un faux zèle emporté,
Au lieu de peindre en lui la noble activité,
La solide vertu, la vaste intelligence,
Le zèle pour son roi, l'ardeur, la vigilance,
La constante équité, l'amour pour les beaux-arts,
Lui donnoit les vertus d'Alexandre ou de Mars,
Et, pouvant justement l'égaler à Mécène,
Le comparoit au fils de Pélée [1] ou d'Alcmène [2] :
Ses yeux, d'un tel discours foiblement éblouis,
Bientôt dans ce tableau reconnoîtroient Louis;
L'ignorance vaut mieux qu'un savoir affecté.
Rien n'est beau, je reviens, que par la vérité :
Et glaçant d'un regard la muse et le poëte,
Imposeroient silence à sa verve indiscrète.
Un cœur noble est content de ce qu'il trouve en lui.
Et ne s'applaudit point des qualités d'autrui.
Que me sert en effet qu'un admirateur fade
Vante mon embonpoint, si je me sens malade,
Si dans cet instant même un feu séditieux
Fait bouillonner mon sang et petiller mes yeux?
Rien n'est beau que le vrai : le vrai seul est aimable ;
Il doit régner partout, et même dans la fable :
De toute fiction l'adroite fausseté
Ne tend qu'à faire aux yeux briller la vérité.

 Sais-tu pourquoi mes vers sont lus dans les provinces,
Sont recherchés du peuple, et reçus chez les princes?
Ce n'est pas que leurs sons, agréables, nombreux,
Soient toujours à l'oreille également heureux ;
Qu'en plus d'un lieu le sens n'y gêne la mesure,
Et qu'un mot quelquefois n'y brave la césure :
Mais c'est qu'en eux le vrai, du mensonge vainqueur,
Partout se montre aux yeux, et va saisir le cœur;
Que le bien et le mal y sont prisés au juste;

---

[1] Achille. B.
[2] Hercule. B.

Que jamais un faquin n'y tint un rang auguste;
Et que mon cœur, toujours conduisant mon esprit,
Ne dit rien aux lecteurs qu'à soi-même il n'ait dit.
Ma pensée au grand jour partout s'offre et s'expose;
Et mon vers, bien ou mal, dit toujours quelque chose.
C'est par là quelquefois que ma rime surprend;
C'est là ce que n'ont point Jonas ni Childebrand [1],
Ni tous ces vains amas de frivoles sornettes,
Montre, Miroir d'amour, Amitiés, Amourettes [2],
Dont le titre souvent est l'unique soutien,
Et qui, parlant beaucoup, ne disent jamais rien.
   Mais peut-être, enivré des vapeurs de ma muse,
Moi-même en ma faveur, Seignelay, je m'abuse.
Cessons de nous flatter. Il n'est esprit si droit
Qui ne soit imposteur et faux par quelque endroit.
Sans cesse on prend le masque, et, quittant la nature,
On craint de se montrer sous sa propre figure.
Par là le plus sincère assez souvent déplaît.
Rarement un esprit ose être ce qu'il est.
Vois-tu cet importun que tout le monde évite,
Cet homme à toujours fuir, qui jamais ne vous quitte?
Il n'est pas sans esprit; mais, né triste et pesant,
Il veut être folâtre, évaporé, plaisant;
Il s'est fait de sa joie une loi nécessaire,
Et ne déplaît enfin que pour vouloir trop plaire.
La simplicité plaît sans étude et sans art.
Tout charme en un enfant dont la langue sans fard,
A peine du filet encor débarrassée,
Sait d'un air innocent bégayer sa pensée.
Le faux est toujours fade, ennuyeux, languissant;
Mais la nature est vraie, et d'abord on la sent;
C'est elle seule en tout qu'on admire et qu'on aime.
Un esprit né chagrin plaît par son chagrin même.

---

[1] Le *Jonas* de Coras et le *Childebrand* de Carel de Sainte-Garde.
[2] La *Montre d'amour*, petit ouvrage galant de Bonnecorse. Le *Miroir*, ou la *Métamorphose d'Orante*, est un conte de Charles Perrault en prose, mêlée de vers, qu'on trouve dans : *Recueil de divers ouvrages en prose et en vers*, par M. Perrault. — *Amitiés, Amours et Amourettes*, par René Le Pays.

Chacun pris dans son air est agréable en soi :
Ce n'est que l'air d'autrui qui peut déplaire en moi.

Ce marquis étoit né doux, commode, agréable ;
On vantoit en tous lieux son ignorance aimable :
Mais, depuis quelques mois devenu grand docteur,
Il a pris un faux air, une sotte hauteur ;
Il ne veut plus parler que de rime et de prose ;
Des auteurs décriés il prend en main la cause ;
Il rit du mauvais goût de tant d'hommes divers,
Et va voir l'opéra seulement pour les vers.
Voulant se redresser, soi-même on s'estropie,
Et d'un original on fait une copie.
C'est par elle qu'on plaît, et qu'on peut longtemps plaire.
L'esprit lasse aisément, si le cœur n'est sincère.
En vain par sa grimace un bouffon odieux
A table nous fait rire et divertit nos yeux :
Ses bons mots ont besoin de farine et de plâtre.
Prenez-le tête à tête, ôtez-lui son théâtre ;
Ce n'est plus qu'un cœur bas, un coquin ténébreux ;
Son visage essuyé n'a plus rien que d'affreux.
J'aime un esprit aisé qui se montre, qui s'ouvre,
Et qui plaît d'autant plus, que plus il se découvre.
Mais la seule vertu peut souffrir la clarté :
Le vice, toujours sombre, aime l'obscurité ;
Pour paroître au grand jour il faut qu'il se déguise ;
C'est lui qui de nos mœurs a banni la franchise.

Jadis l'homme vivoit au travail occupé,
Et, ne trompant jamais, n'étoit jamais trompé :
On ne connoissoit point la ruse et l'imposture ;
Le Normand même alors ignoroit le parjure.
Aucun rhéteur encore, arrangeant le discours,
N'avoit d'un art menteur enseigné les détours.
Mais sitôt qu'aux humains, faciles à séduire,
L'abondance eut donné le loisir de se nuire,
La mollesse amena la fausse vanité.
Chacun chercha pour plaire un visage emprunté.
Pour éblouir les yeux, la fortune arrogante
Affecta d'étaler une pompe insolente ;

L'or éclata partout sur les riches habits ;
On polit l'émeraude, on tailla le rubis,
Et la laine et la soie, en cent façons nouvelles,
Apprirent à quitter leurs couleurs naturelles.
La trop courte beauté monta sur des patins ;
La coquette tendit ses lacs tous les matins ;
Et, mettant la céruse et le plâtre en usage,
Composa de sa main les fleurs de son visage.
L'ardeur de s'enrichir chassa la bonne foi :
Le courtisan n'eut plus de sentimens à soi.
Tout ne fut plus que fard, qu'erreur, que tromperie ;
On vit partout régner la basse flatterie.
Le Parnasse surtout, fécond en imposteurs,
Diffama le papier par ses propos menteurs.
De là vint cet amas d'ouvrages mercenaires,
Stances, odes, sonnets, épîtres liminaires,
Où toujours le héros passe pour sans pareil,
Et, fût-il louche et borgne, est réputé soleil.

   Ne crois pas, toutefois, sur ce discours bizarre,
Que, d'un frivole encens malignement avare,
J'en veuille sans raison frustrer tout l'univers.
La louange agréable est l'ame des beaux vers.
Mais je tiens, comme toi, qu'il faut qu'elle soit vraie,
Et que son tour adroit n'ait rien qui nous effraie.
Alors, comme j'ai dit, tu la sais écouter,
Et sans crainte à tes yeux on pourroit t'exalter.
Mais sans t'aller chercher des vertus dans les nues,
Il faudroit peindre en toi des vérités connues ;
Décrire ton esprit ami de la raison,
Ton ardeur pour ton roi, puisée en ta maison :
A servir ses desseins ta vigilance heureuse ;
Ta probité sincère, utile, officieuse.
Tel, qui hait à se voir peint en de faux portraits,
Sans chagrin voit tracer ses véritables traits.
Condé-même, Condé [1], ce héros formidable,
Et, non moins qu'aux Flamands, aux flatteurs redoutable,

---

[1] Louis de Bourbon, prince de Condé, mort en 1686. B.

Ne s'offenseroit pas si quelque adroit pinceau
Traçoit de ses exploits le fidèle tableau ;
Et dans Seneffe [1] en feu contemplant sa peinture,
Ne désavoûroit pas Malherbe ni Voiture.
Mais malheur au poëte insipide, odieux,
Qui viendroit le glacer d'un éloge ennuyeux !
Il auroit beau crier : « Premier prince du monde !
« Courage sans pareil ! lumière sans seconde [2] ! »
Ses vers, jetés d'abord sans tourner le feuillet,
Iroient dans l'antichambre amuser Pacolet [3].

ÉPITRE X [4]

PRÉFACE [5]

Je ne sais si les trois nouvelles épîtres que je donne ici au public auront beaucoup d'approbateurs ; mais je sais bien que mes censeurs y trouveront abondamment de quoi exercer leur critique : car tout y est extrêmement hasardé. Dans le premier de ces trois ouvrages, sous prétexte de faire le procès à mes derniers vers, je fais moi-même mon éloge, et n'oublie rien de ce qui peut être dit à mon avantage ; dans le second, je m'entretiens avec mon jardinier de choses très-basses et très-petites ; et dans le troisième, je décide hautement du plus grand et du plus important point de la religion, je veux dire de l'amour de Dieu. J'ouvre donc un beau champ à ces censeurs, pour attaquer en moi, et le poëte orgueilleux, et le villageois grossier et le théologien téméraire. Quelque

---

[1] Combat fameux de monseigneur le Prince. B. — Le grand Condé gagna la bataille de Seneffe le 11 d'août 1674.
[2] Commencement du poëme de *Charlemagne*. B.
[3] Fameux valet de pied de monseigneur le Prince. B.
[4] Composée en 1695. Cf. Horace, l. I, épît. xx.
[5] Cette préface, composée en 1697, fut publiée en 1698, à la tête des trois dernières épîtres, précédées, dans les éditions in-4, d'un faux titre : *Épîtres nouvelles*.

fortes pourtant que soient leurs attaques, je doute qu'elles ébranlent la ferme résolution que j'ai prise, il y a longtemps, de ne rien répondre, au moins sur le ton sérieux, à tout ce qu'ils écriront contre moi.

A quoi bon, en effet, perdre inutilement du papier? Si mes épîtres sont mauvaises, tout ce que je dirai ne les fera pas trouver bonnes ; et si elles sont bonnes, tout ce qu'ils diront ne les fera pas trouver mauvaises. Le public n'est pas un juge qu'on puisse corrompre, ni qui se règle par les passions d'autrui. Tout ce bruit, tous ces écrits qui se font ordinairement contre des ouvrages où l'on court, ne servent qu'à y faire encore plus courir, et à en mieux marquer le mérite. Il est de l'essence d'un bon livre d'avoir des censeurs; et la plus grande disgrâce qui puisse arriver à un écrit qu'on met au jour, ce n'est pas que beaucoup de gens en disent du mal, c'est que personne n'en dise rien.

Je me garderai donc bien de trouver mauvais qu'on attaque mes trois épîtres. Ce qu'il y a de certain, c'est que je les ai fort travaillées, et principalement celle de l'amour de Dieu, que j'ai retouchée plus d'une fois, et où j'avoue que j'ai employé tout le peu que je puis avoir d'esprit et de lumières. J'avois dessein d'abord de la donner toute seule, les deux autres me paroissant trop frivoles pour être présentées au grand jour de l'impression avec un ouvrage si sérieux; mais des amis très-sensés m'ont fait comprendre que ces deux épîtres, quoique dans le style enjoué, étoient pourtant des épîtres morales, où il n'étoit rien enseigné que de vertueux ; qu'ainsi étant liées avec l'autre, bien loin de lui nuire, elles pourroient même faire une diversité agréable ; et que d'ailleurs beaucoup d'honnêtes gens souhaitant de les avoir toutes trois ensemble, je ne pouvois pas avec bienséance me dispenser de leur donner une si légère satisfaction. Je me suis rendu à ce sentiment, et on les trouvera rassemblées ici dans un même cahier. Cependant, comme il y a des gens de piété qui peut-être ne se soucieront guère de lire les entretiens que je puis avoir avec mon jardinier et avec mes vers, il est bon de les avertir qu'il y a ordre de leur distribuer à part la dernière, savoir celle qui traite de l'amour de Dieu; et que non-seulement je ne trouverai pas étrange qu'ils ne lisent que celle-là, mais que je me sens quelquefois moi-même en des dispositions d'esprit où je voudrois de bon cœur n'avoir de ma vie composé que ce seul ouvrage, qui vraisemblablement sera la dernière pièce de poésie qu'on aura de moi; mon génie pour les vers commençant à s'épuiser, et mes emplois historiques ne me laissant guère le temps de m'appliquer à chercher et à ramasser des rimes.

Voilà ce que j'avois à dire aux lecteurs. Avant néanmoins que de finir cette préface, il ne sera pas hors de propos, ce me semble, de rassurer des personnes timides qui, n'ayant pas une fort grande idée de ma capacité en matière de théologie, douteront peut-être que tout ce que j'avance en mon épître soit fort infaillible, et appréhenderont qu'en voulant les conduire je ne les égare. Afin donc qu'elles marchent sûrement, je leur dirai, vanité à part, que j'ai lu plusieurs fois cette épître à un fort grand nombre de docteurs de Sorbonne, de pères de l'Oratoire et de jésuites très-célèbres, qui tous y ont applaudi, et en ont trouvé la doctrine très-saine et très-pure; que beaucoup de prélats illustres à qui je l'ai récitée en ont jugé comme eux; que monseigneur l'évêque de Meaux[1], c'est-à-dire une des plus grandes lumières qui aient éclairé l'Église dans les derniers siècles, a eu longtemps mon ouvrage entre les mains, et qu'après l'avoir lu et relu plusieurs fois, il m'a non-seulement donné son approbation, mais a trouvé bon que je publiasse à tout le monde qu'il me la donnoit; enfin, que, pour mettre le comble à ma gloire, ce saint archevêque[2] dans le diocèse duquel j'ai le bonheur de me trouver, ce grand prélat, dis-je, aussi éminent en doctrine et en vertus qu'en dignité et en naissance, que le plus grand roi de l'univers, par un choix visiblement inspiré du ciel, a donné à la ville capitale de son royaume, pour assurer l'innocence et pour détruire l'erreur, monseigneur l'archevêque de Paris, en un mot, a bien daigné aussi examiner soigneusement mon épître,

---

[1] Jacques-Bénigne Bossuet. B.
[2] Louis-Antoine de Noailles, cardinal archevêque de Paris. B.

et a eu même la bonté de me donner sur plus d'un endroit des conseils que j'ai suivis ; et m'a enfin accordé aussi son approbation, avec des éloges dont je suis également ravi et confus.

Au reste[1], comme il y a des gens qui ont publié que mon épître n'étoit qu'une vaine déclamation qui n'attaquoit rien de réel, ni qu'aucun homme eût jamais avancé ; je veux bien, pour l'intérêt de la vérité, mettre ici la proposition que j'y combats, dans la langue et dans les termes qu'on la soutient en plus d'une école. La voici : « Attritio « ex gehennæ metu sufficit, etiam sine ulla Dei dilec- « tione, et sine ullo ad Deum offensum respectu ; quia « talis honesta et supernaturalis est[2]. » C'est cette proposition que j'attaque et que je soutiens fausse, abominable, et plus contraire à la vraie religion que le luthéranisme ni le calvinisme. Cependant je ne crois pas qu'on puisse nier qu'on ne l'ait encore soutenue depuis peu, et qu'on ne l'ait même insérée dans quelques catéchismes[3] en des mots fort approchans des termes latins que je viens de rapporter.

A MES VERS

J'ai beau vous arrêter, ma remontrance est vaine ;
Allez, partez, mes Vers, dernier fruit de ma veine ;

---

[1] Cet alinéa fut substitué, en 1711, à l'alinéa suivant qui terminait la Préface des éditions séparées :

« Je croyois n'avoir plus rien à dire au lecteur ; mais, dans le temps même que cette préface étoit sous la presse, on m'a apporté une misérable épître en vers, que quelque impertinent a fait imprimer, et qu'on veut faire passer pour mon ouvrage sur l'*Amour de Dieu*. Je suis donc obligé d'ajouter cet article, afin d'avertir le public que je n'ai fait d'épître de l'*Amour de Dieu* que celle qu'on trouvera ici, l'autre étant une pièce fausse et incomplète, composée de quelques vers qu'on m'a dérobés, et de plusieurs qu'on m'a ridiculement prêtés, aussi bien que les notes téméraires qui y sont. »

[2] « L'attrition qui résulte de la crainte de l'enfer, suffit même sans aucun amour de Dieu, et sans aucun rapport à ce Dieu qu'on a offensé ; une telle attrition suffit, parce qu'elle est honnête et surnaturelle. » Traduction de M. Amar.

[3] Le catéchisme de Joli, entre autres.

C'est trop languir chez moi dans un obscur séjour :
La prison vous déplaît, vous cherchez le grand jour,
Et déjà chez Barbin, ambitieux libelles,
Vous brûlez d'étaler vos feuilles criminelles.
Vains et foibles enfans de ma vieillesse nés,
Vous croyez sur les pas de vos heureux aînés
Voir bientôt vos bons mots, passant du peuple aux princes,
Charmer également la ville et les provinces ;
Et, par le prompt effet d'un sel réjouissant,
Devenir quelquefois proverbes en naissant.
Mais perdez cette erreur dont l'appât vous amorce.
Le temps n'est plus, mes Vers, où ma muse en sa force,
Du Parnasse françois formant les nourrissons,
De si riches couleurs habilloit ses leçons :
Quand mon esprit, poussé d'un courroux légitime,
Vint devant la raison plaider contre la rime,
A tout le genre humain sut faire le procès,
Et s'attaqua soi-même avec tant de succès [1].
Alors il n'étoit point de lecteur si sauvage
Qui ne se déridât en lisant mon ouvrage,
Et qui, pour s'égayer, souvent dans ses discours,
D'un mot pris en mes vers n'empruntât le secours.
Mais aujourd'hui qu'enfin la vieillesse venue,
Sous mes faux cheveux blonds [2] déjà toute chenue,
A jeté sur ma tête, avec ses doigts pesans,
Onze lustres complets, surchargés de trois ans [3],
Cessez de présumer dans vos folles pensées,
Mes Vers, de voir en foule à vos rimes glacées
Courir, l'argent en main, les lecteurs empressés ;
Nos beaux jours sont finis, nos honneurs sont passés.
Dans peu vous allez voir vos froides rêveries
Du public exciter les justes moqueries ;
Et leur auteur, jadis à Régnier préféré [4],

---

[1] Vers 15 à 20. Allusions à l'Art poétique et aux satires II, VIII et IX.

[2] L'auteur avoit pris perruque. B.

[3] Cinquante-huit ans ; mais il avait réellement alors cinquante-neuf ans.

[4] Mathurin Régnier, né à Chartres, le 21 de décembre 1573, mort à Rouen le 22 d'octobre 1613.

ÉPITRE X.

A Pinchêne, à Linière, à Perrin comparé.
Vous aurez beau crier : « O vieillesse ennemie !
« N'a-t-il donc tant vécu que pour cette infamie [1] ? »
Vous n'entendrez partout qu'injurieux brocards
Et sur vous et sur lui fondre de toutes parts.
   Que veut-il? dira-t-on ; quelle fougue indiscrète
Ramène sur les rangs encor ce vain athlète?
Quels pitoyables vers ! quel style languissant !
Malheureux, laisse en paix ton cheval vieillissant,
De peur que tout à coup, efflanqué, sans haleine,
Il ne laisse en tombant son maître sur l'arène.
Ainsi s'expliqueront nos censeurs sourcilleux,
Et bientôt vous verrez mille auteurs pointilleux,
Pièce à pièce épluchant vos sons et vos paroles,
Interdire chez vous l'entrée aux hyperboles ;
Traiter tout noble mot de terme hasardeux,
Et dans tous vos discours, comme monstres hideux,
Huer la métaphore et la métonymie
(Grands mots que Pradon croit des termes de chimie);
Vous soutenir qu'un lit ne peut être effronté [2] ;
Que nommer la luxure est une impureté.
En vain contre ce flot d'aversion publique
Vous tiendrez quelque temps ferme sur la boutique ;
Vous irez à la fin, honteusement exclus,
Trouver au magasin Pyrame et Régulus [3],
Ou couvrir chez Thierry, d'une feuille encor neuve,
Les méditations de Buzée et d'Hayneuve [4],
Puis, en tristes lambeaux semés dans les marchés,
Souffrir tous les affronts au Jonas reprochés [5].
   Mais quoi! de ces discours bravant la vaine attaque,
Déjà, comme les vers de Cinna, d'Andromaque,
Vous croyez à grands pas chez la postérité

---

[1] Vers du Cid. B. — Acte I, sc. IV.
[2] Terme de la dixième satire. B.
[3] Pièces de théâtre de Pradon. B.
[4] Jean Buzée, de la Société de Jésus, mort le 30 de mai 1611, âgé de soixante-quatre ans. — Julien Hayneufve, de la Compagnie de Jésus, mort à Paris le 31 de janvier 1663.
[5] Poëme héroïque non vendu. B. — De Coras.

Courir, marqués au coin de l'immortalité!
Eh bien! contentez donc l'orgueil qui vous enivre;
Montrez-vous, j'y consens : mais du moins dans mon livre,
Commencez par vous joindre à mes premiers écrits.
C'est là qu'à la faveur de vos frères chéris,
Peut-être enfin soufferts comme enfans de ma plume,
Vous pourrez vous sauver, épars dans le volume.
Que si mêmes un jour le lecteur gracieux,
Amorcé par mon nom, sur vous tourne les yeux,
Pour m'en récompenser, mes Vers, avec usure,
De votre auteur alors faites-lui la peinture :
Et surtout, prenez soin d'effacer bien les traits
Dont tant de peintres faux ont flétri mes portraits.
Déposez hardiment qu'au fond cet homme horrible,
Ce censeur qu'ils ont peint si noir et si terrible,
Fut un esprit doux, simple, ami de l'équité,
Qui, cherchant dans ses vers la seule vérité,
Fit, sans être malin, ses plus grandes malices:
Et qu'enfin sa candeur seule a fait tous ses vices.
Dites que, harcelé par les plus vils rimeurs,
Jamais, blessant leurs vers, il n'effleura leurs mœurs:
Libre dans ses discours, mais pourtant toujours sage,
Assez foible de corps, assez doux de visage,
Ni petit, ni trop grand, très-peu voluptueux,
Ami de la vertu plutôt que vertueux.

Que si quelqu'un, mes Vers, alors vous importune
Pour savoir mes parens, ma vie et ma fortune,
Contez-lui qu'allié d'assez hauts magistrats,
Fils d'un père greffier, né d'aïeux avocats [1],
Dès le berceau perdant une fort jeune mère [2],
Réduit seize ans après à pleurer mon vieux père [3],
J'allai d'un pas hardi, par moi-même guidé,
Et de mon seul génie en marchant secondé,

---

[1] Son père était Giles Boileau, greffier de la grand'chambre du parlement de Paris. né à Crosnes (Seine-et-Oise), le 28 de juin 1584, mort à Paris le 2 de février 1657.

[2] Sa mère, Anne de Nielle, mourut en 1637, âgée de vingt-trois ans, alors que Boileau n'avait encore que onze mois.

[3] Son père mourut vingt ans après sa mère.

ÉPITRE X.

Studieux amateur et de Perse et d'Horace,
Assez près de Régnier m'asseoir sur le Parnasse :
Que, par un coup du sort au grand jour amené,
Et des bords du Permesse à la cour entraîné,
Je sus, prenant l'essor par des routes nouvelles,
Élever assez haut mes poétiques ailes ;
Que ce roi dont le nom fait trembler tant de rois
Voulut bien que ma main crayonnât ses exploits [1] ;
Que plus d'un grand m'aima jusques à la tendresse ;
Que ma vue à Colbert inspiroit l'allégresse ;
Qu'aujourd'hui même encor, de deux sens affoibli [2],
Retiré de la cour [3], et non mis en oubli,
Plus d'un héros, épris des fruits de mon étude,
Vient quelquefois chez moi goûter la solitude [4].

Mais des heureux regards de mon astre étonnant
Marquez bien cet effet encor plus surprenant,
Qui dans mon souvenir aura toujours sa place :
Que de tant d'écrivains de l'école d'Ignace
Étant, comme je suis, ami si déclaré,
Ce docteur toutefois si craint, si révéré,
Qui contre eux de sa plume épuisa l'énergie,
Arnauld, le grand Arnauld, fit mon apologie.
Sur mon tombeau futur, mes Vers, pour l'énoncer,
Courez en lettres d'or de ce pas vous placer :
Allez, jusqu'où l'Aurore en naissant voit l'Hydaspe [5],
Chercher, pour l'y graver, le plus précieux jaspe :
Surtout à mes rivaux sachez bien l'étaler.

Mais je vous retiens trop. C'est assez vous parler.
Déjà, plein du beau feu qui pour vous le transporte,
Barbin impatient chez moi frappe à la porte :
Il vient pour vous chercher. C'est lui : j'entends sa voix.
Adieu, mes Vers, adieu, pour la dernière fois.

---

[1] Racine et Boileau furent nommés historiographes au mois d'octobre 1677.
[2] La vue et l'ouïe.
[3] Il n'y alloit plus depuis l'année 1692.
[4] A Auteuil. B.
[5] Fleuve des Indes. B.

ÉPITRE XI[1]

A MON JARDINIER[2].

Laborieux valet du plus commode maître
Qui pour te rendre heureux ici-bas pouvoit naître,
Antoine, gouverneur de mon jardin d'Auteuil,
Qui diriges chez moi l'if et le chèvrefeuil,
Et sur mes espaliers, industrieux génie,
Sais si bien exercer l'art de La Quintinie[3];
Oh! que de mon esprit triste et mal ordonné,
Ainsi que de ce champ par toi si bien orné,
Ne puis-je faire ôter les ronces, les épines,
Et des défauts sans nombre arracher les racines!

Mais parle : raisonnons. Quand, du matin au soir,
Chez moi poussant la bêche, ou portant l'arrosoir,
Tu fais d'un sable aride une terre fertile,
Et rends tout mon jardin à tes lois si docile;
Que dis-tu de m'y voir rêveur, capricieux,
Tantôt baissant le front, tantôt levant les yeux,
De paroles dans l'air par élans envolées,
Effrayer les oiseaux perchés dans mes allées?
Ne soupçonnes-tu point qu'agité du démon,
Ainsi que ce cousin[4] des quatre fils Aimon,
Dont tu lis quelquefois la merveilleuse histoire,
Je rumine en marchant quelque endroit du grimoire?
Mais non : tu te souviens qu'au village on t'a dit
Que ton maître est nommé pour coucher par écrit
Les faits d'un roi plus grand en sagesse, en vaillance,
Que Charlemagne aidé des douze pairs de France.
Tu crois qu'il y travaille, et qu'au long de ce mur

---

[1] Composée en 1696. — Horace, l. I, épître xiv, s'adresse à son fermier, mais Boileau n'a pas suivi le même ordre d'idées.
[2] Antoine Riquet ou Riquié.
[3] Célèbre directeur des jardins du roi. B. — Jean de La Quintinie, né à Chabanais (Charente) en 1626, mort à Versailles en 1688.
[4] Maugis. B.

ÉPITRE XI.

Peut-être en ce moment il prend Mons et Namur.
 Que penserois-tu donc, si l'on t'alloit apprendre
Que ce grand chroniqueur des gestes d'Alexandre,
Aujourd'hui méditant un projet tout nouveau,
S'agite, se démène, et s'use le cerveau,
Pour te faire à toi-même en rimes insensées
Un bizarre portrait de ses folles pensées?
Mon maître, dirois-tu, passe pour un docteur,
Et parle quelquefois mieux qu'un prédicateur.
Sous ces arbres pourtant, de si vaines sornettes
Il n'iroit point troubler la paix de ces fauvettes,
S'il lui falloit toujours, comme moi, s'exercer,
Labourer, couper, tondre, aplanir, palisser,
Et, dans l'eau de ces puits sans relâche tirée,
De ce sable étancher la soif démesurée.
 Antoine, de nous deux, tu crois donc, je le voi,
Que le plus occupé dans ce jardin c'est toi?
Oh! que tu changerois d'avis et de langage,
Si deux jours seulement, libre du jardinage,
Tout à coup devenu poëte et bel esprit,
Tu t'allois engager à polir un écrit
Qui dît, sans s'avilir, les plus petites choses;
Fît des plus secs chardons des œillets et des roses;
Et sût même aux discours de la rusticité
Donner de l'élégance et de la dignité;
Un ouvrage, en un mot, qui, juste en tous ses termes,
Sût plaire à Daguesseau [1], sût satisfaire Termes [2],
Sût, dis-je, contenter, en paroissant au jour,
Ce qu'ont d'esprits plus fins et la ville et la cour!
Bientôt de ce travail revenu sec et pâle,
Et le teint plus jauni que de vingt ans de hâle,
Tu dirois, reprenant ta pelle et ton râteau :
J'aime mieux mettre encor cent arpens au niveau,
Que d'aller follement, égaré dans les nues,

---

[1] Alors avocat général et maintenant procureur général. B. — Il fut nommé chancelier par le régent en 1717.

[2] Roger de Pardaillan de Gondrin, marquis de Termes, mort au mois de mars 1704.

Me lasser à chercher des visions cornues ;
Et, pour lier des mots si mal s'entr'accordans,
Prendre dans ce jardin la lune avec les dents.

    Approche donc, et viens : qu'un paresseux t'apprenne,
Antoine, ce que c'est que fatigue et que peine.
L'homme ici-bas, toujours inquiet et gêné,
Est, dans le repos même, au travail condamné.
La fatigue l'y suit. C'est en vain qu'aux poëtes
Les neuf trompeuses sœurs dans leurs douces retraites
Promettent du repos sous leurs ombrages frais :
Dans ces tranquilles bois pour eux plantés exprès,
La cadence aussitôt, la rime, la césure,
La riche expression, la nombreuse mesure,
Sorcières dont l'amour sait d'abord les charmer,
De fatigues sans fin viennent les consumer.
Sans cesse poursuivant ces fugitives fées [1],
On voit sous les lauriers haleter les Orphées.
Leur esprit toutefois se plaît dans son tourment,
Et se fait de sa peine un noble amusement.
Mais je ne trouve point de fatigue si rude
Que l'ennuyeux loisir d'un mortel sans étude,
Qui, jamais ne sortant de sa stupidité,
Soutient, dans les langueurs de son oisiveté,
D'une lâche indolence esclave volontaire,
Le pénible fardeau de n'avoir rien à faire.
Vainement offusqué de ses pensers épais,
Loin du trouble et du bruit il croit trouver la paix :
Dans le calme odieux de sa sombre paresse,
Tous les honteux plaisirs, enfans de la mollesse,
Usurpant sur son ame un absolu pouvoir,
De monstrueux désirs le viennent émouvoir,
Irritent de ses sens la fureur endormie,
Et le font le jouet de leur triste infamie.
Puis sur leurs pas soudain arrivent les remords,
Et bientôt avec eux tous les fléaux du corps,
La pierre, la colique et les gouttes cruelles ;

---

[1] Les muses. B.

Guénaud, Rainssant, Brayer [1], presque aussi tristes qu'elles,
Chez l'indigne mortel courent tous s'assembler,
De travaux douloureux le viennent accabler;
Sur le duvet d'un lit, théâtre de ses gênes,
Lui font scier des rocs, lui font fendre des chênes,
Et le mettent au point d'envier ton emploi.
Reconnois donc, Antoine, et conclus avec moi,
Que la pauvreté mâle, active et vigilante,
Est, parmi les travaux, moins lasse et plus contente
Que la richesse oisive au sein des voluptés.
  Je te vais sur cela prouver deux vérités :
L'une, que le travail, aux hommes nécessaire,
Fait leur félicité plutôt que leur misère ;
Et l'autre, qu'il n'est point de coupable en repos.
C'est ce qu'il faut ici montrer en peu de mots.
Suis-moi donc. Mais je vois, sur ce début de prône,
Que ta bouche déjà s'ouvre large d'une aune,
Et que, les yeux fermés, tu baisses le menton.
Ma foi, le plus sûr est de finir ce sermon.
Aussi bien j'aperçois ces melons qui t'attendent,
Et ces fleurs qui là-bas entre elles se demandent,
S'il est fête au village, et pour quel saint nouveau,
On les laisse aujourd'hui si longtemps manquer d'eau.

ÉPITRE XII [2]

SUR L'AMOUR DE DIEU

A MONSIEUR L'ABBÉ RENAUDOT [3]

Docte abbé, tu dis vrai, l'homme, au crime attaché,

---

[1] Fameux médecins. B.— Pierre Rainssant, de Reims, médecin, antiquaire et garde des médailles de Sa Majesté, se noya dans la pièce d'eau des Suisses, à Versailles, le 7 de juin 1689. — Nicolas Brayer, né à Château-Thierry en 1604, mourut à Paris en 1676.

[2] Composée dans le carême de 1695.

[3] Eusèbe Renaudot, de l'Académie française et de l'Académie des

En vain, sans aimer Dieu, croit sortir du péché.
Toutefois, n'en déplaise aux transports frénétiques
Du fougueux moine[1] auteur des troubles germaniques,
Des tourmens de l'enfer la salutaire peur
N'est pas toujours l'effet d'une noire vapeur,
Qui, de remords sans fruit agitant le coupable,
Aux yeux de Dieu le rende encor plus haïssable.
Cette utile frayeur, propre à nous pénétrer,
Vient souvent de la grace en nous prête d'entrer,
Qui veut dans notre cœur se rendre la plus forte,
Et, pour se faire ouvrir, déjà frappe à la porte.

   Si le pécheur, poussé de ce saint mouvement,
Reconnoissant son crime, aspire au sacrement,
Souvent Dieu tout à coup d'un vrai zèle l'enflamme;
Le Saint-Esprit revient habiter dans son ame,
Y convertit enfin les ténèbres en jour,
Et la crainte servile en filial amour.
C'est ainsi que souvent la sagesse suprême
Pour chasser le démon se sert du démon même.

   Mais lorsqu'en sa malice un pécheur obstiné,
Des horreurs de l'enfer vainement étonné,
Loin d'aimer, humble fils, son véritable père,
Craint et regarde Dieu comme un tyran sévère,
Au bien qu'il nous promet ne trouve aucun appas,
Et souhaite en son cœur que ce Dieu ne soit pas :
En vain, la peur sur lui remportant la victoire,
Aux pieds d'un prêtre il court décharger sa mémoire :
Vil esclave toujours sous le joug du péché,
Au démon qu'il redoute il demeure attaché.
L'amour, essentiel à notre pénitence,
Doit être l'heureux fruit de notre repentance.
Non, quoi que l'ignorance enseigne sur ce point,
Dieu ne fait jamais grace à qui ne l'aime point.
A le chercher la peur nous dispose et nous aide;
Mais il ne vient jamais que l'amour ne succède.

inscriptions, orientaliste et théologien, né à Paris le 10 de juillet 1646, mort le 1ᵉʳ de septembre 1720.

[1] Luther. B.

ÉPITRE XII.

Cessez de m'opposer vos discours imposteurs,
Confesseurs insensés, ignorans séducteurs,
Qui, pleins des vains propos que l'erreur vous débite,
Vous figurez qu'en vous un pouvoir sans limite
Justifie à coup sûr tout pécheur alarmé,
Et que sans aimer Dieu l'on peut en être aimé.
  Quoi donc! cher Renaudot, un chrétien effroyable,
Qui jamais, servant Dieu, n'eut d'objet que le diable,
Pourra, marchant toujours dans des sentiers maudits,
Par des formalités gagner le paradis!
Et parmi les élus, dans la gloire éternelle,
Pour quelques sacremens reçus sans aucun zèle,
Dieu fera voir aux yeux des saints épouvantés
Son ennemi mortel assis à ses côtés!
Peut-on se figurer de si folles chimères?
On voit pourtant, on voit des docteurs même austères
Qui, les semant partout, s'en vont pieusement
De toute piété saper le fondement;
Qui, le cœur infecté d'erreurs si criminelles,
Se disent hautement les purs, les vrais fidèles;
Traitant d'abord d'impie et d'hérétique affreux
Quiconque ose pour Dieu se déclarer contre eux.
De leur audace en vain les vrais chrétiens gémissent :
Prêts à la repousser, les plus hardis mollissent.
Et, voyant contre Dieu le diable accrédité,
N'osent qu'en bégayant prêcher la vérité.
Mollirons-nous aussi? Non; sans peur, sur ta trace,
Docte abbé, de ce pas j'irai leur dire en face :
Ouvrez les yeux enfin, aveugles dangereux.
Oui, je vous le soutiens, il seroit moins affreux
De ne point reconnoître un Dieu maître du monde,
Et qui règle à son gré le ciel, la terre et l'onde,
Qu'en avouant qu'il est, et qu'il sut tout former,
D'oser dire qu'on peut lui plaire sans l'aimer.
Un si bas, si honteux, si faux christianisme
Ne vaut pas des Platons l'éclairé paganisme;
Et chérir les vrais biens, sans en savoir l'auteur,
Vaut mieux que, sans l'aimer, connoître un créateur

Expliquons-nous pourtant. Par cette ardeur si sainte,
Que je veux qu'en un cœur amène enfin la crainte,
Je n'entends pas ici ce doux saisissement,
Ces transports pleins de joie et de ravissement,
Qui font des bienheureux la juste récompense,
Et qu'un cœur rarement goûte ici par avance.
Dans nous l'amour de Dieu, fécond en saints désirs,
N'y produit pas toujours de sensibles plaisirs.
Souvent le cœur qui l'a ne le sait pas lui-même :
Tel craint de n'aimer pas, qui sincèrement aime;
Et tel croit au contraire être brûlant d'ardeur,
Qui n'eut jamais pour Dieu que glace et que froideur.
C'est ainsi quelquefois qu'un indolent mystique[1],
Au milieu des péchés tranquille fanatique,
Du plus parfait amour pense avoir l'heureux don,
Et croit posséder Dieu, dans les bras du démon.
 Voulez-vous donc savoir si la foi dans votre ame
Allume les ardeurs d'une sincère flamme?
Consultez-vous vous-même. A ces règles soumis,
Pardonnez-vous sans peine à tous vos ennemis?
Combattez-vous vos sens? domptez-vous vos foiblesses?
Dieu dans le pauvre est-il l'objet de vos largesses?
Enfin dans tous ses points pratiquez-vous sa loi?
Oui, dites-vous. Allez, vous l'aimez, croyez-moi.
« Qui fait exactement ce que ma loi commande,
« A pour moi, » dit ce Dieu, « l'amour que je demande. »
Faites-le donc; et, sûr qu'il nous veut sauver tous,
Ne vous alarmez point pour quelques vains dégoûts
Qu'en sa ferveur souvent la plus sainte ame éprouve
« Marchez, courez à lui : qui le cherche le trouve; »
Et plus de votre cœur il paroît s'écarter,
Plus par vos actions songez à l'arrêter.
Mais ne soutenez point cet horrible blasphème,
Qu'un sacrement reçu, qu'un prêtre, que Dieu même,
Quoi que vos faux docteurs osent vous avancer,
De l'amour qu'on lui doit puisse vous dispenser.

---

[1] Quiétistes dont les erreurs ont été condamnées par les papes Innocent XI et Innocent XII. B.

ÉPITRE XII.

Mais, s'il faut qu'avant tout, dans une ame chrétienne,
Diront ces grands docteurs, l'amour de Dieu survienne,
Puisque ce seul amour suffit pour nous sauver,
De quoi le sacrement viendra-t-il nous laver ?
Sa vertu n'est donc plus qu'une vertu frivole.
Oh ! le bel argument digne de leur école !
Quoi ! dans l'amour divin en nos cœurs allumé,
Le vœu du sacrement n'est-il pas renfermé ?
Un païen converti, qui croit un Dieu suprême,
Peut-il être chrétien qu'il n'aspire au baptême,
Ni le chrétien en pleurs être vraiment touché
Qu'il ne veuille à l'église avouer son péché ?
Du funeste esclavage où le démon nous traîne,
C'est le sacrement seul qui peut rompre la chaîne :
Aussi l'amour d'abord y court avidement;
Mais lui-même il en est l'ame et le fondement.
Lorsqu'un pécheur, ému d'une humble repentance,
Par les degrés prescrits court à la pénitence,
S'il n'y peut parvenir, Dieu sait les supposer.
Le seul amour manquant ne peut point s'excuser :
C'est par lui que dans nous la grace fructifie;
C'est lui qui nous ranime et qui nous vivifie ;
Pour nous rejoindre à Dieu lui seul est le lien;
Et sans lui, foi, vertus, sacremens, tout n'est rien.
 A ces discours pressans que sauroit-on répondre ?
Mais approchez ; je veux encor mieux vous confondre,
Docteurs. Dites-moi donc : quand nous sommes absous,
Le Saint-Esprit est-il ou n'est-il pas en nous ?
S'il est en nous, peut-il, n'étant qu'amour lui-même,
Ne nous échauffer point de son amour suprême ?
Et s'il n'est pas en nous, Satan toujours vainqueur
Ne demeure-t-il pas maître de notre cœur?
Avouez donc qu'il faut qu'en nous l'amour renaisse :
Et n'allez point, pour fuir la raison qui vous presse,
Donner le nom d'amour au trouble inanimé
Qu'au cœur d'un criminel la peur seule a formé.
L'ardeur qui justifie, et que Dieu nous envoie,
Quoique ici-bas souvent inquiète et sans joie,

Est pourtant cette ardeur, ce même feu d'amour,
Dont brûle un bienheureux en l'éternel séjour.
Dans le fatal instant qui borne notre vie,
Il faut que de ce feu notre ame soit remplie ;
Et Dieu, sourd à nos cris, s'il ne l'y trouve pas,
Ne l'y rallume plus après notre trépas.
Rendez-vous donc enfin à ces clairs syllogismes ;
Et ne prétendez plus, par vos confus sophismes,
Pouvoir encore aux yeux du fidèle éclairé
Cacher l'amour de Dieu dans l'école égaré.
Apprenez que la gloire où le ciel nous appelle
Un jour des vrais enfans doit couronner le zèle,
Et non les froids remords d'un esclave craintif,
Où crut voir Abély[1] quelque amour négatif.
 Mais quoi ! j'entends déjà plus d'un fier scolastique
Qui, me voyant ici sur ce ton dogmatique,
En vers audacieux traiter ces points sacrés,
Curieux, me demande où j'ai pris mes degrés ;
Et si, pour m'éclairer sur ces sombres matières,
Deux cents auteurs extraits m'ont prêté leurs lumières.
Non. Mais pour décider que l'homme, qu'un chrétien
Est obligé d'aimer l'unique auteur du bien,
Le Dieu qui le nourrit, le Dieu qui le fit naître,
Qui nous vint par sa mort donner un second être,
Faut-il avoir reçu le bonnet doctoral,
Avoir extrait Gamache, Isambert et Du Val[2] ?
Dieu, dans son livre saint, sans chercher d'autre ouvrage,
Ne l'a-t-il pas écrit lui-même à chaque page ?
De vains docteurs encore, ô prodige honteux !
Oseront nous en faire un problème douteux !

---

[1] Misérable défenseur de la fausse attrition. Auteur de la *Mouëlle théologique*, qui soutient la fausse attrition par les raisons réfutées dans cette épître. B. — Louis Abelly, né en 1603, dans le Vexin français, mort le 4 d'octobre 1691.

[2] Philippe de Gamaches, docteur et professeur de Sorbonne, né en 1568, mort le 21 de juillet 1625. — Nicolas Isambert, célèbre docteur et professeur de Sorbonne, mort en 1642, âgé de soixante-dix-sept ans. — André Duval, docteur et premier professeur de théologie en Sorbonne, doyen de la Faculté de théologie, né à Pontoise en 1664, mort à Paris le 9 de septembre 1638.

Viendront traiter d'erreur digne de l'anathème
L'indispensable loi d'aimer Dieu pour lui-même,
Et, par un dogme faux dans nos jours enfanté,
Des devoirs du chrétien rayer la charité!
   Si j'allois consulter chez eux le moins sévère,
Et lui disois : Un fils doit-il aimer son père?
Ah! peut-on en douter? diroit-il brusquement.
Et, quand je leur demande en ce même moment.
L'homme, ouvrage d'un Dieu seul bon et seul aimable,
Doit-il aimer ce Dieu, son père véritable?
Le plus rigide auteur [1] n'ose le décider,
Et craint, en l'affirmant, de se trop hasarder!
   Je ne m'en puis défendre; il faut que je t'écrive
La figure bizarre, et pourtant assez vive,
Que je sus l'autre jour employer dans son lieu,
Et qui déconcerta ces ennemis de Dieu.
Au sujet d'un écrit qu'on nous venoit de lire,
Un d'entre eux [2] m'insulta sur ce que j'osai dire
Qu'il faut, pour être absous d'un crime confessé,
Avoir pour Dieu du moins un amour commencé.
Ce dogme, me dit-il, est un pur calvinisme,
O ciel! me voilà donc dans l'erreur, dans le schisme,
Et partant réprouvé! Mais, poursuivis-je alors,
Quand Dieu viendra juger les vivans et les morts,
Et des humbles agneaux, objet de sa tendresse,
Séparera des boucs la troupe pécheresse,
A tous il nous dira, sévère ou gracieux,
Ce qui nous fit impurs ou justes à ses yeux.
Selon vous donc, à moi réprouvé, bouc infâme,
Va brûler, dira-t-il, en l'éternelle flamme,
Malheureux qui soutins que l'homme dut m'aimer,
Et qui, sur ce sujet trop prompt à déclamer,
Prétendis qu'il falloit, pour fléchir ma justice,
Que le pécheur, touché de l'horreur de son vice,

---

[1] Brossette dit qu'il est ici question de Jean Burlugay, docteur en théologie de la faculté de Paris, mort le 17 de janvier 1702.

[2] Ce théologien était le P. Cheminais, jésuite, prédicateur distingué, né à Paris le 5 de janvier 1652, mort le 15 de septembre 1689.

De quelque ardeur pour moi sentît les mouvemens,
Et gardât le premier de mes commandemens !
Dieu, si je vous en crois, me tiendra ce langage :
Mais à vous, tendre agneau, son plus cher héritage,
Orthodoxe ennemi d'un dogme si blâmé,
Venez, vous dira-t-il, venez, mon bien-aimé :
Vous qui, dans les détours de vos raisons subtiles,
Embarrassant les mots d'un des plus saints conciles [1],
Avez délivré l'homme, ô l'utile docteur !
De l'importun fardeau d'aimer son créateur ;
Entrez au ciel ; venez, comblé de mes louanges,
Du besoin d'aimer Dieu désabuser les anges.
A de tels mots, si Dieu pouvoit les prononcer,
Pour moi je répondrois, je crois, sans l'offenser :
Oh ! que pour vous mon cœur moins dur et moins farouche,
Seigneur, n'a-t-il, hélas ! parlé comme ma bouche !
Ce seroit ma réponse à ce Dieu fulminant.
Mais vous, de ces douceurs objet fort surprenant,
Je ne sais pas comment, ferme en votre doctrine,
Des ironiques mots de sa bouche divine
Vous pourriez, sans rougeur et sans confusion,
Soutenir l'amertume et la dérision.

L'audace du docteur, par ce discours frappée,
Demeura sans réplique à ma prosopopée.
Il sortit tout à coup, et murmurant tout bas
Quelques termes d'aigreur que je n'entendis pas,
S'en alla chez Binsfeld, ou chez Basile Ponce [2],
Sur l'heure à mes raisons chercher une réponse.

---

[1] Le concile de Trente. B.

[2] Deux défenseurs de la fausse attrition. Le premier étoit chanoine de Trèves, et l'autre étoit de l'ordre de Saint-Augustin. B. — Pierre **Binsfeld**, théologien flamand, mourut de la peste le 24 de novembre 1598. — Basile Pons de Léon, professeur de théologie à l'université d'Alcala, mourut à Salamanque en 1629.

L'ART POÉTIQUE[1]

CHANT I

C'est en vain qu'au Parnasse un téméraire auteur
Pense de l'art des vers atteindre la hauteur :
S'il ne sent point du ciel l'influence secrète,
Si son astre en naissant ne l'a formé poëte,
Dans son génie étroit il est toujours captif :
Pour lui Phébus est sourd, et Pégase est rétif.
O vous donc qui, brûlant d'une ardeur périlleuse,
Courez du bel esprit la carrière épineuse,
N'allez pas sur des vers sans fruit vous consumer,
Ni prendre pour génie un amour de rimer :
Craignez d'un vain plaisir les trompeuses amorces,
Et consultez longtemps votre esprit et vos forces.
  La nature, fertile en esprits excellens,
Sait entre les auteurs partager les talens :
L'un peut tracer en vers une amoureuse flamme ;
L'autre d'un trait plaisant aiguiser l'épigramme :
Malherbe d'un héros peut vanter les exploits ;
Racan, chanter Philis, les bergers et les bois :
Mais souvent un esprit qui se flatte et qui s'aime
Méconnoît son génie, et s'ignore soi-même.

---

[1] *L'Art poétique* fut composé de 1669 à 1674.

Ainsi tel[1] autrefois qu'on vit avec Faret[2]
Charbonner de ses vers les murs d'un cabaret,
S'en va, mal à propos, d'une voix insolente,
Chanter du peuple hébreu la fuite triomphante,
Et, poursuivant Moïse au travers des déserts,
Court avec Pharaon se noyer dans les mers.

   Quelque sujet qu'on traite, ou plaisant, ou sublime,
Que toujours le bon sens s'accorde avec la rime :
L'un l'autre vainement ils semblent se haïr ;
La rime est une esclave, et ne doit qu'obéir.
Lorsqu'à la bien chercher d'abord on s'évertue,
L'esprit à la trouver aisément s'habitue ;
Au joug de la raison sans peine elle fléchit,
Et, loin de la gêner, la sert et l'enrichit.
Mais lorsqu'on la néglige, elle devient rebelle,
Et pour la rattraper le sens court après elle.
Aimez donc la raison : que toujours vos écrits
Empruntent d'elle seule et leur lustre et leur prix.

   La plupart, emportés d'une fougue insensée,
Toujours loin du droit sens vont chercher leur pensée :
Ils croiroient s'abaisser, dans leurs vers monstrueux,
S'ils pensoient ce qu'un autre a pu penser comme eux.
Évitons ces excès : laissons à l'Italie
De tous ces faux brillans l'éclatante folie.
Tout doit tendre au bon sens : mais, pour y parvenir,
Le chemin est glissant et pénible à tenir ;
Pour peu qu'on s'en écarte, aussitôt l'on se noie.
La raison pour marcher n'a souvent qu'une voie.

   Un auteur quelquefois trop plein de son objet
Jamais sans l'épuiser n'abandonne un sujet.
S'il rencontre un palais, il m'en dépeint la face ;
Il me promène après de terrasse en terrasse ;
Ici s'offre un perron ; là règne un corridor,
Là ce balcon s'enferme en un balustre d'or.

---

[1] Saint-Amant, auteur de *Moïse sauvé*. B.
[2] Faret, auteur du livre intitulé *l'Honnête homme*, et ami de Saint-Amant. B. — Nicolas Faret, de Bresse, un des premiers de l'Académie française en 1633, mourut le 21 de novembre 1646, âgé de cinquante ans.

Il compte des plafonds les ronds et les ovales ;
« Ce ne sont que festons, ce ne sont qu'astragales [1]. »
Je saute vingt feuillets pour en trouver la fin,
Et je me sauve à peine au travers du jardin.
Fuyez de ces auteurs l'abondance stérile,
Et ne vous chargez point d'un détail inutile.
Tout ce qu'on dit de trop est fade et rebutant ;
L'esprit rassasié le rejette à l'instant.
Qui ne sait se borner ne sut jamais écrire.

Souvent la peur d'un mal nous conduit dans un pire.
Un vers étoit trop foible, et vous le rendez dur ;
J'évite d'être long, et je deviens obscur ;
L'un n'est point trop fardé, mais sa muse est trop nue ;
L'autre a peur de ramper, il se perd dans la nue.

Voulez-vous du public mériter les amours,
Sans cesse en écrivant variez vos discours.
Un style trop égal et toujours uniforme
En vain brille à nos yeux, il faut qu'il nous endorme.
On lit peu ces auteurs, nés pour nous ennuyer,
Qui toujours sur un ton semblent psalmodier.

Heureux qui, dans ses vers, sait d'une voix légère
Passer du grave au doux, du plaisant au sévère !
Son livre, aimé du ciel, et chéri des lecteurs,
Est souvent chez Barbin entouré d'acheteurs.

Quoi que vous écriviez, évitez la bassesse ;
Le style le moins noble a pourtant sa noblesse.
Au mépris du bon sens, le burlesque effronté [2]
Trompa les yeux d'abord, plut par sa nouveauté :
On ne vit plus en vers que pointes triviales ;
Le Parnasse parla le langage des halles ;
La licence à rimer alors n'eut plus de frein ;
Apollon travesti devint un Tabarin [3].

[1] Vers de Scudéri. B. — On lit dans *Alaric*, l. III :
    Ce ne sont que festons, ce ne sont que couronnes.
[2] Le style burlesque fut extrêmement en vogue depuis le commencement du dernier siècle jusque vers l'an 1660 qu'il tomba. B.
[3] On ignore le lieu et la date de la naissance de Tabarin ; il paraît cependant à peu près certain qu'il était d'origine italienne, que Taba-

Cette contagion infecta les provinces,
Du clerc et du bourgois passa jusques aux princes :
Le plus mauvais plaisant eut ses approbateurs;
Et, jusqu'à d'Assoucy [1], tout trouva des lecteurs.
Mais de ce style enfin la cour désabusée
Dédaigna de ces vers l'extravagance aisée,
Distingua le naïf du plat et du bouffon,
Et laissa la province admirer le Typhon [2]..
Que ce style jamais ne souille votre ouvrage.
Imitons de Marot l'élégant badinage,
Et laissons le burlesque aux plaisans du pont Neuf [3].

 Mais n'allez point aussi, sur les pas de Brébeuf,
Même en une Pharsale, entasser sur les rives,
« De morts et de mourans cent montagnes plaintives. »
Prenez mieux votre ton. Soyez simple avec art,
Sublime sans orgueil, agréable sans fard.

 N'offrez rien au lecteur que ce qui peut lui plaire.
Ayez pour la cadence une oreille sévère :
Que toujours dans vos vers le sens coupant les mots,
Suspende l'hémistiche, en marque le repos.
Gardez qu'une voyelle à courir trop hâtée
Ne soit d'une voyelle en son chemin heurtée.
Il est un heureux choix de mots harmonieux.
Fuyez des mauvais sons le concours odieux :
Le vers le mieux rempli, la plus noble pensée
Ne peut plaire à l'esprit quand l'oreille est blessée.

 Durant les premiers ans du Parnasse françois
Le caprice tout seul faisoit toutes les lois.
La rime, au bout des mots assemblés sans mesure,
Tenoit lieu d'ornemens, de nombre et de césure.
Villon sut le premier, dans ces siècles grossiers,

---

rin n'était qu'un nom de tréteaux, et qu'il est mort de mort violente dans une terre qu'il avait acquise aux environs de Paris.

[1] Pitoyable auteur qui a composé l'*Ovide en belle humeur*. B. — Charles Coypeau, sieur de Dassoucy, né à Paris en 1604, mort vers 1679.

[2] *Typhon*, ou la *Gigantomachie*, poëme de Scarron, publié en 1644.

[3] Les vendeurs de mithridate et les joueurs de marionnettes se mettent depuis longtemps sur le pont Neuf. B.

Débrouiller l'art confus de nos vieux romanciers [1].
Marot bientôt après fit fleurir les ballades,
Tourna des triolets, rima des mascarades,
A des refrains réglés asservit les rondeaux,
Et montra pour rimer des chemins tout nouveaux.
Ronsard, qui le suivit par une autre méthode,
Réglant tout, brouilla tout, fit un art à sa mode,
Et toutefois longtemps eut un heureux destin.
Mais sa muse, en françois parlant grec et latin,
Vit dans l'âge suivant, par un retour grotesque,
Tomber de ses grands mots le faste pédantesque.
Ce poëte orgueilleux, trébuché de si haut,
Rendit plus retenus Desportes et Bertaut [2].
Enfin Malherbe vint, et, le premier en France,
Fit sentir dans les vers une juste cadence,
D'un mot mis en sa place enseigna le pouvoir,
Et réduisit la muse aux règles du devoir.
Par ce sage écrivain la langue réparée
N'offrit plus rien de rude à l'oreille épurée.
Les stances avec grâce apprirent à tomber,
Et le vers sur le vers n'osa plus enjamber.
Tout reconnut ses lois; et ce guide fidèle
Aux auteurs de ce temps sert encor de modèle.
Marchez donc sur ses pas; aimez sa pureté,
Et de son tour heureux imitez la clarté.
Si le sens de vos vers tarde à se faire entendre,
Mon esprit aussitôt commence à se détendre;
Et, de vos vains discours prompt à se détacher,
Ne suit point un auteur qu'il faut toujours chercher.

Il est certains esprits dont les sombres pensées
Sont d'un nuage épais toujours embarrassées;
Le jour de la raison ne le sauroit percer.

---

[1] La plupart de nos anciens romans françois sont en vers confus et sans ordre, comme le roman de la *Rose* et plusieurs autres. B. — Il n'est heureusement plus nécessaire de faire ressortir tout ce qu'il y a d'erroné dans cette assertion.

[2] Philippe Desportes, oncle de Régnier, poëte favori de Henri III; né à Chartres en 1545, mort le 5 d'octobre 1606. — Jean Bertaut, évêque de Séez, né à Caen en 1570, mort à Séez le 8 de juin 1611.

Avant donc que d'écrire apprenez à penser.
Selon que notre idée est plus ou moins obscure,
L'expression la suit, ou moins nette, ou plus pure.
Ce que l'on conçoit bien s'énonce clairement,
Et les mots pour le dire arrivent aisément.
 Surtout, qu'en vos écrits la langue révérée
Dans vos plus grands excès vous soit toujours sacrée.
En vain vous me frappez d'un son mélodieux,
Si le terme est impropre, ou le tour vicieux,
Mon esprit n'admet point un pompeux barbarisme,
Ni d'un vers ampoulé l'orgueilleux solécisme.
Sans la langue, en un mot, l'auteur le plus divin,
Est toujours, quoi qu'il fasse, un méchant écrivain.
 Travaillez à loisir, quelque ordre qui vous presse,
Et ne vous piquez point d'une folle vitesse [1];
Un style si rapide, et qui court en rimant,
Marque moins trop d'esprit, que peu de jugement.
J'aime mieux un ruisseau qui sur la molle arène
Dans un pré plein de fleurs lentement se promène,
Qu'un torrent débordé qui, d'un cours orageux,
Roule, plein de gravier, sur un terrain fangeux.
Hâtez-vous lentement ; et, sans perdre courage,
Vingt fois sur le métier remettez votre ouvrage :
Polissez-le sans cesse et le repolissez ;
Ajoutez quelquefois, et souvent effacez.
 C'est peu qu'en un ouvrage où les fautes fourmillent,
Des traits d'esprit semés de temps en temps petillent.
Il faut que chaque chose y soit mise en son lieu ;
Que le début, la fin répondent au milieu ;
Que d'un art délicat les pièces assorties
N'y forment qu'un seul tout de diverses parties ;
Que jamais du sujet le discours s'écartant
N'aille chercher trop loin quelque mot éclatant.
 Craignez-vous pour vos vers la censure publique?
Soyez-vous à vous-même un sévère critique.

---

[1] Scudéri disoit toujours, pour s'excuser de travailler si vite, qu'il avoit ordre de finir. B.

L'ignorance toujours est prête à s'admirer.
Faites-vous des amis prompts à vous censurer ;
Qu'ils soient de vos écrits les confidens sincères,
Et de tous vos défauts les zélés adversaires.
Dépouillez devant eux l'arrogance d'auteur ;
Mais sachez de l'ami discerner le flatteur :
Tel vous semble applaudir, qui vous raille et vous joue.
Aimez qu'on vous conseille et non pas qu'on vous loue.
  Un flatteur aussitôt cherche à se récrier :
Chaque vers qu'il entend le fait extasier.
Tout est charmant, divin : aucun mot ne le blesse ;
Il trépigne de joie, il pleure de tendresse ;
Il vous comble partout d'éloges fastueux :
La vérité n'a point cet air impétueux.
  Un sage ami, toujours rigoureux, inflexible,
Sur vos fautes jamais ne vous laisse paisible :
Il ne pardonne point les endroits négligés,
Il renvoie en leur lieu les vers mal arrangés,
Il réprime des mots l'ambitieuse emphase ;
Ici le sens le choque, et plus loin c'est la phrase.
Votre construction semble un peu s'obscurcir ;
Ce terme est équivoque, il le faut éclaircir.
C'est ainsi que vous parle un ami véritable.
  Mais souvent sur ses vers un auteur intraitabl
A les protéger tous se croit intéressé,
Et d'abord prend en main le droit de l'offensé.
De ce vers, direz-vous, l'expression est basse. —
Ah ! monsieur, pour ce vers je vous demande grace,
Répondra-t-il d'abord. — Ce mot me semble froid :
Je le retrancherois. — C'est le plus bel endroit ! —
Ce tour ne me plaît pas. — Tout le monde l'admire.
Ainsi toujours constant à ne se point dédire,
Qu'un mot dans son ouvrage ait paru vous blesser,
C'est un titre chez lui pour ne point l'effacer.
Cependant, à l'entendre, il chérit la critique ;
Vous avez sur ces vers un pouvoir despotique,
Mais tout ce beau discours dont il vient vous flatter
N'est rien qu'un piège adroit pour vous les réciter.

Aussitôt il vous quitte ; et, content de sa muse,
S'en va chercher ailleurs quelque fat qu'il abuse :
Car souvent il en trouve : ainsi qu'en sots auteurs,
Notre siècle est fertile en sots admirateurs ;
Et, sans ceux que fournit la ville et la province,
Il en est chez le duc, il en est chez le prince.
L'ouvrage le plus plat a, chez les courtisans,
De tout temps rencontré de zélés partisans ;
Et, pour finir enfin par un trait de satire,
Un sot trouve toujours un plus sot qui l'admire.

CHANT II

Telle qu'une bergère, au plus beau jour de fête,
De superbes rubis ne charge point sa tête,
Et, sans mêler à l'or l'éclat des diamans,
Cueille en un champ voisin ses plus beaux ornemens :
Telle, aimable en son air, mais humble dans son style,
Doit éclater sans pompe une élégante idylle.
Son tour simple et naïf n'a rien de fastueux,
Et n'aime point l'orgueil d'un vers présomptueux.
Il faut que sa douceur flatte, chatouille, éveille,
Et jamais de grands mots n'épouvante l'oreille.
Mais souvent dans ce style un rimeur aux abois
Jette là, de dépit, la flûte et le hautbois ;
Et, follement pompeux, dans sa verve indiscrète,
Au milieu d'une églogue entonne la trompette.
De peur de l'écouter, Pan fuit dans les roseaux,
Et les Nymphes, d'effroi, se cachent sous les eaux.
Au contraire cet autre, abject en son langage,
Fait parler ses bergers comme on parle au village.
Ses vers plats et grossiers, dépouillés d'agrément,
Toujours baisent la terre, et rampent tristement :
On diroit que Ronsard, sur ses « pipeaux rustiques, »
Vient encor fredonner ses idylles gothiques,

Et changer, sans respect de l'oreille et du son,
Lycidas en Pierrot, et Philis en Toinon.
　　Entre ces deux excès la route est difficile.
Suivez, pour la trouver, Théocrite et Virgile :
Que leurs tendres écrits, par les Grâces dictés,
Ne quittent point vos mains, jour et nuit feuilletés.
Seuls, dans leurs doctes vers, ils pourront vous appren-
Par quel art sans bassesse un auteur peut descendre; [dre
Chanter Flore, les champs, Pomone, les vergers;
Au combat de la flûte animer deux bergers,
Des plaisirs de l'amour vanter la douce amorce;
Changer Narcisse en fleur, couvrir Daphné d'écorce;
Et par quel art encor l'églogue quelquefois
Rend dignes d'un consul la campagne et les bois [1].
Telle est de ce poëme et la force et la grace.
　　D'un ton un peu plus haut, mais pourtant sans audace,
La plaintive élégie, en longs habits de deuil,
Sait, les cheveux épars, gémir sur un cercueil.
Elle peint des amans la joie et la tristesse;
Flatte, menace, irrite, apaise une maîtresse.
Mais, pour bien exprimer ces caprices heureux,
C'est peu d'être poëte, il faut être amoureux.
　　Je hais ces vains auteurs, dont la muse forcée
M'entretient de ses feux, toujours froide et glacée;
Qui s'affligent par art, et, fous de sens rassis,
S'érigent pour rimer, en amoureux transis.
Leurs transports les plus doux ne sont que phrases vai-
Ils ne savent jamais que se charger de chaînes, [nes:
Que bénir leur martyre, adorer leur prison,
Et faire quereller les sens et la raison.
Ce n'étoit pas jadis sur ce ton ridicule
Qu'Amour dictoit les vers que soupiroit Tibulle,
Ou que, du tendre Ovide animant les doux sons,
Il donnoit de son art les charmantes leçons.
Il faut que le cœur seul parle dans l'élégie.
　　L'ode, avec plus d'éclat, et non moins d'énergie,

---

[1] Virgile, égl. IV (vers 3). B.

Élevant jusqu'au ciel son vol ambitieux,
Entretient dans ses vers commerce avec les dieux.
Aux athlètes dans Pise [1] elle ouvre la barrière,
Chante un vainqueur poudreux au bout de la carrière,
Mène Achille sanglant au bord du Simoïs,
Ou fait fléchir l'Escaut sous le joug de Louis.
Tantôt, comme une abeille ardente à son ouvrage,
Elle s'en va de fleurs dépouiller le rivage ;
Elle peint les festins, les danses et les ris ;
Vante un baiser cueilli sur les lèvres d'Iris,
« Qui mollement résiste, et, par un doux caprice,
« Quelquefois le refuse, afin qu'on le ravisse. »
Son style impétueux souvent marche au hasard :
Chez elle un beau désordre est un effet de l'art.

   Loin ces rimeurs craintifs dont l'esprit flegmatique
Garde dans ses fureurs un ordre didactique ;
Qui, chantant d'un héros les progrès éclatans,
Maigres historiens, suivront l'ordre des temps.
Ils n'osent un moment perdre un sujet de vue
Pour prendre Dole, il faut que Lille soit rendue [2] ;
Et que leur vers exact, ainsi que Mézerai [3],
Ait fait déjà tomber les remparts de Courtrai.
Apollon de son feu leur fut toujours avare.

   On dit, à ce propos, qu'un jour ce dieu bizarre,
Voulant pousser à bout tous les rimeurs françois,
Inventa du sonnet les rigoureuses lois ;
Voulut qu'en deux quatrains de mesure pareille
La rime avec deux sons frappât huit fois l'oreille ;
Et qu'ensuite six vers artistement rangés
Fussent en deux tercets par le sens partagés.
Surtout de ce poëme il bannit la licence :
Lui-même en mesura le nombre et la cadence ;

---

[1] Pise, en Élide, où l'on célébroit les jeux olympiques. B.

[2] Lille et Courtrai furent prises en 1667 et Dôle en 1668..

[3] François-Eudes de Mézeray, historiographe de France, reçu à l'Académie française en 1649, secrétaire perpétuel de cette Académie, né à Mézeray près d'Argentan l'an 1610, mort à Paris le 9 de juillet 1683.

CHANT II.

Défendit qu'un vers foible y pût jamais entrer,
Ni qu'un mot déjà mis osât s'y remontrer
Du reste il l'enrichit d'une beauté suprême :
Un sonnet sans défauts vaut seul un long poëme.
Mais en vain mille auteurs y pensent arriver;
Et cet heureux phénix est encore à trouver.
A peine dans Gombaut, Maynard et Malleville [1],
En peut-on admirer deux ou trois entre mille :
Le reste, aussi peu lu que ceux de Pelletier,
N'a fait de chez Sercy [2], qu'un saut chez l'épicier.
Pour enfermer son sens dans la borne prescrite,
La mesure est toujours trop longue et trop petite.

   L'épigramme, plus libre en son tour plus borné,
N'est souvent qu'un bon mot de deux rimes orné.
Jadis de nos auteurs les pointes ignorées
Furent de l'Italie en nos vers attirées.
Le vulgaire, ébloui de leur faux agrément,
A ce nouvel appât courut avidement.
La faveur du public excitant leur audace,
Leur nombre impétueux inonda le Parnasse.
Le madrigal d'abord en fut enveloppé ;
Le sonnet orgueilleux lui-même en fut frappé ;
La tragédie [3] en fit ses plus chères délices ;
L'élégie en orna ses douloureux caprices ;
Un héros sur la scène eut soin de s'en parer,
Et sans pointe un amant n'osa plus soupirer :
On vit tous les bergers, dans leurs plaintes nouvelles,
Fidèles à la pointe encor plus qu'à leurs belles ;
Chaque mot eut toujours deux visages divers :
La prose la reçut aussi bien que les vers;

---

[1] Jean Ogier de Gombauld, calviniste, l'un des premiers de l'Académie française, né à Saint-Just Lussac, près de Broüage, mort en 1666, âgé de près de cent ans. — François Maynard, né à Toulouse. Il fut nommé pour être de l'Académie française le 12 de février 1634 et mourut le 28 de décembre 1646, âgé de soixante-huit ans. — Claude de Malleville, né à Paris l'un des premiers de l'Académie française. Il mourut en 1647, âgé environ de cinquante ans.

[2] Libraire du palais. B.

[3] La *Sylvie* de Mairet. B.

L'avocat au palais en hérissa son style,
Et le docteur [1] en chaire en sema l'Évangile.
  La raison outragée enfin ouvrit les yeux,
La chassa pour jamais des discours sérieux ;
Et, dans tous ces écrits la déclarant infâme,
Par grace lui laissa l'entrée en l'épigramme,
Pourvu que sa finesse, éclatant à propos,
Roulât sur la pensée, et non pas sur les mots.
Ainsi de toutes parts les désordres cessèrent.
Toutefois à la cour les Turlupins restèrent,
Insipides plaisans, bouffons infortunés,
D'un jeu de mots grossier partisans surannés.
Ce n'est pas quelquefois qu'une muse un peu fine
Sur un mot, en passant, ne joue et ne badine,
Et d'un sens détourné n'abuse avec succès ;
Mais fuyez sur ce point un ridicule excès,
Et n'allez pas toujours d'une pointe frivole
Aiguiser par la queue une épigramme folle.
  Tout poëme est brillant de sa propre beauté.
Le rondeau, né gaulois, a la naïveté.
La ballade, asservie à ses vieilles maximes,
Souvent doit tout son lustre au caprice des rimes.
  Le madrigal, plus simple et plus noble en son tour,
Respire la douceur, la tendresse et l'amour.
  L'ardeur de se montrer, et non pas de médire,
Arma la Vérité du vers de la satire.
Lucile le premier osa la faire voir,
Aux vices des Romains présenta le miroir,
Vengea l'humble vertu, de la richesse altière,
Et l'honnête homme à pied, du faquin en litière.
Horace à cette aigreur mêla son enjoûment ;
On ne fut plus ni fat ni sot impunément ;
Et malheur à tout nom, qui, propre à la censure,
Put entrer dans un vers sans rompre la mesure !
  Perse, en ses vers obscurs, mais serrés et pressans,
Affecta d'enfermer moins de mots que de sens.

---

[1] Le petit père André, Augustin. B.

Juvénal, élevé dans les cris de l'école,
Poussa jusqu'à l'excès sa mordante hyperbole,
Ses ouvrages, tous pleins d'affreuses vérités,
Étincellent pourtant de sublimes beautés ;
Soit que, sur un écrit arrivé de Caprée,
Il brise de Séjan la statue adorée ;
Soit qu'il fasse au conseil courir les sénateurs [1],
D'un tyran soupçonneux pâles adulateurs ;
Ou que, poussant à bout la luxure latine,
Aux portefaix de Rome il vende Messaline [2].
Ses écrits pleins de feu partout brillent aux yeux.

De ces maîtres savans disciple ingénieux,
Régnier seul parmi nous formé sur leurs modèles,
Dans son vieux style encore a des graces nouvelles.
Heureux, si ses discours, craints du chaste lecteur,
Ne se sentoient des lieux où fréquentoit l'auteur,
Et si, du son hardi de ses rimes cyniques,
Il n'alarmoit souvent les oreilles pudiques !
Le latin, dans les mots, brave l'honnêteté :
Mais le lecteur françois veut être respecté ;
Du moindre sens impur la liberté l'outrage,
Si la pudeur des mots n'en adoucit l'image.
Je veux dans la satire un esprit de candeur,
Et fuis un effronté qui prêche la pudeur.

D'un trait de ce poëme en bons mots si fertile,
Le François, né malin, forma le vaudeville,
Agréable indiscret, qui, conduit par le chant,
Passe de bouche en bouche et s'accroît en marchant
La liberté françoise en ses vers se déploie ;
Cet enfant de plaisir veut naître dans la joie.
Toutefois n'allez pas, goguenard dangereux,
Faire Dieu le sujet d'un badinage affreux.
A la fin tous ces jeux que l'athéisme élève,
Conduisent tristement le plaisant à la Grève.
Il faut, même en chansons, du bon sens et de l'art.

---

[1] Satire x (vers 71-72, 62-65). B.
[2] Satire vi (vers 116-132). B.

Mais pourtant on a vu le vin et le hasard
Inspirer quelquefois une muse grossière,
Et fournir, sans génie, un couplet à Linière.
Mais pour un vain bonheur qui vous a fait rimer,
Gardez qu'un sot orgueil ne vous vienne enfumer.
Souvent l'auteur altier de quelque chansonnette
Au même instant prend droit de se croire poëte :
Il ne dormira plus qu'il n'ait fait un sonnet ;
Il met tous les matins six impromptus au net.
Encore est-ce un miracle, en ses vagues furies,
Si bientôt, imprimant ses sottes rêveries,
Il ne se fait graver au-devant du recueil,
Couronné de lauriers par la main de Nanteuil[1].

CHANT III

Il n'est point de serpent ni de monstre odieux,
Qui, par l'art imité, ne puisse plaire aux yeux :
D'un pinceau délicat l'artifice agréable
Du plus affreux objet fait un objet aimable.
Ainsi, pour nous charmer, la Tragédie en pleurs
D'OEdipe tout sanglant fit parler les douleurs[2],
D'Oreste parricide exprima les alarmes,
Et, pour nous divertir, nous arracha des larmes.
   Vous donc, qui d'un beau feu pour le théâtre épris,
Venez en vers pompeux y disputer le prix,
Voulez-vous sur la scène étaler des ouvrages
Où tout Paris en foule apporte ses suffrages,
Et qui, toujours plus beaux, plus ils sont regardés,
Soient au bout de vingt ans encor redemandés ?
Que dans tous vos discours la passion émue
Aille chercher le cœur, l'échauffe et le remue.

[1] Fameux graveur. B.
[2] Sophocle. B.

Si d'un beau mouvement l'agréable fureur
Souvent ne nous remplit d'une douce « terreur, »
Ou n'excite en notre ame une « pitié » charmante,
En vain vous étalez une scène savante :
Vos froids raisonnemens ne feront qu'attiédir
Un spectateur toujours paresseux d'applaudir,
Et qui, des vains efforts de votre rhétorique
Justement fatigué, s'endort, ou vous critique.
Le secret est d'abord de plaire et de toucher :
Inventez des ressorts qui puissent m'attacher.

Que dès les premiers vers l'action préparée
Sans peine du sujet aplanisse l'entrée.
Je me ris d'un acteur qui, lent à s'exprimer,
De ce qu'il veut, d'abord ne sait pas m'informer,
Et qui, débrouillant mal une pénible intrigue,
D'un divertissement me fait une fatigue.
J'aimerois mieux encor qu'il déclinât son nom[1],
Et dit : Je suis Oreste ou bien Agamemnon,
Que d'aller, par un tas de confuses merveilles
Sans rien dire à l'esprit, étourdir les oreilles :
Le sujet n'est jamais assez tôt expliqué.

Que le lieu de la scène y soit fixe et marqué.
Un rimeur, sans péril, delà les Pyrénées,
Sur la scène en un jour renferme des années.
Là souvent le héros d'un spectacle grossier,
Enfant au premier acte, est barbon au dernier.
Mais nous, que la raison à ses règles engage,
Nous voulons qu'avec art l'action se ménage ;
Qu'en un lieu, qu'en un jour, un seul fait accompli
Tienne jusqu'à la fin le théâtre rempli.

Jamais au spectateur n'offrez rien d'incroyable :
Le vrai peut quelquefois n'être pas vraisemblable.
Une merveille absurde est pour moi sans appas :
L'esprit n'est point ému de ce qu'il ne croit pas.
Ce qu'on ne doit point voir, qu'un récit nous l'expose :
Les yeux en le voyant saisiroient mieux la chose ;

---

[1] Il y a de pareils exemples dans Euripide. B.

Mais il est ues objets que l'art judicieux
Doit offrir à l'oreille et reculer des yeux.

Que le trouble, toujours croissant de scène en scène,
A son comble arrivé se débrouille sans peine.
L'esprit ne se sent point plus vivement frappé,
Que lorsqu'en un sujet d'intrigue enveloppé,
D'un secret tout à coup la vérité connue
Change tout, donne à tout une face imprévue.

La tragédie, informe et grossière en naissant,
N'étoit qu'un simple chœur, où chacun en dansant,
Et du dieu des raisins entonnant les louanges,
S'efforçoit d'attirer de fertiles vendanges.
Là, le vin et la joie éveillant les esprits,
Du plus habile chantre un bouc étoit le prix.
Thespis fut le premier qui, barbouillé de lie,
Promena par les bourgs[1] cette heureuse folie ;
Et, d'acteurs mal ornés chargeant un tombereau ;
Amusa les passans d'un spectacle nouveau.
Eschyle dans le chœur jeta les personnages,
D'un masque plus honnête habilla les visages,
Sur les ais d'un théâtre en public exhaussé,
Fit paroître l'acteur d'un brodequin chaussé.
Sophocle enfin, donnant l'essor à son génie,
Accrut encor la pompe, augmenta l'harmonie,
Intéressa le chœur dans toute l'action,
Des vers trop raboteux polit l'expression,
Lui donna chez les Grecs cette hauteur divine
Où jamais n'atteignit la foiblesse latine[2].

Chez nos dévots aïeux le théâtre abhorré
Fut longtemps dans la France un plaisir ignoré.
De pèlerins, dit-on, une troupe grossière[3]
En public à Paris y monta la première ;
Et, sottement zélée en sa simplicité,
Joua les Saints, la Vierge et Dieu, par piété.
Le savoir, à la fin dissipant l'ignorance,

---

[1] Les bourgs de l'Attique. B.
[2] Voyez Quintilien, l. X, chap. I. B.
[3] Leurs pièces sont imprimées. B.

Fit voir de ce projet la dévote imprudence.
On chassa ces docteurs prêchans sans mission :
On vit renaître Hector, Andromaque, Ilion[1].
Seulement, les acteurs laissant le masque antique[2],
Le violon tint lieu de chœur et de musique[3].

   Bientôt l'amour, fertile en tendres sentimens,
S'empara du théâtre, ainsi que des romans.
De cette passion la sensible peinture
Est pour aller au cœur la route la plus sûre.
Peignez donc, j'y consens, les héros amoureux ;
Mais ne m'en formez pas des bergers doucereux :
Qu'Achille aime autrement que Thyrsis et Philène ;
N'allez pas d'un Cyrus nous faire un Artamène ;
Et que l'amour, souvent de remords combattu,
Paroisse une foiblesse et non une vertu.

   Des héros de roman fuyez les petitesses :
Toutefois aux grands cœurs donnez quelques foiblesses.
Achille déplairoit, moins bouillant et moins prompt :
J'aime à lui voir verser des pleurs pour un affront.
A ces petits défauts marqués dans sa peinture,
L'esprit avec plaisir reconnoît la nature.
Qu'il soit sur ce modèle en vos écrits tracé :
Qu'Agamemnon soit fier, superbe, intéressé ;
Que pour ses dieux Énée ait un respect austère ;
Conservez à chacun son propre caractère.
Des siècles, des pays, étudiez les mœurs :
Les climats font souvent les diverses humeurs.

   Gardez donc de donner, ainsi que dans Clélie,
L'air, ni l'esprit françois à l'antique Italie ;
Et, sous des noms romains faisant notre portrait,
Peindre Caton galant et Brutus dameret.
Dans un roman frivole aisément tout s'excuse ;

---

[1] Ce ne fut que sous Louis XIII que la tragédie commença à prendre une bonne forme en France. B

[2] Ce masque antique s'appliquoit sur le visage de l'acteur, et représentoit le personnage qu'on introduisoit sur la scène. B.

[3] *Esther* et *Athalie* ont montré combien l'on a perdu en supprimant les chœurs et la musique. B.

C'est assez qu'en courant la fiction amuse;
Trop de rigueur alors seroit hors de saison :
Mais la scène demande une exacte raison;
L'étroite bienséance y veut être gardée.

D'un nouveau personnage inventez-vous l'idée?
Qu'en tout avec soi-même il se montre d'accord,
Et qu'il soit jusqu'au bout tel qu'on l'a vu d'abord.

Souvent, sans y penser, un écrivain qui s'aime,
Forme tous ses héros semblables à soi-même :
Tout a l'humeur gasconne en un auteur gascon ;
Calprenède et Juba parlent du même ton [1].

La nature est en nous plus diverse et plus sage;
Chaque passion parle un différent langage :
La colère est superbe et veut des mots altiers ;
L'abattement s'explique en des termes moins fiers.

Que devant Troie en flamme Hécube désolée
Ne vienne pas pousser une plainte ampoulée,
Ni sans raison décrire en quel affreux pays,
« Par sept bouches l'Euxin reçoit le Tanaïs [2]. »
Tous ces pompeux amas d'expressions frivoles
Sont d'un déclamateur amoureux des paroles.
Il faut dans la douleur que vous vous abaissiez.
Pour me tirer des pleurs, il faut que vous pleuriez.
Ces grands mots dont alors l'acteur emplit sa bouche
Ne partent point d'un cœur que sa misère touche.

Le théâtre, fertile en censeurs pointilleux,
Chez nous pour se produire est un champ périlleux.
Un auteur n'y fait pas de faciles conquêtes;
Il trouve à le siffler des bouches toujours prêtes.
Chacun le peut traiter de fat et d'ignorant;
C'est un droit qu'à la porte on achète en entrant.
Il faut qu'en cent façons, pour plaire, il se replie;
Que tantôt il s'élève, et tantôt s'humilie;
Qu'en nobles sentimens il soit partout fécond ;
Qu'il soit aisé, solide, agréable, profond;

---

[1] Héros de la *Cléopâtre* (de La Calprenède). B.
[2] Sénèque le tragique. B.

CHANT III.

Que de traits surprenans sans cesse il nous réveille ;
Qu'il coure dans ses vers de merveille en merveille ;
Et que tout ce qu'il dit, facile à retenir,
De son ouvrage en nous laisse un long souvenir.
Ainsi la Tragédie agit, marche, et s'explique.

D'un air plus grand encor la poésie épique,
Dans le vaste récit d'une longue action,
Se soutient par la fable, et vit de fiction.
Là pour nous enchanter tout est mis en usage ;
Tout prend un corps, une ame, un esprit, un visage.
Chaque vertu devient une divinité :
Minerve est la prudence, et Vénus la beauté.
Ce n'est plus la vapeur qui produit le tonnerre,
C'est Jupiter armé pour effrayer la terre ;
Un orage terrible aux yeux des matelots,
C'est Neptune en courroux qui gourmande les flots ;
Écho n'est plus un son qui dans l'air retentisse,
C'est une nymphe en pleurs qui se plaint de Narcisse.
Ainsi, dans cet amas de nobles fictions,
Le poëte s'égaye en mille inventions,
Orne, élève, embellit, agrandit toutes choses,
Et trouve sous sa main des fleurs toujours écloses.
Qu'Énée et ses vaisseaux, par le vent écartés,
Soient aux bords africains d'un orage emportés ;
Ce n'est qu'une aventure ordinaire et commune,
Qu'un coup peu surprenant des traits de la fortune.
Mais que Junon, constante en son aversion,
Poursuive sur les flots les restes d'Ilion ;
Qu'Éole, en sa faveur, les chassant d'Italie,
Ouvre aux vents mutinés les prisons d'Éolie ;
Que Neptune en courroux s'élevant sur la mer,
D'un mot calme les flots, mette la paix dans l'air,
Délivre les vaisseaux, des syrtes les arrache ;
C'est là ce qui surprend, frappe, saisit, attache.
Sans tous ces ornemens le vers tombe en langueur,
La poésie est morte, ou rampe sans vigueur ;
Le poëte n'est plus qu'un orateur timide,
Qu'un froid historien d'une fable insipide.

C'est donc bien vainement que nos auteurs déçus[1],
Bannissant de leurs vers ces ornemens reçus,
Pensent faire agir Dieu, ses saints et ses prophètes,
Comme ces dieux éclos du cerveau des poëtes;
Mettent à chaque pas le lecteur en enfer;
N'offrent rien qu'Astaroth, Belzébuth, Lucifer.
De la foi d'un chrétien les mystères terribles
D'ornemens égayés ne sont point susceptibles :
L'Évangile à l'esprit n'offre de tous côtés
Que pénitence à faire, et tourmens mérités;
Et de vos fictions le mélange coupable
Même à ses vérités donne l'air de la fable.

 Et quel objet enfin à présenter aux yeux
Que le diable toujours hurlant contre les cieux[2],
Qui de votre héros veut rabaisser la gloire,
Et souvent avec Dieu balance la victoire!
Le Tasse, dira-t-on, l'a fait avec succès.
Je ne veux point ici lui faire son procès :
Mais, quoi que notre siècle à sa gloire publie,
Il n'eût point de son livre illustré l'Italie,
Si son sage héros, toujours en oraison,
N'eût fait que mettre enfin Satan à la raison;
Et si Renaud, Argant, Tancrède et sa maîtresse
N'eussent de son sujet égayé la tristesse.

 Ce n'est pas que j'approuve, en un sujet chrétien,
Un auteur follement idolâtre et païen[3].
Mais, dans une profane et riante peinture,
De n'oser de la fable employer la figure,
De chasser les Tritons de l'empire des eaux,
D'ôter à Pan sa flûte, aux Parques leurs ciseaux,
D'empêcher que Caron, dans la fatale barque,
Ainsi que le berger ne passe le monarque :
C'est d'un scrupule vain s'alarmer sottement,
Et vouloir aux lecteurs plaire sans agrément.

---

[1] L'auteur avoit en vue Saint-Sorlin Desmarets qui a écrit contre la Fable. B.
[2] Voyez le Tasse. B.
[3] Voyez l'Arioste. B.

Bientôt ils défendront de peindre la Prudence,
De donner à Thémis ni bandeau ni balance,
De figurer aux yeux la Guerre au front d'airain ;
Ou le Temps qui s'enfuit une horloge à la main ;
Et partout des discours, comme une idolâtrie,
Dans leur faux zèle, iront chasser l'allégorie.
Laissons-les s'applaudir de leur pieuse erreur ;
Mais, pour nous, bannissons une vaine terreur,
Et, fabuleux chrétiens, n'allons point dans nos songes
Du Dieu de vérité faire un dieu de mensonges.

   La fable offre à l'esprit mille agrémens divers :
Là tous les noms heureux semblent nés pour les vers,
Ulysse, Agamemnon, Oreste, Idoménée,
Hélène, Ménélas, Pâris, Hector, Énée.
O le plaisant projet d'un poëte ignorant,
Qui de tant de héros va choisir Childebrand !
D'un seul nom quelquefois le son dur ou bizarre
Rend un poëme entier, ou burlesque ou barbare.

   Voulez-vous longtemps plaire, et jamais ne lasser ?
Faites choix d'un héros propre à m'intéresser,
En valeur éclatant, en vertus magnifique :
Qu'en lui, jusqu'aux défauts, tout se montre héroïque ;
Que ses faits surprenans soient dignes d'être ouïs ;
Qu'il soit tel que César, Alexandre, ou Louis,
Non tel que Polynice et son perfide frère[1].
On s'ennuie aux exploits d'un conquérant vulgaire.
N'offrez point un sujet d'incidens trop chargé.
Le seul courroux d'Achille, avec art ménagé,
Remplit abondamment une Iliade entière :
Souvent trop d'abondance appauvrit la matière.

   Soyez vif et pressé dans vos narrations ;
Soyez riche et pompeux dans vos descriptions.
C'est là qu'il faut des vers étaler l'élégance.
N'y présentez jamais de basse circonstance.
N'imitez pas ce fou[2], qui, décrivant les mers

---

[1] Polynice et Étéocle, frères ennemis, auteurs de la guerre de Thèbes. Voyez la *Thébaïde* de Stace. B.

[2] Saint-Amant. B.

Et peignant, au milieu de leurs flots entr'ouverts,
L'Hébreu sauvé du joug de ses injustes maîtres,
Met, pour les voir passer, les poissons aux fenêtres[1] :
Peint le petit enfant qui « va, saute, revient, »
« Et joyeux à sa mère offre un caillou qu'il tient. »
Sur de trop vains objets c'est arrêter la vue.
Donnez à votre ouvrage une juste étendue.

Que le début soit simple et n'ait rien d'affecté.
N'allez pas dès l'abord, sur Pégase monté,
Crier à vos lecteurs, d'une voix de tonnerre :
« Je chante le vainqueur des vainqueurs de la terre[2]. »
Que produira l'auteur après tous ces grands cris ?
La montagne en travail enfante une souris.
Oh ! que j'aime bien mieux cet auteur plein d'adresse
Qui, sans faire d'abord de si haute promesse,
Me dit d'un ton aisé, doux, simple, harmonieux :
« Je chante les combats, et cet homme pieux
« Qui, des bords phrygiens conduit dans l'Ausonie,
« Le premier aborda les champs de Lavinie ! »
Sa muse en arrivant ne met pas tout en feu,
Et pour donner beaucoup, ne nous promet que peu.
Bientôt vous la verrez, prodiguant les miracles,
Du destin des Latins prononcer les oracles,
De Styx et d'Achéron peindre les noirs torrens,
Et déjà les Césars dans l'Élysée errans.

De figures sans nombre égayez votre ouvrage ;
Que tout y fasse aux yeux une riante image :
On peut être à la fois et pompeux et plaisant ;
Et je hais un sublime ennuyeux et pesant.
J'aime mieux Arioste et ses fables comiques,
Que ces auteurs toujours froids et mélancoliques,
Qui dans leur sombre humeur se croiroient faire affront
Si les Graces jamais leur déridoient le front.

On diroit que pour plaire, instruit par la nature,

---

[1] Les poissons ébahis les regardent passer.
 Moïse sauvé (de Saint-Amant). B.

[2] *Alaric*, poëme de Scudéri, l. I. B.

Homère ait à Vénus dérobé sa ceinture[1].
Son livre est d'agrémens un fertile trésor :
Tout ce qu'il a touché se convertit en or.
Tout reçoit dans ses mains une nouvelle grace ;
Partout il divertit et jamais il ne lasse.
Une heureuse chaleur anime ses discours :
Il ne s'égare point en de trop longs détours.
Sans garder dans ses vers un ordre méthodique,
Son sujet de soi-même et s'arrange et s'explique ;
Tout, sans faire d'apprêts, s'y prépare aisément ;
Chaque vers, chaque mot court à l'événement.
Aimez donc ses écrits, mais d'un amour sincère ;
C'est avoir profité que de savoir s'y plaire.

   Un poëme excellent, où tout marche et se suit,
N'est pas de ces travaux qu'un caprice produit :
Il veut du temps, des soins ; et ce pénible ouvrage
Jamais d'un écolier ne fut l'apprentissage.
Mais souvent parmi nous un poëte sans art,
Qu'un beau feu quelquefois échauffa par hasard,
Enflant d'un vain orgueil son esprit chimérique,
Fièrement prend en main la trompette héroïque :
Sa muse déréglée, en ses vers vagabonds,
Ne s'élève jamais que par sauts et par bonds :
Et son feu, dépourvu de sens et de lecture,
S'éteint à chaque pas faute de nourriture.
Mais en vain le public, prompt à le mépriser,
De son mérite faux le veut désabuser ;
Lui-même, applaudissant à son maigre génie,
Se donne par ses mains l'encens qu'on lui dénie :
Virgile, au prix de lui, n'a point d'invention ;
Homère n'entend point la noble fiction.
Si contre cet arrêt le siècle se rebelle,
A la postérité d'abord il en appelle.
Mais attendant qu'ici le bon sens de retour
Ramène triomphans ses ouvrages au jour,
Leur tas, au magasin, cachés à la lumière,

---

[1] Iliade, l. XIV. B.

Combattent tristement les vers et la poussière.
Laissons-les donc entre eux s'escrimer en repos,
Et, sans nous égarer, suivons notre propos.
　Des succès fortunés du spectacle tragique
Dans Athènes naquit la comédie antique.
Là le Grec, né moqueur, par mille jeux plaisans,
Distilla le venin de ses traits médisans.
Aux accès insolens d'une bouffonne joie,
La sagesse, l'esprit, l'honneur, furent en proie.
On vit, par le public un poëte avoué
S'enrichir aux dépens du mérite joué;
Et Socrate par lui, dans « un chœur de Nuées[1], »
D'un vil amas de peuple attirer les huées.
Enfin de la licence on arrêta le cours :
Le magistrat, des lois emprunta le secours,
Et, rendant par édit les poëtes plus sages,
Défendit de marquer les noms et les visages.
Le théâtre perdit son antique fureur;
La comédie apprit à rire sans aigreur;
Sans fiel et sans venin sut instruire et reprendre,
Et plut innocemment dans les vers de Ménandre.
Chacun, peint avec art dans ce nouveau miroir,
S'y vit avec plaisir, ou crut ne s'y point voir :
L'avare, des premiers, rit du tableau fidèle
D'un avare souvent tracé sur son modèle ;
Et mille fois un fat, finement exprimé,
Méconnut le portrait sur lui-même formé.
　Que la nature donc soit votre étude unique,
Auteurs qui prétendez aux honneurs du comique.
Quiconque voit bien l'homme, et d'un esprit profond,
De tant de cœurs cachés a pénétré le fond ;
Qui sait bien ce que c'est qu'un prodigue, un avare,
Un honnête homme, un fat, un jaloux, un bizarre,
Sur une scène heureuse il peut les étaler,
Et les faire à nos yeux vivre, agir et parler.
Présentez-en partout les images naïves;

---

[1] Les *Nuées*, comédie d'Aristophane. B

Que chacun y soit peint des couleurs les plus vives.
La nature, féconde en bizarres portraits,
Dans chaque ame est marquée à de différens traits ;
Un geste la découvre, un rien la fait paroître :
Mais tout esprit n'a pas des yeux pour la connoître.
    Le temps, qui change tout, change aussi nos humeurs :
Chaque âge a ses plaisirs, son esprit et ses mœurs.
    Un jeune homme, toujours bouillant dans ses caprices,
Est prompt à recevoir l'impression des vices ;
Est vain dans ses discours, volage en ses désirs,
Rétif à la censure, et fou dans les plaisirs.
    L'âge viril, plus mûr, inspire un air plus sage,
Se pousse auprès des grands, s'intrigue, se ménage,
Contre les coups du sort songe à se maintenir,
Et loin dans le présent regarde l'avenir.
    La vieillesse chagrine incessamment amasse ;
Garde, non pas pour soi, les trésors qu'elle entasse ;
Marche en tous ses desseins d'un pas lent et glacé ;
Toujours plaint le présent et vante le passé ;
Inhabile aux plaisirs dont la jeunesse abuse,
Blâme en eux les douceurs que l'âge lui refuse.
    Ne faites point parler vos acteurs au hasard,
Un vieillard en jeune homme, un jeune homme en vieillard.
    Étudiez la cour et connoissez la ville ;
L'une et l'autre est toujours en modèles fertile.
C'est par là que Molière, illustrant ses écrits,
Peut-être de son art eût remporté le prix,
Si, moins ami du peuple, en ses doctes peintures,
Il n'eût point fait souvent grimacer ses figures,
Quitté, pour le bouffon, l'agréable et le fin,
Et sans honte à Térence allié Tabarin.
Dans ce sac ridicule où Scapin s'enveloppe,
Je ne reconnois plus l'auteur du Misanthrope[1].
    Le comique, ennemi des soupirs et des pleurs,
N'admet point en ses vers de tragiques douleurs ;
Mais son emploi n'est pas d'aller, dans une place,

---

[1] Comédie de Molière. B.

De mots sales et bas charmer la populace.
 Il faut que ses acteurs badinent noblement ;
Que son nœud bien formé se dénoue aisément ;
Que l'action, marchant où la raison la guide,
Ne se perde jamais dans une scène vide ;
Que son style humble et doux se relève à propos ;
Que ses discours, partout fertiles en bons mots,
Soient pleins de passions finement maniées,
Et les scènes toujours l'une à l'autre liées.
Aux dépens du bon sens gardez de plaisanter :
Jamais de la nature il ne faut s'écarter.
Contemplez de quel air un père dans Térence [1]
Vient d'un fils amoureux gourmander l'imprudence ;
De quel air cet amant écoute ses leçons,
Et court chez sa maîtresse oublier ces chansons.
Ce n'est pas un portrait, une image semblable ;
C'est un amant, un fils, un père véritable.
 J'aime sur le théâtre un agréable auteur
Qui, sans se diffamer aux yeux du spectateur,
Plaît par la raison seule, et jamais ne la choque.
Mais pour un faux plaisant, à grossière équivoque,
Qui, pour me divertir, n'a que la saleté,
Qu'il s'en aille, s'il veut, sur deux tréteaux monté,
Amusant le pont Neuf de ses sornettes fades,
Aux laquais assemblés jouer ses mascarades.

CHANT IV

Dans Florence jadis vivoit un médecin,
Savant hâbleur, dit-on, et célèbre assassin.
Lui seul y fit longtemps la publique misère :
Là le fils orphelin lui redemande un père ;
Ici le frère pleure un frère empoisonné.
L'un meurt vide de sang, l'autre plein de séné ;

---

[1] Voyez *Simon* dans l'*Andrienne*, et *Demée* dans les *Adelphes*. B.

Le rhume à son aspect se change en pleurésie,
Et par lui la migraine est bientôt frénésie.
Il quitte enfin la ville, en tous lieux détesté.
De tous ses amis morts un seul ami resté
Le mène en sa maison de superbe structure :
C'étoit un riche abbé, fou de l'architecture.
Le médecin d'abord semble né dans cet art,
Déjà de bâtimens parle comme Mansart :
D'un salon qu'on élève il condamne la face ;
Au vestibule obscur il marque une autre place ;
Approuve l'escalier tourné d'autre façon.
Son ami le conçoit et mande son maçon.
Le maçon vient, écoute, approuve et se corrige.
Enfin, pour abréger un si plaisant prodige,
Notre assassin renonce à son art inhumain ;
Et désormais, la règle et l'équerre à la main,
Laissant de Galien la science suspecte,
De méchant médecin devient bon architecte.

Son exemple est pour nous un précepte excellent.
Soyez plutôt maçon, si c'est votre talent,
Ouvrier estimé dans un art nécessaire,
Qu'écrivain du commun et poëte vulgaire.
Il est dans tout autre art des degrés différens,
On peut avec honneur remplir les seconds rangs ;
Mais dans l'art dangereux de rimer et d'écrire,
Il n'est point de degrés du médiocre au pire.
Qui dit froid écrivain dit détestable auteur.
Boyer est à Pinchêne égal pour le lecteur ;
On ne lit guère plus Rampale et Mesnardière [1]
Que Magnon, du Souhait, Corbin et La Morlière [2].
Un fou du moins fait rire, et peut nous égayer ;
Mais un froid écrivain ne sait rien qu'ennuyer.
J'aime mieux Bergerac [3] et sa burlesque audace

---

[1] Auteurs médiocres. B.

[2] Magnon a composé un poëme fort long intitulé : *l'Encyclopédie*. B. — Du Souhait avoit traduit l'*Iliade* en prose. B. — Corbin avoit traduit la Bible mot à mot. B. — La Morlière, méchant poëte. B.

[3] Cyrano de Bergerac, auteur des *Voyages de la lune*. B.

Que ces vers où Motin se morfond et nous glace.

Ne vous enivrez point des éloges flatteurs
Qu'un amas quelquefois de vains admirateurs
Vous donne en ces Réduits, prompts à crier merveille!
Tel écrit récité se soutint à l'oreille,
Qui, dans l'impression au grand jour se montrant [1],
Ne soutient pas des yeux le regard pénétrant.
On sait de cent auteurs l'aventure tragique :
Et Gombaud tant loué garde encor la boutique.

Écoutez tout le monde, assidu consultant :
Un fat quelquefois ouvre un avis important.
Quelques vers toutefois qu'Apollon vous inspire,
En tous lieux aussitôt ne courez pas les lire.
Gardez-vous d'imiter ce rimeur furieux [2],
Qui, de ses vains écrits lecteur harmonieux,
Aborde en récitant quiconque le salue,
Et poursuit de ses vers les passans dans la rue.
Il n'est temple si saint, des anges respecté,
Qui soit contre sa muse un lieu de sûreté [3].

Je vous l'ai déjà dit, aimez qu'on vous censure,
Et, souple à la raison, corrigez sans murmure.
Mais ne vous rendez pas dès qu'un sot vous reprend.

Souvent dans son orgueil un subtil ignorant
Par d'injustes dégoûts combat toute une pièce,
Blâme des plus beaux vers la noble hardiesse.
On a beau réfuter ses vains raisonnemens :
Son esprit se complaît dans ses faux jugemens;
Et sa foible raison, de clarté dépourvue,
Pense que rien n'échappe à sa débile vue.
Ses conseils sont à craindre; et, si vous les croyez,
Pensant fuir un écueil, souvent vous vous noyez.

Faites choix d'un censeur solide et salutaire,
Que la raison conduise et le savoir éclaire,
Et dont le crayon sûr d'abord aille chercher

---

[1] Chapelain. B.
[2] Dupérier. B.
[3] Il (Dupérier) récita de ses vers à l'auteur malgré lui, dans une église. B

CHANT IV.

L'endroit que l'on sent foible, et qu'on se veut cacher.
Lui seul éclaircira vos doutes ridicules;
De votre esprit tremblant lèvera les scrupules.
C'est lui qui vous dira par quel transport heureux,
Quelquefois dans sa course un esprit vigoureux,
Trop resserré par l'art, sort des règles prescrites,
Et de l'art même apprend à franchir leurs limites.
Mais ce parfait censeur se trouve rarement :
Tel excelle à rimer qui juge sottement;
Tel s'est fait par ses vers distinguer dans la ville,
Qui jamais de Lucain n'a distingué Virgile.

   Auteurs, prêtez l'oreille à mes instructions.
Voulez-vous faire aimer vos riches fictions ?
Qu'en savantes leçons votre muse fertile
Partout joigne au plaisant le solide et l'utile.
Un lecteur sage fuit un vain amusement,
Et veut mettre à profit son divertissement.

   Que votre ame et vos mœurs, peintes dans vos ouvrages,
N'offrent jamais de vous que de nobles images.
Je ne puis estimer ces dangereux auteurs
Qui, de l'honneur, en vers, infâmes déserteurs,
Trahissant la vertu sur un papier coupable,
Aux yeux de leurs lecteurs rendent le vice aimable.

   Je ne suis pas pourtant de ces tristes esprits
Qui, bannissant l'amour de tous chastes écrits,
D'un si riche ornement veulent priver la scène,
Traitent d'empoisonneurs et Rodrigue et Chimène.
L'amour le moins honnête, exprimé chastement,
N'excite point en nous de honteux mouvement.
Didon a beau gémir, et m'étaler ses charmes;
Je condamne sa faute en partageant ses larmes.
Un auteur vertueux, dans ses vers innocens,
Ne corrompt point le cœur en chatouillant les sens;
Son feu n'allume point de criminelle flamme.
Aimez donc la vertu, nourrissez-en votre ame :
En vain l'esprit est plein d'une noble vigueur;
Le vers se sent toujours des bassesses du cœur.

   Fuyez surtout, fuyez ces basses jalousies,

Des vulgaires esprits malignes frénésies.
Un sublime écrivain n'en peut être infecté ;
C'est un vice qui suit la médiocrité.
Du mérite éclatant cette sombre rivale
Contre lui chez les grands incessamment cabale,
Et, sur les pieds en vain tâchant de se hausser,
Pour s'égaler à lui, cherche à le rabaisser.
Ne descendons jamais dans ces lâches intrigues :
N'allons point à l'honneur par de honteuses brigues.
 Que les vers ne soient pas votre éternel emploi.
Cultivez vos amis, soyez homme de foi :
C'est peu d'être agréable et charmant dans un livre,
Il faut savoir encore et converser et vivre.
 Travaillez pour la gloire, et qu'un sordide gain
Ne soit jamais l'objet d'un illustre écrivain.
Je sais qu'un noble esprit peut, sans honte et sans crime,
Tirer de son travail un tribut légitime ;
Mais je ne puis souffrir ces auteurs renommés,
Qui, dégoûtés de gloire et d'argent affamés,
Mettent leur Apollon aux gages d'un libraire,
Et font d'un art divin un métier mercenaire.
Avant que la raison, s'expliquant par la voix,
Eût instruit les humains, eût enseigné des lois,
Tous les hommes suivoient la grossière nature,
Dispersés dans les bois couroient à la pâture :
La force tenoit lieu de droit et d'équité ;
Le meurtre s'exerçoit avec impunité.
Mais du discours enfin l'harmonieuse adresse
De ces sauvages mœurs adoucit la rudesse,
Rassembla les humains dans les forêts épars,
Enferma les cités de murs et de remparts,
De l'aspect du supplice effraya l'insolence,
Et sous l'appui des lois mit la foible innocence.
Cet ordre fut, dit-on, le fruit des premiers vers.
De là sont nés ces bruits reçus dans l'univers,
Qu'aux accens dont Orphée emplit les monts de Thrace,
Les tigres amollis dépouilloient leur audace ;
Qu'aux accords d'Amphion les pierres se mouvoient,

Et sur les murs thébains en ordre s'élevoient.
L'harmonie en naissant produisit ces miracles.
Depuis, le ciel en vers fit parler les oracles ;
Du sein d'un prêtre ému d'une divine horreur,
Apollon par des vers exhala sa fureur.
Bientôt, ressuscitant les héros des vieux âges,
Homère aux grands exploits anima les courages.
Hésiode à son tour, par d'utiles leçons,
Des champs trop paresseux vint hâter les moissons.
En mille écrits fameux la sagesse tracée
Fut, à l'aide des vers, aux mortels annoncée ;
Et partout des esprits ses préceptes vainqueurs,
Introduits par l'oreille entrèrent dans les cœurs.
Pour tant d'heureux bienfaits, les Muses révérées
Furent d'un juste encens dans la Grèce honorées ;
Et leur art, attirant le culte des mortels,
A sa gloire en cent lieux vit dresser des autels.
Mais enfin l'indigence amenant la bassesse,
Le Parnasse oublia sa première noblesse.
Un vil amour du gain, infectant les esprits,
De mensonges grossiers souilla tous les écrits ;
Et partout, enfantant mille ouvrages frivoles,
Trafiqua du discours, et vendit les paroles.

 Ne vous flétrissez point par un vice si bas.
Si l'or seul a pour vous d'invincibles appas ;
Fuyez ces lieux charmans qu'arrose le Permesse :
Ce n'est point sur ses bords qu'habite la richesse.
Aux plus savans auteurs, comme aux plus grands guerriers,
Apollon ne promet qu'un nom et des lauriers.

 Mais quoi ! dans la disette une muse affamée
Ne peut pas, dira-t-on, subsister de fumée ;
Un auteur qui, pressé d'un besoin importun,
Le soir entend crier ses entrailles à jeun,
Goûte peu d'Hélicon les douces promenades :
Horace a bu son soûl quand il voit les Ménades,
Et, libre du souci qui trouble Colletet,
N'attend pas, pour dîner, le succès d'un sonnet.
 Il est vrai : mais enfin cette affreuse disgrace

Rarement parmi nous afflige le Parnasse.
Et que craindre en ce siècle, où toujours les beaux-arts
D'un astre favorable éprouvent les regards,
Où d'un prince éclairé la sage prévoyance
Fait partout au mérite ignorer l'indigence?
   Muses, dictez sa gloire à tous vos nourrissons.
Son nom vaut mieux pour eux que toutes vos leçons.
Que Corneille, pour lui rallumant son audace,
Soit encor le Corneille et du Cid et d'Horace;
Que Racine, enfantant des miracles nouveaux,
De ses héros sur lui forme tous les tableaux;
Que de son nom, chanté par la bouche des belles,
Benserade en tous lieux amuse les ruelles;
Que Segrais dans l'églogue en charme les forêts;
Que pour lui l'épigramme aiguise tous ses traits.
Mais quel heureux auteur, dans une autre Énéide,
Aux bords du Rhin tremblant conduira cet Alcide?
Quelle savante lyre, au bruit de ses exploits,
Fera marcher encor les rochers et les bois;
Chantera le Batave, éperdu dans l'orage,
Soi-même se noyant pour sortir du naufrage
Dira les bataillons sous Mastricht enterrés,
Dans ces affreux assauts du soleil éclairés?
   Mais tandis que je parle, une gloire nouvelle
Vers ce vainqueur rapide aux Alpes vous appelle.
Déjà Dôle et Salins[1] sous le joug ont ployé;
Besançon fume encor sur son roc foudroyé.
Où sont ces grands guerriers dont les fatales ligues
Devoient à ce torrent opposer tant de digues?
Est-ce encore en fuyant qu'ils pensent l'arrêter,
Fiers du honteux honneur d'avoir su l'éviter?
Que de remparts détruits! Que de villes forcées!
Que de moissons de gloire en courant amassées!
   Auteurs, pour les chanter, redoublez vos transports:
Le sujet ne veut pas de vulgaires efforts.
Pour moi, qui, jusqu'ici nourri dans la satire,

Places de la Franche-Comté prises en plein hiver. B.

N'ose encor manier la trompette et la lyre,
Vous me verrez pourtant, dans ce champ glorieux,
Vous animer du moins de la voix et des yeux ;
Vous offrir ces leçons que ma muse au Parnasse ;
Rapporta jeune encor du commerce d'Horace ;
Seconder votre ardeur, échauffer vos esprits,
Et vous montrer de loin la couronne et le prix.
Mais aussi pardonnez, si, plein de ce beau zèle,
De tous vos pas fameux, observateur fidèle,
Quelquefois du bon or je sépare le faux,
Et des auteurs grossiers j'attaque les défauts ;
Censeur un peu fâcheux, mais souvent nécessaire,
Plus enclin à blâmer que savant à bien faire.

LE LUTRIN

POËME HÉROÏ-COMIQUE

AU LECTEUR

Je ne ferai point ici comme Arioste, qui quelquefois sur le point de débiter la fable du monde la plus absurde, la garantit vraie d'une vérité reconnue, et l'appuie même de l'autorité de l'archevêque Turpin. Pour moi, je déclare franchement que tout le poëme du Lutrin n'est qu'une pure fiction, et que tout y est inventé, jusqu'au nom même du lieu où l'action se passe. Je l'ai appelé Pourges, du nom d'une petite chapelle qui étoit autrefois proche de Montlhéry. C'est pourquoi le lecteur ne doit pas s'étonner que, pour y arriver de Bourgogne, la Nuit prenne le chemin de Paris et de Montlhéry.

C'est une assez bizarre occasion qui a donné lieu à ce poëme. Il n'y a pas longtemps que, dans une assemblée où j'étois, la conversation tomba sur le poëme héroïque. Chacun en parla suivant ses lumières. A l'égard de moi, comme on m'en eut demandé mon avis, je soutins ce que j'ai avancé dans ma poétique : qu'un poëme héroïque, pour être excellent, devoit être chargé de peu de matière, et que c'étoit à l'invention à la soutenir et à l'étendre. La chose fut fort contestée. On s'échauffa beaucoup ; mais, après bien des raisons alléguées pour et contre, il arriva ce qui arrive ordinairement en toutes ces sortes de disputes : je veux dire qu'on ne se persuada point l'un l'autre, et que chacun demeura ferme dans son opinion. La chaleur de la dispute étant passée, on parla d'autre chose, et on se mit à rire de la manière dont on s'étoit échauffé sur une question aussi peu importante que celle-là. On moralisa fort sur la folie des hommes qui passent presque toute leur vie à faire sérieusement de très-grandes bagatelles, et qui se font souvent une affaire considérable d'une chose indifférente. A propos de cela un provincial raconta un démêlé fameux, qui étoit arrivé autrefois dans une petite église de sa province, entre le trésorier et le chantre, qui sont les deux premières dignités de cette église, pour savoir si un lutrin seroit placé à un endroit ou à un autre. La chose fut trouvée plaisante. Sur cela un des savans de l'assemblée, qui ne pouvoit pas oublier sitôt la dispute, me demanda si moi qui voulois si peu de matière pour un poëme héroïque, j'entreprendrois d'en faire un sur un démêlé aussi peu chargé d'incidens que celui de cette église. J'eus plus tôt dit, pourquoi non ? que je n'eus fait réflexion sur ce qu'il me demandoit. Cela fit faire un éclat de rire à la compagnie, et je ne pus m'empêcher de rire comme les autres, ne pensant pas en effet moi-même que je dusse jamais me mettre en état de tenir parole. Néanmoins le soir me trouvant de loisir, je rêvai à la chose, et ayant imaginé en général la plaisanterie que le lecteur va voir, j'en fis vingt vers que je montrai à mes amis. Ce commencement les réjouit assez. Le plaisir que je vis qu'ils y prenoient m'en fit faire encore vingt autres : ainsi de vingt vers en vingt vers, j'ai poussé enfin l'ouvrage à près de neuf cents. Voilà toute l'histoire de la bagatelle que je donne au public. J'aurois bien voulu la lui donner achevée; mais des raisons très-secrètes, et dont le lecteur trouvera bon que je ne l'intruise pas, m'en ont empêché. Je ne me serois pourtant pas pressé de le donner imparfait, comme il est, n'eût été les misérables fragmens qui en ont couru. C'est un burlesque nouveau, dont je me suis avisé en notre langue : car, au lieu que dans l'autre burlesque, Didon et Énée parloient comme des harengères et des crocheteurs, dans celui-ci une horlogère et un horloger parlent comme Didon et Énée. Je ne sais donc si mon poëme aura les qualités propres à satisfaire un lecteur, mais j'ose me flatter qu'il aura au moins l'agrément de la nouveauté, puisque je ne pense pas qu'il y ait d'ouvrage de cette nature en notre langue; *la Défaite des bouts-rimés* de Sarrasin étant plutôt une pure allégorie qu'un poëme comme celui-ci.

AVIS AU LECTEUR

Il seroit inutile maintenant de nier que le poëme suivant a été composé à l'occasion d'un différend assez léger, qui s'émut dans une des plus célèbres églises de Paris entre le trésorier et le chantre; mais c'est tout ce qu'il y a de vrai. Le reste, depuis le commencement jusqu'à la fin, est une pure fiction; et tous les personnages y sont non-seulement inventés, mais j'ai eu soin même de les faire d'un caractère directement opposé au caractère de ceux qui desservent cette église, dont la plupart, et principalement les chanoines, sont tous gens, non-seulement d'une fort grande probité, mais de beaucoup d'esprit, et entre lesquels il y en a tel à qui je demanderois aussi volontiers son sentiment sur mes ouvrages, qu'à beaucoup de messieurs de l'Académie. Il ne faut donc pas s'étonner si personne n'a été offensé de l'impression de ce poëme, puisqu'il n'y a en effet personne qui y soit véritablement attaqué. Un prodigue ne s'avise guère de s'offenser de voir rire d'un avare, ni un dévot de voir tourner en ridicule un libertin. Je ne dirai point comment je fus engagé à travailler à cette bagatelle sur une espèce de défi, qui me fut fait en riant par feu M. le premier président de Lamoignon, qui est celui que j'y peins sous le nom d'Ariste. Ce détail, à mon avis, n'est pas fort nécessaire. Mais je croirois me faire un trop grand tort si je laissois échapper cette occasion d'apprendre à ceux qui l'ignorent, que ce grand personnage, durant sa vie, m'a honoré de son amitié. Je commençai à le connoître dans le temps que mes satires faisoient le plus de bruit; et l'accès obligeant qu'il me donna dans son illustre maison fit avantageusement mon apologie contre ceux qui vouloient m'accuser alors de libertinage et de mauvaises mœurs. C'étoit un homme d'un savoir étonnant, et passionné admirateur de tous les bons livres de l'antiquité; et c'est ce qui lui fit plus aisément souffrir mes ouvrages, où il crut entrevoir quelque goût des anciens. Comme sa piété étoit sincère, elle étoit aussi fort gaie, et n'avoit rien d'embarrassant. Il ne s'effraya point du nom de satires que portoient ces ouvrages, où il ne vit en effet que des vers et des auteurs attaqués. Il me loua même plusieurs fois d'avoir purgé, pour ainsi dire, ce genre de poésie de la saleté qui lui avoit été jusqu'alors comme affectée. J'eus donc le bonheur de ne lui être pas désagréable. Il m'appela à tous ses plaisirs et à tous ses divertissemens, c'est-à-dire à ses lectures et à ses promenades. Il me favorisa même quelquefois de sa plus étroite confidence, et me fit voir à fond son ame entière. Et que n'y vis-je point! Quel trésor surprenant de probité et de justice! Quel fonds inépuisable de piété et de zèle! Bien que sa vertu jetât un fort grand éclat au dehors, c'étoit tout autre chose au dedans; et on voyoit bien qu'il avoit soin d'en tempérer les rayons, pour ne pas blesser les yeux d'un siècle aussi corrompu que le nôtre. Je fus sincèrement épris de tant de qualités admirables; et s'il eut beaucoup de bonne volonté pour moi, j'eus aussi pour lui une très-forte attache. Les soins que je lui rendis ne furent mêlés d'aucune raison d'intérêt mercenaire; et je songeai bien plus à profiter de sa conversation que de son crédit. Il mourut dans le temps que cette amitié étoit en son plus haut point; et le souvenir de sa perte m'afflige encore tous les jours. Pourquoi faut-il que des hommes si dignes de vivre soient sitôt enlevés du monde, tandis que des misérables et des gens de rien arrivent à une extrême vieillesse! Je ne m'étendrai pas davantage sur un sujet si triste, car je sens bien que si je continuois à en parler, je ne pourrois m'empêcher de mouiller peut-être de larmes la préface d'un ouvrage de pure plaisanterie.

ARGUMENT

Le trésorier remplit la première dignité du Chapitre dont il est ici parlé, et il officie avec toutes les marques de l'épiscopat. Le chantre remplit la seconde dignité. Il y avoit autrefois dans le chœur, à la place de celui-ci, un énorme pupitre ou lutrin qui le couvroit presque tout entier; il le fit ôter. Le trésorier voulut le faire remettre. De là arriva une dispute qui fait le sujet de ce poëme.

CHANT I

Je chante les combats, et ce prélat terrible,
Qui, par ses longs travaux et sa force invincible,
Dans une illustre église exerçant son grand cœur,
Fit placer à la fin un lutrin dans le chœur.
C'est en vain que le chantre, abusant d'un faux titre,
Deux fois l'en fit ôter par les mains du chapitre :
Ce prélat, sur le banc de son rival altier,
Deux fois le reportant, l'en couvrit tout entier.
 Muse, redis-moi donc quelle ardeur de vengeance
De ces hommes sacrés rompit l'intelligence,
Et troubla si longtemps deux célèbres rivaux :
Tant de fiel entre-t-il dans l'ame des dévots ?
 Et toi, fameux héros[1] dont la sage entremise
De ce schisme naissant débarrassa l'Église,
Viens d'un regard heureux animer mon projet,
Et garde-toi de rire en ce grave sujet.
 Parmi les doux plaisirs d'une paix fraternelle,
Paris voyoit fleurir son antique chapelle :
Ses chanoines vermeils et brillans de santé
S'engraissoient d'une longue et sainte oisiveté.
Sans sortir de leurs lits, plus doux que leurs hermines,
Ces pieux fainéans faisoient chanter matines,
Veilloient à bien dîner, et laissoient en leur lieu

---

[1] M. le premier président de Lamoignon. B.

A des chantres gagés le soin de louer Dieu :
Quand la Discorde encor toute noire de crimes,
Sortant des Cordeliers pour aller aux Minimes [1],
Avec cet air hideux qui fait frémir la Paix,
S'arrêta près d'un arbre au pied de son palais.
Là, d'un œil attentif contemplant son empire,
A l'aspect du tumulte, elle-même s'admire.
Elle y voit par le coche et d'Évreux et du Mans
Accourir à grands flots ses fidèles Normands ;
Elle y voit aborder le marquis, la comtesse,
Le bourgeois, le manant, le clergé, la noblesse ;
Et partout des plaideurs les escadrons épars
Faire autour de Thémis flotter ses étendards.
Mais une église seule, à ses yeux immobile,
Garde au sein du tumulte une assiette tranquille
Elle seule la brave; elle seule aux procès
De ses paisibles murs veut défendre l'accès.
La Discorde, à l'aspect d'un calme qui l'offense,
Fait siffler ses serpens, s'excite à la vengeance :
Sa bouche se remplit d'un poison odieux,
Et de longs traits de feu lui sortent par les yeux.

Quoi ! dit-elle d'un ton qui fait trembler les vitres,
J'aurai pu jusqu'ici brouiller tous les chapitres,
Diviser Cordeliers, Carmes et Célestins !
J'aurai fait soutenir un siége aux Augustins !
Et cette église seule, à mes ordres rebelle,
Nourrira dans son sein une paix éternelle !
Suis-je donc la Discorde? et, parmi les mortels,
Qui voudra désormais encenser mes autels [2] ?

A ces mots, d'un bonnet couvrant sa tête énorme,
Elle prend d'un vieux chantre et la taille et la forme,
Elle peint de bourgeons son visage guerrier,
Et s'en va de ce pas trouver le trésorier.

Dans le réduit obscur d'une alcôve enfoncée
S'élève un lit de plume à grands frais amassée :

---

[1] Il y eut de grandes brouilleries dans ces deux couvents à l'occasion de quelques supérieurs qu'on y vouloit élire. B.

[2] Virgile, l. II, vers 52. B.

Quatre rideaux pompeux, par un double contour,
En défendent l'entrée à la clarté du jour.
Là, parmi les douceurs d'un tranquille silence,
Règne sur le duvet une heureuse indolence.
C'est là que le prélat, muni d'un déjeuner,
Dormant d'un léger somme, attendoit le dîner.
La jeunesse en sa fleur brille sur son visage :
Son menton sur son sein descend à double étage ;
Et son corps, ramassé dans sa courte grosseur,
Fait gémir les coussins sous sa molle épaisseur.

La déesse en entrant, qui voit la nappe mise,
Admire un si bel ordre, et reconnoît l'Église,
Et, marchant à grands pas vers le lieu du repos,
Au prélat sommeillant elle adresse ces mots :

Tu dors, prélat, tu dors ! et là-haut, à ta place,
Le chantre aux yeux du chœur étale son audace,
Chante les orémus, fait des processions,
Et répand à grands flots les bénédictions !
Tu dors ! attends-tu donc que, sans bulle et sans titre,
Il te ravisse encor le rochet et la mitre ?
Sors de ce lit oiseux qui te tient attaché,
Et renonce au repos, ou bien à l'évêché.

Elle dit : et du vent de sa bouche profane,
Lui souffle avec ces mots l'ardeur de la chicane.
Le prélat se réveille, et, plein d'émotion,
Lui donne toutefois la bénédiction.

Tel qu'on voit un taureau, qu'une guêpe en furie
A piqué dans les flancs aux dépens de sa vie,
Le superbe animal, agité de tourmens,
Exhale sa douleur en longs mugissemens :
Tel le fougueux prélat, que ce songe épouvante,
Querelle en se levant et laquais et servante ;
Et, d'un juste courroux rallumant sa vigueur,
Même avant le dîner, parle d'aller au chœur.
Le prudent Gilotin, son aumônier fidèle,
En vain par ses conseils sagement le rappelle ;
Lui montre le péril ; que midi va sonner ;
Qu'il va faire, s'il sort, refroidir le dîner.

Quelle fureur, dit-il, quel aveugle caprice,
Quand le dîner est prêt, vous appelle à l'office?
De votre dignité soutenez mieux l'éclat :
Est-ce pour travailler que vous êtes prélat?
A quoi bon ce dégoût et ce zèle inutile?
Est-il donc pour jeûner quatre-temps ou vigile?
Reprenez vos esprits, et souvenez-vous bien
Qu'un dîner réchauffé ne valut jamais rien.
   Ainsi dit Gilotin; et ce ministre sage
Sur table, au même instant, fait servir le potage.
Le prélat voit la soupe, et, plein d'un saint respect,
Demeure quelque temps muet à cet aspect.
Il cède, il dîne enfin ; mais, toujours plus farouche,
Les morceaux trop hâtés se pressent dans sa bouche.
Gilotin en gémit, et, sortant de fureur,
Chez tous ses partisans va semer la terreur.
On voit courir chez lui leurs troupes éperdues,
Comme l'on voit marcher les bataillons de grues [1],
Quand le Pygmée altier, redoublant ses efforts,
De l'Hèbre [2] ou du Strymon [3] vient d'occuper les bords
A l'aspect imprévu de leur foule agréable,
Le prélat radouci veut se lever de table :
La couleur lui renaît, sa voix change de ton;
Il fait par Gilotin rapporter un jambon.
Lui-même le premier, pour honorer la troupe,
D'un vin pur et vermeil il fait remplir sa coupe;
Il l'avale d'un trait, et, chacun l'imitant,
La cruche au large ventre est vide en un instant.
Sitôt que du nectar la troupe est abreuvée,
On dessert : et soudain, la nappe étant levée,
Le prélat, d'une voix conforme à son malheur,
Leur confie en ces mots sa trop juste douleur:
   Illustres compagnons de mes longues fatigues,
Qui m'avez soutenu par vos pieuses ligues,
Et par qui, maître enfin d'un chapitre insensé,

---

[1] Homère, *Iliade*, l. III, vers 6. B.
[2] Fleuve de Thrace. B.
[3] Fleuve de l'ancienne Thrace et depuis la Macédoine. B.

Seul à Magnificat je me vois encensé,
Souffrirez-vous toujours qu'un orgueilleux m'outrage ;
Que le chantre à vos yeux détruise votre ouvrage,
Usurpe tous mes droits, et, s'égalant à moi,
Donne à votre lutrin et le ton et la loi ?
Ce matin même encor, ce n'est point un mensonge,
Une divinité me l'a fait voir en songe ;
L'insolent, s'emparant du fruit de mes travaux,
A prononcé pour moi le benedicat vos !
Oui, pour mieux m'égorger, il prend mes propres armes.
 Le prélat, à ces mots, verse un torrent de larmes.
Il veut, mais vainement, poursuivre son discours :
Ses sanglots redoublés en arrêtent le cours.
Le zélé Gilotin, qui prend part à sa gloire,
Pour lui rendre la voix fait rapporter à boire ;
Quand Sidrac, à qui l'âge allonge le chemin,
Arrive dans la chambre, un bâton à la main.
Ce vieillard dans le chœur a déjà vu quatre âges :
Il sait de tous les temps les différens usages :
Et son rare savoir, de simple marguillier[1],
L'éleva par degrés au rang de chevecier[2].
A l'aspect du prélat qui tombe en défaillance,
Il devine son mal, il se ride, il s'avance ;
Et d'un ton paternel réprimant ses douleurs :
 Laisse au chantre, dit-il, la tristesse et les pleurs,
Prélat, et, pour sauver tes droits et ton empire,
Écoute seulement ce que le ciel m'inspire.
Vers cet endroit du chœur où le chantre orgueilleux
Montre, assis à ta gauche, un front si sourcilleux,
Sur ce rang d'ais serrés qui forment sa clôture,
Fut jadis un lutrin d'inégale structure,
Dont les flancs élargis, de leur vaste contour
Ombrageoient pleinement tous les lieux d'alentour.
Derrière ce lutrin, ainsi qu'au fond d'un antre,
A peine sur son banc on discernoit le chantre,

---

[1] C'est celui qui a soin des reliques. B.
[2] C'est celui qui a soin des chapes et de la cire. B.

Tandis qu'à l'autre banc le prélat radieux,
Découvert au grand jour, attiroit tous les yeux.
Mais un démon, fatal à cette ample machine,
Soit qu'une main la nuit eût hâté sa ruine,
Soit qu'ainsi de tout temps l'ordonnât le destin,
Fit tomber à nos yeux le pupitre un matin.
J'eus beau prendre le ciel et le chantre à partie,
Il fallut l'emporter dans notre sacristie,
Où depuis trente hivers, sans gloire enseveli,
Il languit tout poudreux dans un honteux oubli.
Entends-moi donc, prélat. Dès que l'ombre tranquille
Viendra d'un crêpe noir envelopper la ville,
Il faut que trois de nous, sans tumulte et sans bruit,
Partent à la faveur de la naissante nuit,
Et, du lutrin rompu réunissant la masse,
Aillent d'un zèle adroit le remettre en sa place.
Si le chantre demain ose le renverser,
Alors de cent arrêts tu le peux terrasser.
Pour soutenir tes droits, que le ciel autorise,
Abîme tout plutôt : c'est l'esprit de l'Église.
C'est par là qu'un prélat signale sa vigueur.
Ne borne pas ta gloire à prier dans un chœur :
Ces vertus dans Aleth peuvent être en usage ;
Mais, dans Paris, plaidons : c'est là notre partage.
Tes bénédictions dans le trouble croissant,
Tu pourras les répandre et par vingt et par cent,
Et, pour braver le chantre en son orgueil extrême,
Les répandre à ses yeux, et le bénir lui-même.
  Ce discours aussitôt frappe tous les esprits ;
Et le prélat charmé l'approuve par des cris.
Il veut que sur-le-champ, dans la troupe on choisisse
Les trois que Dieu destine à ce pieux office :
Mais chacun prétend part à cet illustre emploi.
Le sort, dit le prélat, vous servira de loi[1] :
Que l'on tire au billet ceux que l'on doit élire.
Il dit : on obéit, on se presse d'écrire.

---

[1] Homère, *Iliade*, l. VII, vers 171. B.

Aussitôt trente noms, sur le papier tracés,
Sont au fond d'un bonnet par billets entassés.
Pour tirer ces billets avec moins d'artifice,
Guillaume, enfant de chœur, prête sa main novice.
Son front nouveau-tondu, symbole de candeur,
Rougit, en approchant, d'une honnête pudeur.
Cependant le prélat, l'œil au ciel, la main nue,
Bénit trois fois les noms, et trois fois les remue.
Il tourne le bonnet : l'enfant tire, et Brontin
Est le premier des noms qu'apporte le destin.
Le prélat en conçoit un favorable augure,
Et ce nom dans la troupe excite un doux murmure.
On se tait; et bientôt on voit paroître au jour
Le nom, le fameux nom du perruquier l'Amour.
Ce nouvel Adonis, à la blonde crinière,
Est l'unique souci d'Anne sa perruquière.
Ils s'adorent l'un l'autre ; et ce couple charmant
S'unit longtemps, dit-on, avant le sacrement ;
Mais, depuis trois moissons, à leur saint assemblage
L'official a joint le nom de mariage.
Ce perruquier superbe est l'effroi du quartier,
Et son courage est peint sur son visage altier.
Un des noms reste encore, et le prélat, par grace,
Une dernière fois les brouille et les ressasse.
Chacun croit que son nom est le dernier des trois.
Mais que ne dis-tu point, ô puissant porte-croix,
Boirude, sacristain, cher appui de ton maître,
Lorsqu'aux yeux du prélat tu vis ton nom paroître !
On dit que ton front jaune, et ton teint sans couleur,
Perdit en ce moment son antique pâleur ;
Et que ton corps goutteux, plein d'une ardeur guerrière,
Pour sauter au plancher fit deux pas en arrière.
Chacun bénit tout haut l'arbitre des humains,
Qui remet leur bon droit en de si bonnes mains.
Aussitôt on se lève; et l'assemblée en foule,
Avec un bruit confus, par les portes s'écoule.
   Le prélat resté seul calme un peu son dépit,
Et jusques au souper se couche et s'assoupit.

CHANT II

Cependant cet oiseau qui prône les merveilles [1],
Ce monstre composé de bouches et d'oreilles,
Qui, sans cesse volant de climats en climats,
Dit partout ce qu'il sait et ce qu'il ne sait pas ;
La Renommée enfin, cette prompte courrière,
Va d'un mortel effroi glacer la perruquière ;
Lui dit que son époux, d'un faux zèle conduit,
Pour placer un lutrin doit veiller cette nuit.

A ce triste récit, tremblante, désolée,
Elle accourt, l'œil en feu, la tête échevelée,
Et trop sûre d'un mal qu'on pense lui celer :
Oses-tu bien encor, traître, dissimuler [2] ?
Dit-elle : et ni la foi que ta main m'a donnée,
Ni nos embrassemens qu'a suivis l'hyménée,
Ni ton épouse enfin toute prête à périr,
Ne sauroient donc t'ôter cette ardeur de courir !
Perfide ! si du moins, à ton devoir fidèle,
Tu veillois pour orner quelque tête nouvelle,
L'espoir d'un juste gain, consolant ma langueur,
Pourroit de ton absence adoucir la longueur.
Mais quel zèle indiscret, quelle aveugle entreprise
Arme aujourd'hui ton bras en faveur d'une église ?
Où vas-tu, cher époux ? est-ce que tu me fuis ?
As-tu donc oublié tant de si douces nuits ?
Quoi ! d'un œil sans pitié vois-tu couler mes larmes ?
Au nom de nos baisers jadis si pleins de charmes ;
Si mon cœur, de tout temps facile à tes désirs,
N'a jamais d'un moment différé tes plaisirs ;
Si, pour te prodiguer mes plus tendres caresses,
Je n'ai point exigé ni sermens, ni promesses ;
Si toi seul à mon lit enfin eus toujours part,
Diffère au moins d'un jour ce funeste départ.

---

[1] *Énéide*, l. IV, vers 173. B.
[2] *Énéide*, l. IV, vers 305 (-308). B.

En achevant ces mots, cette amante enflammée
Sur un placet voisin tombe demi-pâmée.
Son époux s'en émeut, et son cœur éperdu
Entre deux passions demeure suspendu ;
Mais enfin rappelant son audace première :
  Ma femme, lui dit-il d'une voix douce et fière,
Je ne veux point nier les solides bienfaits
Dont ton amour prodigue a comblé mes souhaits ;
Et le Rhin de ses flots ira grossir la Loire
Avant que tes faveurs sortent de ma mémoire.
Mais ne présume pas qu'en te donnant ma foi
L'hymen m'ait pour jamais asservi sous ta loi.
Si le ciel en mes mains eût mis ma destinée,
Nous aurions fui tous deux le joug de l'hyménée,
Et, sans nous opposer ces devoirs prétendus,
Nous goûterions encor des plaisirs défendus.
Cesse donc à mes yeux d'étaler un vain titre :
Ne m'ôte pas l'honneur d'élever un pupitre,
Et toi-même, donnant un frein à tes désirs,
Raffermis ma vertu qu'ébranlent tes soupirs.
Que te dirai-je enfin ? c'est le ciel qui m'appelle.
Une église, un prélat m'engage en sa querelle.
Il faut partir : j'y cours. Dissipe tes douleurs,
Et ne me trouble plus par ces indignes pleurs.
  Il la quitte à ces mots. Son amante effarée
Demeure le teint pâle, et la vue égarée ;
La force l'abandonne ; et sa bouche, trois fois
Voulant le rappeler, ne trouve plus de voix.
Elle fuit, et, de pleurs inondant son visage,
Seule pour s'enfermer vole au cinquième étage ;
Mais, d'un bouge prochain accourant à ce bruit,
Sa servante Alison la rattrape et la suit.
  Les ombres cependant, sur la ville épandues,
Du faîte des maisons descendent dans les rues [1]
Le souper hors du chœur chasse les chapelains,
Et de chantres buvans les cabarets sont pleins.

---

[1] Virgile, églogue I, vers 83. B.

Le redouté Brontin, que son devoir éveille,
Sort à l'instant, chargé d'une triple bouteille
D'un vin dont Gilotin, qui savoit tout prévoir,
Au sortir du conseil eut soin de le pourvoir.
L'odeur d'un jus si doux lui rend le faix moins rude.
Il est bientôt suivi du sacristain Boirude ;
Et tous deux, de ce pas, s'en vont avec chaleur
Du trop lent perruquier réveiller la valeur.
Partons, lui dit Brontin : déjà le jour plus sombre,
Dans les eaux s'éteignant, va faire place à l'ombre.
D'où vient ce noir chagrin que je lis dans tes yeux ?
Quoi ! le pardon sonnant te retrouve en ces lieux !
Où donc est ce grand cœur dont tantôt l'allégresse
Sembloit du jour trop long accuser la paresse ?
Marche, et suis-nous du moins où l'honneur nous attend.
  Le perruquier honteux rougit en l'écoutant.
Aussitôt de longs clous il prend une poignée :
Sur son épaule il charge une lourde coignée ;
Et derrière son dos, qui tremble sous le poids,
Il attache une scie en forme de carquois ;
Il sort au même instant, il se met à leur tête.
A suivre ce grand chef l'un et l'autre s'apprête :
Leur cœur semble allumé d'un zèle tout nouveau ;
Brontin tient un maillet, et Boirude un marteau.
La lune, qui du ciel voit leur démarche altière,
Retire en leur faveur sa paisible lumière.
La Discorde en sourit, et, les suivant des yeux,
De joie, en les voyant, pousse un cri dans les cieux.
L'air, qui gémit du cri de l'horrible déesse,
Va jusque dans Cîteaux réveiller la Mollesse.
C'est là qu'en un dortoir elle fait son séjour ;
Les Plaisirs nonchalans folâtrent alentour :
L'un pétrit dans un coin l'embonpoint des chanoines
L'autre broie en riant le vermillon des moines.
La Volupté la sert avec des yeux dévots,
Et toujours le Sommeil lui verse des pavots.
Ce soir, plus que jamais, en vain il les redouble :
La Mollesse à ce bruit se réveille, se trouble,

Quand la Nuit, qui déjà va tout envelopper,
D'un funeste récit vient encor la frapper ;
Lui conte du prélat l'entreprise nouvelle.
Aux pieds des murs sacrés d'une sainte chapelle,
Elle a vu trois guerriers, ennemis de la paix,
Marcher à la faveur de ses voiles épais ;
La Discorde en ce lieu menace de s'accroître ;
Demain avec l'aurore un lutrin va paroître,
Qui doit y soulever un peuple de mutins.
Ainsi le ciel l'écrit au livre des destins.

  A ce triste discours, qu'un long soupir achève,
La Mollesse, en pleurant, sur un bras se relève,
Ouvre un œil languissant, et, d'une foible voix,
Laisse tomber ces mots qu'elle interrompt vingt fois :
O Nuit ! que m'as-tu dit ? quel démon sur la terre
Souffle dans tous les cœurs la fatigue et la guerre ?
Hélas ! qu'est devenu ce temps, cet heureux temps,
Où les rois s'honoroient du nom de fainéans,
S'endormoient sur le trône, et, me servant sans honte,
Laissoient leur sceptre aux mains ou d'un maire ou d'un comte?
Aucun soin n'approchoit de leur paisible cour :
On reposoit la nuit, on dormoit tout le jour.
Seulement au printemps, quand Flore dans les plaines
Faisoit taire des vents les bruyantes haleines,
Quatre bœufs attelés, d'un pas tranquille et lent,
Promenoient dans Paris le monarque indolent.
Ce doux siècle n'est plus. Le ciel impitoyable
A placé sur leur trône un prince infatigable.
Il brave mes douceurs, il est sourd à ma voix ;
Tous les jours il m'éveille au bruit de ses exploits.
Rien ne peut arrêter sa vigilante audace :
L'été n'a point de feux, l'hiver n'a point de glace.
J'entends à son seul nom tous mes sujets frémir.
En vain deux fois la paix a voulu l'endormir :
Loin de moi son courage, entraîné par la gloire,
Ne se plaît qu'à courir de victoire en victoire.
Je me fatiguerois à te tracer le cours
Des outrages cruels qu'il me fait tous les jours.

Je croyois, loin des lieux d'où ce prince m'exile,
Que l'Église du moins m'assuroit un asile ;
Mais en vain j'espérois y régner sans effroi :
Moines, abbés, prieurs, tout s'arme contre moi.
Par mon exil honteux la Trappe [1] est ennoblie ;
J'ai vu dans Saint-Denis la réforme établie ;
Le Carme, le Feuillant s'endurcit aux travaux ;
Et la régle déjà se remet dans Clairvaux.
Cîteaux dormoit encore, et la Sainte-Chapelle
Conservoit du vieux temps l'oisiveté fidèle ;
Et voici qu'un lutrin, prêt à tout renverser,
D'un séjour si chéri vient encor me chasser !
O toi ! de mon repos compagne aimable et sombre,
A de si noirs forfaits prêteras-tu ton ombre ?
Ah ! Nuit, si tant de fois, dans les bras de l'amour,
Je t'admis aux plaisirs que je cachois au Jour,
Du moins ne permets pas... La Mollesse oppressée
Dans sa bouche à ce mot sent sa langue glacée,
Et, lasse de parler, succombant sous l'effort,
Soupire, étend les bras, ferme l'œil, et s'endort.

CHANT III

Mais la Nuit aussitôt de ses ailes affreuses
Couvre des Bourguignons les campagnes vineuses,
Revole vers Paris, et, hâtant son retour,
Déjà de Montlhéri voit la fameuse tour [2].
Ses murs, dont le sommet se dérobe à la vue,
Sur la cime d'un roc s'allongent dans la nue,
Et, présentant de loin leur objet ennuyeux,
Du passant qui le fuit semblent suivre les yeux.
Mille oiseaux effrayans, mille corbeaux funèbres,

---

[1] Abbaye de Saint-Bernard dans laquelle l'abbé Armand Bouthillier de Rancé a mis la réforme. B.

[2] Tour très-haute, à six lieues de Paris, sur le chemin d'Orléans. B.

De ces murs désertés habitent les ténèbres.
Là, depuis trente hivers, un hibou retiré
Trouvoit contre le jour un refuge assuré.
Des désastres fameux ce messager fidèle
Sait toujours des malheurs la première nouvelle;
Et, tout prêt d'en semer le présage odieux,
Il attendoit la Nuit dans ces sauvages lieux.
Aux cris qu'à son abord vers le ciel il envoie,
Il rend tous ses voisins attristés de sa joie.
La plaintive Progné de douleur en frémit,
Et, dans les bois prochains, Philomèle en gémit.
Suis-moi, lui dit la Nuit. L'oiseau plein d'allégresse
Reconnoît à ce ton la voix de sa maîtresse.
Il la suit : et tous deux, d'un cours précipité,
De Paris à l'instant abordent la cité ;
Là, s'élançant d'un vol que le vent favorise,
Ils montent au sommet de la fatale église.
La Nuit baisse la vue, et, du haut du clocher,
Observe les guerriers, les regarde marcher.
Elle voit le barbier qui, d'une main légère,
Tient un verre de vin qui rit dans la fougère,
Et chacun, tour à tour s'inondant de ce jus,
Célébrer, en buvant, Gilotin et Bacchus.
Ils triomphent, dit-elle, et leur ame abusée
Se promet dans mon ombre une victoire aisée :
Mais allons ; il est temps qu'ils connoissent la Nuit
A ces mots, regardant le hibou qui la suit,
Elle perce les murs de la voûte sacrée ;
Jusqu'en la sacristie elle s'ouvre une entrée ;
Et, dans le ventre creux du pupitre fatal,
Va placer de ce pas le sinistre animal.

 Mais les trois champions, pleins de vin et d'audace,
Du Palais cependant passent la grande place ;
Et, suivant de Bacchus les auspices sacrés,
De l'auguste chapelle ils montent les degrés.
Ils atteignoient déjà le superbe portique
Où Ribou le libraire, au fond de sa boutique,
Sous vingt fidèles clefs garde et tient en dépôt

L'amas toujours entier des écrits de Haynaut :
Quand Boirude, qui voit que le péril approche,
Les arrête ; et, tirant un fusil de sa poche,
Des veines d'un caillou, qu'il frappe au même instant,
Il fait jaillir un feu qui petille en sortant[1] ;
Et bientôt, au brasier d'une mèche enflammée,
Montre, à l'aide du soufre, une cire allumée.
Cet astre tremblotant, dont le jour les conduit,
Est pour eux un soleil au milieu de la nuit.
Le temple à sa faveur est ouvert par Boirude :
Ils passent de la nef la vaste solitude,
Et dans la sacristie entrant, non sans terreur,
En percent jusqu'au fond la ténébreuse horreur.

C'est là que du lutrin gît la machine énorme.
La troupe quelque temps en admire la forme.
Mais le barbier, qui tient les momens précieux :
Ce spectacle n'est pas pour amuser nos yeux,
Dit-il, le temps est cher ; portons-le dans le temple ;
C'est là qu'il faut demain qu'un prélat le contemple.
Et d'un bras, à ces mots, qui peut tout ébranler,
Lui-même, se courbant, s'apprête à le rouler.
Mais à peine il y touche, ô prodige incroyable[2] !
Que du pupitre sort une voix effroyable !
Brontin en est ému, le sacristain pâlit ;
Le perruquier commence à regretter son lit.
Dans son hardi projet toutefois il s'obstine,
Lorsque des flancs poudreux de la vaste machine
L'oiseau sort en courroux, et, d'un cri menaçant,
Achève d'étonner le barbier frémissant.
De ses ailes dans l'air secouant la poussière,
Dans la main de Boirude il éteint la lumière.
Les guerriers à ce coup demeurent confondus ;
Ils regagnent la nef, de frayeur éperdus.
Sous leurs corps tremblotans leurs genoux s'affoiblissent,
D'une subite horreur leurs cheveux se hérissent,

---

[1] Virgile, *Géorgiques*, l. I, vers 135 ; et *Énéide*, l. I, vers 178 (-180). B.
[2] *Énéide* l. III, vers 39 (-40). B.

Et bientôt, au travers des ombres de la nuit,
Le timide escadron se dissipe et s'enfuit.
　Ainsi lorsqu'en un coin, qui leur tient lieu d'asile,
D'écoliers libertins une troupe indocile,
Loin des yeux d'un préfet au travail assidu,
Va tenir quelquefois un brelan défendu ;
Si du veillant Argus la figure effrayante,
Dans l'ardeur du plaisir à leurs yeux se présente,
Le jeu cesse à l'instant, l'asile est déserté,
Et tout fuit à grands pas le tyran redouté.
　La Discorde, qui voit leur honteuse disgrace,
Dans les airs cependant, tonne, éclate, menace,
Et, malgré la frayeur dont leurs cœurs sont glacés,
S'apprête à réunir ses soldats dispersés.
Aussitôt de Sidrac elle emprunte l'image :
Elle ride son front, allonge son visage,
Sur un bâton noueux laisse courber son corps,
Dont la chicane semble animer les ressorts ;
Prend un cierge en sa main, et, d'une voix cassée,
Vient ainsi gourmander la troupe terrassée :
　Lâches, où fuyez-vous ? quelle peur vous abat ?
Aux cris d'un vil oiseau vous cédez sans combat !
Où sont ces beaux discours jadis si pleins d'audace ?
Craignez-vous d'un hibou l'impuissante grimace ?
Que feriez-vous, hélas ! si quelque exploit nouveau
Chaque jour, comme moi, vous traînoit au barreau ?
S'il falloit, sans amis, briguant une audience,
D'un magistrat glacé soutenir la présence,
Ou, d'un nouveau procès hardi solliciteur,
Aborder sans argent un clerc de rapporteur ?
Croyez-moi, mes enfans, je vous parle à bon titre :
J'ai moi seul autrefois plaidé tout un chapitre ;
Et le barreau n'a point de monstres si hagards
Dont mon œil n'ait cent fois soutenu les regards.
Tous les jours sans trembler j'assiégeois leurs passages.
L'Église étoit alors fertile en grands courages :
Le moindre d'entre nous, sans argent, sans appui,
Eût plaidé le prélat et le chantre avec lui.

Le monde, de qui l'âge avance les ruines,
Ne peut plus enfanter de ces ames divines [1];
Mais que vos cœurs, du moins, imitant leurs vertus,
De l'aspect d'un hibou ne soient pas abattus.
Songez quel déshonneur va souiller votre gloire,
Quand le chantre demain entendra sa victoire.
Vous verrez tous les jours le chanoine insolent,
Au seul mot de hibou, vous sourire en parlant.
Votre ame, à ce penser, de colère murmure;
Allez donc de ce pas en prévenir l'injure;
Méritez les lauriers qui vous sont réservés,
Et ressouvenez-vous quel prélat vous servez.
Mais déjà la fureur dans vos yeux étincelle:
Marchez, courez, volez où l'honneur vous appelle.
Que le prélat, surpris d'un changement si prompt,
Apprenne la vengeance aussitôt que l'affront.

En achevant ces mots, la déesse guerrière
De son pied trace en l'air un sillon de lumière,
Rend aux trois champions leur intrépidité,
Et les laisse tous pleins de sa divinité.
C'est ainsi, grand Condé, qu'en ce combat célèbre [2],
Où ton bras fit trembler le Rhin, l'Escaut et l'Èbre,
Lorsqu'aux plaines de Lens nos bataillons poussés
Furent presque à tes yeux ouverts et renversés;
Ta valeur, arrêtant les troupes fugitives,
Rallia d'un regard leurs cohortes craintives,
Répandit dans leurs rangs ton esprit belliqueux,
Et força la victoire à te suivre avec eux.

La colère à l'instant succédant à la crainte,
Ils rallument le feu de leur bougie éteinte:
Ils rentrent; l'oiseau sort; l'escadron raffermi
Rit du honteux départ d'un si foible ennemi.
Aussitôt dans le chœur la machine emportée
Est sur le banc du chantre à grand bruit remontée.
Ses ais demi-pourris, que l'âge a relâchés,

---

[1] *Iliade*, l. I, Discours de Nestor (vers 262). B.
[2] En 1649. B.

Sont à coups de maillet unis et rapprochés.
Sous les coups redoublés tous les bancs retentissent ;
Les murs en sont émus ; les voûtes en mugissent,
Et l'orgue même en pousse un long gémissement.
Que fais-tu, chantre, hélas ! dans ce triste moment ?
Tu dors d'un profond somme, et ton cœur sans alarmes
Ne sait pas qu'on bâtit l'instrument de tes larmes !
Oh ! que si quelque bruit, par un heureux réveil,
T'annonçoit du lutrin le funeste appareil,
Avant que de souffrir qu'on en posât la masse,
Tu viendrois en apôtre expirer dans ta place,
Et, martyr glorieux d'un point d'honneur nouveau,
Offrir ton corps aux clous, et ta tête au marteau !
 Mais déjà sur ton banc la machine enclavée
Est, durant ton sommeil, à ta honte élevée :
Le sacristain achève en deux coups de rabot,
Et le pupitre enfin tourne sur son pivot.

CHANT IV

Les cloches dans les airs, de leurs voix argentines,
Appelaient à grand bruit les chantres à matines,
Quand leur chef[1], agité d'un sommeil effrayant,
Encor tout en sueur, se réveille en criant.
Aux élans redoublés de sa voix douloureuse,
Tous ses valets tremblans quittent la plume oiseuse.
Le vigilant Girot court à lui le premier.
C'est d'un maître si saint le plus digne officier ;
La porte dans le chœur à sa garde est commise :
Valet souple au logis, fier huissier à l'église.
 Quel chagrin, lui dit-il, trouble votre sommeil ?
Quoi ! voulez-vous au chœur prévenir le soleil ?
Ah ! dormez, et laissez à des chantres vulgaires,
Le soin d'aller sitôt mériter leurs salaires.

[1] Le chantre. B.

Ami, lui dit le chantre encor pâle d'horreur,
N'insulte point, de grace, à ma juste terreur;
Mêle plutôt ici tes soupirs à mes plaintes,
Et tremble en écoutant le sujet de mes craintes.
Pour la seconde fois un sommeil gracieux
Avoit sous ses pavots appesanti mes yeux,
Quand, l'esprit enivré d'une douce fumée,
J'ai cru remplir au chœur ma place accoutumée.
Là, triomphant aux yeux des chantres impuissans,
Je bénissois le peuple, et j'avalois l'encens,
Lorsque du fond caché de notre sacristie,
Une épaisse nuée à longs flots est sortie,
Qui, s'ouvrant à mes yeux, dans son bleuâtre éclat,
M'a fait voir un serpent conduit par le prélat.
Du corps de ce dragon, plein de soufre et de nitre,
Une tête sortoit en forme de pupitre,
Dont le triangle affreux, tout hérissé de crins,
Surpassoit en grosseur nos plus épais lutrins.
Animé par son guide, en sifflant il s'avance;
Contre moi sur mon banc je le vois qui s'élance.
J'ai crié, mais en vain; et, fuyant sa fureur,
Je me suis réveillé plein de trouble et d'horreur.

Le chantre s'arrêtant à cet endroit funeste,
A ses yeux effrayés laisse dire le reste.
Girot en vain l'assure, et, riant de sa peur,
Nomme sa vision l'effet d'une vapeur.
Le désolé vieillard, qui hait la raillerie,
Lui défend de parler, sort du lit en furie.
On apporte à l'instant ses somptueux habits,
Où sur l'ouate molle éclate le tabis.
D'une longue soutane il endosse la moire,
Prend ses gants violets, les marques de sa gloire,
Et saisit, en pleurant, ce rochet, qu'autrefois
Le prélat trop jaloux lui rogna de trois doigts.
Aussitôt, d'un bonnet ornant sa tête grise,
Déjà l'aumusse en main il marche vers l'église;
Et, hâtant de ses ans l'importune langueur,
Court, vole, et le premier arrive dans le chœur.

O toi qui, sur ces bords qu'une eau dormante mouille,
Vis combattre autrefois le rat et la grenouille[1] ;
Qui, par les traits hardis d'un bizarre pinceau,
Mis l'Italie en feu pour la perte d'un seau[2] ;
Muse, prête à ma bouche une voix plus sauvage,
Pour chanter le dépit, la colère, la rage,
Que le chantre sentit allumer dans son sang,
A l'aspect du pupitre élevé sur son banc.
D'abord pâle et muet, de colère immobile,
A force de douleur, il demeura tranquille;
Mais sa voix, s'échappant au travers des sanglots,
Dans sa bouche à la fin fit passage à ces mots :

La voilà donc, Girot, cette hydre épouvantable
Que m'a fait voir un songe, hélas! trop véritable!
Je le vois ce dragon tout prêt à m'égorger,
Ce pupitre fatal qui me doit ombrager!
Prélat, que t'ai-je fait? quelle rage envieuse
Rend pour me tourmenter ton ame ingénieuse?
Quoi! même dans ton lit, cruel, entre deux draps,
Ta profane fureur ne se repose pas!
O ciel! quoi! sur mon banc une honteuse masse
Désormais me va faire un cachot de ma place!
Inconnu dans l'église, ignoré dans ce lieu,
Je ne pourrai donc plus être vu que de Dieu!
Ah! plutôt qu'un moment cet affront m'obscurcisse,
Renonçons à l'autel, abandonnons l'office;
Et, sans lasser le ciel par des chants superflus,
Ne voyons plus un chœur où l'on ne nous voit plus.
Sortons... Mais cependant mon ennemi tranquille
Jouira sur son banc de ma rage inutile,
Et verra dans le chœur le pupitre exhaussé
Tourner sur le pivot où sa main l'a placé!
Non, s'il n'est abattu, je ne saurois plus vivre.
A moi, Girot, je veux que mon bras m'en délivre.
Périssons, s'il le faut; mais de ses ais brisés

---

[1] Homère a fait la Guerre des rats et des grenouilles. B.
[2] La *Secchia rapita*, poëme italien. B.

Entraînons, en mourant, les restes divisés.
 A ces mots, d'une main par la rage affermie,
Il saisissoit déjà la machine ennemie,
Lorsqu'en ce sacré lieu, par un heureux hasard,
Entrent Jean le choriste, et le sonneur Girard,
Deux Manceaux renommés, en qui l'expérience
Pour les procès est jointe à la vaste science.
L'un et l'autre aussitôt prend part à son affront.
Toutefois condamnant un mouvement trop prompt,
Du lutrin, disent-ils, abattons la machine :
Mais ne nous chargeons pas tout seuls de sa ruine ;
Et que tantôt, aux yeux du chapitre assemblé,
Il soit sous trente mains en plein jour accablé.
 Ces mots des mains du chantre arrachent le pupitre.
J'y consens, leur dit-il, assemblons le chapitre.
Allez donc de ce pas, par de saints hurlemens,
Vous-mêmes appeler les chanoines dormans.
Partez. Mais ce discours les surprend et les glace.
Nous! qu'en ce vain projet, pleins d'une folle audace,
Nous allions, dit Girard, la nuit nous engager!
De notre complaisance osez-vous l'exiger?
Hé! seigneur, quand nos cris pourroient, du fond des rues,
De leurs appartemens percer les avenues,
Réveiller ces valets autour d'eux étendus,
De leur sacré repos ministres assidus,
Et pénétrer des lits au bruit inaccessibles ;
Pensez-vous, au moment que les ombres paisibles
A ces lits enchanteurs ont su les attacher,
Que la voix d'un mortel les en puisse arracher?
Deux chantres feront-ils, dans l'ardeur de vous plaire,
Ce que depuis trente ans six cloches n'ont pu faire?
 Ah! je vois bien où tend tout ce discours trompeur,
Reprend le chaud vieillard : le prélat vous fait peur.
Je vous ai vus cent fois, sous sa main bénissante,
Courber servilement une épaule tremblante.
Eh bien! allez ; sous lui fléchissez les genoux :
Je saurai réveiller les chanoines sans vous.
Viens, Girot, seul ami qui me reste fidèle :

Prenons du saint jeudi la bruyante crécelle [1].
Suis-moi. Qu'à son lever le soleil aujourd'hui
Trouve tout le chapitre éveillé devant lui.

Il dit. Du fond poudreux d'une armoire sacrée,
Par les mains de Girot la crécelle est tirée.
Ils sortent à l'instant, et, par d'heureux efforts,
Du lugubre instrument font crier les ressorts.
Pour augmenter l'effroi, la Discorde infernale
Monte dans le Palais, entre dans la grand'salle,
Et, du fond de cet antre, au travers de la nuit,
Fait sortir le démon du tumulte et du bruit.
Le quartier alarmé n'a plus d'yeux qui sommeillent,
Déjà de toutes parts les chanoines s'éveillent :
L'un croit que le tonnerre est tombé sur les toits,
Et que l'église brûle une seconde fois [2] ;
L'autre, encore agité de vapeurs plus funèbres,
Pense être au jeudi saint, croit que l'on dit ténèbres,
Et déjà tout confus, tenant midi sonné,
En soi-même frémit de n'avoir point dîné.

Ainsi, lorsque tout prêt à briser cent murailles,
Louis, la foudre en main, abandonnant Versailles,
Au retour du soleil et des zéphyrs nouveaux,
Fait dans les champs de Mars déployer ses drapeaux ;
Au seul bruit répandu de sa marche étonnante,
Le Danube s'émeut, le Tage s'épouvante,
Bruxelle attend le coup qui la doit foudroyer,
Et le Batave encore est prêt à se noyer.

Mais en vain dans leurs lits un juste effroi les presse :
Aucun ne laisse encor la plume enchanteresse.
Pour les en arracher Girot s'inquiétant
Va crier qu'au chapitre un repas les attend.
Ce mot dans tous les cœurs répand la vigilance :
Tout s'ébranle, tout sort, tout marche en diligence.

---

[1] Instrument dont on se sert le jeudi saint (et le vendredi saint) au lieu des cloches. B.

[2] Le toit de la Sainte-Chapelle fut brûlé en 1618. B.— C'est la grande salle du Palais qui fut brûlée en 1618, le toit de la Sainte-Chapelle brûla le 26 de juillet 1630.

Ils courent au chapitre, et chacun, se pressant,
Flatte d'un doux espoir son appétit naissant.
Mais, ô d'un déjeuner vaine et frivole attente!
A peine ils sont assis, que, d'une voix dolente,
Le chantre désolé, lamentant son malheur,
Fait mourir l'appétit et naître la douleur.
Le seul chanoine Évrard, d'abstinence incapable,
Ose encor proposer qu'on apporte la table.
Mais il a beau presser, aucun ne lui répond :
Quand, le premier rompant ce silence profond,
Alain tousse et se lève ; Alain, ce savant homme,
Qui de Bauny vingt fois a lu toute la Somme,
Qui possède Abéli, qui sait tout Raconis,
Et même entend, dit-on, le latin d'A-Kempis.

N'en doutez point, leur dit ce savant canoniste,
Ce coup part, j'en suis sûr, d'une main janséniste.
Mes yeux en sont témoins : j'ai vu moi-même hier
Entrer chez le prélat le chapelain Garnier.
Arnauld, cet hérétique ardent à nous détruire,
Par ce ministre adroit tente de le séduire :
Sans doute il aura lu dans son saint Augustin,
Qu'autrefois saint Louis érigea ce lutrin.
Il va nous inonder des torrens de sa plume :
Il faut, pour lui répondre, ouvrir plus d'un volume.
Consultons sur ce point quelque auteur signalé ;
Voyons si des lutrins Bauny n'a point parlé ;
Étudions enfin, il en est temps encore ;
Et, pour ce grand projet, tantôt dès que l'Aurore
Rallumera le jour dans l'onde enseveli,
Que chacun prenne en main le moelleux Abéli[1].

Ce conseil imprévu de nouveau les étonne :
Surtout le gras Évrard d'épouvante en frissonne.

Moi! dit-il, qu'à mon âge, écolier tout nouveau,
J'aille pour un lutrin me troubler le cerveau?
O le plaisant conseil! Non, non, songeons à vivre :
Va maigrir, si tu veux, et sécher sur un livre.

[1] Fameux auteur qui a fait la Moelle théologique, *Medulla theologica*. B.

Pour moi, je lis la Bible autant que l'Alcoran,
Je sais ce qu'un fermier nous doit rendre par an ;
Sur quelle vigne à Reims nous avons hypothèque :
Vingt muids rangés chez moi font ma bibliothèque.
En plaçant un pupitre on croit nous rabaisser ;
Mon bras seul, sans latin, saura le renverser.
Que m'importe qu'Arnauld me condamne ou m'approuve ?
J'abats ce qui me nuit partout où je le trouve :
C'est là mon sentiment. A quoi bon tant d'apprêts ?
Du reste, déjeunons, messieurs, et buvons frais.

   Ce discours, que soutient l'embonpoint du visage,
Rétablit l'appétit, réchauffe le courage ;
Mais le chantre surtout en paroît rassuré.

   Oui, dit-il, le pupitre a déjà trop duré :
Allons sur sa ruine assurer ma vengeance.
Donnons à ce grand œuvre une heure d'abstinence,
Et qu'au retour tantôt un ample déjeuner
Longtemps nous tienne à table et s'unisse au dîner.

   Aussitôt il se lève, et la troupe fidèle,
Par ces mots attirans sent redoubler son zèle.
Ils marchent droit au chœur d'un pas audacieux,
Et bientôt le lutrin se fait voir à leurs yeux.
A ce terrible objet aucun d'eux ne consulte :
Sur l'ennemi commun ils fondent en tumulte.
Ils sapent le pivot, qui se défend en vain ;
Chacun sur lui d'un coup veut honorer sa main.
Enfin sous tant d'efforts la machine succombe,
Et son corps entr'ouvert chancelle, éclate et tombe.
Tel sur les monts glacés des farouches Gelons [1]
Tombe un chêne battu des voisins aquilons ;
Ou tel, abandonné de ses poutres usées,
Fond enfin un vieux toit sous ses tuiles brisées.

   La masse est emportée, et ses ais arrachés
Sont aux yeux des mortels chez le chantre cachés.

---

[1] Peuples de Sarmatie, voisins du Borysthène. B.

CHANT V

L'Aurore cependant d'un juste effroi troublée,
Des chanoines levés voit la troupe assemblée,
Et contemple longtemps, avec des yeux confus,
Ces visages fleuris qu'elle n'a jamais vus.
Chez Sidrac aussitôt Brontin d'un pied fidèle,
Du pupitre abattu va porter la nouvelle.
Le vieillard de ses soins bénit l'heureux succès,
Et sur un bois détruit bâtit mille procès.
L'espoir d'un doux tumulte échauffant son courage,
Il ne sent plus le poids ni les glaces de l'âge;
Et chez le trésorier, de ce pas, à grand bruit,
Vient étaler au jour les crimes de la nuit.
Au récit imprévu de l'horrible insolence,
Le prélat hors du lit, impétueux s'élance.
Vainement d'un breuvage à deux mains apporté,
Gilotin, avant tout, le veut voir humecté.
Il veut partir à jeun. Il se peigne, il s'apprête ;
L'ivoire trop hâté deux fois rompt sur sa tête,
Et deux fois de sa main le buis tombe en morceaux :
Tel Hercule filant rompoit tous les fuseaux.
Il sort demi-paré; mais déjà sur sa porte
Il voit de saints guerriers une ardente cohorte,
Qui tous, remplis pour lui d'une égale vigueur,
Sont prêts, pour le servir, à déserter le chœur
Mais le vieillard condamne un projet inutile.
Nos destins sont, dit-il, écrits chez la Sibylle :
Son antre n'est pas loin; allons la consulter,
Et subissons la loi qu'elle nous va dicter.
Il dit : à ce conseil, où la raison domine,
Sur ses pas au barreau la troupe s'achemine,
Et bientôt, dans le temple, entend, non sans frémir,
De l'antre redouté les soupiraux gémir.
   Entre ces vieux appuis dont l'affreuse grand'salle

Soutient l'énorme poids de sa voûte infernale,
Est un pilier fameux[1], des plaideurs respecté,
Et toujours de Normands à midi fréquenté.
Là, sur des tas poudreux de sacs et de pratique,
Hurle tous les matins une Sibylle étique :
On l'appelle Chicane ; et ce monstre odieux
Jamais pour l'équité n'eut d'oreilles ni d'yeux.
La Disette au teint blême et la triste Famine,
Les Chagrins dévorans et l'infâme Ruine,
Enfans infortunés de ses raffinemens,
Troublent l'air d'alentour de longs gémissemens.
Sans cesse feuilletant les lois et la coutume,
Pour consumer autrui, le monstre se consume ;
Et, dévorant maisons, palais, châteaux entiers,
Rend pour des monceaux d'or de vains tas de papiers
Sous le coupable effort de sa noire insolence,
Thémis a vu cent fois chanceler sa balance,
Incessamment il va de détour en détour ;
Comme un hibou, souvent il se dérobe au jour :
Tantôt, les yeux en feu, c'est un lion superbe ;
Tantôt, humble serpent, il se glisse sous l'herbe.
En vain, pour le dompter, le plus juste des rois
Fit régler le chaos des ténébreuses lois :
Ses griffes, vainement par Pussort[2] accourcies,
Se rallongent déjà, toujours d'encre noircies,
Et ses ruses, perçant et digues et remparts,
Par cent brèches déjà rentrent de toutes parts.
  Le vieillard, humblement l'aborde et le salue,
En faisant, avant tout, briller l'or à sa vue :
Reine des longs procès, dit-il, dont le savoir
Rend la force inutile et les lois sans pouvoir ;
Toi, pour qui dans le Mans le laboureur moissonne,
Pour qui naissent à Caen tous les fruits de l'automne ;
Si, dès mes premiers ans, heurtant tous les mortels,

---

[1] Le pilier des consultations. B.
[2] M. Pussort, conseiller d'État, est celui qui a le plus contribué à faire le Code. B.

L'encre a toujours pour moi coulé sur tes autels,
Daigne encor me connoître en ma saison dernière.
D'un prélat qui t'implore exauce la prière.
Un rival orgueilleux, de sa gloire offensé,
A détruit le lutrin par nos mains redressé.
Épuise en sa faveur ta science fatale :
Du Digeste et du Code ouvre-nous le dédale,
Et montre-nous cet art, connu de tes amis,
Qui, dans ses propres lois, embarrasse Thémis.

 La Sibylle, à ces mots, déjà hors d'elle-même,
Fait lire sa fureur sur son visage blême,
Et, pleine du démon qui la vient oppresser,
Par ces mots étonnans tâche à le repousser :
« Chantres, ne craignez plus une audace insensée ;
« Je vois, je vois au chœur la masse replacée ;
« Mais il faut des combats. Tel est l'arrêt du sort ;
« Et surtout évitez un dangereux accord. »
Là bornant son discours, encor toute écumante,
Elle souffle aux guerriers l'esprit qui la tourmente
Et dans leurs cœurs brûlans de la soif de plaider,
Verse l'amour de nuire, et la peur de céder.
Pour tracer à loisir une longue requête,
A retourner chez soi leur brigade s'apprête.
Sous leurs pas diligens le chemin disparoît,
Et le pilier, loin d'eux, déjà baisse et décroît.

 Loin du bruit cependant les chanoines à table,
Immolent trente mets à leur faim indomptable.
Leur appétit fougueux, par l'objet excité,
Parcourt tous les recoins d'un monstrueux pâté.
Par le sel irritant la soif est allumée ;
Lorsque d'un pied léger la prompte Renommée,
Semant partout l'effroi, vient au chantre éperdu
Conter l'affreux détail de l'oracle rendu.
Il se lève, enflammé de muscat et de bile,
Et prétend à son tour consulter la Sibylle.
Évrard a beau gémir du repas déserté,
Lui-même est au barreau par le nombre emporté.
Par les détours étroits d'une barrière oblique,

Ils gagnent les degrés et le perron antique,
Où sans cesse, étalant bons et méchans écrits,
Barbin vend aux passans des auteurs à tout prix [1].

Là le chantre à grand bruit arrive et se fait place,
Dans le fatal instant que, d'une égale audace,
Le prélat et sa troupe, à pas tumultueux,
Descendoient du Palais l'escalier tortueux.
L'un et l'autre rival, s'arrêtant au passage,
Se mesure des yeux, s'observe, s'envisage;
Une égale fureur anime leurs esprits.
Tels deux fougueux taureaux [2], de jalousie épris,
Auprès d'une génisse au front large et superbe,
Oubliant tous les jours le pâturage et l'herbe,
A l'aspect l'un de l'autre, embrasés, furieux,
Déjà, le front baissé, se menacent des yeux.
Mais Évrard, en passant, coudoyé par Boirude,
Ne sait point contenir son aigre inquiétude :
Il entre chez Barbin, et, d'un bras irrité,
Saisissant du Cyrus un volume écarté,
Il lance au sacristain le tome épouvantable.
Boirude fuit le coup : le volume effroyable
Lui rase le visage, et, droit dans l'estomac,
Va frapper en sifflant l'infortuné Sidrac.
Le vieillard, accablé de l'horrible Artamène,
Tombe aux pieds du prélat, sans pouls et sans haleine.
Sa troupe le croit mort, et chacun empressé
Se croit frappé du coup dont il le voit blessé.
Aussitôt contre Évrard vingt champions s'élancent;
Pour soutenir leur choc les chanoines s'avancent.
La Discorde triomphe, et du combat fatal
Par un cri donne en l'air l'effroyable signal.

Chez le libraire absent tout entre, tout se mêle :
Les livres sur Évrard fondent comme la grêle,
Qui, dans un grand jardin, à coups impétueux,
Abat l'honneur naissant des rameaux fructueux.

---

[1] Barbin se piquoit de savoir vendre des livres, quoique méchans. B.
[2] Virgile, *Géorgiques*, l. III, vers 21 (lisez 215). B.

Chacun s'arme au hasard du livre qu'il rencontre :
L'un tient le Nœud d'Amour, l'autre en saisit la Montre [1].
L'un prend le seul Jonas qu'on ait vu relié ;
L'autre, un Tasse françois [2], en naissant oublié.
L'élève de Barbin, commis à la boutique,
Veut en vain s'opposer à leur fureur gothique :
Les volumes sans choix à la tête jetés,
Sur le perron poudreux volent de tous côtés.
Là, près d'un Guarini, Térence tombe à terre,
Là, Xénophon dans l'air heurte contre un La Serre.
Oh ! que d'écrits obscurs, de livres ignorés,
Furent en ce grand jour de la poudre tirés !
Vous en fûtes tirés, Almerinde et Simandre ;
Et toi, rebut du peuple, inconnu Caloandre [3],
Dans ton repos, dit-on, saisi par Gaillerbois,
Tu vis le jour alors pour la première fois.
Chaque coup sur la chair laisse une meurtrissure ;
Déjà plus d'un guerrier se plaint d'une blessure.
D'un Le Vayer épais Giraut est renversé :
Marineau, d'un Brébœuf à l'épaule blessé,
En sent par tout le bras une douleur amère,
Et maudit la Pharsale aux provinces si chère.
D'un Pinchêne « in-quarto » Dodillon étourdi
A longtemps le teint pâle et le cœur affadi.
Au plus fort du combat le chapelain Garagne,
Vers le sommet du front atteint d'un Charlemagne
(Des vers de ce poëme effet prodigieux !)
Tout prêt à s'endormir, bâille et ferme les yeux.
A plus d'un combattant la Clélie est fatale :
Girou dix fois par elle éclate et se signale.
Mais tout cède aux efforts du chanoine Fabri :
Ce guerrier, dans l'Église aux querelles nourri,
Est robuste de corps, terrible de visage,
Et de l'eau dans son vin n'a jamais su l'usage.
Il terrasse lui seul et Guibert et Grasset,

[1] De Bonnecorse. B.
[2] Traduction de Leclerc. B.
[3] Roman italien, traduit par Scudéri. B.

Et Gorillon la basse, et Grandin le fausset,
Et Gerbais l'agréable, et Guérin l'insipide.
  Des chantres désormais la brigade timide
S'écarte, et du Palais regagne les chemins.
Telle, à l'aspect d'un loup, terreur des champs voisins,
Fuit d'agneaux effrayés une troupe bêlante ;
Ou tels devant Achille, aux campagnes du Xanthe,
Les Troyens se sauvoient à l'abri de leurs tours :
Quand Brontin à Boirude adresse ce discours :
Illustre porte-croix, par qui notre bannière
N'a jamais en marchant fait un pas en arrière,
Un chanoine lui seul triomphant du prélat,
Du rochet à nos yeux ternira-t-il l'éclat?
Non, non : pour te couvrir de sa main redoutable,
Accepte de mon corps l'épaisseur favorable[1].
Viens, et, sous ce rempart, à ce guerrier hautain
Fais voler ce Quinault qui me reste à la main.
A ces mots, il lui tend le doux et tendre ouvrage :
Le sacristain, bouillant de zèle et de courage,
Le prend, se cache, approche, et, droit entre les yeux,
Frappe du noble écrit l'athlète audacieux ;
Mais c'est pour l'ébranler une foible tempête ;
Le livre sans vigueur mollit contre sa tête.
Le chanoine les voit, de colère embrasé :
Attendez, leur dit-il, couple lâche et rusé,
Et jugez si ma main, aux grands exploits novice,
Lance à mes ennemis un livre qui mollisse.
A ces mots il saisit un vieil « Infortiat, »
Grossi des visions d'Accurse et d'Alciat[2],
Inutile ramas de gothique écriture,
Dont quatre ais mal unis formoient la couverture,
Entourée à demi d'un vieux parchemin noir,
Où pendoit à trois clous un reste de fermoir.
Sur l'ais qui le soutient auprès d'un Avicenne[3],
Deux des plus forts mortels l'ébranleroient à peine :

---

[1] *Iliade*, l. VIII, vers 267. B.
[2] Livre de droit d'une grosseur énorme. B.
[3] Auteur arabe. B.

Le chanoine pourtant l'enlève sans effort,
Et, sur le couple pâle et déjà demi-mort,
Fait tomber à deux mains l'effroyable tonnerre.
Les guerriers, de ce coup, vont mesurer la terre,
Et, du bois et des clous meurtris et déchirés,
Longtemps, loin du perron, roulent sur les degrés.

Au spectacle étonnant de leur chute imprévue,
Le prélat pousse un cri qui pénètre la nue.
Il maudit dans son cœur le démon des combats,
Et de l'horreur du coup il recule six pas.
Mais bientôt rappelant son antique prouesse,
Il tire du manteau sa dextre vengeresse ;
Il part, et, de ses doigts saintement allongés,
Bénit tous les passans, en deux files rangés.
Il sait que l'ennemi, que ce coup va surprendre,
Désormais sur ses pieds ne l'oseroit attendre,
Et déjà voit pour lui tout le peuple en courroux
Crier aux combattans : Profanes, à genoux !
Le chantre, qui de loin voit approcher l'orage,
Dans son cœur éperdu cherche en vain du courage.
Sa fierté l'abandonne, il tremble, il cède, il fuit ;
Le long des sacrés murs sa brigade le suit :
Tout s'écarte à l'instant ; mais aucun n'en réchappe ;
Partout le doigt vainqueur les suit et les rattrape.
Évrard seul, en un coin prudemment retiré,
Se croyoit à couvert de l'insulte sacré ;
Mais le prélat vers lui fait une marche adroite :
Il l'observe de l'œil ; et tirant vers la droite,
Tout d'un coup tourne à gauche, et d'un bras fortuné
Bénit subitement le guerrier consterné.
Le chanoine, surpris de la foudre mortelle,
Se dresse, et lève en vain une tête rebelle ;
Sur ses genoux tremblans il tombe à cet aspect,
Et donne à la frayeur ce qu'il doit au respect.

Dans le temple aussitôt le prélat plein de gloire
Va goûter les doux fruits de sa sainte victoire :
Et de leur vain projet les chanoines punis,
S'en retournent chez eux éperdus et bénis.

CHANT VI

Tandis que tout conspire à la guerre sacrée,
La Piété sincère, aux Alpes retirée[1],
Du fond de son désert entend les tristes cris
De ses sujets cachés dans les murs de Paris.
Elle quitte à l'instant sa retraite divine :
La Foi, d'un pas certain, devant elle chemine ;
L'Espérance au front gai l'appuie et la conduit ;
Et, la bourse à la main, la Charité la suit.
Vers Paris elle vole, et, d'une audace sainte,
Vient aux pieds de Thémis proférer cette plainte.
    Vierge, effroi des méchans, appui de mes autels,
Qui, la balance en main, règles tous les mortels,
Ne viendrai-je jamais en tes bras salutaires
Que pousser des soupirs, et pleurer mes misères ?
Ce n'est donc pas assez qu'au mépris de tes lois
L'Hypocrisie ait pris et mon nom et ma voix ;
Que, sous ce nom sacré, partout ses mains avares
Cherchent à me ravir crosses, mitres, tiares !
Faudra-t-il voir encor cent monstres furieux
Ravager mes États usurpés à tes yeux ?
Dans les temps orageux de mon naissant empire,
Au sortir du baptême on couroit au martyre.
Chacun, plein de mon nom, ne respiroit que moi :
Le fidèle, attentif aux règles de sa loi,
Fuyant des vanités la dangereuse amorce,
Aux honneurs appelé, n'y montoit que par force.
Ces cœurs, que les bourreaux ne faisoient point frémir,
A l'offre d'une mitre étoient prêts à gémir ;
Et, sans peur des travaux, sur mes traces divines
Couroient chercher le ciel au travers des épines.
Mais, depuis que l'Église eut, aux yeux des mortels,
De son sang en tous lieux cimenté ses autels,

---

[1] La Grande-Chartreuse est dans les Alpes. B.

Le calme dangereux succédant aux orages,
Une lâche tiédeur s'empara des courages.
De leur zèle brûlant l'ardeur se ralentit ;
Sous le joug des péchés leur foi s'appesantit.
Le moine secoua le cilice et la haire ;
Le chanoine indolent apprit à ne rien faire ;
Le prélat par la brigue aux honneurs parvenu,
Ne sut plus qu'abuser d'un ample revenu,
Et, pour toutes vertus fit, au dos d'un carrosse,
A côté d'une mitre armorier sa crosse.
L'Ambition partout chassa l'Humilité ;
Dans la crasse du froc logea la Vanité.
Alors de tous les cœurs l'union fut détruite.
Dans mes cloîtres sacrés la Discorde introduite
Y bâtit de mon bien ses plus sûrs arsenaux ;
Traîna tous mes sujets au pied des tribunaux.
En vain à ses fureurs j'opposai mes prières ;
L'insolente, à mes yeux, marcha sous mes bannières.
Pour comble de misère, un tas de faux docteurs
Vint flatter les péchés de discours imposteurs ;
Infectant les esprits d'exécrables maximes,
Voulut faire à Dieu même approuver tous les crimes.
Une servile peur tint lieu de charité ;
Le besoin d'aimer Dieu passa pour nouveauté ;
Et chacun à mes pieds, conservant sa malice,
N'apporta de vertu que l'aveu de son vice.
 Pour éviter l'affront de ces noirs attentats,
Je vins chercher le calme au séjour des frimas,
Sur ces monts entourés d'une éternelle glace,
Où jamais au printemps les hivers n'ont fait place ;
Mais, jusque dans la nuit de mes sacrés déserts,
Le bruit de mes malheurs fait retentir les airs.
Aujourd'hui même encore une voix trop fidèle
M'a d'un triste désastre apporté la nouvelle :
J'apprends que, dans ce temple où le plus saint des rois [1]
Consacra tout le fruit de ses pieux exploits,
Et signala pour moi sa pompeuse largesse,

---

[1] Saint Louis, fondateur de la Sainte-Chapelle. B.

L'implacable Discorde et l'infâme Mollesse,
Foulant aux pieds les lois, l'honneur et le devoir,
Usurpent en mon nom le souverain pouvoir.
Souffriras-tu, ma sœur, une action si noire?
Quoi! ce temple, à ta porte, élevé pour ma gloire,
Où jadis des humains j'attirois tous les vœux,
Sera de leurs combats le théâtre honteux!
Non, non, il faut enfin que ma vengeance éclate:
Assez et trop longtemps l'impunité les flatte.
Prends ton glaive, et, fondant sur ces audacieux,
Viens aux yeux des mortels justifier les cieux.

 Ainsi parle à sa sœur cette vierge enflammée:
La grace est dans ses yeux d'un feu pur allumée.
Thémis sans différer lui promet son secours,
La flatte, la rassure, et lui tient ce discours:

 Chère et divine sœur, dont les mains secourables
Ont tant de fois séché les pleurs des misérables,
Pourquoi toi-même, en proie à tes vives douleurs,
Cherches-tu sans raison à grossir tes malheurs?
En vain de tes sujets l'ardeur est ralentie:
D'un ciment éternel ton Église est bâtie,
Et jamais de l'enfer les noirs frémissemens
N'en sauroient ébranler les fermes fondemens.
Au milieu des combats, des troubles, des querelles,
Ton nom encor chéri vit au sein des fidèles.
Crois-moi, dans ce lieu même où l'on veut t'opprimer,
Le trouble qui t'étonne est facile à calmer:
Et, pour y rappeler la paix tant désirée,
Je vais t'ouvrir, ma sœur, une route assurée.
Prête-moi donc l'oreille, et retiens tes soupirs.
Vers ce temple fameux, si cher à tes désirs,
Où le ciel fut pour toi si prodigue en miracles,
Non loin de ce palais où je rends mes oracles,
Est un vaste séjour des mortels révéré,
Et de cliens soumis à toute heure entouré.
Là, sous le faix pompeux de ma pourpre honorable,
Veille au sein de ma gloire un homme[1] incomparable,

---

[1] M. de Lamoignon, premier président. B.

Ariste, dont le ciel et Louis ont fait choix
Pour régler ma balance et dispenser mes lois.
Par lui dans le barreau sur mon trône affermie,
Je vois hurler en vain la chicane ennemie :
Par lui la vérité ne craint plus l'imposteur,
Et l'orphelin n'est plus dévoré du tuteur.
Mais pourquoi vainement t'en retracer l'image?
Tu le connois assez : Ariste est ton ouvrage;
C'est toi qui le formas dès ses plus jeunes ans;
Son mérite sans tache est un de tes présens.
Tes divines leçons, avec le lait sucées,
Allumèrent l'ardeur de ses nobles pensées.
Aussi son cœur, pour toi brûlant d'un si beau feu,
N'en fit point dans le monde un lâche désaveu;
Et son zèle hardi, toujours prêt à paroître,
N'alla point se cacher dans les ombres d'un cloître.
Va le trouver, ma sœur : à ton auguste nom,
Tout s'ouvrira d'abord en sa sainte maison.
Ton visage est connu de sa noble famille;
Tout y garde tes lois, enfans, sœur, femme, fille.
Tes yeux d'un seul regard sauront le pénétrer;
Et, pour obtenir tout, tu n'as qu'à te montrer.
  Là s'arrête Thémis. La Piété charmée
Sent renaître la joie en son ame calmée.
Elle court chez Ariste; et s'offrant à ses yeux :
  Que me sert, lui dit-elle, Ariste, qu'en tous lieux
Tu signales pour moi ton zèle et ton courage,
Si la Discorde impie à ta porte m'outrage?
Deux puissans ennemis, par elle envenimés,
Dans ces murs, autrefois si saints, si renommés,
A mes sacrés autels font un profane insulte,
Remplissent tout d'effroi, de trouble et de tumulte.
De leur crime à leurs yeux va-t'en peindre l'horreur :
Sauve-moi, sauve-les de leur propre fureur.
  Elle sort à ces mots. Le héros en prière
Demeure tout couvert de feux et de lumière.
De la céleste fille il reconnoît l'éclat,
Et mande au même instant le chantre et le prélat.

Muse, c'est à ce coup que mon esprit timide
Dans sa course élevée a besoin qu'on le guide,
Pour chanter par quels soins, par quels nobles tra-
Un mortel sut fléchir ces superbes rivaux. [vaux,
 Mais plutôt, toi qui fis ce merveilleux ouvrage,
Ariste, c'est à toi d'en instruire notre âge.
Seul tu peux révéler par quel art tout-puissant
Tu rendis tout à coup le chantre obéissant.
Tu sais par quel conseil rassemblant le chapitre,
Lui-même, de sa main, reporta le pupitre ;
Et comment le prélat, de ses respects content,
Le fit du banc fatal enlever à l'instant.
Parle donc : c'est à toi d'éclaircir ces merveilles.
Il me suffit, pour moi, d'avoir su, par mes veilles,
Jusqu'au sixième chant pousser ma fiction,
Et fait d'un vain pupitre un second Ilion.
Finissons. Aussi bien, quelque ardeur qui m'inspire,
Quand je songe au héros qu'il me reste à décrire,
Qu'il faut parler de toi, mon esprit éperdu
Demeure sans parole, interdit, confondu.
 Ariste, c'est ainsi qu'en ce sénat illustre
Où Thémis, par tes soins, reprend son premier lustre,
Quand, la première fois, un athlète nouveau
Vient combattre en champ clos aux joutes du barreau,
Souvent, sans y penser, ton auguste présence
Troublant par trop d'éclat sa timide éloquence,
Le nouveau Cicéron, tremblant, décoloré,
Cherche en vain son discours sur sa langue égaré ;
En vain, pour gagner temps, dans ses transes affreuses,
Traîne d'un dernier mot les syllabes honteuses ;
Il hésite, il bégaye ; et le triste orateur
Demeure enfin muet aux yeux du spectateur[1].

---

[1] L'orateur demeurant muet, il n'y a plus d'auditeurs : il reste seulement des spectateurs. B.

ODES, ÉPIGRAMMES

ET AUTRES POÉSIES

DISCOURS SUR L'ODE

L'ode suivante a été composée à l'occasion de ces étranges dialogues[1] qui ont paru depuis quelque temps, où tous les plus grands écrivains de l'antiquité sont traités d'esprits médiocres, de gens à être mis en parallèle avec les Chapelains et avec les Cotins, et où, voulant faire honneur à notre siècle, on l'a en quelque sorte diffamé, en faisant voir qu'il s'y trouve des hommes capables d'écrire des choses si peu sensées. Pindare est des plus maltraités. Comme les beautés de ce poëte sont extrêmement renfermées dans sa langue, l'auteur de ces dialogues, qui vraisemblablement ne sait point de grec, et qui n'a lu Pindare que dans des traductions latines assez défectueuses, a pris pour galimatias tout ce que la foiblesse de ses lumières ne lui permettoit pas de comprendre. Il a surtout traité de ridicules ces endroits merveilleux où le poëte, pour marquer un esprit entièrement hors de soi, rompt quelquefois de dessein formé la suite de son discours; et afin de mieux entrer dans la raison, sort, s'il faut ainsi parler, de la raison même, évitant avec grand soin cet ordre méthodique et ces exactes liaisons de sens qui ôte-

---

[1] Parallèle des anciens et des modernes, en forme de dialogue. B.

roient l'ame à la poésie lyrique. Le censeur dont je parle n'a pas pris garde qu'en attaquant ces nobles hardiesses de Pindare, il donnoit lieu de croire qu'il n'a jamais conçu le sublime des psaumes de David, où, s'il est permis de parler de ces saints cantiques à propos de choses si profanes, il y a beaucoup de ces sens rompus, qui servent même quelquefois à en faire sentir la divinité. Ce critique, selon toutes les apparences, n'est pas fort convaincu du précepte que j'ai avancé dans mon Art poétique, à propos de l'ode :

> Son style impétueux souvent marche au hasard :
> Chez elle un beau désordre est un effet de l'art.

Ce précepte effectivement, qui donne pour règle de ne point garder quelquefois de règles, est un mystère de l'art, qu'il n'est point aisé de faire entendre à un homme sans aucun goût, qui croit que la Clélie et nos opéra sont les modèles du genre sublime ; qui trouve Térence fade, Virgile froid, Homère de mauvais sens, et qu'une espèce de bizarrerie d'esprit rend insensible à tout ce qui frappe ordinairement les hommes. Mais ce n'est pas ici le lieu de lui montrer ses erreurs. On le fera peut-être plus à propos un de ces jours, dans quelque autre ouvrage.

Pour revenir à Pindare, il ne seroit pas difficile d'en faire sentir les beautés à des gens qui se seroient un peu familiarisé le grec ; mais comme cette langue est aujourd'hui assez ignorée de la plupart des hommes, et qu'il n'est pas possible de leur faire voir Pindare dans Pindare même, j'ai cru que je ne pouvois mieux justifier ce grand poëte qu'en tâchant de faire une ode en françois à sa manière, c'est-à-dire pleine de mouvemens et de transports, où l'esprit parût plutôt entraîné du démon de la poésie que guidé par la raison. C'est le but que je me suis proposé dans l'ode qu'on va voir. J'ai pris pour sujet la prise de Namur, comme la plus grande action de guerre qui se soit faite de nos jours, et comme la matière la plus propre à échauffer l'imagination d'un poëte. J'y ai jeté, autant que j'ai pu, la magnificence des mots ; et, à l'exemple des anciens poëtes dithyrambiques, j'y ai employé les figures les plus audacieuses, jusqu'à y faire un astre de la plume blanche que le roi porte ordinairement à son chapeau, et qui est en effet comme une espèce de comète fatale à nos ennemis, qui se jugent perdus dès qu'ils l'aperçoivent. Voilà le dessein de cet ouvrage. Je ne réponds pas d'y avoir réussi; et je ne sais si le public, accoutumé aux sages emportemens de Malherbe, s'accommodera de ces saillies et de ces excès pindariques. Mais, supposé que j'y aie échoué, je m'en consolerai du moins par le commencement de cette fameuse ode latine d'Horace, *Pindarum quisquis studet æmulari*, etc., où Horace donne assez à entendre que, s'il eût voulu lui-même s'élever à la hauteur de Pindare, il se seroit cru en grand hasard de tomber.

Au reste, comme parmi les épigrammes qui sont imprimées à la suite de cette ode[1], on trouvera encore une autre petite ode de ma façon, que je n'avois point jusqu'ici insérée dans mes écrits, je suis bien aise, pour ne me point brouiller avec les Anglois d'aujourd'hui, de faire ici ressouvenir le lecteur que les Anglois que j'attaque dans ce petit poëme, qui est un ouvrage de ma première jeunesse, ce sont les Anglois du temps de Cromwell.

J'ai joint aussi à ces épigrammes un arrêt burlesque donné au Parnasse, que j'ai composé autrefois, afin de prévenir un arrêt très-sérieux, que l'Université songeoit à obtenir du parlement contre ceux qui enseigneroient dans les écoles de philosophie d'autres principes que ceux d'Aristote. La plaisanterie y descend un peu bas, et est toute dans les termes de la pratique; mais il falloit qu'elle fût ainsi, pour faire son effet, qui fut très-heureux, et obligea, pour ainsi dire, l'Université à supprimer la requête qu'elle alloit présenter.

. . . . . Ridiculum acri
Fortius ac melius magnas plerumque secat res.

On a mis ici cette ode à la suite de l'*Ode sur la prise de Namur*.

ODE

SUR LA PRISE DE NAMUR.

Quelle docte et sainte ivresse
Aujourd'hui me fait la loi?
Chastes nymphes du Permesse,
N'est-ce pas vous que je voi?
Accourez, troupe savante;
Des sons que ma lyre enfante
Ces arbres sont réjouis.
Marquez-en bien la cadence;
Et vous, vents, faites silence:
Je vais parler de Louis.

Dans ses chansons immortelles,
Comme un aigle audacieux,
Pindare, étendant ses ailes,
Fuit loin des vulgaires yeux.
Mais, ô ma fidèle lyre!
Si, dans l'ardeur qui m'inspire,
Tu peux suivre mes transports;
Les chênes des monts de Thrace [1]
N'ont rien ouï que n'efface
La douceur de tes accords.

Est-ce Apollon et Neptune
Qui, sur ces rocs sourcilleux,
Ont, compagnons de fortune [2],
Bâti ces murs orgueilleux?
De leur enceinte fameuse
La Sambre, unie à la Meuse,
Défend le fatal abord;
Et, par cent bouches horribles,

---

[1] Hémus, Rhodope et Pangée. B.
[2] Ils s'étoient loués à Laomédon, pour rebâtir les murs de Troie. B.

L'airain sur ces monts terribles
Vomit le fer et la mort.

Dix mille vaillans Alcides
Les bordant de toutes parts,
D'éclairs au loin homicides
Font petiller leurs remparts ;
Et, dans son sein infidèle,
Partout la terre y recèle
Un feu prêt à s'élancer,
Qui, soudain perçant son gouffre,
Ouvre un sépulcre de soufre
A quiconque ose avancer.

Namur, devant tes murailles,
Jadis la Grèce eût, vingt ans,
Sans fruit vu les funérailles
De ses plus fiers combattans.
Quelle effroyable puissance
Aujourd'hui pourtant s'avance,
Prête à foudroyer tes monts !
Quel bruit, quel feu l'environne !
C'est Jupiter en personne,
Ou c'est le vainqueur de Mons.

N'en doute point, c'est lui-même ;
Tout brille en lui, tout est roi.
Dans Bruxelles Nassau blême
Commence à trembler pour toi
En vain il voit le Batave,
Désormais docile esclave,
Rangé sous ses étendards ;
En vain au lion belgique
Il voit l'aigle germanique
Uni sous les léopards :

Plein de la frayeur nouvelle
Dont ses sens sont agités,

A son secours il appelle
Les peuples les plus vantés.
Ceux-là viennent du rivage
Où s'enorgueillit le Tage
De l'or qu'il roule en ses eaux ;
Ceux-ci, des champs où la neige
Des marais de la Norvége
Neuf mois couvre les roseaux.

Mais qui fait enfler la Sambre ?
Sous les Jumeaux effrayés,
Des froids torrens de décembre [1]
Les champs partout sont noyés.
Cérès s'enfuit éplorée,
De voir en proie à Borée
Ses guérets d'épis chargés,
Et, sous les urnes fangeuses
Des Hyades orageuses
Tous ses trésors submergés.

Déployez toutes vos rages,
Princes, vents, peuples, frimas ;
Ramassez tous vos nuages,
Rassemblez tous vos soldats :
Malgré vous, Namur en poudre
S'en va tomber sous la foudre
Qui dompta Lille, Courtrai.
Gand la superbe Espagnole,
Saint-Omer, Besançon, Dôle,
Ypres, Mastricht et Cambrai.

Mes présages s'accomplissent :
Il commence à chanceler ;
Sous les coups qui retentissent
Ses murs s'en vont s'écrouler.

---

[1] Le siége se fit au mois de juin (1692), et il tomba durant ce temps-là de furieuses pluies. B.

Mars en feu, qui les domine,
Souffle à grand bruit leur ruine ;
Et les bombes, dans les airs
Allant chercher le tonnerre,
Semblent, tombant sur la terre,
Vouloir s'ouvrir les enfers.

Accourez, Nassau, Bavière,
De ces murs l'unique espoir :
A couvert d'une rivière,
Venez, vous pouvez tout voir.
Considérez ces approches :
Voyez grimper sur ces roches
Ces athlètes belliqueux ;
Et dans les eaux, dans la flamme,
Louis, à tout donnant l'ame,
Marcher, courir avec eux.

Contemplez dans la tempête
Qui sort de ces boulevards,
La plume qui sur sa tête[1]
Attire tous les regards.
A cet astre[2] redoutable
Toujours un sort favorable
S'attache dans les combats :
Et toujours avec la gloire
Mars amenant la victoire
Vole et le suit à grands pas.

Grands défenseurs de l'Espagne,
Montrez-vous, il en est temps.
Courage ! vers la Méhagne[3],
Voilà vos drapeaux flottans.
Jamais ses ondes craintives
N'ont vu sur leurs foibles rives

---

[1] Le roi porte toujours à l'armée une plume blanche. B.
[2] Homère, *Iliade*, XIX, v. 299 (erreur, c'est 381), où il dit que l'aigrette d'Achille étinceloit comme un astre. B.
[3] Rivière près de Namur. B.

Tant de guerriers s'amasser.
Courez donc : qui vous retarde ?
Tout l'univers vous regarde :
N'osez-vous la traverser ?

Loin de fermer le passage
A vos nombreux bataillons,
Luxembourg a du rivage
Reculé ses pavillons.
Quoi ! leur seul aspect vous glace !
Où sont ces chefs pleins d'audace,
Jadis si prompts à marcher,
Qui devoient, de la Tamise
Et de la Drave[1] soumise,
Jusqu'à Paris nous chercher ?

Cependant l'effroi redouble
Sur les remparts de Namur :
Son gouverneur, qui se trouble,
S'enfuit sous son dernier mur.
Déjà jusques à ses portes
Je vois monter nos cohortes
La flamme et le fer en main ;
Et sur les monceaux de piques,
De corps morts, de rocs, de briques,
S'ouvrir un large chemin.

C'en est fait. Je viens d'entendre
Sur ces rochers éperdus
Battre un signal pour se rendre.
Le feu cesse : ils sont rendus.
Dépouillez votre arrogance,
Fiers ennemis de la France ;
Et, désormais gracieux,
Allez à Liége, à Bruxelles,
Porter les humbles nouvelles
De Namur pris à vos yeux.

[1] Rivière qui passe à Belgrade en Hongrie. B.

Pour moi, que Phébus anime
De ses transports les plus doux,
Rempli de ce dieu sublime,
Je vais, plus hardi que vous,
Montrer que sur le Parnasse,
Des bois fréquentés d'Horace
Ma muse dans son déclin
Sait encor les avenues,
Et des sources inconnues
A l'auteur du Saint-Paulin [1].

ODE

SUR UN BRUIT QUI COURUT, EN 1656, QUE CROMWELL ET LES
ANGLOIS ALLOIENT FAIRE LA GUERRE A LA FRANCE [2]

Quoi! ce peuple aveugle en son crime,
Qui, prenant son roi [3] pour victime,
Fit du trône un théâtre affreux,
Pense-t-il que le ciel, complice
D'un si funeste sacrifice,
N'a pour lui ni foudres ni feux?

Déjà sa flotte à pleines voiles,
Malgré les vents et les étoiles,
Veut maîtriser tout l'univers;
Et croit que l'Europe étonnée
A son audace forcenée
Va céder l'empire des mers.

Arme-toi, France; prends la foudre:
C'est à toi de réduire en poudre

---

[1] Poëme héroïque de M. P*** (Perrault). B.
[2] Je n'avois que dix-huit ans (il en avait dix-neuf ou vingt) quand je fis cette ode, mais je l'ai raccommodée. B.
[3] Charles 1er.

Ces sanglans ennemis des lois.
Suis la victoire qui t'appelle,
Et va sur ce peuple rebelle
Venger la querelle des rois.

Jadis on vit ces parricides,
Aidés de nos soldats perfides,
Chez nous, au comble de l'orgueil,
Briser tes plus fortes murailles,
Et par le gain de vingt batailles
Mettre tous tes peuples en deuil.

Mais bientôt le ciel en colère,
Par la main d'une humble bergère
Renversant tous leurs bataillons,
Borna leurs succès et nos peines;
Et leurs corps, pourris dans nos plaines,
N'ont fait qu'engraisser nos sillons.

POÉSIES DIVERSES

I

CHANSON A BOIRE, QUE JE FIS AU SORTIR DE MON COURS DE PHILOSOPHIE, A L'AGE DE DIX-SEPT ANS (1653).

Philosophes rêveurs, qui pensez tout savoir,
Ennemis de Bacchus, rentrez dans le devoir :
　　Vos esprits s'en font trop accroire.
　Allez, vieux fous, allez apprendre à boire.
　　　On est savant quand on boit bien :
　　　Qui ne sait boire ne sait rien.

S'il faut rire ou chanter au milieu d'un festin,
Un docteur est alors au bout de son latin :
　　Un goinfre en a toute la gloire.
　Allez, vieux fous, etc.

II

CHANSON A BOIRE (1654).

Soupirez jour et nuit, sans manger et sans boire,
    Ne songez qu'à souffrir :
Aimez, aimez vos maux, et mettez votre gloire
    A n'en jamais guérir.
    Cependant nous rirons
    Avecque la bouteille,
    Et dessous la treille
    Nous la chérirons.

Si, sans vous soulager, une aimable cruelle
    Vous retient en prison,
Allez aux durs rochers, aussi sensibles qu'elle,
    En demander raison.
    Cependant nous rirons, etc.

III

VERS A METTRE EN CHANT (1670).

Voici les lieux charmans, où mon ame ravie
    Passoit à contempler Sylvie
Ces tranquilles momens si doucement perdus.
Que je l'aimois alors ! Que je la trouvois belle !
Mon cœur, vous soupirez au nom de l'infidèle :
Avez-vous oublié que vous ne l'aimez plus ?

C'est ici que souvent errant dans les prairies,
    Ma main, des fleurs les plus chéries,
Lui faisoit des présens si tendrement reçus.
Que je l'aimois alors ! Que je la trouvois belle ! etc.

IV

CHANSON A BOIRE, FAITE A BAVILLE, OU ÉTOIT LE PÈRE BOURDALOUE (1672).

    Que Bâville me semble aimable
    Quand des magistrats le plus grand

Permet que Bacchus à sa table
Soit notre premier président.

Trois muses, en habits de ville,
Y président à ses côtés :
Et ses arrêts par Arbouville [1]
Sont à plein verre exécutés.

Si Bourdaloue un peu sévère
Nous dit : Craignez la volupté ;
Escobar, lui dit-on, mon père,
Nous la permet pour la santé.

Contre ce docteur authentique,
Si du jeûne il prend l'intérêt :
Bacchus le déclare hérétique,
Et janséniste, qui pis est.

V

VERS DANS LE STYLE DE CHAPELAIN, QUE BOILEAU CHANTOIT SUR UN AIR FORT TENDRE (1670).

Droits et roides rochers dont peu tendre est la cime,
De mon flamboyant cœur l'âpre état vous savez :
Savez aussi, durs bois, par les hivers lavés,
Qu'holocauste est mon cœur pour un front magnanime.

VI

SONNET SUR LA MORT D'UNE PARENTE (1655).

Parmi les doux transports d'une amitié fidèle,
Je voyois près d'Iris couler mes heureux jours ;
Iris que j'aime encore, et que j'aimai toujours,
Brûloit des mêmes feux dont je brûlois pour elle :

Quand, par l'ordre du ciel, une fièvre cruelle
M'enleva cet objet de mes tendres amours ;

---

[1] Gentilhomme parent de M. le premier président. B.

Et, de tous mes plaisirs interrompant le cours,
Me laissa de regrets une suite éternelle.

Ah! qu'un si rude coup étonna mes esprits!
Que je versai de pleurs! que je poussai de cris!
De combien de douleurs ma douleur fut suivie;

Iris, tu fus alors moins à plaindre que moi ;
Et, bien qu'un triste sort t'ait fait perdre la vie,
Hélas! en te perdant j'ai perdu plus que toi.

VII

SONNET SUR UNE DE MES PARENTES QUI MOURUT TOUTE JEUNE ENTRE LES MAINS D'UN CHARLATAN (VERS 1690).

Nourri dès le berceau près de la jeune Orante,
Et non moins par le cœur que par le sang lié,
A ses jeux innocens enfant associé,
Je goûtois les douceurs d'une amitié charmante;

Quand un faux Esculape, à cervelle ignorante,
A la fin d'un long mal vainement pallié,
Rompant de ses beaux jours le fil trop délié,
Pour jamais me ravit mon aimable parente.

Oh! qu'un si rude coup me fit verser de pleurs!
Bientôt la plume en main signalant mes douleurs,
Je demandai raison d'un acte si perfide.

Oui, j'en fis dès quinze ans ma plainte à l'univers;
Et l'ardeur de venger ce barbare homicide
Fut le premier démon qui m'inspira des vers.

VIII

STANCES A M. MOLIÈRE, SUR LA COMÉDIE DE L'ÉCOLE DES FEMMES, QUE PLUSIEURS GENS FRONDOIENT (1662).

En vain mille jaloux esprits,
Molière, osent avec mépris,

Censurer ton plus bel ouvrage :
Sa charmante naïveté
S'en va pour jamais d'âge en âge
Divertir la postérité.

Que tu ris agréablement !
Que tu badines savamment !
Celui qui sut vaincre Numance [1],
Qui mit Carthage sous sa loi,
Jadis sous le nom de Térence
Sut-il mieux badiner que toi ?

Ta muse avec utilité
Dit plaisamment la vérité ;
Chacun profite à ton école ;
Tout en est beau, tout en est bon ;
Et ta plus burlesque parole
Est souvent un docte sermon.

Laisse gronder tes envieux ;
Ils ont beau crier en tous lieux
Qu'en vain tu charmes le vulgaire,
Que tes vers n'ont rien de plaisant :
Si tu savois un peu moins plaire,
Tu ne leur déplairois pas tant.

IX

ÉPITAPHE SUR LA MÈRE DE L'AUTEUR (1670) [2].

Épouse d'un mari doux, simple, officieux,
Par la même douceur je sus plaire à ses yeux :
Nous ne sûmes jamais ni railler, ni médire.
Passant, ne t'enquiers point si de cette bonté
    Tous mes enfans ont hérité :
Lis seulement ces vers, et garde-toi d'écrire.

[1] Scipion. B.
[2] C'est elle qui parle. B. — Anne Denielle.

X

VERS POUR METTRE AU BAS DU PORTRAIT DE MON PÈRE[1], GREFFIER DE LA GRAND'CHAMBRE DU PARLEMENT DE PARIS (1690).

Ce greffier, doux et pacifique,
De ses enfans au sang critique
N'eut point le talent redouté ;
Mais fameux par sa probité,
Reste de l'or du siècle antique,
Sa conduite, dans le Palais
Partout pour exemple citée,
Mieux que leur plume si vantée
Fit la satire des Rolets.

XI

M. LE VERRIER, MON ILLUSTRE AMI, AYANT FAIT GRAVER MON PORTRAIT PAR DREVET, CÉLÈBRE GRAVEUR, FIT METTRE AU BAS DE CE PORTRAIT QUATRE VERS, OU L'ON ME FAIT AINSI PARLER (1704) :

Au joug de la raison asservissant la rime,
Et, même en imitant, toujours original,
J'ai su dans mes écrits, docte, enjoué, sublime,
Rassembler en moi Perse, Horace et Juvénal.

XII

A QUOI J'AI RÉPONDU PAR CES VERS (1704) :

Oui, Le Verrier, c'est là mon fidèle portrait ;
    Et le graveur en chaque trait
A su très-finement tracer sur mon visage
De tout faux bel esprit l'ennemi redouté.
Mais, dans les vers pompeux qu'au bas de cet ouvrage
Tu me fais prononcer avec tant de fierté,
    D'un ami de la vérité
    Qui peut reconnoître l'image?

[1] Gilles Boileau.

XIII

SUR LE BUSTE DU MARBRE QU'A FAIT DE MOI M. GIRARDON, PREMIER SCULPTEUR DU ROI.

Grâce au Phidias de notre âge,
Me voilà sûr de vivre autant que l'univers,
Et ne connût-on plus ni mon nom ni mes vers,
Dans ce marbre fameux taillé sur mon visage,
De Girardon toujours on vantera l'ouvrage.

XIV

VERS POUR METTRE AU BAS DU PORTRAIT DE TAVERNIER, LE CÉLÈBRE VOYAGEUR (1670).

De Paris à Delhi[1], du couchant à l'aurore,
Ce fameux voyageur courut plus d'une fois ;
De l'Inde et de l'Hydaspe[2] il fréquenta les rois,
Et sur les bords du Gange on le révère encore.
En tous lieux sa vertu fut son plus sûr appui ;
Et, bien qu'en nos climats de retour aujourd'hui
    En foule à nos yeux il présente
Les plus rares trésors que le soleil enfante[3],
Il n'a rien rapporté de si rare que lui.

XV

VERS POUR METTRE AU BAS D'UN PORTRAIT DE MONSEIGNEUR LE DUC DU MAINE, ALORS ENCORE ENFANT, ET DONT ON AVOIT IMPRIMÉ UN PETIT VOLUME DE LETTRES, AU-DEVANT DESQUELLES CE PRINCE ÉTOIT PEINT EN APOLLON, AVEC UNE COURONNE DE LAURIERS SUR LA TÊTE (1678).

Quel est cet Apollon nouveau,
Qui presque au sortir du berceau

---

[1] Ville et royaume des Indes. B.
[2] Fleuves du même pays. B.
[3] Il étoit revenu des Indes avec près de trois millions en pierreries. B.

Vient régner sur notre Parnasse?
Qu'il est brillant! qu'il a de grace!
Du plus grand des héros je reconnois le fils.
Il est déjà tout plein de l'esprit de son père;
Et le feu des yeux de sa mère
A passé jusqu'en ses écrits.

XVI

VERS POUR METTRE AU BAS DU PORTRAIT DE MADEMOISELLE DE LAMOIGNON (1687).

Aux sublimes vertus nourrie en sa famille,
Cette admirable et sainte fille
En tous lieux signala son humble piété;
Jusqu'aux climats[1] où naît et finit la clarté,
Fit ressentir l'effet de ses soins secourables;
Et jour et nuit pour Dieu pleine d'activité,
Consuma son repos, ses biens et sa santé,
A soulager les maux de tous les misérables.

XVII

VERS POUR METTRE AU BAS DU PORTRAIT DE DÉFUNT M. HAMON, MÉDECIN DE PORT-ROYAL (1687).

Tout brillant de savoir, d'esprit et d'éloquence,
Il courut au désert chercher l'obscurité,
Aux pauvres consacra ses biens et sa science,
Et trente ans dans le jeûne et dans l'austérité,
Fit son unique volupté
Des travaux de la pénitence.

Mademoiselle de Lamoignon, sœur de M. le premier président, faisoit tenir de l'argent à beaucoup de missionnaires jusque dans les Indes orientales et occidentales. B.

XVIII

**VERS POUR METTRE SOUS LE BUSTE DU ROI, FAIT PAR M. GIRARDON,
L'ANNÉE QUE LES ALLEMANDS PRIRENT BELGRADE (1687).**

C'est ce roi si fameux dans la paix, dans la guerre,
Qui seul fait à son gré le destin de la terre.
Tout reconnoît ses lois, ou brigue son appui.
De ses nombreux combats le Rhin frémit encore ;
Et l'Europe en cent lieux a vu fuir devant lui
Tous ces héros si fiers, que l'on voit aujourd'hui
Faire fuir l'Ottoman au delà du Bosphore.

XIX

VERS POUR METTRE AU BAS DU PORTRAIT DE M. RACINE (1699)

Du théâtre françois l'honneur et la merveille,
Il sut ressusciter Sophocle en ses écrits ;
Et dans l'art d'enchanter les cœurs et les esprits,
Surpasser Euripide, et balancer Corneille.

XX

AUTRE MANIÈRE (1699).

Du théâtre françois l'honneur et la merveille,
Il sut ressusciter Sophocle dans ses vers,
  Et, sans se perdre dans les airs,
  Voler aussi haut que Corneille.

XXI

**VERS POUR METTRE SOUS LE PORTRAIT DE M. DE LA BRUYÈRE,
AU-DEVANT DE SON LIVRE DES CARACTÈRES DU TEMPS (1687)[1].**

  Tout esprit orgueilleux qui s'aime
  Par mes leçons se voit guéri ;

---

[1] C'est lui qui parle.

Et dans mon livre si chéri
Apprend à se haïr soi-même.

XXI bis

VERS POUR LE PORTRAIT D'HOZIER (1660).

C'est ce fameux d'Hozier, d'un mérite sans prix,
Dont le vaste savoir et les rares écrits,
Des illustres maisons ont publié la gloire.
Ses talens surprendront tous les âges suivans :
Il rendit tous les morts vivans dans sa mémoire,
Et ne mourra jamais dans celle des vivans.

XXII

ÉPITAPHE DE M. ARNAULD, DOCTEUR DE SORBONNE (1694).

Au pied de cet autel de structure grossière,
Gît sans pompe, enfermé dans une vile bière
Le plus savant mortel qui jamais ait écrit ;
Arnauld, qui, sur la grace instruit par Jésus-Christ,
Combattant pour l'Église, a, dans l'Église même,
Souffert plus d'un outrage et plus d'un anathème.
Plein du feu qu'en son cœur souffla l'esprit divin,
Il terrassa Pélage, il foudroya Calvin,
De tous les faux docteurs confondit la morale.
Mais, pour fruit de son zèle, on l'a vu rebuté,
En cent lieux opprimé par leur noire cabale,
Errant, pauvre, banni, proscrit, persécuté ;
Et même par sa mort leur fureur mal éteinte
N'auroit jamais laissé ses cendres en repos,
Si Dieu lui-même ici de son ouaille sainte
A ces loups dévorans n'avoit caché les os.

XXIII

A MADAME LA PRÉSIDENTE DE LAMOIGNON, SUR LE PORTRAIT DU PÈRE BOURDALOUE QU'ELLE M'AVOIT ENVOYÉ (1704).

Du plus grand orateur dont la chaire se vante
M'envoyer le portrait, illustre présidente,
C'est me faire un présent qui vaut mille présens.
J'ai connu Bourdaloue; et dès mes jeunes ans
Je fis de ses sermons mes plus chères délices.
Mais lui, de son côté lisant mes vains caprices,
Des censeurs de Trévoux n'eut point pour moi les yeux.
Ma franchise surtout gagna sa bienveillance.
Enfin après Arnauld, ce fut l'illustre en France
Que j'admirai le plus et qui m'aima le mieux.

XXIV

ÉNIGME (1653).

Du repos des humains implacable ennemie,
J'ai rendu mille amans envieux de mon sort.
Je me repais de sang, et je trouve ma vie
Dans les bras de celui qui recherche ma mort[1].

XXV

QUATRAIN SUR UN PORTRAIT DE ROCINANTE, CHEVAL DE DON GUICHOT (1660).

Tel fut ce roi des bons chevaux,
Rocinante, la fleur des coursiers d'Ibérie,
Qui trottant nuit et jour et par monts et par vaux,
Galopa, dit l'histoire, une fois en sa vie.

[1] Une puce. B.

XXVI

FRAGMENT DE LA RELATION D'UN VOYAGE A SAINT-PRIX (1660).

J'ai beau m'en aller à Saint-Prit :
Ce saint, qui de tous maux guérit,
Ne sauroit me guérir de mon amour extrême.
Philis, il le faut avouer,
Si vous ne prenez soin de me guérir vous-même,
Je ne sais plus du tout à quel saint me vouer.

XXVII

VERS POUR METTRE AU-DEVANT DE LA MACARISE, ROMAN ALLÉGORIQUE DE L'ABBÉ D'AUBIGNAC, OU L'ON EXPLIQUOIT TOUTE LA MORALE DES STOICIENS (1664).

Lâches partisans d'Épicure,
Qui, brûlans d'une flamme impure,
Du Portique fameux [1] fuyez l'austérité,
Souffrez qu'enfin la raison vous éclaire.
Ce roman plein de vérité,
Dans la vertu la plus sévère
Vous peut faire aujourd'hui trouver la volupté.

XXVIII

FABLE D'ÉSOPE. LE BUCHERON ET LA MORT (1670).

Le dos chargé de bois, et le corps tout en eau,
Un pauvre bûcheron, dans l'extrême vieillesse,
Marchoit en haletant de peine et de détresse.
Enfin, las de souffrir, jetant là son fardeau,
Plutôt que de s'en voir accablé de nouveau,
Il souhaite la mort, et cent fois il l'appelle.
La Mort vint à la fin : Que veux-tu? cria-t-elle.
Qui? moi, dit-il alors, prompt à se corriger :
Que tu m'aides à me charger.

[1] L'École de Zénon. B.

XXIX

IMPROMPTU SUR LA PRISE DE MONS.

N. B. Nous le rapportons à l'article des Pièces attribuées, n° II

XXX

SUR HOMÈRE (1702).

Ἤειδον μὲν ἐγών, ἐχάρασσε δὲ θεῖος Ὅμηρος [1]

Cantabam quidem ego, scribebat autem divus Homerus.

Quand la dernière fois, dans le sacré vallon,
La troupe des neuf sœurs, par l'ordre d'Apollon,
    Lut l'Iliade et l'Odyssée.
Chacune à les louer se montrant empressée,
Apprenez un secret qu'ignore l'univers,
    Leur dit alors le dieu des vers :
Jadis avec Homère, aux rives du Permesse,
Dans ce bois de lauriers où seul il me suivoit,
Je les fis toutes deux plein d'une douce ivresse :
    Je chantois, Homère écrivoit.

XXXI

PLAINTE CONTRE LES TUILERIES (1703).

Agréables jardins, où les Zéphirs et Flore
Se trouvent tous les jours au lever de l'aurore;
Lieux charmans, qui pouvez dans vos sombres réduits
Des plus tristes amans adoucir les ennuis,
Cessez de rappeler dans mon ame insensée
De mon premier bonheur la gloire enfin passée.
Ce fut, je m'en souviens, dans cet antique bois
Que Philis m'apparut pour la première fois;
C'est ici que souvent, dissipant mes alarmes,
Elle arrêtoit d'un mot mes soupirs et mes larmes;

---

[1] Vers grec de l'Anthologie. B.

Et que, me regardant d'un œil si gracieux,
Elle m'offroit le ciel ouvert dans ses beaux yeux.
Aujourd'hui cependant, injustes que vous êtes,
Je sais qu'à mes rivaux vous prêtez vos retraites,
Et qu'avec elle assis sur vos tapis de fleurs,
Ils triomphent contens de mes vaines douleurs.
Allez, jardins dressés par une main fatale,
Tristes enfans de l'art du malheureux Dédale,
Vos bois, jadis pour moi si charmans et si beaux,
Ne sont plus qu'un désert, refuge de corbeaux,
Qu'un séjour infernal, où cent mille vipères,
Tous les jours en naissant, assassinent leurs mères.

XXXII

SUR LE COMTE DE GRAMMONT (1703).

Fait d'un plus pur limon, Grammont à son printemps
N'a point vu succéder l'hiver de la vieillesse ;
La cour le voit encor, brillant, plein de noblesse,
    Dire les plus fins mots du temps,
Effacer ses rivaux auprès d'une maîtresse ;
Sa course n'est au fond qu'une longue jeunesse,
Qu'il a déjà poussée à deux fois quarante ans.

XXXIII

FRAGMENS DU CHAPELAIN DÉCOIFFÉ [1].

En cet affront, La Serre est le tondeur,
  Et le tondu père de la Pucelle...
Mille et mille papiers dont ta table est couverte
Semblent porter écrit le destin de ma perte.

---

[1] Ce sont les seuls vers de cette parodie que Boileau ait faits ; cependant, comme tous les éditeurs modernes ont donné la parodie entière, nous la reproduisons aussi, à la suite des pièces attribuées à Boileau.

ÉPIGRAMMES

I

A CLIMÈNE (1660).

Tout me fait peine,
Et depuis un jour
Je crois, Climène,
Que j'ai de l'amour.
Cette nouvelle
Vous met en courroux :
Tout beau, cruelle,
Ce n'est pas pour vous.

II

A UNE DEMOISELLE.

N. B. Nous donnons cette épigramme au n° I des Pièces attribuées à Boileau

III

SUR UNE PERSONNE FORT CONNUE (1670).

De six amans contens et non jaloux,
Qui tour à tour servoient madame Claude,
Le moins volage étoit Jean, son époux.
Un jour pourtant, d'humeur un peu trop chaude,
Serroit de près sa servante aux yeux doux,
Lorsqu'un des six lui dit : Que faites-vous ?
Le jeu n'est sûr avec cette ribaude :
Ah! voulez-vous, Jean-Jean, nous gâter tous ?

IV

SUR UN FRÈRE AÎNÉ QUE J'AVOIS, ET AVEC QUI J'ÉTOIS BROUILLÉ (1669).

De mon frère, il est vrai, les écrits sont vantés ;
  Il a cent belles qualités ;

Mais il n'a point pour moi d'affection sincère.
En lui je trouve un excellent auteur,
Un poëte agréable, un très-bon orateur;
Mais je n'y trouve point de frère.

V

CONTRE SAINT-SORLAIN (1670).

Dans le palais hier Bilain
Vouloit gager contre Ménage
Qu'il étoit faux que Saint-Sorlain
Contre Arnauld eût fait un ouvrage.
Il en a fait, j'en sais le temps,
Dit un des plus fameux libraires,
Attendez.... C'est depuis vingt ans;
On en tira cent exemplaires.
C'est beaucoup, dis-je en m'approchant;
La pièce n'est pas si publique.
Il faut compter, dit le marchand,
Tout est encor dans ma boutique.

VI

SUR LA PREMIÈRE REPRÉSENTATION DE L'AGÉSILAS DE M. DE CORNEILLE, QUE J'AVOIS VUE (1666).

J'ai vu l'Agésilas.
    Hélas!

VII

SUR LA PREMIÈRE REPRÉSENTATION DE L'ATTILA (1667).

Après l'Agésilas,
    Hélas!
Mais, après l'Attila,
    Holà!

VIII

A MONSIEUR RACINE (1674).

Racine, plains ma destinée :
C'est demain la triste journée
Où le prophète Desmarais,
Armé de cette même foudre
Qui mit le Port-Royal en poudre,
Va me percer de mille traits :
C'en est fait, mon heure est venue.
Non que ma muse, soutenue
De tes judicieux avis,
N'ait assez de quoi le confondre ;
Mais, cher ami, pour lui répondre,
Hélas ! il faut lire Clovis [1].

IX

A UN MÉDECIN (1674).

Oui, j'ai dit dans mes vers qu'un célèbre assassin,
Laissant de Galien la science infertile,
D'ignorant médecin devint maçon habile :
Mais de parler de vous je n'eus jamais dessein,
    Lubin, ma muse est trop correcte :
Vous êtes, je l'avoue, ignorant médecin,
    Mais non pas habile architecte.

X

CONTRE LINIÈRE (1669).

Linière apporte de Senlis,
Tous les mois, trois couplets impies.
A quiconque en veut dans Paris
Il en présente des copies :
Mais ses couplets, tout pleins d'ennui,
Seront brûlés même avant lui.

---

[1] Poëme de Desmarais ennuyeux à la mort. B.

XI

SUR UNE SATIRE TRÈS-MAUVAISE, QUE L'ABBÉ COTIN AVOIT FAITE, ET QU'IL FAISOIT COURIR SOUS MON NOM (1670).

En vain par mille et mille outrages
Mes ennemis, dans leurs ouvrages,
Ont cru me rendre affreux aux yeux de l'univers.
Cotin, pour décrier mon style,
A pris un chemin plus facile :
C'est de m'attribuer ses vers.

XII

CONTRE COTIN (1670).

A quoi bon tant d'efforts, de larmes et de cris,
Cotin, pour faire ôter ton nom de mes ouvrages ?
Si tu veux du public éviter les outrages,
Fais effacer ton nom de tes propres écrits.

XIII

CONTRE UN ATHÉE (1670).

Alidor, assis dans sa chaise,
Médisant du ciel à son aise,
Peut bien médire aussi de moi.
Je ris de ses discours frivoles :
On sait fort bien que ses paroles
Ne sont pas articles de foi.

XIV

VERS EN STYLE DE CHAPELAIN, POUR METTRE A LA FIN DE SON POÈME DE LA PUCELLE (1677)

Maudit soit l'auteur dur, dont l'âpre et rude verve,
Son cerveau tenaillant, rima malgré Minerve ;

Et, de son lourd marteau martelant le bon sens,
A fait de méchans vers douze fois douze cents[1].

XV

LE DÉBITEUR RECONNOISSANT (1681).

Je l'assistai dans l'indigence :
Il ne me rendit jamais rien;
Mais, quoiqu'il me dût tout son bien,
Sans peine il souffroit ma présence.
Oh! la rare reconnoissance!

XVI

PARODIE DE CHAPELLE.

Voir ci-après dans les Pièces attribuées à Boileau, n° III.

XVII

A MESSIEURS PRADON ET BONNECORSE, QUI FIRENT EN MÊME TEMPS PAROÎTRE CONTRE MOI CHACUN UN VOLUME D'INJURES (1686).

Venez, Pradon et Bonnecorse,
Grands écrivains de même force,
De vos vers recevoir le prix;
Venez prendre dans mes écrits
La place que vos noms demandent :
Linière et Perrin vous attendent.

XVIII

A LA FONTAINE DE BOURBON, OU L'AUTEUR ÉTOIT ALLÉ PRENDRE LES EAUX, ET OU IL TROUVA UN POÈTE MÉDIOCRE QUI LUI MONTRA DES VERS DE SA FAÇON (IL S'ADRESSE A LA FONTAINE) (1687).

Oui, vous pouvez chasser l'humeur apoplectique,
Rendre le mouvement au corps paralytique,

---

[1] La *Pucelle* a douze livres, chacun de douze cents vers. B. — « Boileau ne savait pas que ce grand homme en fit douze fois vingt-quatre cents, mais que, par discrétion, il n'en fit imprimer que la moitié. » Voltaire.

Et guérir tous les maux les plus invétérés ;
Mais, quand je lis ces vers par votre onde inspirés,
   Il me paroît, admirable fontaine,
Que vous n'eûtes jamais la vertu d'Hippocrène.

XIX

SUR LA MANIÈRE DE RÉCITER DU POÈTE S*** (SANTEUL) (1690).

   Quand j'aperçois sous ce portique
   Ce moine au regard fanatique,
   Lisant ses vers audacieux
   Faits pour les habitans des cieux[1],
   Ouvrir une bouche effroyable,
   S'agiter, se tordre les mains ;
   Il me semble en lui voir le diable,
   Que Dieu force à louer les saints.

XX

IMITÉE DE CELLE DE MARTIAL QUI COMMENCE PAR NUPER ERAT MEDICUS, ETC.

Paul, ce grand médecin, l'effroi de son quartier,
Qui causa plus de maux que la peste et la guerre,
Est curé maintenant, et met les gens en terre :
   Il n'a point changé de métier.

XXI

SUR CE QU'ON AVOIT LU A L'ACADÉMIE DES VERS CONTRE HOMÈRE ET CONTRE VIRGILE (1687).

Clio vint, l'autre jour, se plaindre au dieu des vers
   Qu'en certain lieu de l'univers
On traitoit d'auteurs froids, de poëtes stériles,
   Les Homères et les Virgiles.
Cela ne sauroit être ; on s'est moqué de vous,
   Reprit Apollon en courroux :

---

[1] Il a fait des hymnes latines à la louange des saints. B.

Où peut-on avoir dit une telle infamie ?
Est-ce chez les Hurons, chez les Topinamboux?
— C'est à Paris. — C'est donc dans l'hôpital des fous?
— Non, c'est au Louvre, en pleine Académie.

XXII

SUR LE MÊME SUJET (1687).

J'ai traité de Topinamboux
  Tous ces beaux censeurs, je l'avoue,
Qui, de l'antiquité si follement jaloux,
Aiment tout ce qu'on hait, blâment tout ce qu'on loue;
  Et l'Académie, entre nous,
  Souffrant chez soi de si grands fous,
  Me semble un peu *Topinamboue*.

XXIII

SUR LE MÊME SUJET (1692).

Ne blâmez pas Perrault de condamner Homère,
  Virgile, Aristote, Platon.
  Il a pour lui monsieur son frère,
G...., N...., Lavau, Caligula, Néron,
  Et le gros Charpentier, dit-on.

XXIV

A MONSIEUR P** SUR LES LIVRES QU'IL A FAITS CONTRE LES ANCIENS (1692).

Pour quelque vain discours, sottement avancé
Contre Homère, Platon, Cicéron ou Virgile,
Caligula partout fut traité d'insensé,
Néron de furieux, Adrien d'imbécile.
  Vous donc qui, dans la même erreur,
Avec plus d'ignorance, et non moins de fureur,
Attaquez ces héros de la Grèce et de Rome,
  P**, fussiez-vous empereur,
  Comment voulez-vous qu'on vous nomme?

XXV

SUR LE MÊME SUJET (1692).

D'où vient que Cicéron, Platon, Virgile, Homère,
Et tous ces grands auteurs que l'univers révère,
Traduits dans vos écrits nous paroissent si sots?
P**, c'est qu'en prêtant à ces esprits sublimes
Vos façons de parler, vos bassesses, vos rimes,
    Vous les faites tous des P**.

XXVI

A M. P** (1692).

Le bruit court que Bacchus, Junon, Jupiter, Mars,
    Apollon, le dieu des beaux-arts,
Les Ris mêmes, les Jeux, les Grâces et leur mère,
    Et tous les dieux, enfans d'Homère,
    Résolus de venger leur père,
Jettent déjà sur vous de dangereux regards.
P**, craignez enfin quelque triste aventure.
Comment soutiendrez-vous un choc si violent?
    Il est vrai, Visé[1] vous assure
    Que vous avez pour vous Mercure,
    Mais c'est le Mercure galant.

XXVII

AU MÊME (1695).

Ton oncle, dis-tu, l'assassin,
    M'a guéri d'une maladie.
La preuve qu'il ne fut jamais mon médecin,
    C'est que je suis encore en vie.

---

[1] Auteur du *Mercure galant*. B.

XXVIII

PARODIE BURLESQUE DE LA PREMIÈRE ODE DE PINDARE, A LA LOUANGE DE M. P*** (PERRAULT) (1693)[1].

Malgré son fatras obscur,
Souvent Brébeuf étincelle.
Un vers noble, quoique dur,
Peut s'offrir dans la Pucelle.
Mais, ô ma lyre fidèle!
Si du parfait ennuyeux
Tu veux trouver le modèle,
Ne cherche point dans les cieux
D'astre au soleil préférable ;
Ni, dans la foule innombrable
De tant d'écrivains divers
Chez Coignard rongés des vers,
Un poëte comparable
A l'auteur inimitable
De Peau-d'Ane mis en vers[2].

XXIX

SUR LA RÉCONCILIATION DE L'AUTEUR ET DE M. PERRAULT (1694).

Tout le trouble poétique
A Paris s'en va cesser :
Perrault l'anti-pindarique
Et Despréaux l'homérique
Consentent de s'embrasser.
Quelque aigreur qui les anime,
Quand, malgré l'emportement,
Comme eux, l'un l'autre on s'estime,
L'accord se fait aisément.
Mon embarras est comment

---

[1] J'avois résolu de parodier l'ode; mais, dans ce temps-là, nous nous raccommodâmes, M. P*** et moi; ainsi il n'y eut que ce couplet de fait. B.

[2] M. P***, dans ce temps-là, avoit rimé le conte de *Peau-d'Ane*. B.

On pourra finir la guerre
De Pradon et du parterre.

XXX

CONTRE BOYER ET LA CHAPELLE.

J'approuve que chez vous, messieurs, on examine
Qui du pompeux Corneille ou du tendre Racine
Excita dans Paris plus d'applaudissemens :
   Mais je voudrois qu'on cherchât tout d'un temps
      (La question n'est pas moins belle)
Qui du fade Boyer ou du sec La Chapelle
   Excita plus de sifflemens.

XXXI

SUR UNE HARANGUE D'UN MAGISTRAT DANS LAQUELLE LES PROCUREURS ÉTOIENT FORT MAL TRAITÉS.

Lorsque dans ce sénat, à qui tout rend hommage,
   Vous haranguez en vieux langage,
   Paul, j'aime à vous voir, en fureur,
   Gronder maint et maint procureur ;
   Car leurs chicanes sans pareilles
   Méritent bien ce traitement.
   Mais que vous ont fait nos oreilles
   Pour les traiter si rudement ?

XXXII

ÉPITAPHE (1705)

   Ci-gît, justement regretté,
   Un savant homme sans science,
   Un gentilhomme sans naissance,
   Un très-bon homme sans bonté.

XXXIII

SUR UN PORTRAIT DE L'AUTEUR (1699).

Ne cherchez point comment s'appelle
L'écrivain peint dans ce tableau :
A l'air dont il regarde et montre la Pucelle
Qui ne reconnoîtroit Boileau ?

XXXIV

POUR METTRE AU BAS D'UNE MÉCHANTE GRAVURE QU'ON A FAITE DE MOI (1704).

Du célèbre Boileau tu vois ici l'image.
Quoi! c'est là, diras-tu, ce critique achevé !
D'où vient le noir chagrin qu'on lit sur son visage ?
C'est de se voir si mal gravé.

XXXV

AUX RÉVÉRENDS PÈRES DE *** [1], QUI M'AVOIENT ATTAQUÉ DANS LEURS ÉCRITS (1703).

Mes révérends pères en Dieu,
Et mes confrères en satire,
Dans vos écrits, en plus d'un lieu,
Je vois qu'à mes dépens vous affectez de rire.
Mais ne craignez-vous point que pour rire de vous,
Relisant Juvénal, refeuilletant Horace,
Je ne ranime encor ma satirique audace ?
Grands Aristarques de ***,
N'allez point de nouveau faire courir aux armes
Un athlète tout prêt à prendre son congé,
Qui, par vos traits malins au combat rengagé,
Peut encore aux rieurs faire verser des larmes.
Apprenez un mot de Regnier [2],

---

[1] Les pères de Trévoux.
[2] Vers de Régnier. B.

Notre célèbre devancier :
Corsaires attaquant corsaires
Ne font pas, dit-il, leurs affaires.

XXXVI

ÉPIGRAMME, OU RÉPONSE A DEUX RR. PP. CC. QUI AVOIENT DIT QUE LA RAISON POUR LAQUELLE MON ÉPÎTRE DE L'AMOUR DE DIEU N'ÉTOIT PAS DE LA FORCE DE MES AUTRES ÉCRITS, C'EST QUE JE N'AVOIS RIEN TROUVÉ SUR CETTE MATIÈRE DANS HORACE, DANS PERSE, NI DANS JUVÉNAL (1701).

Non, pour montrer que Dieu veut être aimé de nous,
Je n'ai rien emprunté de Perse ni d'Horace,
Et je n'ai point suivi Juvénal à la trace ;
Car, bien qu'en leurs écrits ces auteurs mieux que vous
Attaquent les erreurs dont nos âmes sont ivres,
    La nécessité d'aimer Dieu
Ne s'y trouve jamais prêchée en aucun lieu,
    Mes pères, non plus qu'en vos livres.

XXXVII

AUX RÉVÉRENDS PÈRES DE **[1] SUR LE LIVRE DES FLAGELLANS, COMPOSÉ PAR MON FRÈRE LE DOCTEUR DE SORBONNE (1703).

    Non, le livre des Flagellans
N'a jamais condamné, lisez-le bien, mes pères,
    Ces rigidités salutaires
Que, pour ravir le ciel, saintement violens,
Exercent sur leurs corps tant de chrétiens austères.
Il blâme seulement cet abus odieux
    D'étaler et d'offrir aux yeux
Ce que leur doit toujours cacher la bienséance ;
Et combat vivement la fausse piété,
Qui, sous couleur d'éteindre en nous la volupté,
Par l'austérité même et par la pénitence,
Sait allumer le feu de la lubricité.

---

[1] Les pères de Trévoux.

XXXVIII

L'AMATEUR D'HORLOGES (1704).

Sans cesse autour de six pendules,
De deux montres, de trois cadrans,
Lubin, depuis trente et quatre ans,
Occupe ses soins ridicules.
Mais à ce métier, s'il vous plaît,
A-t-il acquis quelque science?
Sans doute; et c'est l'homme de France
Qui sait le mieux l'heure qu'il est.

XXXIX

CONTRE MAUROI.

Qui ne hait point tes vers, ridicule Mauroi,
Pourroit bien, pour sa peine, aimer ceux de Fourcroi.

XL

AU PRÉSIDENT DE LAMOIGNON CONTRE CHAPELAIN

Chapelain vous renonce et se met en courroux
   De ce qu'on me connoît chez vous.
  Vous avez beau faire merveille;
Eussiez-vous, Lamoignon, enflé son revenu,
Vous n'auriez point de part à ses pénibles veilles.
Oh! qu'il eût été bon pour le bien des oreilles
   Que Longueville m'eût connu!

FRAGMENT

D'UN PROLOGUE D'OPÉRA

AVERTISSEMENT AU LECTEUR

Madame de M*** et madame de T*** [1], sa sœur, lasses des opéras de M. Quinault, proposèrent au roi d'en faire faire un par M. Racine, qui s'engagea assez légèrement à leur donner cette satisfaction, ne songeant pas dans ce moment-là à une chose, dont il étoit plusieurs fois convenu avec moi, qu'on ne peut jamais faire un bon opéra, parce que la musique ne sauroit narrer ; que les passions n'y peuvent être peintes dans toute l'étendue qu'elles demandent ; que d'ailleurs elle ne sauroit souvent mettre en chant les expressions vraiment sublimes et courageuses. C'est ce que je lui représentai, quand il me déclara son engagement ; et il m'avoua que j'avois raison ; mais il étoit trop avancé pour reculer. Il commença dès lors en effet un opéra, dont le sujet étoit la chute de Phaéton. Il en fit même quelques vers qu'il récita au roi, qui en parut content. Mais, comme M. Racine n'entreprenoit cet ouvrage qu'à regret, il me témoigna résolûment qu'il ne l'achèveroit point que je n'y travaillasse avec lui, et me déclara avant tout qu'il falloit que j'en composasse le prologue. J'eus beau lui représenter mon peu de talent pour ces sortes d'ouvrages, et que je n'avois jamais fait de vers d'amourette, il persista dans sa résolution, et me dit qu'il me le feroit ordonner par le roi. Je songeai donc en moi-même à voir de quoi je serois capable, en cas que je fusse absolument obligé de travailler à un ouvrage si opposé à mon génie et à mon inclination. Ainsi, pour m'essayer, je traçai, sans en rien dire à personne, non pas même à M. Racine, le canevas d'un prologue ; et j'en composai

---

[1] Mesdames de Montespan et de Thiange.

une première scène. Le sujet de cette scène étoit une dispute de la Poésie et de la Musique, qui se querelloient sur l'excellence de leur art, et étoient enfin toutes prêtes à se séparer, lorsque tout à coup la déesse des accords, je veux dire l'Harmonie, descendoit du ciel avec tous ses charmes et ses agrémens, et les réconcilioit. Elle devoit dire ensuite la raison qui la faisoit venir sur la terre, qui n'étoit autre que de divertir le prince de l'univers le plus digne d'être servi, et à qui elle devoit le plus, puisque c'étoit lui qui la maintenoit dans la France, où elle régnoit en toutes choses. Elle ajoutoit ensuite que, pour empêcher que quelque audacieux ne vînt troubler, en s'élevant contre un si grand prince, la gloire dont elle jouissoit avec lui, elle vouloit que dès aujourd'hui même, sans perdre de temps, on représentât sur la scène la chute de l'ambitieux Phaéton. Aussitôt tous les poëtes et tous les musiciens, par son ordre, se retiroient, et s'alloient habiller. Voilà le sujet de mon prologue, auquel je travaillai trois ou quatre jours avec un assez grand dégoût, tandis que M. Racine, de son côté, avec non moins de dégoût, continuoit à disposer le plan de son opéra, sur lequel je lui prodiguois mes conseils. Nous étions occupés à ce misérable travail, dont je ne sais si nous nous serions bien tirés, lorsque tout à coup un heureux incident nous tira d'affaire. L'incident fut que M. Quinault s'étant présenté au roi les larmes aux yeux, et lui ayant remontré l'affront qu'il alloit recevoir s'il ne travailloit plus au divertissement de Sa Majesté, le roi, touché de compassion, déclara franchement aux dames dont j'ai parlé qu'il ne pouvoit se résoudre à lui donner ce déplaisir. *Sic nos servavit Apollo.* Nous retournâmes donc, M. Racine et moi, à notre premier emploi, et il ne fut plus mention de notre opéra, dont il ne resta que quelques vers de M. Racine, qu'on n'a point trouvés dans ses papiers après sa mort, et que vraisemblablement il avoit supprimés par délicatesse de conscience, à cause qu'il y étoit parlé d'amour. Pour moi, comme il n'étoit point question d'amourette dans la scène que j'avois composée, non-seulement je n'ai pas jugé à propos de la supprimer, mais je la donne ici au public, persuadé qu'elle fera plaisir aux lecteurs, qui ne seront peut-être pas fâchés de voir de quelle manière je m'y étois pris pour adoucir l'amertume et la force de ma poésie satirique, et pour me jeter dans le style doucereux. C'est de quoi ils pourront juger par le fragment que je leur présente ici, et que je leur présente avec d'autant plus de confiance, qu'étant fort court, s'il ne les divertit, il ne leur laissera pas du moins le temps de s'ennuyer.

PROLOGUE

LA POÉSIE, LA MUSIQUE.

LA POÉSIE.

Quoi! par de vains accords et des sons impuissans
Vous croyez exprimer tout ce que je sais dire!

LA MUSIQUE.

Aux doux transports qu'Apollon vous inspire
Je crois pouvoir mêler la douceur de mes chants.

LA POÉSIE.

Oui, vous pouvez aux bords d'une fontaine
Avec moi soupirer une amoureuse peine,
Faire gémir Thyrsis, faire plaindre Climène;
Mais, quand je fais parler les héros et les dieux,
  Vos chants audacieux
Ne me sauroient prêter qu'une cadence vaine.
  Quittez ce soin ambitieux.

LA MUSIQUE.

Je sais l'art d'embellir vos plus rares merveilles.

LA POÉSIE.

On ne veut plus alors entendre votre voix.

LA MUSIQUE.

Pour entendre mes sons, les rochers et les bois
  Ont jadis trouvé des oreilles.

LA POÉSIE.

Ah! c'en est trop, ma sœur, il faut nous séparer :
  Je vais me retirer.

Nous allons voir sans moi ce que vous saurez faire.
LA MUSIQUE.
Je saurai divertir et plaire ;
Et mes chants, moins forcés, n'en seront que plus doux.
LA POÉSIE.
Eh bien, ma sœur, séparons-nous.
LA MUSIQUE.
Séparons-nous.
LA POÉSIE.
Séparons-nous.
CHŒUR DES POÈTES ET DES MUSICIENS.
Séparons-nous, séparons nous.
LA POÉSIE.
Mais quelle puissance inconnue
Malgré moi m'arrête en ces lieux ?
LA MUSIQUE.
Quelle divinité sort du sein de la nue ?
LA POÉSIE.
Quels chants mélodieux
Font retentir ici leur douceur infinie ?
LA MUSIQUE.
Ah ! c'est la divine Harmonie,
Qui descend des cieux !
LA POÉSIE.
Qu'elle étale à nos yeux
De grâces naturelles !
LA MUSIQUE.
Quel bonheur imprévu la fait ici revoir ?
LA POÉSIE ET LA MUSIQUE.
Oublions nos querelles,
Il faut nous accorder pour la bien recevoir.
CHŒUR DES POÈTES ET DES MUSICIENS.
Oublions nos querelles,
Il faut nous accorder pour la bien recevoir.

POÉSIES LATINES

I

EPIGRAMMA.

IN NOVUM CAUSIDICUM, RUSTICI LICTORIS FILIUM (1656).

Dum puer iste fero natus lictore perorat,
  Et clamat medio, stante parente, foro,
Quæris, quid sileat circumfusa undique turba?
  Non stupet ob natum, sed timet illa patrem.

II

ALTERUM.

IN MARULLUM, VERSIBUS PHALEUCIS ANTEA MALE LAUDATUM (1655).

Nostri quid placeant minus phaleuci,
Jamdudum tacitus, Marulle, quæro,
Quum nec sint stolidi, nec inficeti,
Nec pingui nimium fluant Minerva.
Tuas sed celebrant, Marulle, laudes :
O versus stolidos et inficetos!

III

SATIRA (1660).

Quid numeris iterum me balbutire latinis
Longe Alpes citra natum de patre sicambro,
Musa, jubes? Istuc puero mihi profuit olim,
Verba mihi sævo nuper dictata magistro
Quum pedibus certis conclusa referre docebas.
Utile tunc Smetium manibus sordescere nostris;
Et mihi sæpe udo volvendus pollice Textor
Præbuit adsutis contexere carmina pannis.
Sic Maro, sic Flaccus, sic nostro sæpe Tibullus,
Carmine disjecti, vano pueriliter ore
Bullatas nugas sese stupuere loquentes...

PIÈCES ATTRIBUÉES A BOILEAU

I

A UNE DEMOISELLE.

Pensant à notre mariage,
Nous nous trompions très-lourdement :
Vous me croyiez fort opulent,
   Et je vous croyois sage.

II

IMPROMPTU, A UNE DAME, SUR LA PRISE DE MONS.

Mons étoit, dit-on, pucelle,
Qu'un roi gardoit, avec le dernier soin.
   Louis le Grand en eut besoin :
Mons se rendit; vous auriez fait comme elle.

III

PARODIE DE CINQ VERS DE CHAPELLE.

Tout grand ivrogne du Marais
Fait des vers que l'on ne lit guère ;
Il les croit pourtant fort bien faits ;
Et, quand il cherche à les mieux faire,
Il les fait encor plus mauvais.

IV

VERS POUR LE PORTRAIT DE P. D'HOZIER.

Voir aux Poésies diverses, p. 273, n° XXI bis.

V

FRAGMENT D'UN SONNET EN L'HONNEUR DE COLBERT.

En vain mille jaloux qu'offensa ta vertu,

Et dont on voit l'orgueil à tes pieds abattu,
De tes sages exploits veulent souiller la gloire.

L'univers, qui les sait, n'a qu'à les publier.
Contre tes ennemis laisse parler l'histoire,
C'est au ciel qui te guide à te justifier.

VI

STANCES A IRIS.

Oui, j'ai juré cent fois de mourir votre amant,
Et, si les dieux, témoins de ma flamme fidèle,
Vous avoient faite, Iris, aussi douce que belle,
Je vous aimois assez pour garder mon serment.

Mais je crois que le ciel, à mes maux secourable,
Pour éteindre en mon âme une éternelle ardeur,
Accrut toujours en vous votre extrême froideur
Et par pitié pour moi vous fit impitoyable.

Certes, quand je vous vis, en vous rendant les armes,
Je pensois que le sort m'eût mis au rang des dieux ;
Et je crus, à juger par l'éclat de vos charmes,
Votre cœur pour le moins aussi doux que vos yeux.

Mais, au lieu des faveurs où j'osois bien prétendre,
J'appris qu'un cœur, Iris, qui cédoit à vos coups,
En soupirant pour vous ne devoit rien attendre
Que le triste plaisir de soupirer pour vous.

D'abord dans les ardeurs d'une flamme ennemie
Je ne vis que la mort qui me pût secourir,
Et, dans mon désespoir, l'espoir seul de mourir
Servit en ce moment à me rendre la vie.

Mais enfin mon dépit surmonta ma constance ;
Je rompis mes liens, je forçai ma prison,
Et mon cœur, irrité de sa longue souffrance,
Dans l'excès de son mal trouva sa guérison.

Depuis, mon âme, Iris, que vous aviez charmée,
N'a plus formé pour vous de désirs superflus,
Et je me tiens heureux de vous avoir aimée
Pour avoir le plaisir de ne vous aimer plus.

Conservez donc toujours cette humeur inflexible
Dont l'heureuse rigueur m'a su tirer des fers;
Le ciel, dont la bonté vous a faite insensible,
A peut-être par là sauvé tout l'univers.

Je sais que mille amans font gloire de vous suivre
Et ne condamne point leur amour ni leur choix :
Mais, pour n'être point las de vivre sous vos lois,
Il faut, cruelle, il faut être bien las de vivre.

VII

TRADUCTION D'UNE ÉPIGRAMME DE SANTEUL SUR LA TRANSLATION DU CŒUR D'ARNAULD A PORT-ROYAL-DES-CHAMPS.

Chassé, quoique vainqueur, du sein de sa patrie,
Il revient habiter une maison chérie,
Cet arbitre des mœurs, par qui la vérité
Triompha du mensonge et de l'impiété.
Au port et dans le sein d'une terre sacrée
Il goûte après l'orage une paix assurée.
Qu'en des lieux inconnus le sort injurieux
Cache du corps d'ARNAULD les restes précieux,
Ici l'amour divin, sur ses rapides ailes,
Lui-même a transporté les dépouilles mortelles
De ce cœur que l'exil n'a jamais détaché
Des saints lieux dont ARNAULD fut par force arraché.

CHAPELAIN DÉCOIFFÉ

OU PARODIE DE QUELQUES SCÈNES DU CID

SCÈNE I[1].

LA SERRE, CHAPELAIN.

LA SERRE.
Enfin vous l'emportez, et la faveur du roi
Vous accable de dons qui n'étoient dus qu'à moi.
On voit rouler chez vous tout l'or de la Castille.

CHAPELAIN.
Les trois fois mille francs qu'il met dans ma famille
Témoignent mon mérite, et font connoître assez
Qu'on ne hait pas mes vers, pour être un peu forcés.

LA SERRE.
Pour grands que soient les rois, ils sont ce que nous sommes :
Ils se trompent en vers comme les autres hommes ;
Et ce choix sert de preuve à tous les courtisans
Qu'à de méchans auteurs ils font de beaux présens.

CHAPELAIN.
Ne parlons point du choix dont votre esprit s'irrite :
La cabale l'a fait plutôt que le mérite.
Vous choisissant, peut-être on eût pu mieux choisir ;
Mais le roi m'a trouvé plus propre à son désir.
A l'honneur qu'il m'a fait ajoutez-en un autre :
Unissons désormais ma cabale à la vôtre.
J'ai mes prôneurs aussi, quoiqu'un peu moins fréquens
Depuis que mes sonnets ont détrompé les gens.
Si vous me célébrez, je dirai que La Serre
Volume sur volume incessamment desserre.
Je parlerai de vous avec monsieur Colbert,
Et vous éprouverez si mon amitié sert.
Ma nièce même en vous peut rencontrer un gendre.

---

[1] Le *Cid*, acte I, sc. IV.

LA SERRE.

A de plus hauts partis Phlipote doit prétendre :
Et le nouvel éclat de cette pension
Lui doit bien mettre au cœur une autre ambition.
Exerce nos rimeurs, et vante notre prince;
Va te faire admirer chez les gens de province,
Fais marcher en tous lieux les rimeurs sous ta loi,
Sois des flatteurs l'amour, et des railleurs l'effroi.
Joins à ces qualités celles d'une âme vaine :
Montre-leur comme il faut endurcir une veine,
Au métier de Phébus bander tous les ressorts,
Endosser nuit et jour un rouge justaucorps,
Pour avoir de l'encens donner une bataille,
Ne laisser de sa bourse échapper une maille;
Surtout sers-leur d'exemple, et ressouviens-toi bien
De leur former un style aussi dur que le tien.

CHAPELAIN.

Pour s'instruire d'exemple, en dépit de Linière,
Ils liront seulement ma Jeanne tout entière.
Là, dans un long tissu d'amples narrations,
Ils verront comme il faut berner les nations,
Duper d'un grave ton gens de robe et d'armée,
Et sur l'erreur des sots bâtir sa renommée.

LA SERRE.

L'exemple de La Serre a bien plus de pouvoir :
Un auteur dans ton livre apprend mal son devoir.
Et qu'a fait après tout ce grand nombre de pages,
Que ne puisse égaler un de mes cent ouvrages?
Si tu fus grand flatteur, je le suis aujourd'hui,
Et ce bras de la presse est le plus ferme appui.
Bilaine et de Sercy sans moi seroient des drilles;
Mon nom seul au Palais nourrit trente familles :
Les marchands fermeroient leurs boutiques sans moi,
Et, s'ils ne m'avoient plus, ils n'auroient plus d'emploi.
Chaque heure, chaque instant, fait sortir de ma plume
Cahiers dessus cahiers, volume sur volume.
Mon valet, écrivant ce que j'aurois dicté,
Feroit un livre entier, marchant à mon côté;

Et loin de ces durs vers qu'à mon style on préfère,
Il deviendroit auteur en me regardant faire.
                    CHAPELAIN.
Tu me parles en vain de ce que je connoi ;
Je t'ai vu rimailler et traduire sous moi.
Si j'ai traduit Gusman, si j'ai fait sa préface,
Ton galimatias a bien rempli ma place.
Enfin, pour épargner ces discours superflus,
Si je suis grand flatteur, tu l'es et tu le fus.
Tu vois bien cependant qu'en cette concurrence
Un monarque entre nous met de la différence.
                    LA SERRE.
Ce que je méritois, tu me l'as emporté.
                    CHAPELAIN.
Qui l'a gagné sur toi l'avoit mieux mérité.
                    LA SERRE.
Qui sait mieux composer en est bien le plus digne.
                    CHAPELAIN.
En être refusé n'en est pas un bon signe.
                    LA SERRE.
Tu l'as gagné par brigue, étant vieux courtisan.
                    CHAPELAIN.
L'éclat de mes grands vers fut seul mon partisan.
                    LA SERRE.
Parlons-en mieux : le roi fait honneur à ton âge.
                    CHAPELAIN.
Le roi, quand il en fait, le mesure à l'ouvrage.
                    LA SERRE.
Et par là je devois emporter ces ducats.
                    CHAPELAIN.
Qui ne les obtient point ne les mérite pas.
                    LA SERRE.
Ne les mérite pas, moi ?
                    CHAPELAIN.
            Toi.
                    LA SERRE.
                    Ton insolence,
Téméraire vieillard, aura sa récompense !
            (Il lui arrache sa perruque.)

CHAPELAIN.

Achève, et prends ma tête après un tel affront,
Le premier dont ma muse a vu rougir son front.

LA SERRE.

Et que penses-tu faire avec tant de foiblesse?

CHAPELAIN.

O dieux! mon Apollon en ce besoin me laisse.

LA SERRE.

Ta perruque est à moi; mais tu serois trop vain,
Si ce sale trophée avoit souillé ma main.
Adieu; fais lire au peuple, en dépit de Linière,
De tes fameux travaux l'histoire tout entière;
D'un insolent discours ce juste châtiment
Ne lui servira pas d'un petit ornement.

CHAPELAIN.

Rends-moi donc ma perruque.

LA SERRE.

     Elle est trop malhonnête.
De tes lauriers sacrés va te couvrir la tête.

CHAPELAIN.

Rends la calotte au moins.

LA SERRE.

     Va, va, tes cheveux d'ours
Ne pourroient sur ta tête encor durer trois jours.

SCÈNE II

CHAPELAIN, seul [1].

O rage! ô désespoir! ô perruque ma mie!
N'as-tu donc tant vécu que pour cette infamie?
N'as-tu trompé l'espoir de tant de perruquiers
Que pour voir en un jour flétrir tant de lauriers?
Nouvelle pension fatale à ma calotte!
Précipice élevé qui te jette en la crotte!
Cruel ressouvenir de tes honneurs passés!
Services de vingt ans en un jour effacés!

[1] Le *Cid*, acte I, sc. v. Monologue de don Diègue.

Faut-il de ton vieux poil voir triompher La Serre,
Et te mettre crottée, ou te laisser à terre?
La Serre, sois d'un roi maintenant régalé :
Ce haut rang n'admet pas un poëte pelé;
Et ton jaloux orgueil, par cet affront insigne,
Malgré le choix du roi, m'en a su rendre indigne.
Et toi, de mes travaux glorieux instrument,
Mais d'un esprit de glace inutile ornement,
Plume jadis vantée, et qui, dans cette offense,
M'as servi de parade et non pas de défense,
Va, quitte désormais le dernier des humains,
Passe pour me venger en de meilleures mains.
Si Cassaigne a du cœur, et s'il est mon ouvrage,
Voici l'occasion de montrer son courage;
Son esprit est le mien, et le mortel affront
Qui tombe sur mon chef rejaillit sur son front.

SCÈNE III

CHAPELAIN, CASSAIGNE[1].

CHAPELAIN.

Cassaigne, as-tu du cœur?

CASSAIGNE.

Tout autre que mon maître
L'éprouveroit sur l'heure.

CHAPELAIN.

Ah! c'est comme il faut être.
Digne ressentiment à ma douleur bien doux!
Je reconnois ma verve à ce noble courroux.
Ma jeunesse revit en cette ardeur si prompte.
Mon disciple, mon fils, viens réparer ma honte.
Viens me venger.

CASSAIGNE.

De quoi?

CHAPELAIN.

D'un affront si cruel,

[1] Le *Cid*, acte I, sc. vi.

Qu'à l'honneur de tous deux il porte un coup mortel :
D'une insulte... Le traître eût payé la perruque
Un quart d'écu du moins, sans mon âge caduque.
Ma plume, que mes doigts ne peuvent soutenir,
Je la remets aux tiens pour écrire et punir.
Va contre un insolent faire un bon gros ouvrage.
C'est dedans l'encre seul qu'on lave un tel outrage ;
Rime, ou crève. Au surplus, pour ne te point flatter,
Je te donne à combattre un homme à redouter :
Je l'ai vu fort poudreux au milieu des libraires,
Se faire un beau rempart de deux mille exemplaires.

CASSAIGNE.

Son nom ? c'est perdre temps en discours superflus.

CHAPELAIN.

Donc, pour te dire encor quelque chose de plus,
Plus enflé que Boyer, plus bruyant qu'un tonnerre,
C'est...

CASSAIGNE.

De grâce, achevez.

CHAPELAIN.

Le terrible La Serre.

CASSAIGNE.

CHAPELAIN.

Ne réplique point, je connois ton fatras
Combats sur ma parole, et tu l'emporteras.
Donnant pour des cheveux ma Pucelle en échange,
J'en vais chercher, barbouille, écris, rime, et nous venge.

SCÈNE IV

CASSAIGNE, seul [1].

Percé jusques au fond du cœur
D'une insulte imprévue aussi bien que mortelle,
Misérable vengeur d'une sotte querelle,

---

[1] *Le Cid*, acte I, sc. VII. Monologue de Rodrigue.

D'un avare écrivain chétif imitateur,
Je demeure stérile, et ma veine abattue
  Inutilement sue.
 Si près de voir couronner mon ardeur,
   O la peine cruelle !
 En cet affront La Serre est le tondeur,
 Et le tondu, père de la Pucelle.

   Que je sens de rudes combats !
Comme ma pension, mon honneur me tourmente.
Il faut faire un poëme, ou bien perdre une rente :
L'un échauffe mon cœur, l'autre retient mon bras.
Réduit au triste choix ou de trahir mon maître,
   Ou d'aller à Bicêtre,
  Des deux côtés mon mal est infini.
     O la peine cruelle !
 Faut-il laisser un La Serre impuni ?
 Faut-il venger l'auteur de la Pucelle ?

   Auteur, perruque, honneur, argent,
 Impitoyable loi, cruelle tyrannie,
 Je vois gloire perdue, ou pension finie.
 D'un côté je suis lâche, et de l'autre indigent.
 Cher et chétif espoir d'une veine flatteuse,
   Et tout ensemble gueuse,
  Noir instrument, unique gagne-pain,
    Et ma seule ressource,
  M'es-tu donné pour venger Chapelain ?
  M'es-tu donné pour me couper la bourse ?

   Il vaut mieux courir chez Conrart.
 Il peut me conserver ma gloire et ma finance,
 Mettant ces deux rivaux en bonne intelligence.
 On sait comme en traités excelle ce vieillard.
 S'il n'en vient pas à bout, que Sapho la pucelle[1]
     Vide notre querelle.

[1] Mademoiselle de Scudéri.

Si pas un d'eux ne me veut secourir,
 Et si l'on me ballotte,
Cherchons La Serre; et, sans tant discourir,
Traitons du moins, et payons la calotte.

 Traiter sans tirer ma raison !
Rechercher un marché si funeste à ma gloire !
Souffrir que Chapelain impute à ma mémoire
D'avoir mal soutenu l'honneur de sa toison !
Respecter un vieux poil, dont mon âme égarée
 Voit la perte assurée !
N'écoutons plus ce dessein négligent,
 Qui passeroit pour crime.
Allons, ma main, du moins sauvons l'argent,
Puisque aussi bien il faut perdre l'estime.

 Oui, mon esprit s'étoit déçu.
Autant que mon honneur, mon intérêt me presse.
Que je meure en rimant, ou meure de détresse,
J'aurai mon style dur comme je l'ai reçu.
Je m'accuse déjà de trop de négligence.
 Courons à la vengeance :
Et, tout honteux d'avoir tant de froideur,
 Rimons à tire-d'aile,
Puisque aujourd'hui La Serre est le tondeur,
Et, le tondu, père de la Pucelle.

SCÈNE V

CASSAIGNE, LA SERRE [1].

CASSAIGNE.
A moi, La Serre, un mot.
 LA SERRE.
  Parle.
 CASSAIGNE.
   Ote-moi d'un doute.

---

[1] Le *Cid*, acte II, sc. II.

Connois-tu Chapelain?

LA SERRE.

Oui.

CASSAIGNE.

Parlons bas, écoute.
Sais-tu que ce vieillard fut la même vertu,
Et l'effroi des lecteurs de son temps? le sais-tu?

LA SERRE.

Peut-être.

CASSAIGNE.

La froideur qu'en mon style je porte,
Sais-tu que je la tiens de lui seul?

LA SERRE.

Que m'importe?

CASSAIGNE.

A quatre vers d'ici je te le fais savoir.

LA SERRE.

Jeune présomptueux!

CASSAIGNE.

Parle sans t'émouvoir.
Je suis jeune, il est vrai; mais, aux âmes bien nées,
La rime n'attend pas le nombre des années.

LA SERRE.

Mais t'attaquer à moi! qui t'a rendu si vain,
Toi, qu'on ne vit jamais une plume à la main?

CASSAIGNE.

Mes pareils avec toi sont dignes de combattre,
Et pour des coups d'essai veulent des Henri quatre[1]!

LA SERRE.

Sais-tu bien qui je suis?

CASSAIGNE.

Oui, tout autre que moi,
En comptant tes écrits, pourroit trembler d'effroi.
Mille et mille papiers, dont ta table est couverte,
Semblent porter écrit le destin de ma perte.
J'attaque en téméraire un gigantesque auteur;

---

[1] Allusion au poëme de Cassaigne, *Henri IV*.

Mais j'aurai trop de force, ayant assez de cœur.
Je veux venger mon maître ; et ta plume indomptable,
Pour ne se point lasser, n'est point infatigable.

LA SERRE.

Ce phébus, qui paroît au discours que tu tiens,
Souvent par tes écrits se découvrit aux miens,
Et, te voyant encor tout frais sorti de classe,
Je disois : Chapelain lui laissera sa place.
Je sais ta pension, et suis ravi de voir
Que ces bons mouvemens excitent ton devoir ;
Qu'ils te font sans raison mettre rime sur rime,
Étayer d'un pédant l'agonisante estime ;
Et que, voulant pour singe un écolier parfait,
Il ne se trompoit point au choix qu'il avoit fait.
Mais je sens que pour toi ma pitié s'intéresse ;
J'admire ton audace, et je plains ta jeunesse.
Ne cherche point à faire un coup d'essai fatal ;
Dispense un vieux routier d'un combat inégal.
Trop peu de gain pour moi suivroit cette victoire :
A moins d'un gros volume, on compose sans gloire ;
Et j'aurois le regret de voir que tout Paris
Te croiroit accablé du poids de mes écrits.

CASSAIGNE.

D'une indigne pitié ton orgueil s'accompagne :
Qui pèle Chapelain craint de tondre Cassaigne.

LA SERRE.

Retire-toi d'ici.

CASSAIGNE.

   Hâtons-nous de rimer.

LA SERRE.

Es-tu si prêt d'écrire ?

CASSAIGNE.

   Es-tu las d'imprimer ?

LA SERRE.

Viens, tu fais ton devoir. L'écolier est un traître,
Qui souffre sans cheveux la tête de son maître.

LA MÉTAMORPHOSE

DE LA PERRUQUE DE CHAPELAIN EN COMÈTE

La plaisanterie que l'on va voir est une suite de la parodie précédente. Elle fut imaginée par les mêmes auteurs, à l'occasion de la comète qui parut à la fin de l'année 1664. Ils étoient à table chez M. Hessein, frère de l'illustre madame La Sablière.

On feignoit que Chapelain, ayant été décoiffé par La Serre, avoit laissé sa perruque à calotte dans le ruisseau, où La Serre l'avoit jetée.

> Dans un ruisseau bourbeux la calotte enfoncée
> Parmi de vieux chiffons alloit être entassée,
> Quand Phébus l'aperçut, et du plus haut des air
> Jetant sur les railleurs un regard de travers :
> Quoi ! dit-il, je verrai cette antique calotte,
> D'un sale chiffonnier remplir l'indigne hotte !

Ici devoit être la description de cette fameuse perruque,

> Qui de tous ses travaux la compagne fidèle,
> A vu naître Guzman et mourir la Pucelle ;
> Et qui de front en front passant à ses neveux
> Devoit avoir plus d'ans qu'elle n'eut de cheveux.

Enfin Apollon changeoit cette perruque en comète. Je veux, disoit ce dieu, que tous ceux qui naîtront sous ce nouvel astre soient poëtes,

> Et qu'ils fassent des vers, même en dépit de moi.

Furetière, l'un des auteurs de la pièce, remarqua pourtant que cette métamorphose manquoit de justesse en un point : C'est, dit-il, que les comètes ont des cheveux, et que la perruque de Chapelain est si usée, qu'elle n'en a plus. Cette badinerie n'a jamais été achevée.

Chapelain souffrit, dit-on, avec beaucoup de patience

les satires que l'on fit contre sa perruque. On lui a attribué l'épigramme suivante, qui n'est pas de lui :

> Railleurs, en vain vous m'insultez,
> Et la pièce vous emportez ;
> En vain vous découvrez ma nuque :
> J'aime mieux la condition
> D'être défroqué de perruque
> Que défroqué de pension.

DISCOURS
SUR LE DIALOGUE SUIVANT

Le dialogue qu'on donne ici au public a été composé à l'occasion de cette prodigieuse multitude de romans qui parurent vers le milieu du siècle précédent, et dont voici en peu de mots l'origine. Honoré d'Urfé, homme de fort grande qualité dans le Lyonnois, et très-enclin à l'amour, voulant faire valoir un grand nombre de vers qu'il avoit composés pour ses maîtresses, et rassembler en un corps plusieurs aventures amoureuses qui lui étoient arrivées, s'avisa d'une invention très-agréable. Il feignit que dans le Forez, petit pays contigu à la Limagne d'Auvergne, il y avoit eu, du temps de nos premiers rois, une troupe de bergers et de bergères qui habitoient sur les bords de la rivière du Lignon, et qui, assez accommodés des biens de la fortune, ne laissoient pas néanmoins, par un simple amusement, et pour leur seul plaisir, de mener paître eux-mêmes leurs troupeaux. Tous ces bergers et toutes ces bergères étant d'un fort grand loisir, l'amour, comme on le peut penser, et comme il le raconte lui-même, ne tarda guère à les y venir troubler, et produisit quantité d'évènemens considérables. D'Urfé y fit arriver toutes ses aventures, parmi lesquelles il en mêla beaucoup d'autres, et enchâssa les vers dont j'ai parlé, qui, tout méchans qu'ils étoient, ne laissèrent pas d'être soufferts et de passer à la faveur de l'art avec lequel il les mit en œuvre : car il soutint tout cela d'une narration également vive et fleurie, de fictions très-ingénieuses et de caractères aussi finement imaginés qu'agréablement variés et bien suivis. Il composa ainsi un roman qui lui acquit beaucoup de réputation, et qui fut fort estimé, même des gens du goût le plus exquis, bien que la morale en fût fort vicieuse, ne prêchant que l'amour et la mollesse, et allant quelquefois jusqu'à blesser un peu la pudeur. Il en fit quatre volumes qu'il intitula Astrée, du nom de la plus belle de ses bergères ; et sur ces entrefaites étant mort, Baro, son ami, et, selon quelques-uns, son domestique, en composa sur ses mémoires un cinquième tome qui en formoit la conclusion, et qui ne fut guère moins bien reçu que les quatre autres volumes. Le grand succès de ce roman échauffa si bien les beaux esprits d'alors, qu'ils en firent à son imitation quantité de semblables, dont il y en avoit même de dix et de douze volumes ; et ce fut quelque temps comme une espèce de débordement sur le Parnasse. On vantoit surtout ceux de Gomberville, de La Calprenède, de Desmarets et de Scudéri. Mais ces imitateurs s'efforçant mal à propos d'enchérir sur leur original, et prétendant ennoblir ses caractères, tombèrent, à mon avis, dans une très-grande puérilité ; car, au lieu de prendre, comme lui, pour leurs héros, des bergers occupés du seul soin de gagner le cœur de leurs maîtresses, ils prirent, pour leur donner cette étrange occupation, non-seulement des princes et des rois, mais les plus fameux capitaines de l'antiquité, qu'ils peignirent pleins du même esprit que ces bergers, ayant, à leur exemple, fait comme une espèce de vœu de ne parler jamais et de n'entendre jamais parler que d'amour. De sorte qu'au lieu que d'Urfé dans son *Astrée*, de bergers très-frivoles avoit fait des héros de roman considérables, ces auteurs, au contraire, des héros les plus considérables de l'histoire firent des bergers très-frivoles, et quelquefois même des bourgeois, encore plus frivoles que ces bergers. Leurs ouvrages néanmoins ne laissèrent pas de trouver un nombre infini d'admirateurs, et eurent longtemps une fort grande vogue. Mais ceux qui s'attirèrent le plus d'applaudissemens, ce furent le *Cyrus* et la *Clélie* de mademoiselle de Scudéri, sœur de l'auteur du même nom. Cependant non-seulement elle tomba dans la même puérilité, mais elle la poussa encore à un plus grand excès. Si bien qu'au lieu de représenter, comme elle le devoit, dans la personne de Cyrus, un roi promis par les prophètes, tel qu'il est exprimé dans la Bible, ou, comme le peint Hérodote, le plus grand conquérant que l'on eût encore vu, ou enfin tel qu'il est figuré dans Xénophon, qui a fait aussi bien qu'elle un roman de la vie de ce prince; au lieu, dis-je, d'en faire un modèle de toute perfection, elle en composa un Artamène plus fou que tous les Céladons et tous les Sylvandres; qui n'est occupé que du seul soin de sa Mandane, qui ne sait du matin au soir que lamenter, gémir et filer le parfait amour. Elle a encore fait pis dans son autre roman intitulé Clélie, où elle représente tous les héros de la république romaine naissante, les Horatius Coclès, les Mutius Scévola, les Clélie, les Lucrèce, les Brutus, encore plus amoureux qu'Artamène, ne s'occupant qu'à tracer des cartes géographiques d'amour, qu'à se proposer les uns aux autres des questions et des énigmes galantes; en un mot, qu'à faire tout ce qui paroît le plus opposé au caractère et à la gravité héroïque de ces premiers Romains.

Comme j'étois fort jeune dans le temps que tous ces romans, tant ceux de mademoiselle de Scudéri, que ceux de La Calprenède et de tous les autres, faisoient le plus d'éclat, je les lus, ainsi que les lisoit tout le monde, avec beaucoup d'admiration; et je les regardai comme des chefs-d'œuvre de notre langue. Mais enfin mes années étant accrues, et la raison m'ayant ouvert les yeux, je reconnus la puérilité de ces ouvrages. Si bien que l'esprit satirique commençant à dominer en moi, je ne me donnai point de repos que je n'eusse fait contre ces romans un dialogue à la manière de Lucien, où j'attaquois non-seulement leur peu de solidité, mais leur afféterie précieuse de langage, leurs conversations vagues et frivoles, les portraits avantageux faits à chaque bout de champ de personnes de très-médiocre beauté et quelquefois même laides par excès, et tout ce long verbiage d'amour qui n'a point de fin. Cependant, comme mademoiselle de Scudéri étoit alors vivante, je me contentai de composer ce dialogue dans ma tête; et, bien loin de le faire imprimer, je gagnai même sur moi de ne point l'écrire et de ne point le laisser voir sur le papier, ne voulant pas donner ce chagrin à une fille qui, après tout, avoit beaucoup de mérite, et qui, s'il en faut croire tous ceux qui l'ont connue, nonobstant la mauvaise morale enseignée dans ses romans, avoit encore plus de probité et d'honneur que d'esprit. Mais aujourd'hui qu'enfin la mort *l'a rayée du nombre des humains*, elle et tous les autres compositeurs de romans, je crois qu'on ne trouvera pas mauvais que je donne au public mon dialogue, tel que je l'ai retrouvé dans ma mémoire. Cela me paroit d'autant plus nécessaire, qu'en ma jeunesse l'ayant récité plusieurs fois dans des compagnies où il se trouvoit des gens qui avoient beaucoup de mémoire, ces personnes en ont retenu plusieurs lambeaux, dont elles ont ensuite composé un ouvrage, qu'on a distribué sous le nom de DIALOGUE DE M. DESPRÉAUX, et qui a été imprimé plusieurs fois dans les pays étrangers. Mais enfin le voici donné de ma main. Je ne sais s'il s'attirera les mêmes applaudissemens qu'il s'attiroit autrefois dans les fréquens récits que j'étois obligé d'en faire; car, outre qu'en le récitant je donnois à tous les personnages que j'y introduisois le ton qui leur convenoit, ces romans étant alors lus de tout le monde, on concevoit aisément la finesse des railleries qui y sont : mais maintenant que les voilà tombés dans l'oubli et qu'on ne les lit presque plus, je doute que mon dialogue fasse le même effet. Ce que je sais pourtant, à n'en point douter, c'est que tous les gens d'esprit et de véritable vertu me rendront justice, et reconnoîtront sans peine que, sous le voile d'une fiction en apparence extrêmement badine, folle, outrée, où il n'arrive rien qui soit dans la vérité et dans la vraisemblance, je leur donne peut-être ici le moins frivole ouvrage qui soit encore sorti de ma plume.

LES HÉROS DE ROMAN

DIALOGUE A LA MANIÈRE DE LUCIEN

Minos, sortant du lieu où il rend la justice, proche du palais de Pluton. Maudit soit l'impertinent harangueur qui m'a tenu toute la matinée! il s'agissoit d'un méchant drap qu'on a dérobé à un savetier, en passant le fleuve; et jamais je n'ai tant ouï parler d'Aristote. Il n'y a point de loi qu'il ne m'ait citée.

Pluton. Vous voilà bien en colère, Minos.

Minos. Ah! c'est vous, roi des enfers. Qui vous amène?

Pluton. Je viens ici pour vous en instruire; mais auparavant peut-on savoir quel est cet avocat qui vous a si doctement ennuyé ce matin? Est-ce que Huot et Martinet sont morts?

Minos. Non, grâce au ciel; mais c'est un jeune mort qui a été sans doute à leur école. Bien qu'il n'ait dit que des sottises, il n'en a avancé pas une qu'il n'ait appuyée de l'autorité de tous les anciens; et, quoiqu'il les fît parler de la plus mauvaise grâce du monde, il leur a donné à tous, en les citant, de la galanterie, de la gentillesse et de la bonne grâce. « Platon dit galamment dans son *Timée*. « Sénèque est joli dans son *Traité des bienfaits*. Ésope a « bonne grâce dans un de ses apologues [1]. »

Pluton. Vous me peignez là un maître impertinent; mais pourquoi le laissiez-vous parler si longtemps? Que ne lui imposiez-vous silence?

Minos. Silence, lui! c'est bien un homme qu'on puisse faire taire quand il a commencé à parler! J'ai eu beau faire semblant vingt fois de me vouloir lever de mon siége; j'ai eu beau lui crier : Avocat, concluez, de grâce; concluez, avocat; il a été jusqu'au bout, et a tenu à lui seul toute

---

[1] Manières de parler de ce temps-là, fort communes dans le barreau. B.

l'audience. Pour moi, je ne vis jamais une telle fureur de parler ; et si ce désordre-là continue, je crois que je serai obligé de quitter la charge.

Pluton. Il est vrai que les morts n'ont jamais été si sots qu'aujourd'hui. Il n'est pas venu ici depuis longtemps une ombre qui eût le sens commun ; et, sans parler des gens de palais, je ne vois rien de si impertinent que ceux qu'ils nomment gens du monde. Ils parlent tous un certain langage qu'ils appellent galanterie ; et quand nous leur témoignons, Proserpine et moi, que cela nous choque, ils nous traitent de bourgeois et disent que nous ne sommes pas galans. On m'a assuré même que cette pestilente galanterie avoit infecté tous les pays infernaux, et même les champs Élysées ; de sorte que les héros et surtout les héroïnes qui les habitent sont aujourd'hui les plus sottes gens du monde, grâce à certains auteurs qui leur ont appris, dit-on, ce beau langage, et qui en ont fait des amoureux transis. A vous dire le vrai, j'ai bien de la peine à le croire. J'ai bien de la peine, dis-je, à m'imaginer que les Cyrus et les Alexandre soient devenus tout à coup, comme on me le veut faire entendre, des Thyrsis et des Céladons. Pour m'en éclaircir donc moi-même par mes propres yeux, j'ai donné ordre qu'on fît venir ici aujourd'hui des champs Élysées, et de toutes les autres régions de l'enfer, les plus célèbres d'entre ces héros ; et j'ai fait préparer pour les recevoir ce grand salon, où vous voyez que sont postés mes gardes. Mais où est Rhadamante ?

Minos. Qui ? Rhadamante ? Il est allé dans le Tartare pour y voir entrer un lieutenant criminel[1] nouvellement arrivé de l'autre monde, où il a, dit-on, été, tant qu'il a vécu, aussi célèbre par sa grande capacité dans les affaires de judicature que diffamé pour son excessive avarice.

Pluton. N'est-ce pas celui qui pensa se faire tuer une seconde fois, pour une obole qu'il ne voulut pas payer à Caron en passant le fleuve ?

---

[1] Le lieutenant criminel Tardieu et sa femme avoient été assassinés à Paris, la même année que je fis ce dialogue (le 24 d'août 1665). B.

Minos. C'est celui-là même. Avez-vous vu sa femme? C'étoit une chose à peindre que l'entrée qu'elle fit ici. Elle étoit couverte d'un linceul de satin.

Pluton. Comment! de satin? Voilà une grande magnificence!

Minos. Au contraire, c'est une épargne : car tout cet accoutrement n'étoit autre chose que trois thèses cousues ensemble, dont on avoit fait présent à son mari en l'autre monde. O la vilaine ombre! Je crains qu'elle n'empeste tout l'enfer. J'ai tous les jours les oreilles rebattues de ses larcins. Elle vola avant-hier la quenouille de Clothon; et c'est elle qui avoit dérobé ce drap, dont on m'a tant étourdi ce matin, à un savetier qu'elle attendoit au passage. De quoi vous êtes-vous avisé de charger les enfers d'une si dangereuse créature?

Pluton. Il falloit bien qu'elle suivit son mari; il n'auroit pas été bien damné sans elle. Mais, à propos de Rhadamante, le voici lui-même, si je ne me trompe, qui vient à nous. Qu'a-t-il? Il paroit tout effrayé.

Rhadamante. Puissant roi des enfers, je viens vous avertir qu'il faut songer tout de bon à vous défendre, vous et votre royaume. Il y a un grand parti formé contre vous dans le Tartare. Tous les criminels, résolus de ne plus vous obéir, ont pris les armes. J'ai rencontré là-bas Prométhée avec son vautour sur le poing. Tantale est ivre comme une soupe; Ixion a violé une furie, et Sisyphe, assis sur son rocher, exhorte tous ses voisins à secouer le joug de votre domination.

Minos. O les scélérats! Il y a longtemps que je prévoyois ce malheur.

Pluton. Ne craignez rien, Minos; je sais bien le moyen de les réduire. Mais ne perdons point de temps. Qu'on fortifie les avenues; qu'on redouble la garde de mes furies; qu'on arme toutes les milices de l'enfer; qu'on lâche Cerbère. Vous, Rhadamante, allez-vous-en dire à Mercure qu'il nous fasse venir l'artillerie de mon frère Jupiter. Cependant vous, Minos, demeurez avec moi. Voyons nos héros, s'ils sont en état de nous aider. J'ai été bien inspiré de les mander aujourd'hui. Mais quel est ce bonhomme qui vient à nous avec son bâton et sa besace? Ha! c'est ce fou de Diogène. Que viens-tu chercher ici?

Diogène. J'ai appris la nécessité de vos affaires, et, comme votre fidèle sujet, je viens vous offrir mon bâton.

Pluton. Nous voilà bien forts avec ton bâton!

Diogène. Ne pensez pas vous moquer. Je ne serai peut-être pas le plus inutile de tous ceux que vous avez envoyé chercher.

Pluton. Hé quoi! nos héros ne viennent-ils pas?

Diogène. Oui, je viens de rencontrer une troupe de fous là-bas, je crois que ce sont eux. Est-ce que vous avez envie de donner le bal?

Pluton. Pourquoi le bal?

Diogène. C'est qu'ils sont en fort bon équipage pour danser. Ils sont jolis, ma foi; je n'ai jamais rien vu de si dameret ni de si galant.

Pluton. Tout beau, Diogène. Tu te mêles toujours de railler. Je n'aime point les satiriques. Et puis ce sont des héros pour lesquels on doit avoir du respect.

Diogène. Vous en allez juger vous-même tout à l'heure, car je les vois déjà qui paroissent. Approchez, fameux héros, et vous aussi, héroïnes encore plus fameuses, autrefois l'admiration de toute la terre. Voici une belle occasion de vous signaler. Venez ici tous en foule.

Pluton. Tais-toi. Je veux que chacun vienne l'un après l'autre, accompagné tout au plus de quelqu'un de ses confidens. Mais avant tout, Minos, passons, vous et moi, dans ce salon que j'ai fait, comme je vous ai dit, préparer pour les recevoir, et où j'ai ordonné qu'on mît nos siéges, avec une balustrade qui nous sépare du reste de l'assemblée. Entrons. Bon. Voilà tout disposé ainsi que je le souhaitois. Suis-nous, Diogène : j'ai besoin de toi pour nous dire le nom des héros qui vont arriver. Car de la manière dont je vois que tu as fait connoissance avec eux, personne ne me peut mieux rendre ce service que toi.

Diogène. Je ferai de mon mieux.

Pluton. Tiens-toi donc ici près de moi. Vous, gardes,

18.

au moment que j'aurai interrogé ceux qui seront entrés, qu'on les fasse passer dans les longues et ténébreuses galeries qui sont adossées à ce salon, et qu'on leur dise d'y aller attendre mes ordres. Asseyons-nous. Qui est celui-ci qui vient le premier de tous, nonchalamment appuyé sur son écuyer?

Diogène. C'est le grand Cyrus.

Pluton. Quoi! ce grand roi qui transféra l'empire des Mèdes aux Perses, qui a tant gagné de batailles?. De son temps les hommes venoient ici tous les jours par trente et quarante mille. Jamais personne n'y en a tant envoyé.

Diogène. Au moins ne l'allez pas appeler Cyrus.

Pluton. Pourquoi?

Diogène. Ce n'est plus son nom. Il s'appelle maintenant Artamène.

Pluton. Artamène! et où a-t-il pêché ce nom-là? Je ne me souviens point de l'avoir jamais lu.

Diogène. Je vois bien que vous ne savez pas son histoire.

Pluton. Qui? moi? Je sais aussi bien mon Hérodote qu'un autre.

Diogène. Oui; mais, avec tout cela, diriez-vous bien pourquoi Cyrus a tant conquis de provinces, traversé l'Asie, la Médie, l'Hyrcanie, la Perse, et ravagé enfin plus de la moitié du monde?

Pluton. Belle demande! c'est que c'étoit un prince ambitieux, qui vouloit que toute la terre lui fût soumise.

Diogène. Point du tout. C'est qu'il vouloit délivrer sa princesse, qui avoit été enlevée.

Pluton. Quelle princesse?

Diogène. Mandane.

Pluton. Mandane?

Diogène. Oui, et savez-vous combien elle a été enlevée de fois?

Pluton. Où veux-tu que je l'aille chercher?

Diogène. Huit fois.

Minos. Voilà une beauté qui a passé par bien des mains.

Diogène. Cela est vrai; mais tous ses ravisseurs étoient

les scélérats du monde les plus vertueux. Assurément ils n'ont pas osé lui toucher.

Pluton. J'en doute. Mais laissons là ce fou de Diogène. Il faut parler à Cyrus lui-même. Eh bien, Cyrus, il faut combattre. Je vous ai envoyé chercher pour vous donner le commandement de mes troupes. Il ne répond rien! Qu'a-t-il? Vous diriez qu'il ne sait où il est.

Cyrus. Eh! divine princesse!

Pluton. Quoi?

Cyrus. Ah! injuste Mandane!

Pluton. Plaît-il?

Cyrus. Tu me flattes, trop complaisant Féraulas. Es-tu si peu sage que de penser que Mandane, l'illustre Mandane, puisse jamais tourner les yeux sur l'infortuné Artamène? Aimons-la, toutefois, mais aimerons-nous une cruelle? servirons-nous une insensible? adorerons-nous une inexorable? Oui, Cyrus, il faut aimer une cruelle. Oui, Artamène, il faut servir une insensible. Oui, fils de Cambyse, il faut adorer l'inexorable fille de Cyaxare [1].

Pluton. Il est fou. Je crois que Diogène a dit vrai.

Diogène. Vous voyez bien que vous ne saviez pas son histoire. Mais faites approcher son écuyer Féraulas; il ne demande pas mieux que de vous la conter; il sait par cœur tout ce qui s'est passé dans l'esprit de son maître et a tenu un registre exact de toutes les paroles que son maître a dites en lui-même depuis qu'il est au monde, avec un rouleau de ses lettres qu'il a toujours dans sa poche. A la vérité, vous êtes en danger de bâiller un peu, car ses narrations ne sont pas fort courtes.

Pluton. Oh! j'ai bien le temps de cela!

Cyrus. Mais, trop engageante personne.....

Pluton. Quel langage! A-t-on jamais parlé de la sorte? Mais dites-moi, vous, trop pleurant Artamène, est-ce que vous n'avez pas envie de combattre?

Cyrus. Eh! de grace, généreux Pluton, souffrez que j'aille entendre l'histoire d'Aglatidas et d'Amestris, qu'on me

---

[1] Affectation de Cyrus imitée. B.

va conter. Rendons ce devoir à deux illustres malheureux Cependant voici le fidèle Féraulas, que je vous laisse, qui vous instruira positivement de l'histoire de ma vie et de l'impossibilité de mon bonheur.

Pluton. Je n'en veux point être instruit, moi. Qu'on me chasse ce grand pleureur.

Cyrus. Eh! de grace!

Pluton. Si tu ne sors....

Cyrus. En effet....

Pluton. Si tu ne t'en vas....

Cyrus. En mon particulier....

Pluton. Si tu ne te retires.... A la fin le voilà dehors. A-t-on jamais vu tant pleurer?

Diogène. Vraiment, il n'est pas au bout, puisqu'il n'en est qu'à l'histoire d'Aglatidas et d'Amestris. Il a encore neuf gros tomes à faire ce joli métier.

Pluton. Hé bien, qu'il remplisse, s'il veut, cent volumes de ses folies. J'ai d'autres affaires présentement qu'à l'entendre. Mais quelle est cette femme que je vois qui arrive?

Diogène. Ne reconnoissez-vous pas Tomyris?

Pluton. Quoi! cette reine sauvage des Massagètes, qui fit plonger la tête de Cyrus dans un vaisseau de sang humain? Celle-ci ne pleurera pas, j'en réponds. Qu'est-ce qu'elle cherche?

Tomyris.

« Que l'on cherche partout mes tablettes perdues;
Et que sans les ouvrir elles me soient rendues [1]. »

Diogène. Des tablettes! Je ne les ai pas au moins. Ce n'est pas un meuble pour moi que des tablettes; et l'on prend assez de soin de retenir mes bons mots, sans que j'aie besoin de les recueillir moi-même dans des tablettes.

Pluton. Je pense qu'elle ne fera que chercher. Elle a tantôt visité tous les coins et recoins de cette salle. Qu'y avoit-il donc de si précieux dans vos tablettes, grande reine?

---

[1] Ce sont les deux premiers vers de la tragédie de *Cyrus*, faite par Quinault, et c'est Tomyris qui ouvre le théâtre par ces deux vers. B. — Ce sont les deux premiers vers de la scène v de l'acte I.

Tomyris. Un madrigal que j'ai fait ce matin pour le charmant ennemi que j'aime.

Minos. Hélas! qu'elle est doucereuse!

Diogène. Je suis fâché que ses tablettes soient perdues. Je serois curieux de voir un madrigal massagète.

Pluton. Mais qui est donc ce charmant ennemi qu'elle aime?

Diogène. C'est ce même Cyrus qui vient de sortir tout à l'heure.

Pluton. Bon! auroit-elle fait égorger l'objet de sa passion?

Diogène. Égorgé! C'est une erreur dont on a été abusé seulement durant vingt et cinq siècles; et cela par la faute du gazetier de Scythie, qui répandit mal à propos la nouvelle de sa mort sur un faux bruit. On en est détrompé depuis quatorze ou quinze ans.

Pluton. Vraiment, je le croyois encore. Cependant, soit que le gazetier de Scythie se soit trompé ou non, qu'elle s'en aille dans ces galeries chercher, si elle veut, son charmant ennemi, et qu'elle ne s'opiniâtre pas davantage à retrouver des tablettes que vraisemblablement elle a perdues par sa négligence, et que sûrement aucun de nous n'a volées. Mais quelle est cette voix robuste que j'entends là-bas qui fredonne un air?

Diogène. C'est ce grand borgne d'Horatius Coclès qui chante ici proche, comme m'a dit un de vos gardes, à un écho qu'il a trouvé, une chanson qu'il a faite pour Clélie.

Pluton. Qu'a donc ce fou de Minos, qu'il crève de rire?

Minos. Et qui ne riroit? Horatius Coclès chantant à l'écho!

Pluton. Il est vrai que la chose est assez nouvelle. Cela est à voir. Qu'on le fasse entrer, et qu'il n'interrompe point pour cela sa chanson, que Minos vraisemblablement sera bien aise d'entendre de plus près.

Minos. Assurément.

Horatius coclès, *chantant la reprise de la chanson qu'il chante dans* Clélie.

« Et Phénisse même publie
Qu'il n'est rien si beau que Clélie. »

Diogène. Je pense reconnoître l'air. C'est sur le chant de *Toinon la belle jardinière*[1].

> Ce n'étoit pas de l'eau de rose,
> Mais de l'eau de quelque autre chose.

Horatius Coclès.

> « Et Phénisse même publie
> Qu'il n'est rien si beau que Clélie. »

Pluton. Quelle est donc cette Phénisse?

Diogène. C'est une dame des plus galantes et des plus spirituelles de la ville de Capoue, mais qui a une trop grande opinion de sa beauté, et qu'Horatius Coclès raille dans cet impromptu de sa façon, dont il a composé aussi le chant, en lui faisant avouer à elle-même que tout cède en beauté à Clélie.

Minos. Je n'eusse jamais cru que cet illustre Romain fût si excellent musicien et si habile faiseur d'impromptu. Cependant je vois bien par celui-ci qu'il y est maître passé.

Pluton. Et moi, je vois bien que, pour s'amuser à de semblables petitesses, il faut qu'il ait entièrement perdu le sens. Ilé! Horatius Coclès, vous qui étiez autrefois si déterminé soldat, et qui avez défendu vous seul un pont contre toute une armée, de quoi vous êtes-vous avisé de vous faire berger après votre mort? et qui est le fou ou la folle qui vous ont appris à chanter?

Horatius Coclès.

> « Et Phénisse même publie
> Qu'il n'est rien si beau que Clélie. »

Minos. Il se ravit dans son chant.

Pluton. Oh! qu'il s'en aille dans mes galeries chercher, s'il veut, un nouvel écho. Qu'on l'emmène!

Horatius Coclès, *s'en allant et toujours chantant*.

> « Et Phénisse même publie
> Qu'il n'est rien si beau que Clélie. »

Pluton. Le fou! le fou! Ne viendra-t-il point à la fin une personne raisonnable?

---

[1] Chanson du Savoyard, alors à la mode. B.

Diogène. Vous allez avoir bien de la satisfaction ; car je vois entrer la plus illustre de toutes les dames romaines, cette Clélie qui passa le Tibre à la nage, pour se dérober du camp de Porsenna, et dont Horatius Coclès, comme vous venez de le voir, est amoureux.

Pluton. J'ai cent fois admiré l'audace de cette fille dans Tite Live ; mais je meurs de peur que Tite Live n'ait encore menti. Qu'en dis-tu, Diogène ?

Diogène. Écoutez ce qu'elle vous va dire.

Clélie. Est-il vrai, sage roi des enfers, qu'une troupe de mutins ait osé se soulever contre Pluton, le vertueux Pluton ?

Pluton. Ah ! à la fin nous avons trouvé une personne raisonnable ! Oui, ma fille, il est vrai que les criminels dans le Tartare ont pris les armes, et que nous avons envoyé chercher les héros dans les champs Élysées et ailleurs pour nous secourir.

Clélie. Mais, de grace, seigneur, les rebelles ne songent-ils point à exciter quelque trouble dans le royaume de Tendre ? car je serois au désespoir s'ils étoient seulement postés dans le village de Petits-Soins. N'ont-ils point pris Billets-Doux ou Billets-Galans ?

Pluton. De quel pays parle-t-elle là ? Je ne me souviens point de l'avoir vu dans la carte.

Diogène. Il est vrai que Ptolomée n'en a point parlé ; mais on a fait depuis peu de nouvelles découvertes. Et puis ne voyez-vous pas que c'est du pays de galanterie qu'elle vous parle ?

Pluton. C'est un pays que je ne connois point.

Clélie. En effet, l'illustre Diogène raisonne tout à fait juste. Car il y a trois sortes de Tendre : Tendre sur Estime, Tendre sur Inclination et Tendre sur Reconnoissance. Lorsque l'on veut arriver à Tendre sur Estime, il faut aller d'abord au village de Petits-Soins, et....

Pluton. Je vois bien, la belle fille, que vous savez parfaitement la géographie du royaume de Tendre, et qu'à un homme qui vous aimera, vous ferez voir bien du pays dans ce royaume. Mais pour moi, qui ne le connois point, et qui ne le veux point connoître, je vous dirai franchement que je ne sais si ces trois villages et ces trois fleuves mènent à Tendre, mais qu'il me paroit que c'est le grand chemin des Petites-Maisons.

Minos. Ce ne seroit pas trop mal fait, non, d'ajouter ce village-là dans la carte de Tendre. Je crois que ce sont ces terres inconnues dont on y veut parler.

Pluton. Mais vous, tendre mignonne, vous êtes donc aussi amoureuse, à ce que je vois?

Clélie. Oui, seigneur; je vous concède que j'ai pour Aronce une amitié qui tient de l'amour véritable : aussi faut-il avouer que cet admirable fils du roi de Clusium a en toute sa personne je ne sais quoi de si extraordinaire et de si peu imaginable, qu'à moins que d'avoir une dureté de cœur inconcevable, on ne peut pas s'empêcher d'avoir pour lui une passion tout à fait raisonnable. Car enfin...

Pluton. Car enfin, car enfin..... Je vous dis, moi, que j'ai pour toutes les folles une aversion inexplicable ; et que quand le fils du roi de Clusium auroit un charme inimaginable, avec votre langage inconcevable, vous me feriez plaisir de vous en aller, vous et votre galant, au diable. A la fin la voilà partie! Quoi! toujours des amoureux! Personne ne s'en sauvera; et un de ces jours nous verrons Lucrèce galante.

Diogène. Vous en allez avoir le plaisir tout à l'heure; car voici Lucrèce en personne.

Pluton. Ce que j'en disois n'est que pour rire : à Dieu ne plaise que j'aie une si basse pensée de la plus vertueuse personne du monde!

Diogène. Ne vous y fiez pas. Je lui trouve l'air bien coquet. Elle a, ma foi, les yeux fripons.

Pluton. Je vois bien, Diogène, que tu ne connois pas Lucrèce. Je voudrois que tu l'eusses vue, la première fois qu'elle entra ici, toute sanglante et tout échevelée. Elle tenoit un poignard à la main : elle avoit le regard farouche, et la colère étoit encore peinte sur son visage, malgré les pâleurs de la mort. Jamais personne n'a porté la chasteté plus loin qu'elle. Mais, pour t'en convaincre, il ne faut que lui demander à elle-même ce qu'elle pense de l'amour. Tu verras. Dites-nous donc, Lucrèce, mais expliquez-vous clairement : croyez-vous qu'on doive aimer?

Lucrèce, tenant des tablettes à la main. Faut-il absolument sur cela vous rendre une réponse exacte et décisive?

Pluton. Oui.

Lucrèce. Tenez, la voilà clairement énoncée dans ces tablettes. Lisez.

Pluton, lisant. « Toujours. l'on. si. mais. aimoit. d'éternelles. hélas. amours. d'aimer. doux. il. point. seroit. n'est. qu'il. » Que veut dire tout ce galimatias?

Lucrèce. Je vous assure, Pluton, que je n'ai jamais rien dit de mieux ni de plus clair.

Pluton. Je vois bien que vous avez accoutumé de parler fort clairement. Peste soit de la folle! Où a-t-on jamais parlé comme cela? Point. mais. si. d'éternelles. Et où veut-elle que j'aille chercher un OEdipe pour m'expliquer cette énigme?

Diogène. Il ne faut pas aller fort loin. En voici un qui entre et qui est fort propre à vous rendre cet office.

Pluton. Qui est-il?

Diogène. C'est Brutus, celui qui délivra Rome de la tyrannie des Tarquins.

Pluton. Quoi! cet austère Romain qui fit mourir ses enfans pour avoir conspiré contre leur patrie? Lui, expliquer des énigmes? Tu es bien fou, Diogène.

Diogène. Je ne suis point fou. Mais Brutus n'est point non plus cet austère personnage que vous vous imaginez. C'est un esprit naturellement tendre et passionné, qui fait de fort jolis vers, et les billets du monde les plus galans.

Minos. Il faudroit donc que les paroles de l'énigme fussent écrites, pour les lui montrer.

Diogène. Que cela ne vous embarrasse point. Il y a longtemps que ces paroles sont écrites sur les tablettes de Brutus. Des héros comme lui sont toujours fournis de tablettes.

19

Pluton. Hé bien, Brutus, nous donnerez-vous l'explication des paroles qui sont sur vos tablettes ?

Brutus. Volontiers. Regardez bien. Ne les sont-ce pas là ? « Toujours. l'on. si. mais, » etc.

Pluton. Ce les sont là elles-mêmes.

Brutus. Continuez donc de lire. Les paroles suivantes non-seulement vous feront voir que j'ai d'abord conçu la finesse des paroles embrouillées de Lucrèce ; mais elles contiennent la réponse précise que j'y ai faite :

« Moi. nos. verrez. vous. de. permettez. d'éternelles. jours. qu'on. merveille. peut. amours. d'aimer. voir. »

Pluton. Je ne sais pas si ces paroles se répondent juste les unes aux autres ; mais je sais bien que ni les unes ni les autres ne s'entendent, et que je ne suis pas d'humeur à faire le moindre effort d'esprit pour les concevoir.

Diogène. Je vois bien que c'est à moi de vous expliquer tout ce mystère. Le mystère est que ce sont des paroles transposées. Lucrèce, qui est amoureuse et aimée de Brutus, lui dit en mots transposés :

> Qu'il seroit doux d'aimer, si l'on aimoit toujours !
> Mais, hélas ! il n'est point d'éternelles amours.

Et Brutus, pour la rassurer, lui dit en d'autres termes transposés :

> Permettez-moi d'aimer, merveille de nos jours ;
> Vous verrez qu'on peut voir d'éternelles amours.

Pluton. Voilà une grosse finesse ! Il s'ensuit de là que tout ce qui se peut dire de beau est dans les dictionnaires ; il n'y a que les paroles qui sont transposées. Mais est-il possible que des personnes du mérite de Brutus et de Lucrèce en soient venues à cet excès d'extravagance, de composer de semblables bagatelles ?

Diogène. C'est pourtant par ces bagatelles qu'ils ont fait connoître l'un et l'autre qu'ils avoient infiniment d'esprit.

Pluton. Et c'est par ces bagatelles, moi, que je reconnois qu'ils ont infiniment de folie. Qu'on les chasse. Pour moi, je ne sais tantôt plus où j'en suis. Lucrèce amoureuse ! Lucrèce coquette ! Et Brutus son galant ! Je ne désespère pas, un de ces jours, de voir Diogène lui-même galant.

Diogène. Pourquoi non? Pythagore l'étoit bien.

Pluton. Pythagore étoit galant?

Diogène. Oui, et ce fut de Théano sa fille, formée par lui à la galanterie, ainsi que le raconte le généreux Herminius dans l'histoire de la vie de Brutus; ce fut, dis-je, de Théano que cet illustre Romain apprit ce beau symbole, qu'on a oublié d'ajouter aux autres symboles de Pythagore : « Que c'est à pousser les beaux sentimens pour une maîtresse, et à faire l'amour, que se perfectionne le grand philosophe. »

Pluton. J'entends. Ce fut de Théano qu'il sut que c'est la folie qui fait la perfection de la sagesse. Oh! l'admirable précepte! Mais laissons là Théano. Quelle est cette précieuse renforcée que je vois qui vient à nous?

Diogène. C'est Sapho [1], cette fameuse Lesbienne qui a inventé les vers saphiques.

Pluton. On me l'avoit dépeinte si belle! Je la trouve bien laide!

Diogène. Il est vrai qu'elle n'a pas le teint fort uni, ni les traits du monde les plus réguliers : mais prenez garde qu'il y a une grande opposition du blanc et du noir de ses yeux, comme elle le dit elle-même dans l'histoire de sa vie.

Pluton. Elle se donne là un bizarre agrément; et Cerbère, selon elle, doit donc passer aussi pour beau, puisqu'il a dans les yeux la même opposition.

Diogène. Je vois qu'elle vient à vous. Elle a sûrement quelque question à vous faire.

Sapho. Je vous supplie, sage Pluton, de m'expliquer fort au long ce que vous pensez de l'amitié, et si vous croyez qu'elle soit capable de tendresse aussi bien que l'amour; car ce fut le sujet d'une généreuse conversation que nous eûmes l'autre jour avec le sage Démocède et l'agréable Phaon. De grace, oubliez donc pour quelque

---

[1] Mademoiselle de Scudéri.

temps le soin de votre personne et de votre état ; et, au lieu de cela, songez à me bien définir ce que c'est que cœur tendre, tendresse d'amitié, tendresse d'amour, tendresse d'inclination et tendresse de passion.

Minos. Oh ! celle-ci est la plus folle de toutes. Elle a la mine d'avoir gâté toutes les autres.

Pluton. Mais regardez cette impertinente ! c'est bien le temps de résoudre des questions d'amour, que le jour d'une révolte !

Diogène. Vous avez pourtant autorité pour le faire ; et tous les jours les héros que vous venez de voir, sur le point de donner une bataille où il s'agit du tout pour eux, au lieu d'employer le temps à encourager les soldats et à ranger leurs armées, s'occupent à entendre l'histoire de Timarète ou de Bérélise, dont la plus haute aventure est quelquefois un billet perdu ou un bracelet égaré.

Pluton. Ho bien, s'ils sont fous, je ne veux pas leur ressembler, et principalement à cette précieuse ridicule.

Sapho. Eh ! de grace, seigneur, défaites-vous de cet air grossier et provincial de l'enfer, et songez à prendre l'air de la belle galanterie de Carthage et de Capoue. A vous dire le vrai, pour décider un point aussi important que celui que je vous propose, je souhaiterois fort que toutes nos généreuses amies et nos illustres amis fussent ici. Mais, en leur absence, le sage Minos représentera le discret Phaon, et l'enjoué Diogène le galant Ésope.

Pluton. Attends, attends, je m'en vais te faire venir ici une personne avec qui lier conversation. Qu'on m'appelle Tisiphone.

Sapho. Qui ? Tisiphone ? Je la connois, et vous ne serez peut-être pas fâché que je vous en fasse voir le portrait, que j'ai déjà composé par précaution, dans le dessein où je suis de l'insérer dans quelqu'une des histoires que nous autres faiseurs et faiseuses de romans sommes obligés de raconter à chaque livre de notre roman.

Pluton. Le portrait d'une furie ! Voilà un étrange projet.

Diogène. Il n'est pas si étrange que vous pensez. En effet, cette même Sapho, que vous voyez, a peint dans ses ouvrages beaucoup de ses généreuses amies, qui ne surpassent guère en beauté Tisiphone, et qui néanmoins, à la faveur des mots galans et des façons de parler élégantes et précieuses qu'elle jette dans leurs peintures, ne laissent pas de passer pour de dignes héroïnes de roman.

Minos. Je ne sais si c'est curiosité ou folie; mais je vous avoue que je meurs d'envie de voir un si bizarre portrait.

Pluton. Hé bien donc, qu'elle vous le montre, j'y consens. Il faut bien vous contenter. Nous allons voir comment elle s'y prendra pour rendre la plus effroyable des Euménides agréable et gracieuse.

Diogène. Ce n'est pas une affaire pour elle, et elle a déjà fait un pareil chef-d'œuvre en peignant la vertueuse Aricidie. Écoutons donc; car je la vois qui tire le portrait de sa poche.

Sapho, lisant. L'illustre fille[1] dont j'ai à vous entretenir a en toute sa personne je ne sais quoi de si furieusement extraordinaire et de si terriblement merveilleux, que je ne suis pas médiocrement embarrassée quand je songe à vous en tracer le portrait.

Minos. Voilà les adverbes FURIEUSEMENT et TERRIBLEMENT qui sont, à mon avis, bien placés et tout à fait en leur lieu.

Sapho continue de lire. Tisiphone a naturellement la taille fort haute, et passant de beaucoup la mesure des personnes de son sexe; mais pourtant si dégagée, si libre et si bien proportionnée en toutes ses parties, que son énormité même lui sied admirablement bien. Elle a les yeux petits, mais pleins de feu, vifs, perçans et bordés d'un certain vermillon qui en relève prodigieusement l'éclat. Ses cheveux sont naturellement bouclés et annelés, et l'on peut dire que ce sont autant de serpens qui s'entortillen les uns dans les autres et se jouent nonchalamment autour de son visage. Son teint n'a point cette couleur fade et blanchâtre des femmes de Scythie, mais il tient beau-

---

[1] Portrait de mademoiselle de Scudéri elle-même.

coup de ce brun mâle et noble que donne le soleil aux Africaines qu'il favorise le plus près de ses regards. Son sein est composé de deux demi-globes brûlés par le bout comme ceux des Amazones, et qui, s'éloignant le plus qu'ils peuvent de sa gorge, se vont négligemment et languissamment perdre sous ses deux bras. Tout le reste de son corps est presque composé de la même sorte. Sa démarche est extrêmement noble et fière. Quand il faut se hâter, elle vole plutôt qu'elle ne marche, et je doute qu'Atalante la pût devancer à la course. Au reste, cette vertueuse fille est naturellement ennemie du vice et surtout des grands crimes, qu'elle poursuit partout, un flambeau à la main, et qu'elle ne laisse jamais en repos, secondée en cela par ses deux illustres sœurs, Alecto et Mégère, qui n'en sont pas moins ennemies qu'elle; et l'on peut dire de toutes ces trois sœurs que c'est une morale vivante.

Diogène. Hé bien, n'est-ce pas là un portrait merveilleux?

Pluton. Sans doute, et la laideur y est peinte dans toute sa perfection, pour ne pas dire dans toute sa beauté; mais c'est assez écouter cette extravagante. Continuons la revue de nos héros, et sans plus nous donner la peine, comme nous avons fait jusqu'ici, de les interroger l'un après l'autre, puisque les voilà tous reconnus véritablement insensés, contentons-nous de les voir passer devant cette balustrade et de les conduire exactement de l'œil dans mes galeries, afin que je sois sûr qu'ils y sont; car je défends d'en laisser sortir aucun, que je n'aie précisément déterminé ce que je veux qu'on en fasse. Qu'on les laisse donc entrer, et qu'ils viennent maintenant tous en foule. En voilà bien, Diogène. Tous ces héros sont-ils connus dans l'histoire?

Diogène. Non; il y en a beaucoup de chimériques mêlés parmi eux.

Pluton. Des héros chimériques! et sont-ce des héros?

Diogène. Comment! si ce sont des héros! Ce sont eux qui ont toujours le haut bout dans les livres et qui battent infailliblement les autres.

Pluton. Nomme-m'en par plaisir quelques-uns.

Diogène. Volontiers. Orondate, Spitridate, Alcamène, Mélinte, Britomare, Mérindor, Artaxandre, etc.

Pluton. Et tous ces héros-là ont-ils fait vœu, comme les autres, de ne jamais s'entretenir que d'amour?

Diogène. Cela seroit beau, qu'ils ne l'eussent pas fait! Et de quel droit se diroient-ils héros, s'ils n'étoient point amoureux? N'est-ce pas l'amour qui fait aujourd'hui la vertu héroïque?

Pluton. Quel est ce grand innocent qui s'en va des derniers, et qui a la mollesse peinte sur le visage? Comment t'appelles-tu?

Astrate. Je m'appelle Astrate [1].

Pluton. Que viens-tu chercher ici?

Astrate. Je veux voir la reine.

Pluton. Mais admirez cet impertinent. Ne diriez-vous pas que j'ai une reine que je garde ici dans une boîte, et que je montre à tous ceux qui la veulent voir? Qu'es-tu, toi? As-tu jamais été?

Astrate. Oui-da, j'ai été, et il y a un historien latin qui dit de moi en propres termes : Astratus vixit, Astrate a vécu.

Pluton. Est-ce là tout ce qu'on trouve de toi dans l'histoire?

Astrate. Oui; et c'est sur ce bel argument qu'on a composé une tragédie intitulée du nom d'Astrate, où les passions tragiques sont maniées si adroitement, que les spectateurs y rient à gorge déployée depuis le commencement jusqu'à la fin, tandis que moi j'y pleure toujours, ne pouvant obtenir que l'on m'y montre une reine dont je suis passionnément épris.

Pluton. Ho bien! va-t'en dans ces galeries voir si cette reine y est. Mais quel est ce grand malbâti de Romain qui vient après ce chaud amoureux? Peut-on savoir son nom?

Ostorius. Mon nom est Ostorius.

---

[1] On jouoit à l'Hôtel de Bourgogne, dans le temps que je fis ce Dialogue, l'*Astrate* de M. Quinault et l'*Ostorius* de l'abbé de Pure. B

Pluton. Je ne me souviens point d'avoir jamais nulle part lu ce nom-là dans l'histoire.

Ostorius. Il y est pourtant. L'abbé de Pure assure qu'il l'y a lu.

Pluton. Voilà un merveilleux garant! Mais, dis-moi, appuyé de l'abbé de Pure comme tu es, as-tu fait quelque figure dans le monde? T'y a-t-on jamais vu?

Ostorius. Oui-da; et, à la faveur d'une pièce de théâtre que cet abbé a faite de moi, on m'a vu à l'Hôtel de Bourgogne [1].

Pluton. Combien de fois?

Ostorius. Eh! une fois.

Pluton. Retourne-t'y-en.

Ostorius. Les comédiens ne veulent plus de moi.

Pluton. Crois-tu que je m'accommode mieux de toi qu'eux? Allons, déloge d'ici au plus vite, et va te confiner dans mes galeries. Voici encore une héroïne qui ne se hâte pas trop, ce me semble, de s'en aller. Mais je lui pardonne, car elle me paroît si lourde de sa personne, et si pesamment armée, que je vois bien que c'est la difficulté de marcher, plutôt que la répugnance à m'obéir, qui l'empêche d'aller plus vite. Qui est-elle?

Diogène. Pouvez-vous ne pas reconnoître la Pucelle d'Orléans?

Pluton. C'est donc là cette vaillante fille qui délivra la France du joug des Anglois?

Diogène. C'est elle-même.

Pluton. Je lui trouve la physionomie bien plate et bien peu digne de tout ce qu'on dit d'elle.

Diogène. Elle tousse et s'approche de la balustrade. Écoutons. C'est assurément une harangue qu'elle vous vient faire, et une harangue en vers, car elle ne parle plus qu'en vers.

Pluton. A-t-elle en effet du talent pour la poésie?

Diogène. Vous l'allez voir.

---

[1] Théâtre où l'on jouoit autrefois. B.

La Pucelle.

> « O grand prince, que grand dès cette heure j'appelle,
> Il est vrai, le respect sert de bride à mon zèle;
> Mais ton illustre aspect me redouble le cœur,
> Et, me le redoublant, me redouble la peur.
> A ton illustre aspect mon cœur se sollicite,
> Et, grimpant contre mont, la dure terre quitte.
> Oh! que n'ai-je le ton désormais assez fort
> Pour aspirer à toi sans te faire de tort!
> Pour toi puissé-je avoir une mortelle pointe
> Vers où l'épaule gauche à la gorge est conjointe!
> Que le coup brisât l'os, et fit pleuvoir le sang
> De *la temple*, du dos, de l'épaule et du flanc [1]! »

Pluton. Quelle langue vient-elle de parler?

Diogène. Belle demande! françoise.

Pluton. Quoi! c'est du françois qu'elle a dit? je croyois que ce fût du bas-breton ou de l'allemand. Qui lui a appris cet étrange françois-là?

Diogène. C'est un poëte chez qui elle a été en pension quarante ans durant.

Pluton. Voilà un poëte qui l'a bien mal élevée!

Diogène. Ce n'est pas manque d'avoir été bien payé et d'avoir exactement touché ses pensions.

Pluton. Voilà de l'argent bien mal employé. Eh! Pucelle d'Orléans, pourquoi vous êtes-vous chargé la mémoire de ces grands vilains mots, vous qui ne songiez autrefois qu'à délivrer votre patrie, et qui n'aviez d'objet que la gloire?

La pucelle. La gloire?

> « Un seul endroit y mène, et de ce seul endroit
> Droite et roide... »

Pluton. Ah! elle m'écorche les oreilles.

La pucelle.

> « Droite et roide est la côte et le sentier étroit. »

Pluton. Quels vers, juste ciel! je n'en puis pas entendre prononcer un que ma tête ne soit prête à se fendre.

La pucelle.

> « De flèches toutefois aucune ne l'atteint;
> Ou pourtant l'atteignant, de son sang ne se teint. »

[1] Vers extraits de la *Pucelle*.

Pluton. Encore ! j'avoue que de toutes les héroïnes qui ont paru en ce lieu, celle-ci me paroît beaucoup la plus insupportable. Vraiment, elle ne prêche pas la tendresse. Tout en elle n'est que dureté et sécheresse, et elle me paroit plus propre à glacer l'ame qu'à inspirer l'amour.

Diogène. Elle en a pourtant inspiré au vaillant Dunois.

Pluton. Elle ! inspirer de l'amour au cœur de Dunois !

Diogène. Oui assurément :

> Au grand cœur de Dunois, le plus grand de la terre,
> Grand cœur qui dans lui seul deux grands amours enserre.

Mais il faut savoir quel amour. Dunois s'en explique ainsi lui-même en un endroit du poëme fait pour cette merveilleuse fille :

> Pour ces célestes yeux, pour ce front magnanime,
> Je n'ai que du respect, je n'ai que de l'estime ;
> Je n'en souhaite rien ; et si j'en suis amant,
> D'un amour sans désir je l'aime seulement.
> Et soit. Consumons-nous d'une flamme si belle :
> Brûlons en holocauste aux yeux de la Pucelle.

Ne voilà-t-il pas une passion bien exprimée ? et le mot d'holocauste n'est-il pas tout à fait bien placé dans la bouche d'un guerrier comme Dunois ?

Pluton. Sans doute ; et cette vertueuse guerrière peut innocemment, avec de tels vers, aller tout de ce pas, si elle veut, inspirer un pareil amour à tous les héros qui sont dans ces galeries. Je ne crains pas que cela leur amollisse l'ame. Mais, du reste, qu'elle s'en aille ; car je tremble qu'elle ne me veuille encore réciter quelques-uns de ses vers, et je ne suis pas résolu de les entendre. La voilà enfin partie. Je ne vois plus ici aucun héros, ce me semble. Mais, non, je me trompe : en voici encore un qui demeure immobile derrière cette porte. Vraisemblablement il n'a pas entendu que je voulois que tout le monde sortît. Le connois-tu, Diogène ?

Diogène. C'est Pharamond[1], le premier roi des François.

---

[1] De La Calprenède.

Pluton. Que dit-il? il parle en lui-même.

Pharamond. Vous le savez bien, divine Rosemonde, que pour vous aimer je n'attendis pas que j'eusse le bonheur de vous connoître, et que c'est sur le seul récit de vos charmes, fait par un de mes rivaux, que je devins si ardemment épris de vous.

Pluton. Il semble que celui-ci soit devenu amoureux avant que de voir sa maîtresse.

Diogène. Assurément il ne l'avoit point vue.

Pluton. Quoi! il est devenu amoureux d'elle sur son portrait?

Diogène. Il n'avoit pas même vu son portrait.

Pluton. Si ce n'est là une vraie folie, je ne sais pas ce qui peut l'être. Mais, dites-moi, vous, amoureux Pharamond, n'êtes-vous pas content d'avoir fondé le plus florissant royaume de l'Europe et de pouvoir compter au rang de vos successeurs le roi qui y règne aujourd'hui? Pourquoi vous êtes-vous allé mal à propos embarrasser l'esprit de la princesse Rosemonde?

Pharamond. Il est vrai, seigneur. Mais l'amour...

Pluton. Ho! l'amour! l'amour! Va exagérer, si tu veux, les injustices de l'amour dans mes galeries. Mais pour moi, le premier qui m'en viendra encore parler, je lui donnerai de mon sceptre tout au travers du visage. En voilà un qui entre. Il faut que je lui casse la tête.

Minos. Prenez garde à ce que vous allez faire. Ne voyez-vous pas que c'est Mercure?

Pluton. Ah! Mercure, je vous demande pardon. Mais ne venez-vous point aussi me parler d'amour?

Mercure. Vous savez bien que je n'ai jamais fait l'amour pour moi-même. La vérité est que je l'ai fait quelquefois pour mon père Jupiter, et qu'en sa faveur autrefois j'endormis si bien le bon Argus, qu'il ne s'est jamais réveillé. Mais je viens vous apporter une bonne nouvelle. C'est qu'à peine l'artillerie que je vous amène a paru, que vos ennemis se sont rangés dans le devoir. Vous n'avez jamais été roi plus paisible de l'enfer que vous l'êtes.

Pluton. Divin messager de Jupiter, vous m'avez rendu

la vie. Mais, au nom de notre proche parenté, dites-moi, vous qui êtes le dieu de l'éloquence, comment vous avez souffert qu'il se soit glissé dans l'un et dans l'autre monde une si impertinente manière de parler que celle qui règne aujourd'hui, surtout en ces livres qu'on appelle romans; et comment vous avez permis que les plus grands héros de l'antiquité parlassent ce langage.

Mercure. Hélas! Apollon et moi, nous sommes des dieux qu'on n'invoque presque plus : et la plupart des écrivains d'aujourd'hui ne connoissent pour leur véritable patron qu'un certain Phébus, qui est bien le plus impertinent personnage qu'on puisse voir. Du reste, je viens vous avertir qu'on vous a joué une pièce.

Pluton. Une pièce à moi! Comment?

Mercure. Vous croyez que les vrais héros sont venus ici?

Pluton. Assurément, je le crois, et j'en ai de bonnes preuves, puisque je les tiens encore ici tous renfermés dans les galeries de mon palais.

Mercure. Vous sortirez d'erreur, quand je vous dirai que c'est une troupe de faquins, ou plutôt de fantômes chimériques, qui, n'étant que de fades copies de beaucoup de personnages modernes, ont eu pourtant l'audace de prendre le nom des plus grands héros de l'antiquité, mais dont la vie a été fort courte, et qui errent maintenant sur les bords du Cocyte et du Styx. Je m'étonne que vous y ayez été trompé. Ne voyez-vous pas que ces gens-là n'ont nul caractère des héros? Tout ce qui les soutient aux yeux des hommes, c'est un certain oripeau et un faux clinquant de paroles, dont les ont habillés ceux qui ont écrit leur vie, et qu'il n'y a qu'à leur ôter pour les faire paroître tels qu'ils sont. J'ai même amené des champs Élysées, en venant ici, un François, pour les reconnoître quand ils seront dépouillés ; car je me persuade que vous consentirez sans peine qu'ils le soient.

Pluton. J'y consens si bien, que je veux que sur-le-champ la chose ici soit exécutée. Et pour ne point perdre de temps, gardes, qu'on les fasse de ce pas sortir tous de mes galeries par les portes dérobées, et qu'on les amène tous dans la grande place. Pour nous, allons nous mettre sur le balcon de cette fenêtre basse, d'où nous pourrons les contempler et leur parler tout à notre aise. Qu'on y porte nos siéges. Mercure, mettez-vous à ma droite; et vous, Minos, à ma gauche; et que Diogène se tienne derrière nous.

Minos. Les voilà qui arrivent en foule.

Pluton. Y sont-ils tous?

Un garde. On n'en a laissé aucun dans les galeries.

Pluton. Accourez donc, vous tous, fidèles exécuteurs de mes volontés, spectres, larves, démons, furies, milices infernales que j'ai fait assembler. Qu'on m'entoure tous ces prétendus héros, et qu'on me les dépouille.

Cyrus. Quoi! vous ferez dépouiller un conquérant comme moi?

Pluton. Hé! de grace, généreux Cyrus, il faut que vous passiez le pas.

Horatius Coclès. Quoi! un Romain comme moi, qui a défendu lui seul un pont contre toutes les forces de Porsenna, vous ne le considérerez pas plus qu'un coupeur de bourses?

Pluton. Je m'en vais te faire chanter.

Astrate. Quoi! un galant aussi tendre et aussi passionné que moi, vous le ferez maltraiter?

Pluton. Je m'en vais te faire voir la reine. Ah! les voilà dépouillés.

Mercure. Où est le François que j'ai amené?

Le François. Me voilà, seigneur, que souhaitez-vous?

Mercure. Tiens, regarde bien tous ces gens-là; les connois-tu?

Le François. Si je les connois? Hé! ce sont tous la plupart des bourgeois de mon quartier. Bonjour, madame Lucrèce. Bonjour, monsieur Brutus. Bonjour, mademoiselle Clélie. Bonjour, monsieur Horatius Coclès.

Pluton. Tu vas voir accommoder tes bourgeois de toutes pièces. Allons, qu'on ne les épargne point, et qu'après qu'ils auront été abondamment fustigés, on me les conduise tous, sans différer, droit aux bords du fleuve de Léthé[1] ; puis, lorsqu'ils y seront arrivés, qu'on me les jette tous, la tête la première, dans l'endroit du fleuve le plus profond, eux, leurs billets doux, leurs lettres galantes, leurs vers passionnés, avec tous les nombreux volumes, ou, pour mieux dire, les monceaux de ridicule papier où sont écrites leurs histoires. Marchez donc, faquins, autrefois si grands héros. Vous voilà arrivés à votre fin, ou, pour mieux dire, au dernier acte de la comédie que vous avez jouée si peu de temps.

Chœur de héros, s'en allant chargés d'escourgées[2]. Ah! La Calprenède! Ah! Scudéri!

Pluton. Eh! que ne les tiens-je! que ne les tiens-je! Ce n'est pas tout, Minos. Il faut que vous vous en alliez tout de ce pas donner ordre que la même justice se fasse sur tous leurs pareils dans les autres provinces de mon royaume.

Minos. Je me charge avec plaisir de cette commission.

Mercure. Mais voici les véritables héros qui arrivent et qui demandent à vous entretenir. Ne voulez-vous pas qu'on les introduise?

Pluton. Je serai ravi de les voir ; mais je suis si fatigué des sottises que m'ont dites tous ces impertinens usurpateurs de leurs noms, que vous trouverez bon qu'avant tout j'aille faire un somme.

DISCOURS SUR LA SATIRE[3]

Quand je donnai la première fois mes satires au public, je m'étois bien préparé au tumulte que l'impression de mon livre a excité sur le Parnasse. Je savois que la nation

---

[1] Fleuve de l'oubli. B.
[2] Fouet composé de plusieurs brins de cordes ou de cuir.
[3] Ce Discours fut d'abord publié séparément avec la satire ix en 1668.

des poëtes, et surtout des mauvais poëtes, est une nation farouche qui prend feu aisément, et que ces esprits avides de louanges ne digéreroient pas facilement une raillerie, quelque douce qu'elle pût être. Aussi oserai-je dire, à mon avantage, que j'ai regardé avec des yeux assez stoïques les libelles diffamatoires qu'on a publiés contre moi[1]. Quelques calomnies dont on ait voulu me noircir, quelques faux bruits qu'on ait semés de ma personne, j'ai pardonné sans peine ces petites vengeances au déplaisir d'un auteur irrité, qui se voyoit attaqué par l'endroit le plus sensible d'un poëte, je veux dire par ses ouvrages.

Mais j'avoue que j'ai été un peu surpris du chagrin bizarre de certains lecteurs, qui, au lieu de se divertir d'une querelle du Parnasse dont ils pouvoient être spectateurs indifférens, ont mieux aimé prendre parti et s'affliger avec les ridicules que de se réjouir avec les honnêtes gens. C'est pour les consoler que j'ai composé ma neuvième satire, où je pense avoir montré assez clairement que, sans blesser l'État ni sa conscience, on peut trouver de méchans vers méchans, et s'ennuyer de plein droit à la lecture d'un sot livre. Mais, puisque ces messieurs ont parlé de la liberté que je me suis donnée de nommer, comme d'un attentat inouï et sans exemples, et que des exemples ne se peuvent pas mettre en rimes, il est bon d'en dire ici un mot pour les instruire d'une chose qu'eux seuls veulent ignorer, et leur faire voir qu'en comparaison de tous mes confrères les satiriques j'ai été un poëte fort retenu.

Et pour commencer par Lucilius, inventeur de la satire, quelle liberté, ou plutôt quelle licence ne s'est-il point donnée dans ses ouvrages? Ce n'étoit pas seulement des poëtes et des auteurs qu'il attaquoit, c'étoit des gens de la première qualité de Rome; c'étoit des personnes consulaires. Cependant Scipion et Lélius ne jugèrent pas ce poëte, tout déterminé rieur qu'il étoit, indigne de leur amitié, et vraisemblablement, dans les occasions ils ne lui

---

[1] Ceci regarde particulièrement Cotin, qui avoit publié une satire contre l'auteur. B.

refusèrent pas leurs conseils sur ses écrits, non plus qu'à
Térence. Ils ne s'avisèrent point de prendre le parti de
Lupus et de Métellus qu'il avoit joués dans ses satires,
et ils ne crurent pas lui donner rien du leur en lui abandonnant tous les ridicules de la république :

> . . . . . Num Lælius, aut qui
> Duxit ob oppressa meritum Carthagine nomen ;
> Ingenio offensi, aut læso doluere Metello,
> Famosisve Lupo cooperto versibus [1] ?

En effet, Lucilius n'épargnoit ni petits ni grands, et souvent des nobles et des patriciens il descendoit jusqu'à la lie du peuple :

> Primores populi arripuit, populumque tributim [2].

On me dira que Lucilius vivoit dans une république, où ces sortes de libertés peuvent être permises. Voyons donc Horace, qui vivoit sous un empereur, dans les commencemens d'une monarchie, où il est bien plus dangereux de rire qu'en un autre temps. Qui ne nomme-t-il point dans ses satires? Et Fabius le grand causeur, et Tigellius le fantasque, et Nasidienus le ridicule, et Nomentanus le débauché, et tout ce qui vient au bout de sa plume. On me répondra que ce sont des noms supposés. Oh ! la belle réponse ! comme si ceux qu'il attaque n'étoient pas des gens connus d'ailleurs ! comme si l'on ne savoit pas que Fabius étoit un chevalier romain qui avoit composé un livre de droit ; que Tigellius fut en son temps un musicien chéri d'Auguste ; que Nasidienus Rufus étoit un ridicule célèbre dans Rome ; que Cassius Nomentanus étoit un des plus fameux débauchés de l'Italie ! Certainement il faut que ceux qui parlent de la sorte n'aient pas fort lu les anciens et ne soient pas fort instruits des affaires de la cour d'Auguste. Horace ne se contente pas d'appeler les gens par leur nom ; il a si peur qu'on ne les méconnoisse, qu'il a soin de rapporter jusqu'à leur surnom, jusqu'au métier qu'ils faisoient, jusqu'aux charges qu'ils avoient exercées.

---

[1] Horace, l. II, satire I. B. — Vers 65-68.
[2] Horace, l. II, satire I. B. — Vers 69.

Voyez, par exemple, comme il parle d'Aufidius Luscus, préteur de Fondi :

> Fundos, Aufidio Lusco prætore, libenter
> Linquimus, insani ridentes præmia scribæ,
> Prætextam, et latum clavum [1], etc.

« Nous abandonnâmes, dit-il, avec joie le bourg de Fondi, dont étoit préteur un certain Aufidius Luscus; mais ce ne fut pas sans avoir bien ri de la folie de ce préteur, auparavant commis, qui faisoit le sénateur et l'homme de qualité. »

Peut-on désigner un homme plus précisément? et les circonstances seules ne suffisoient-elles pas pour le faire reconnoître? On me dira peut-être qu'Aufidius étoit mort alors; mais Horace parle là d'un voyage fait depuis peu. Et puis, comment mes censeurs répondront-ils à cet autre passage :

> Turgidus Alpinus jugulat dum Memnona, dumque
> Diffingit Rheni luteum caput, hæc ego ludo [2].

« Pendant, dit Horace, que ce poëte enflé d'Alpinus égorge Memnon dans son poëme, et s'embourbe dans la description du Rhin, je me joue en ces satires. »

Alpinus vivoit donc du temps qu'Horace se jouoit en ces satires; et si Alpinus en cet endroit est un nom supposé, l'auteur du poëme de Memnon pouvoit-il s'y méconnoître? Horace, dira-t-on, vivoit sous le règne du plus poli de tous les empereurs; mais vivons-nous sous un règne moins poli? et veut-on qu'un prince qui a tant de qualités communes avec Auguste soit moins dégoûté que lui des méchans livres, et plus rigoureux envers ceux qui les blâment?

Examinons pourtant Perse, qui écrivoit sous le règne de Néron. Il ne raille pas simplement les ouvrages des poëtes de son temps, il attaque les vers de Néron même. Car enfin tout le monde sait, et toute la cour de Néron le savoit, que ces quatre vers, *Torva Mimalloneis*, etc., dont

---

[1] Horace, l. I, satire v, vers 35. B. — Vers 34-36.
[2] Horace, l. I, satire x, vers 36. B. — Vers 36, 37.

Perse fait une raillerie si amère dans sa première satire, étoient des vers de Néron. Cependant on ne remarque point que Néron, tout Néron qu'il étoit, ait fait punir Perse ; et ce tyran, ennemi de la raison, et amoureux, comme on sait, de ses ouvrages, fut assez galant homme pour entendre raillerie sur ses vers, et ne crut pas que l'empereur, en cette occasion, dût prendre les intérêts du poëte.

Pour Juvénal, qui florissoit sous Trajan, il est un peu plus respectueux envers les grands seigneurs de son siècle. Il se contente de répandre l'amertume de ses satires sur ceux du règne précédent ; mais, à l'égard des auteurs, il ne les va point chercher hors de son siècle. A peine est-il entré en matière, que le voilà en mauvaise humeur contre tous les écrivains de son temps. Demandez à Juvénal ce qui l'oblige de prendre la plume. C'est qu'il est las d'entendre et la *Théséide* de Codrus, et l'*Oreste* de celui-ci, et le *Téléphe* de cet autre, et tous les poëtes enfin, comme il dit ailleurs, qui récitoient leurs vers au mois d'août :

...... Et augusto recitantes mense poetas [1].

Tant il est vrai que le droit de blâmer les auteurs est un droit ancien, passé en coutume parmi tous les satiriques, et souffert dans tous les siècles !

Que s'il faut venir des anciens aux modernes, Régnier, qui est presque notre seul poëte satirique, a été véritablement un peu plus discret que les autres. Cela n'empêche pas néanmoins qu'il ne parle hardiment de Gallet, ce célèbre joueur, *qui assignoit ses créanciers sur sept et quatorze*, et du sieur de Provins, *qui avoit changé son balandran* [2] *en manteau court;* et du Cousin, *qui abandonnoit sa maison de peur de la réparer;* et de Pierre du Puis, et de plusieurs autres.

Que répondront à cela mes censeurs ? Pour peu qu'on les presse, ils chasseront de la république des lettres tous

---

[1] Juvénal, satire I, vers 1.
[2] Casaque de campagne. B. — Régnier (satire XIV, vers 134) dit au contraire que Provins changea son manteau en balandran.

les poëtes satiriques, comme autant de perturbateurs du repos public. Mais que diront-ils de Virgile, le sage, le discret Virgile, qui, dans une églogue, où il n'est pas question de satire, tourne d'un seul vers deux poëtes de son temps en ridicule?

Qui Bavium non odit, amet tua carmina, Mævi [1],

dit un berger satirique dans cette églogue. Et qu'on ne me dise point que Bavius et Mævius en cet endroit sont des noms supposés, puisque ce serait donner un trop cruel démenti au docte Servius, qui assure positivement le contraire. En un mot, qu'ordonneront mes censeurs de Catulle, de Martial, et de tous les poëtes de l'antiquité, qui n'en ont pas usé avec plus de discrétion que Virgile? Que penseront-ils de Voiture, qui n'a point fait conscience de rire aux dépens du célèbre Neuf-Germain, quoique également recommandable par l'antiquité de sa barbe et par la nouveauté de sa poésie? Le banniront-ils du Parnasse, lui et tous les poëtes de l'antiquité, pour établir la sûreté des sots et des ridicules? Si cela est, je me consolerai aisément de mon exil : il y aura du plaisir à être relégué en si bonne compagnie. Raillerie à part, ces messieurs veulent-ils être plus sages que Scipion et Lælius, plus délicats qu'Auguste, plus cruels que Néron? Mais eux qui sont si rigoureux envers les critiques, d'où vient cette clémence qu'ils affectent pour les méchans auteurs? Je vois bien ce qui les afflige ; ils ne veulent pas être détrompés. Il leur fâche d'avoir admiré sérieusement des ouvrages que mes satires exposent à la risée de tout le monde, et de se voir condamnés à oublier dans leur vieillesse ces mêmes vers qu'ils ont autrefois appris par cœur comme des chefs-d'œuvre de l'art. Je les plains sans doute; mais quel remède? Faudra-t-il, pour s'accommoder à leur goût particulier, renoncer au sens commun? Faudra-t-il applaudir indifféremment à toutes les impertinences qu'un ridicule aura répandues sur le papier? Et au lieu qu'en certains pays on condam-

---

[1] Églogue III, vers 90. B.

noit les méchans poëtes à effacer leurs écrits avec la langue, les livres deviendront-ils désormais un asile inviolable où toutes les sottises auront droit de bourgeoisie, où l'on n'osera toucher sans profanation?

J'aurois bien d'autres choses à dire sur ce sujet; mais, comme j'ai déjà traité de cette matière dans ma neuvième satire, il est bon d'y renvoyer le lecteur.

FRAGMENT D'UN DIALOGUE

CONTRE LES MODERNES QUI FONT DES VERS LATINS[1]

APOLLON, HORACE, DES MUSES ET DES POÈTES.

HORACE. Tout le monde est surpris, grand Apollon, des abus que vous laissez régner sur le Parnasse.

APOLLON. Et depuis quand, Horace, vous avisez-vous de parler françois?

HORACE. Les François se mêlent bien de parler latin. Ils estropient quelques-uns de mes vers; ils en font de même à mon ami Virgile; et quand ils ont accroché, je ne sais comment, *disjecti membra poetæ*, ainsi que je parlois autrefois, ils veulent figurer avec nous.

APOLLON. Je ne comprends rien à vos plaintes. De qui donc me parlez-vous?

HORACE. Leurs noms me sont inconnus. C'est aux Muses de nous les apprendre.

APOLLON. Calliope, dites-moi, qui sont ces gens-là? C'est une chose étrange, que vous les inspiriez, et que je n'en sache rien.

CALLIOPE. Je vous jure que je n'en ai aucune connois-

---

[1] Boileau, dans la préface de l'édition de 1674 (voyez préface II), parle de quelques dialogues en prose qu'il avait composés. Celui-ci en était probablement; cependant nous ne l'avons que grâce à la mémoire de Brossette, qui l'avait entendu réciter à Boileau.

sance. Ma sœur Érato sera peut-être mieux instruite que moi.

Érato. Toutes les nouvelles que j'en ai, c'est par un pauvre libraire, qui faisoit dernièrement retentir notre vallon de cris affreux. Il s'étoit ruiné à imprimer quelques ouvrages de ces plagiaires, et il venoit se plaindre ici de vous et de nous, comme si nous devions répondre de leurs actions, sous prétexte qu'ils se tiennent au pied du Parnasse!

Apollon. Le bonhomme croit-il que nous sachions ce qui se passe hors de notre enceinte? Mais nous voilà bien embarrassés pour savoir leurs noms. Puisqu'ils ne sont pas loin de nous, faisons-les monter pour un moment. Horace, allez leur ouvrir une des portes.

Calliope. Si je ne me trompe, leur figure sera réjouissante, ils nous donneront la comédie.

Horace. Quelle troupe! nous allons être accablés, s'ils entrent tous. Messieurs, doucement: les uns après les autres.

Un poète, s'adressant à Apollon. *Da, Tymbræe, loqui....*

Autre poète, à Calliope. *Dic mihi, musa, virum...*

Troisième poète, à Érato. *Nunc age, qui reges, Erato....*

Apollon. Laissez vos complimens, et dites-nous d'abord vos noms.

Un poète. *Menagius.*

Autre poète. *Pererius.*

Troisième poète. *Santolius*[1].

Apollon. Et ce vieux bouquin que je vois parmi vous, comment s'appelle-t-il?

Textor. Je me nomme *Ravisius Textor.* Quoique je sois en la compagnie de ces messieurs, je n'ai pas l'honneur d'être poëte; mais ils veulent m'avoir avec eux, pour leur fournir des épithètes au besoin.

Un poète. *Latonæ proles divina, Jovisque... Jovisque... Jovisque... Heus tu, Textor! Jovisque...*

Textor. *Magni....*

---

[1] Ménage, Du Périer et Santeul, poëtes latins modernes.

Le poète. *Non.*

Textor. *Omnipotentis.*

Le poète. *Non, non.*

Textor. *Bicornis.*

Le poète. *Bicornis : optime. Jovisque bicornis.*
Latonæ proles divina, Jovisque bicornis.

Apollon. Vous avez donc perdu l'esprit? Vous donnez des cornes à mon père?

Le poète. C'est pour finir le vers. J'ai pris la première épithète que Textor m'a donnée.

Apollon. Pour finir le vers, falloit-il dire une énorme sottise? Mais vous, Horace, faites aussi des vers françois.

Horace. C'est-à-dire qu'il faut que je vous donne aussi une scène à mes dépens et aux dépens du sens commun.

Apollon. Ce ne sera qu'aux dépens de ces étrangers. Rimez toujours.

Horace. Sur quel sujet? Qu'importe? Rimons, puisque Apollon l'ordonne. Le sujet viendra après.

Sur la rive du fleuve amassant de l'arène...

Un poète. Halte-là. On ne dit point en notre langue : sur *la rive* du fleuve, mais sur *le bord* de la rivière. Amasser *de l'arène* ne se dit pas non plus ; il faut dire *du sable*.

Horace. Vous êtes plaisant ! Est-ce que *rive* et *bord* ne sont pas des mots synonymes aussi bien que *fleuve* et *rivière?* Comme si je ne savois pas que dans votre cité de Paris la Seine passe sous le pont Nouveau ! Je sais tout cela sur l'extrémité du doigt.

Un poète. Quelle pitié! Je ne conteste pas que toutes vos expressions ne soient françoises; mais je dis que vous les employez mal. Par exemple, quoique le mot de *cité* soit bon en soi, il ne vaut rien où vous le placez : on dit *la ville de Paris*. De même on dit *le pont Neuf*, et non pas *le pont Nouveau*; savoir une chose *sur le bout du doigt*, et non pas *sur l'extrémité du doigt*.

Horace. Puisque je parle si mal votre langue, croyez-vous, messieurs les faiseurs de vers latins, que vous soyez plus habiles dans la nôtre? Pour vous dire nettement ma pensée, Apollon devroit vous défendre aujourd'hui pour jamais de toucher plume ni papier.

Apollon. Comme ils ont fait des vers sans ma permission, ils en feroient encore malgré ma défense. Mais, puisque dans les grands abus il faut des remèdes violens, punissons-les de la manière la plus terrible. Je crois l'avoir trouvée. C'est qu'ils soient obligés désormais à lire exactement les vers les uns des autres. Horace, faites-leur savoir ma volonté.

Horace. De la part d'Apollon, il est ordonné, etc.

Santeul. Que je lise le galimatias de Dupérier! Moi! je n'en ferai rien. C'est à lui de lire mes vers.

Dupérier. Je veux que Santeul commence par me reconnoître pour son maître, et après cela je verrai si je puis me résoudre à lire quelque chose de son phébus.

Ces poëtes continuent à se quereller; ils s'accablent réciproquement d'injures, et Apollon les fait chasser honteusement du Parnasse.

ARRÊT BURLESQUE

DONNÉ EN LA GRAND'CHAMBRE DU PARNASSE,
EN FAVEUR DES MAITRES ÈS ARTS, MÉDECINS ET PROFESSEURS
DE L'UNIVERSITÉ DE STAGIRE [1], AU PAYS DES CHIMÈRES,
POUR LE MAINTIEN DE LA DOCTRINE D'ARISTOTE.

Vu par la cour la requête présentée [2] par les régens, maîtres ès arts, docteurs et professeurs de l'Université, tant en leurs noms que comme tuteurs et défenseurs de la doctrine de maître *en blanc* [3], Aristote, ancien professeur royal en grec dans le collége du Lycée, et précepteur

---

[1] Ville de Macédoine sur la mer Égée, et patrie d'Aristote. B.

[2] L'Université avoit présenté requête au parlement pour empêcher qu'on enseignât la philosophie de Descartes. La requête fut supprimée, et Bernier en fit imprimer une de sa façon. B.

[3] C'est-à-dire : pas de nom de baptême.

du feu roi de querelleuse mémoire, Alexandre dit le Grand, acquéreur de l'Asie, Europe, Afrique et autres lieux; contenant que, depuis quelques années, une inconnue, nommée la Raison, auroit entrepris d'entrer par force dans les écoles de ladite Université, et pour cet effet, à l'aide de certains quidams factieux, prenant les surnoms de Gassendistes, Cartésiens, Malebranchistes et Pourchotistes, gens sans aveu, se seroit mise en état d'en expulser ledit Aristote, ancien et paisible possesseur desdites écoles, contre lequel elle et ses consorts auroient déjà publié plusieurs livres, traités, dissertations et raisonnemens diffamatoires, voulant assujettir ledit Aristote à subir devant elle l'examen de sa doctrine, ce qui seroit directement opposé aux lois, us et coutumes de ladite Université, où ledit Aristote auroit toujours été reconnu pour juge sans appel et non comptable de ses opinions. Que même, sans l'aveu d'icelui, elle auroit changé et innové plusieurs choses en et au dedans de la nature, ayant ôté au cœur la prérogative d'être le principe des nerfs, que ce philosophe lui avoit accordée libéralement et de son bon gré, et laquelle elle auroit cédée et transportée au cerveau. Et ensuite, par une procédure nulle de toute nullité, auroit attribué audit cœur la charge de recevoir le chyle, appartenant ci-devant au foie, comme aussi de faire voiturer le sang par tout le corps, avec plein pouvoir audit sang d'y vaguer, errer et circuler impunément par les veines et artères, n'ayant autre droit ni titre, pour faire lesdites vexations, que la seule expérience, dont le témoignage n'a jamais été reçu dans lesdites écoles. Auroit aussi attenté ladite Raison, par une entreprise inouïe, de déloger le feu de la plus haute région du ciel, et prétendu qu'il n'avoit là aucun domicile, nonobstant les certificats dudit philosophe, et les visites et descentes faites par lui sur les lieux. Plus, par un attentat et voie de fait énorme contre la Faculté de médecine, se seroit ingérée de guérir, et auroit réellement et de fait guéri quantité de fièvres intermittentes, comme tierces, doubles tierces, quartes, triples quartes, et même continues, avec vin pur, poudre, écorce de quinquina et autres drogues inconnues audit Aristote et à Hippocrate son devancier, et ce sans saignée, purgation ni évacuation précédentes; ce qui est non-seulement irrégulier, mais tortionnaire et abusif; ladite Raison n'ayant jamais été admise ni agrégée au corps de ladite Faculté, et ne pouvant par conséquent consulter avec les docteurs d'icelle, ni être consultée par eux, comme elle ne l'a en effet jamais été. Nonobstant quoi, et malgré les plaintes et oppositions réitérées des sieurs Blondel, Courtois, Denyau [1] et autres défenseurs de la bonne doctrine, elle n'auroit pas laissé de se servir toujours desdites drogues, ayant eu la hardiesse de les employer sur les médecins mêmes de ladite Faculté, dont plusieurs, au grand scandale des règles, ont été guéris par lesdits remèdes : ce qui est d'un exemple très-dangereux, et ne peut avoir été fait que par mauvaises voies, sortiléges et pactes avec le diable. Et non contente de ce, auroit entrepris de diffamer et de bannir des écoles de philosophie les formalités, matérialités, entités, identités, virtualités, eccéités, pétréités, polycarpéités et autres êtres imaginaires, tous enfans et ayans cause de défunt maître Jean Scot, leur père; ce qui porteroit un préjudice notable et causeroit la totale subversion de la philosophie scolastique, dont elles font tout le mystère, et qui tire d'elles toute sa subsistance, s'il n'y étoit par la cour pourvu. Vu les libelles intitulés *Physique de Rohault, Logique de Port-Royal, Traités du Quinquina,* même l'Adversus Aristoteleos de Gassendi, et autres pièces attachées à ladite requête, signée Chicaneau, procureur de ladite Université : Ouï le rapport du conseiller commis, tout considéré :

La cour, ayant égard à ladite requête, a maintenu et gardé, maintient et garde ledit Aristote en la pleine et paisible possession et jouissance desdites écoles. Ordonne qu'il sera toujours suivi et enseigné par les régens, docteurs, maîtres ès arts et professeurs de ladite Université,

---

[1] Blondel a écrit que le bon effet du quinquina venoit des pactes que les Américains avoient faits avec le diable. Courtois, médecin, aimoit fort la saignée. Denyau, autre médecin, nioit la circulation du sang. B.

sans que pour cela ils soient obligés de le lire, ni de savoir sa langue et ses sentimens. Et sur le fond de sa doctrine, les renvoie à leurs cahiers. Enjoint au cœur de continuer d'être le principe des nerfs, et à toutes personnes, de quelque condition et profession qu'elles soient, de le croire tel, nonobstant toute expérience à ce contraire. Ordonne pareillement au chyle d'aller droit au foie, sans plus passer par le cœur, et au foie de le recevoir. Fait défenses au sang d'être plus vagabond, errer ni circuler dans le corps, sous peine d'être entièrement livré et abandonné à la Faculté de médecine. Défend à la Raison et à ses adhérens de plus s'ingérer à l'avenir de guérir les fièvres tierces, doubles tierces, quartes, triples quartes ni continues, par mauvais moyens et voies de sortiléges, comme vin pur, poudre, écorce de quinquina et autres drogues non approuvées ni connues des anciens. Et en cas de guérisons irrégulières par icelles drogues, permet aux médecins de ladite Faculté de rendre, suivant leur méthode ordinaire, la fièvre aux malades, avec casse, séné, sirops, juleps et autres remèdes propres à ce, et de remettre lesdits malades en tel et semblable état qu'ils étoient auparavant, pour être ensuite traités selon les règles, et, s'ils n'en réchappent, conduits du moins en l'autre monde suffisamment purgés et évacués. Remet les entités, identités, virtualités, eccéités et autres pareilles formules scotistes, en leur bonne fame et renommée. A donné acte aux sieurs Blondel, Courtois et Denyau de leur opposition au bon sens. A réintégré le feu dans la plus haute région du ciel, suivant et conformément aux descentes faites sur les lieux. Enjoint à tous régens, maîtres ès arts et professeurs d'enseigner comme ils ont accoutumé, et de se servir, pour raison de ce, de tel raisonnement qu'ils aviseront bon être, et aux répétiteurs hibernois et autres leurs suppôts de leur prêter main-forte, et de courir sus aux contrevenans, à peine d'être privés du droit de disputer sur les prolégomènes de la logique. Et afin qu'à l'avenir il n'y soit contrevenu, a banni à perpétuité la Raison des écoles de ladite Université; lui fait défenses d'y entrer, troubler ni inquiéter ledit Aristote en la possession et jouissance d'icelles, à peine d'être déclarée janséniste et amie des nouveautés. Et à cet effet sera le présent arrêt lu et publié aux Mathurins de Stagire, à la première assemblée qui sera faite pour la procession du recteur[1], et affiché aux portes de tous les colléges du Parnasse et partout où besoin sera. Fait ce trente-huitième jour d'août onze mil six cent soixante et quinze.

COLLATIONNÉ AVEC PARAPHE.

LETTRE[2]

DE MONSIEUR ANTOINE ARNAULD

DOCTEUR DE SORBONNE.

A M. P... (PERRAULT), AU SUJET DE LA DIXIÈME SATIRE.

(De Bruxelles, 5 mai 1694.)

Vous pouvez être surpris, monsieur, de ce que j'ai tant différé à vous faire réponse, ayant à vous remercier de votre présent, et de la manière honnête dont vous me faites souvenir de l'affection que vous m'avez toujours témoignée, vous et messieurs vos frères[3], depuis que j'ai le bien de vous connoître. Je n'ai pu lire votre lettre sans m'y trouver obligé; mais, pour vous parler franchement, la lecture que je fis ensuite de la préface de votre apologie des femmes me jeta dans un grand embarras, et me fit trouver cette réponse plus difficile que je ne pensois. En voici la raison.

[1] Quand le recteur faisoit ses processions, l'Université de Paris s'assembloit aux Mathurins. Brossette.

[2] Publiée par Boileau dans les deux éditions de 1701 et reproduite dans celles de 1713, avec quelques différences. Nous donnons le texte des éditions de 1701, revues par Boileau lui-même.

[3] Pierre, Nicolas et Claude Perrault.

Tout le monde sait que M. Despréaux est de mes meilleurs amis, et qu'il m'a rendu des témoignages d'estime et d'amitié en toutes sortes de temps. Un de mes amis m'avoit envoyé sa dernière satire. Je témoignai à cet ami la satisfaction que j'en avois eue, et lui marquai en particulier que ce que j'en estimois le plus, par rapport à la morale, c'étoit la manière si ingénieuse et si vive dont il avoit représenté les mauvais effets que pouvoient produire dans les jeunes personnes les opéra et les romans. Mais comme je ne puis m'empêcher de parler à cœur ouvert à mes amis, je ne lui dissimulai pas que j'aurois souhaité qu'il n'y eût point parlé de l'auteur de Saint-Paulin. Cela a été écrit avant que j'eusse rien su de l'apologie des femmes, que je n'ai reçue qu'un mois après. J'ai fort approuvé ce que vous y dites en faveur des pères et mères qui portent leurs enfans à embrasser l'état du mariage par des motifs honnêtes et chrétiens; et j'y ai trouvé beaucoup de douceur et d'agrément dans les vers.

Mais ayant rencontré dans la préface diverses choses que je ne pouvois approuver sans blesser ma conscience, cela me jeta dans l'inquiétude de ce que j'avois à faire. Enfin je me suis déterminé à vous marquer à vous-même quatre ou cinq points qui m'y ont fait le plus de peine, dans l'espérance que vous ne trouverez pas mauvais que j'agisse à votre égard avec cette naïve et cordiale sincérité que les chrétiens doivent pratiquer envers leurs amis.

La première chose que je n'ai pu approuver, c'est que vous ayez attribué à votre adversaire cette proposition générale : « que l'on ne peut manquer en suivant l'exemple des anciens, » et que vous ayez conclu « que parce que Horace et Juvénal ont déclamé contre les femmes d'une manière scandaleuse, il avoit pensé qu'il étoit en droit de faire la même chose. » Vous l'accusez donc d'avoir déclamé contre les femmes d'une manière scandaleuse, et en des termes qui blessent la pudeur, et de s'être cru en droit de le faire à l'exemple d'Horace et de Juvénal; mais bien loin de cela, il déclare positivement le contraire : car après avoir dit dans sa préface « qu'il n'appréhende pas que les femmes s'offensent de sa satire, » il ajoute : « qu'une chose au moins dont il est certain qu'elles le loueront, c'est d'avoir trouvé moyen, dans une matière aussi délicate que celle qu'il y traitoit, de ne pas laisser échapper un seul mot qui pût blesser le moins du monde la pudeur. ». C'est ce que vous-même, monsieur, avez rapporté de lui dans votre préface, et ce que vous prétendez avoir réfuté par ces paroles : « Quelle erreur ! Est-ce que des héros à voix luxurieuse, des morales lubriques, des rendez-vous chez la Cornu, et les plaisirs de l'enfer qu'on goûte en paradis, peuvent se présenter à l'esprit sans y faire des images dont la pudeur est offensée? »

Je vous avoue, monsieur, que j'ai été extrêmement surpris de vous voir soutenir une accusation de cette nature contre l'auteur de la satire avec si peu de fondement : car il n'est point vrai que les termes que vous rapportez soient des termes déshonnêtes, et qui blessent la pudeur, et la raison que vous en donnez ne le prouve point. S'il étoit vrai que la pudeur fût offensée de tous les termes qui peuvent présenter à notre esprit certaines choses dans la matière de la pureté, vous l'auriez bien offensée vous-même, quand vous avez dit : « que les anciens poëtes enseignoient divers moyens pour se passer du mariage, qui sont des crimes parmi les chrétiens, et des crimes abominables. » Car y a-t-il rien de plus horrible et de plus infâme que ce que ces mots de *crimes abominables* présentent à l'esprit? Ce n'est donc point par là qu'on doit juger si un mot est déshonnête ou non.

On peut voir sur cela une lettre de Cicéron à Papirius Pætus, qui commence par ces mots : *Amo verecundiam, tu potius libertatem loquendi;* car c'est ainsi qu'il faut lire, et non pas *Amo verecundiam, vel potius libertatem loquendi*, qui est une faute visible qui se trouve dans presque toutes les éditions de Cicéron. Il y traite fort au long cette question, sur laquelle les philosophes étoient partagés : s'il y a des paroles qu'on doive regarder comme malhonnêtes, et dont la modestie ne permet pas que l'on serve. Il dit que les stoïciens nioient qu'il y en eût; il rapporte leurs raisons. Ils disoient que l'obscénité, pour parler ainsi, ne pouvoit être que dans les mots ou dans les choses; qu'elle n'étoit point dans les mots, puisque plusieurs mots étant équivoques, et ayant diverses significations, ils ne passoient point pour déshonnêtes selon une de leurs significations, dont il apporte plusieurs exemples; qu'elle n'étoit point aussi dans les choses, parce que la même chose pouvant être signifiée par plusieurs façons de parler, il y en avoit quelques-unes dont les personnes les plus modestes ne faisoient point de difficulté de se servir : comme, dit-il, personne ne se blessoit d'entendre dire *virginem me quondam invitam is per vim violat*, au lieu que si on se fût servi d'un autre mot que Cicéron laisse sous-entendre, et qu'il n'a eu garde d'écrire, *nemo*, dit-il, *tulisset*, personne ne l'auroit pu souffrir.

Il est donc constant, selon tous les philosophes et les stoïciens même, que les hommes sont convenus que la même chose étant exprimée par de certains termes, elle ne blesseroit pas la pudeur, et qu'étant exprimée par d'autres, elle la blesseroit. Car les stoïciens mêmes demeuroient d'accord de cette sorte de convention; mais la croyant déraisonnable, ils soutenoient qu'on n'étoit point obligé de la suivre. Ce qui leur faisoit dire : *nihil esse obscœnum nec in verbo nec in re*, et que le sage appeloit chaque chose par son nom.

Mais comme cette opinion des stoïciens est insoutenable, et qu'elle est contraire à saint Paul, qui met entre les vices *turpiloquium*, les mots sales, il faut nécessairement reconnoître que la même chose peut être exprimée par de certains termes qui seroient fort déshonnêtes; mais qu'elle peut aussi être exprimée par de certains termes qui ne le sont point du tout, au jugement de toutes les personnes raisonnables. Que si on veut en savoir la raison, que Cicéron n'a point donnée, on peut voir ce qui en a été écrit dans l'*Art de penser* [1], première partie, chapitre xii.

---

[1] La *Logique*, ou l'*Art de penser*, connue sous le nom de *Logique de Port-Royal*. Paris, 1662, in-12, p. 118.

Mais sans nous arrêter à cette raison, il est certain que dans toutes les langues policées, car je ne sais pas s'il en est de même des langues sauvages, il y a de certains termes que l'usage a voulu qui fussent regardés comme déshonnêtes, et dont on ne pourroit se servir sans blesser la pudeur; et qu'il y en a d'autres qui, signifiant la même chose ou les mêmes actions, mais d'une manière moins grossière, et pour ainsi dire plus voilée, n'étoient point censés déshonnêtes. Et il falloit bien que cela fût ainsi : car si certaines choses qui font rougir, quand on les exprime trop grossièrement, ne pouvoient être signifiées par d'autres termes dont la pudeur n'est point offensée, il y a de certains vices dont on n'auroit point pu parler, quelque nécessité qu'on en eût, pour en donner de l'horreur et pour les faire éviter.

Cela étant donc certain, comment n'avez-vous point vu que les termes que vous avez repris ne passeront jamais pour déshonnêtes? Les premiers sont les *voix luxurieuses* et la *morale lubrique* de l'opéra. Ce que l'on peut dire de ces mots *luxurieux* et *lubrique,* est qu'ils sont un peu vieux : ce qui n'empêche pas qu'ils ne puissent trouver place dans une satire; mais il est inouï qu'ils aient jamais été pris pour des mots déshonnêtes et qui blessent la pudeur. Si cela étoit, auroit-on laissé le mot de *luxurieux* dans les commandemens de Dieu que l'on apprend aux enfans? *Les rendez-vous chez la Cornu* sont assurément de vilaines choses pour les personnes qui les donnent. C'est aussi dans cette vue que l'auteur de la satire en a parlé, pour les faire détester. Mais quelle raison auroit-on de vouloir que cette expression soit malhonnête? Est-ce qu'il auroit mieux valu nommer le métier de la Cornu par son propre nom? C'est au contraire ce qu'on n'auroit pu faire sans blesser un peu la pudeur. Il en est de même *des plaisirs de l'enfer goûtés en paradis;* et je ne vois pas que ce que vous en dites soit bien fondé. *C'est* dites-vous, *une expression fort obscure.* Un peu d'obscurité ne sied pas mal dans ces matières; mais il n'y en a point ici que les gens d'esprit ne développent sans peine.

Il ne faut que lire ce qui précède dans la satire, qui est la fin de la fausse dévote :

> Voilà le digne fruit des soins de son docteur,
> Encore est-ce beaucoup si ce guide imposteur,
> Par les chemins fleuris d'un charmant quiétisme
> Tout à coup l'amenant au vrai molinosisme,
> Il ne lui fait bientôt, aidé de Lucifer,
> Goûter en paradis les plaisirs de l'enfer [1].

N'est-il pas louable d'avoir cherché les plus noires couleurs qu'il a pu, pour donner de l'horreur d'un si détestable abus, dont on a vu depuis peu de si terribles exemples? On voit assez que ce qu'il a entendu par ce que nous venons de rapporter, est le crime d'un directeur hypocrite qui, aidé du démon, fait goûter des plaisirs criminels, dignes de l'enfer, à une malheureuse qu'il auroit feint de conduire en paradis. *Mais*, dites-vous, *on ne peut creuser cette pensée que l'imagination ne se salisse effroyablement.* Si creuser une pensée de cette nature, c'est s'en former dans l'imagination une image sale, quoiqu'on n'en eût donné aucun sujet, tant pis pour ceux qui, comme vous dites, creuseroient celle-ci. Car ces sortes de pensées revêtues de termes honnêtes, comme elles le sont dans la satire, ne présentent rien proprement à l'imagination, mais seulement à l'esprit, afin d'inspirer de l'aversion pour la chose dont on parle ; ce qui, bien loin de porter au vice, est un puissant moyen d'en détourner. Il n'est donc pas vrai qu'on ne puisse lire cet endroit de la satire, sans que l'imagination en soit salie, à moins qu'on ne l'ait fort gâtée par une habitude vicieuse d'imaginer ce que l'on doit seulement connoître pour le fuir, selon cette belle parole de Tertullien, si ma mémoire ne me trompe : *spiritualia nequitiæ non amica conscientia, sed inimica scientia novimus.*

Cela me fait souvenir de la scrupuleuse pudeur du père Bouhours, qui s'est avisé de condamner tous les traducteurs du Nouveau Testament, pour avoir traduit *Abraham*

---

[1] Satire x, vers 619-624.

genuit Isaac, Abraham engendra Isaac; parce, dit-il, que ce mot *engendra* salit l'imagination. Comme si le mot *genuit* donnoit une autre idée que le mot *engendrer* en françois. Les personnes sages et modestes ne font point de ces sortes de réflexions, qui banniroient de notre langue une infinité de mots, comme celui de *concevoir,* d'*user du mariage,* de *consommer le mariage,* et plusieurs autres. Et ce seroit aussi en vain que les Hébreux loueroient la chasteté de la langue sainte dans ces façons de parler : *Adam connut sa femme, et elle enfanta Caïn.* Car ne peut-on pas dire qu'on ne peut creuser ce mot *connoître sa femme,* que l'imagination n'en soit salie? Saint Paul a-t-il eu cette crainte quand il a parlé en ces termes de la fornication, dans la première épître aux Corinthiens, ch. VI : « Ne savez-vous pas, dit-il, que vos corps sont les membres de Jésus-Christ? Arracherai-je donc à Jésus-Christ ses propres membres, pour en faire les membres d'une prostituée? A Dieu ne plaise! Ne savez-vous pas que celui qui se joint à une prostituée devient un même corps avec elle? Car ceux qui étoient deux ne seront plus qu'une même chair, dit l'Écriture; mais celui qui demeure attaché au Seigneur est un même esprit avec lui. Fuyez la fornication. » Qui peut douter que ces paroles ne présentent à l'esprit des choses qui feroient rougir, si elles étoient exprimées en certains termes que l'honnêteté ne souffre point? Mais outre que les termes dont l'apôtre se sert sont d'une nature à ne point blesser la pudeur, l'idée qu'on en peut prendre est accompagnée d'une idée d'exécration, qui non-seulement empêche que la pudeur n'en soit offensée, mais qui fait de plus que les chrétiens conçoivent une grande horreur du vice dont cet apôtre a voulu détourner les fidèles. Mais veut-on savoir ce qui peut être un sujet de scandale aux foibles? C'est quand un faux délicat leur fait appréhender une saleté d'imagination, où personne avant lui n'en avoit trouvé; car il est cause par là qu'ils pensent à quoi ils n'auroient point pensé, si on les avoit laissés dans leur simplicité. Vous voyez donc, monsieur, que vous n'avez pas eu sujet de reprocher à votre adversaire qu'il avoit eu tort de se vanter *qu'il ne lui étoit pas échappé un seul mot qui pût blesser le moins du monde la pudeur.*

La seconde chose qui m'a fait beaucoup de peine, monsieur, c'est que vous blâmiez dans votre préface les endroits de la satire qui m'avoient paru les plus beaux, les plus édifians et les plus capables de contribuer aux bonnes mœurs et à l'honnêteté publique. J'en rapporterai deux ou trois exemples. J'ai été charmé, je vous l'avoue, de ces vers de la page sixième [1] :

<blockquote>L'épouse que tu prends, sans tache en sa conduite, etc.</blockquote>

On trouvera quelque chose de semblable dans un livre imprimé il y a dix ans : car on y fait voir, par l'autorité des païens mêmes, combien c'est une chose pernicieuse de faire un dieu de l'amour, et d'inspirer aux jeunes personnes qu'il n'y a rien de plus doux que d'aimer. Permettez-moi, monsieur, de rapporter ici ce qui est dit dans ce livre qui est assez rare : « Peut-on avoir un peu de zèle pour le salut des ames, qu'on ne déplore le mal que font, dans l'esprit d'une infinité de personnes, les romans, les comédies et les opéra? Ce n'est pas qu'on n'ait soin présentement de n'y rien mettre qui soit grossièrement déshonnête, mais c'est qu'on s'y étudie à faire paroître l'amour comme la chose du monde la plus charmante et la plus douce. Il n'en faut pas davantage pour donner une grande pente à cette malheureuse passion. Ce qui fait souvent de si grandes plaies, qu'il faut une grace bien extraordinaire pour en guérir. Les païens mêmes ont reconnu combien cela pouvoit causer de désordres dans les mœurs. Car Cicéron ayant rapporté les vers d'une comédie, où il est dit que l'amour est le plus grand des dieux (ce qui ne se dit que trop dans celles de ce temps-ci), il s'écrie avec raison : Oh! la belle réformatrice des mœurs que la poésie, qui nous fait une divinité de l'amour, qui est une source de

---

[1] Arnauld parle de l'édition séparée in-4 de la satire x, et cite les vers 125-144.

tant de folies et de déréglemens honteux! Mais il n'est pas étonnant de lire de telles choses dans une comédie, puisque nous n'en aurions aucune si nous n'approuvions ces désordres : *de comœdiâ loquor, quæ, si hæc flagitia non approbaremus, nulla esset omnino.* »

Mais ce qu'il y a de particulier dans l'auteur de la satire, et en quoi il est le plus louable, c'est d'avoir représenté avec tant d'esprit et de force le ravage que peuvent faire dans les bonnes mœurs les vers de l'opéra, qui roulent tous sur l'amour, chantés sur des airs qu'il a eu grande raison d'appeler *luxurieux*, puisqu'on ne sauroit s'en imaginer de plus propres à enflammer les passions, et à faire entrer dans les cœurs la *morale lubrique* des vers; et ce qu'il y a de pis, c'est que le poison de ces chansons lascives ne se termine pas au lieu où se jouent ces pièces, mais se répand par toute la France, où une infinité de gens s'appliquent à les apprendre par cœur, et se font un plaisir de les chanter partout où ils se trouvent.

Cependant, monsieur, bien loin de reconnoître le service que l'auteur de la satire a rendu par là au public, vous voudriez faire croire que c'est pour donner un coup de dent à M. Quinault, auteur de ces vers de l'opéra, qu'il en a parlé si mal, et c'est dans cet endroit-là même que vous avez cru avoir trouvé des mots déshonnêtes dont la pudeur est offensée.

Ce qui m'a aussi beaucoup plu dans la satire, c'est ce qu'il dit contre les mauvais effets de la lecture des romans. Trouvez bon, monsieur, que je le rapporte encore ici :

Supposons toutefois qu'encor fidèle et pure,
Sa vertu de ce choc revienne sans blessure [1], etc.

Peut-on mieux représenter le mal que sont capables de faire les romans les plus estimés, et par quels degrés insensibles ils peuvent mener les jeunes gens qui s'en laissent empoisonner, bien loin au delà des termes du roman, et jusqu'aux derniers désordres? Mais parce qu'on

---

[1] Arnauld cite ici les vers 149-168, de la satire x.

y a nommé la *Clélie*, il n'y a presque rien dont vous fassiez un plus grand crime à l'auteur de la satire. « Combien, dites-vous, a-t-on été indigné de voir continuer son acharnement sur la *Clélie?* L'estime qu'on a toujours faite de cet ouvrage, et l'extrême vénération qu'on a toujours eue pour l'illustre personne [1] qui l'a composé, ont fait soulever tout le monde contre une attaque si souvent et si inutilement répétée. Il paroît bien que le vrai mérite est bien plutôt une raison pour avoir place dans ses satires, qu'une raison d'en être exempt. »

Il ne s'agit point, monsieur, du mérite de la personne qui a composé la *Clélie*, ni de l'estime qu'on a faite de cet ouvrage. Il en a pu mériter pour l'esprit, pour la politesse, pour l'agrément des inventions, pour les caractères bien suivis, et pour les autres choses qui rendent agréable à tant de personnes la lecture des romans. Que ce soit, si vous voulez, le plus beau de tous les romans; mais enfin c'est un roman : c'est tout dire. Le caractère de ces pièces est de rouler sur l'amour, et d'en donner des leçons d'une manière ingénieuse, et qui soit d'autant mieux reçue, qu'on en écarte le plus, en apparence, tout ce qui pourroit paroître de trop grossièrement contraire à la pureté. C'est par là qu'on va insensiblement jusqu'au bord du précipice, s'imaginant qu'on n'y tombera pas, quoiqu'on y soit déjà à demi tombé par le plaisir qu'on a pris à se remplir l'esprit et le cœur de la doucereuse morale qui s'enseigne au pays de Tendre. Vous pouvez dire tant qu'il vous plaira que cet ouvrage est en vénération à tout le monde; mais voici deux faits dont je suis très-bien informé. Le premier est que feu madame la princesse de Conti et madame de Longueville, ayant su que M. Despréaux avoit fait une pièce en prose [2] contre les romans, où la *Clélie* n'étoit pas épargnée, comme ces princesses connoissoient mieux que personne combien ces lectures sont dangereuses, elles lui firent dire qu'elles seroient

---

[1] Magdeleine de Scudéri. Voyez les *Héros de roman*, p. 314-318.
[2] Les *Héros de roman*, p. 314-318.

bien aises de la voir. Il la leur récita; et elles en furent tellement satisfaites, qu'elles témoignèrent souhaiter beaucoup qu'elle fût imprimée; mais il s'en excusa pour ne pas s'attirer sur les bras de nouveaux ennemis.

L'autre fait est qu'un abbé de grand mérite, et qui n'avoit pas moins de piété que de lumières, se résolut de lire la *Clélie*, pour en juger avec connoissance de cause; et le jugement qu'il en porta fut le même que celui de ces deux princesses. Plus on estime l'illustre personne à qui on attribue cet ouvrage, plus on est porté à croire qu'elle n'est pas à cette heure d'un autre sentiment que ces princesses, et qu'elle a un vrai repentir de ce qu'elle a fait autrefois, lorsqu'elle étoit moins éclairée. Tous les amis de M. de Gomberville, qui avoit aussi beaucoup de mérite, et qui a été un des premiers académiciens, savent que ç'a été sa disposition à l'égard de son *Polexandre*: et qu'il eût voulu, si cela eût été possible, l'avoir effacé de ses larmes. Supposé que Dieu ait fait la même grace à la personne que l'on dit auteur de la *Clélie*, c'est lui faire peu d'honneur que de la représenter comme tellement attachée à ce qu'elle a écrit autrefois, qu'elle ne puisse souffrir qu'on y reprenne ce que les règles de la piété chrétienne y font trouver de répréhensible.

Enfin, monsieur, j'ai fort estimé, je vous l'avoue, ce qui est dit dans la satire contre un misérable directeur, qui feroit passer sa dévote du quiétisme au vrai molinosisme; et nous avons déjà vu que c'est un des endroits où vous avez trouvé le plus à redire. Je vous supplie, monsieur, de faire sur cela de sérieuses réflexions.

Vous dites à l'entrée de votre préface que « dans cette dispute entre vous et M. Despréaux, il s'agit non-seulement de la défense de la vérité, mais encore des bonnes mœurs et de l'honnêteté publique. » Permettez-moi, monsieur, de vous demander si vous n'avez point sujet de craindre que ceux qui compareront ces trois endroits de la satire avec ceux que vous y opposez ne soient portés à juger que c'est plutôt de son côté que du vôtre qu'est la défense des bonnes mœurs et de l'honnêteté publique?

Car ils voient du côté de la satire, 1° une très-juste et très-chrétienne condamnation des vers de l'opéra, soutenus par les airs efféminés de Lulli ; 2° les pernicieux effets des romans, représentés avec une force capable de porter les pères et les mères qui ont quelque crainte de Dieu à ne les pas laisser entre les mains de leurs enfans ; 3° le paradis, le démon et l'enfer mis en œuvre pour faire avoir plus d'horreur d'une abominable profanation des choses saintes. Voilà, diront-ils, comme la satire de M. Despréaux est contraire aux bonnes mœurs et à l'honnêteté publique.

Ils verront d'autre part dans votre préface, 1° ces mêmes vers de l'opéra, jugés si bons ou au moins si innocens, qu'il y a, selon vous, monsieur, sujet de croire qu'ils n'ont été blâmés par M. Despréaux que pour donner un coup de dent à M. Quinault, qui en est l'auteur ; 2° un si grand zèle pour la défense de la *Clélie*, qu'il n'y a guère de chose que vous blâmiez plus fortement dans l'auteur de la satire, que de n'avoir pas eu pour cet ouvrage assez de respect et de vénération ; 3° un injuste reproche que vous lui faites d'avoir offensé la pudeur, pour avoir eu soin de bien faire sentir l'énormité du crime d'un faux directeur. En vérité, monsieur, je ne sais si vous avez lieu de croire que ce qu'on jugeroit sur cela vous pût être favorable.

Ce que vous dites de plus fort contre M. Despréaux paroît appuyé sur un fondement bien foible. Vous prétendez que sa satire est contraire aux bonnes mœurs, et vous n'en donnez pour preuve que deux endroits. Le premier est ce qu'il dit en badinant avec son ami :

> Quelle joie....
> De voir autour de soi croître dans sa maison
> De petits citoyens dont on croit être père [1]

l'autre est dans la page suivante, où il ne fait encore que rire :

> On peut trouver encor quelques femmes fidèles,
> Sans doute ; et dans Paris, si je sais bien compter,
> Il en est jusqu'à trois que je pourrois citer [2].

[1] Vers 9-14.
[2] Vers 42-44.

Vous dites sur le premier, « qu'il fait entendre par là qu'un homme n'est guère fin ni guère instruit des choses du monde, quand il croit que ses enfans sont ses enfans; » et vous dites sur le second, « qu'il fait aussi entendre que, selon son calcul et le raisonnement qui en résulte, nous sommes presque tous des enfans illégitimes. »

Plus une accusation est atroce, plus on doit éviter de s'y engager, à moins qu'on n'ait de bonnes preuves. Or, c'en est une assurément fort atroce d'imputer à l'auteur de la satire d'avoir fait entendre « qu'un homme n'est guère fin quand il croit que les enfans de sa femme sont ses enfans, et qu'il n'y a que trois femmes de bien dans une ville où il y en a plus de deux cent mille. » Cependant, monsieur, vous ne donnez pour preuve de ces étranges accusations que les deux endroits que j'ai rapportés. Mais il vous étoit aisé de remarquer que l'auteur de la satire a clairement fait entendre qu'il n'a parlé qu'en riant dans ces endroits, et surtout dans le dernier; car il n'entre dans le sérieux qu'à l'endroit où il fait parler Alcippe en faveur du mariage, qui commence par ces vers :

> Jeune autrefois par vous dans le monde conduit,
> J'ai trop bien profité pour n'être pas instruit
> A quels discours malins le mariage expose [1];

et finit par ceux-ci, qui contiennent une vérité que les païens n'ont point connue, et que saint Paul nous a enseignée, *qui se non continet, nubat; melius est nubere, quam uri :*

> L'hyménée est un joug, et c'est ce qui m'en plaît.
> L'homme en ses passions toujours errant sans guide,
> A besoin qu'on lui mette et le mors et la bride ;
> Son pouvoir malheureux ne sert qu'à le gêner;
> Et pour le rendre libre, il le faut enchaîner [2].

Que répond le poëte à cela? Le contredit-il? Le réfute-t-il? Il l'approuve au contraire en ces termes:

> Ha, bon! voilà parler en docte janséniste,

[1] Vers 59-64.
[2] Vers 112-116.

> Alcippe, et sur ce point si savamment touché,
> Desmâres, dans Saint-Roch, n'auroit pas mieux prêché[1];

et c'est ensuite qu'il témoigne qu'il va parler sérieusement et sans raillerie :

> Mais c'est trop l'insulter : quittons la raillerie;
> Parlons sans hyperbole et sans plaisanterie[2].

Peut-on plus expressément marquer que ce qu'il avoit dit auparavant, de ces trois femmes fidèles dans Paris, n'étoit que pour rire? Des hyperboles si outrées ne se disent qu'en badinant. Et vous-même, monsieur, voudriez-vous qu'on vous crût quand vous dites « que pour deux ou trois femmes dont le crime est avéré, on ne doit pas les condamner toutes? »

De bonne foi, croyez-vous qu'il n'y en ait guère davantage dans Paris qui soient diffamées par leur mauvaise vie? Mais une preuve évidente que l'auteur de la satire n'a pas cru qu'il y eût si peu de femmes fidèles, c'est que, dans une vingtaine de portraits qu'il en fait, il n'y a que les deux premiers qui aient pour leur caractère l'infidélité; si ce n'est que dans celui de la fausse dévote il dit seulement que son directeur pourroit l'y précipiter.

Pour ce qui est de ces termes : *dont on croit être père*, il n'est pas vrai qu'ils fassent entendre « qu'un mari n'est guère fin ni guère instruit des choses du monde, quand il croit que ses enfans sont ses enfans : » car outre que l'auteur parle là en badinant, ils ne disent au fond que ce qui est marqué par cette règle de droit : *pater est quem nuptiæ demonstrant*; c'est-à-dire que le mari doit être regardé comme le père des enfans nés dans son mariage, quoique cela ne soit pas toujours vrai. Mais cela fait-il qu'un mari doive croire, à moins que de passer pour peu fin, et pour peu instruit des choses du monde, qu'il n'est pas le père des enfans de sa femme? C'est tout le contraire; car à moins qu'il n'en eût des preuves certaines, il ne pour-

---

[1] Vers 118-120.
[2] Vers 121, 122.

roit croire qu'il ne l'est pas, sans faire un jugement téméraire très-criminel contre son épouse.

Cependant, monsieur, comme c'est de ces deux endroits que vous avez pris sujet de faire passer la satire de M. Despréaux pour une déclamation contre le mariage, et qui blessoit l'honnêteté et les bonnes mœurs, jugez si vous l'avez pu faire sans blesser vous-même la justice et la charité.

Je trouve dans votre préface deux endroits très-propres à justifier la satire, quoique ce soit en la blâmant. L'un est ce que vous dites en la page 5, « que tout homme qui compose une satire doit avoir pour but d'inspirer une bonne morale, et qu'on ne peut, sans faire tort à M. Despréaux, présumer qu'il n'a pas eu ce dessein. » L'autre est la réponse que vous faites à ce qu'il avoit dit à la fin de la préface de sa satire, que les femmes ne seront pas plus choquées des prédications qu'il leur fait dans cette satire contre leurs défauts, que des satires que les prédicateurs font tous les jours en chaire contre ces mêmes défauts. »

Vous avouez qu'on peut comparer les satires avec les prédications, et qu'il est de la nature de toutes les deux de combattre les vices; mais que ce ne doit être qu'en général, sans nommer les personnes. Or M. Despréaux n'a point nommé les personnes en qui les vices qu'il décrit se rencontroient, et on ne peut nier que les vices qu'il a combattus ne soient de véritables vices. On le peut donc louer avec raison d'avoir travaillé à inspirer une bonne morale, puisque c'en est une partie de donner de l'horreur des vices, et d'en faire voir le ridicule. Ce qui souvent est plus capable que les discours sérieux d'en détourner plusieurs personnes, selon cette parole d'un ancien :

. . . . . Ridiculum acri
Fortius ac melius magnas plerumque secat res [1];

et ce seroit en vain qu'on objecteroit qu'il ne s'est point contenté, dans son quatrième portrait, de combattre l'ava-

---

[1] Horace, l. I, satire x, vers 14.

rice en général, l'ayant appliquée à deux personnes connues : car ne les ayant point nommées, il n'a rien appris au public qu'il ne sût déjà. Or, comme ce seroit porter trop loin cette prétendue règle de ne point nommer les personnes, que de vouloir qu'il fût interdit aux prédicateurs de se servir quelquefois d'histoires connues de tout le monde, pour porter plus efficacement leurs auditeurs à fuir de certains vices, ce seroit aussi en abuser que d'étendre cette interdiction jusqu'aux auteurs de satires.

Ce n'est point aussi comme vous le prenez. Vous prétendez que M. Despréaux a encore nommé les personnes dans cette dernière satire, et d'une manière qui a déplu aux plus enclins à la médisance ; et toute la preuve que vous en donnez est qu'il a fait revenir sur les rangs Chapelain, Cotin, Pradon, Coras et plusieurs autres : « ce qui est, dites-vous, la chose du monde la plus ennuyeuse et la plus dégoûtante. » Pardonnez-moi, si je vous dis que vous ne prouvez point du tout par là ce que vous aviez à prouver. Car il s'agissoit de savoir si M. Despréaux n'avoit pas contribué à inspirer une bonne morale, en blâmant dans sa satire les mêmes défauts que les prédicateurs blâment dans leurs sermons. Vous aviez répondu que pour inspirer une bonne morale, soit par les satires, soit par les sermons, on doit combattre les vices en général, sans nommer les personnes. Il falloit donc montrer que l'auteur de la satire avoit nommé les femmes dont il combattoit les défauts. Or, Chapelain, Cotin, Pradon, Coras ne sont pas des noms de femmes, mais de poëtes. Ils ne sont donc pas propres à montrer que M. Despréaux, combattant différens vices des femmes, ce que vous avouez lui avoir été permis, se soit rendu coupable de médisance, en nommant des femmes particulières à qui il les auroit attribués.

Voilà donc M. Despréaux justifié selon vous-même sur le sujet des femmes, qui est le capital de sa satire. Je veux bien cependant examiner avec vous s'il est coupable de médisance à l'égard des poëtes.

C'est ce que je vous avoue ne pouvoir comprendre. Car

tout le monde a cru jusqu'ici qu'un auteur pouvoit écrire contre un autre auteur, remarquant les défauts qu'il croyoit avoir trouvés dans ses ouvrages, sans passer pour médisant, pourvu qu'il agisse de bonne foi, sans lui imposer et sans le chicaner, lors surtout qu'il ne reprend que de véritables défauts.

Quand, par exemple, le P. Goulu, général des Feuillans, publia, il y a plus de soixante ans, deux volumes contre les lettres de M. de Balzac, qui faisoient grand bruit dans le monde, le public s'en divertit. Les uns prenoient parti pour Balzac, les autres pour le Feuillant ; mais personne ne s'avisa de l'accuser de médisance, et on ne fit point non plus ce reproche à Javersac, qui avoit écrit contre l'un et contre l'autre. Les guerres entre les auteurs passent pour innocentes, quand elles ne s'attachent qu'à la critique de ce qui regarde la littérature, la grammaire, la poésie, l'éloquence ; et que l'on n'y mêle point de calomnies et d'injures personnelles. Or, que fait autre chose M. Despréaux à l'égard de tous les poëtes qu'il a nommés dans ses satires, Chapelain, Cotin, Pradon, Coras et autres, sinon d'en dire son jugement, et d'avertir le public que ce ne sont pas des modèles à imiter ? Ce qui peut être de quelque utilité pour faire éviter leurs défauts, et peut contribuer même à la gloire de la nation, à qui les ouvrages d'esprit font honneur, quand ils sont bien faits ; comme au contraire, ç'a été un déshonneur à la France d'avoir fait tant d'estime des pitoyables poésies de Ronsard.

Celui dont M. Despréaux a le plus parlé, c'est M. Chapelain ; mais qu'en a-t-il dit ? Il en rend lui-même compte au public dans sa neuvième satire :

« Il a tort, dira l'un ; pourquoi faut-il qu'il nomme [1] ? etc.

Cependant, monsieur, vous ne pouvez pas douter que ce ne soit être médisant, que de taxer de médisance celui qui n'en seroit pas coupable. Or, si on prétendoit que M. Despréaux s'en fût rendu coupable, en disant que

---

[1] Arnauld cite les vers 205-220.

M. Chapelain, quoique d'ailleurs honnête, civil et officieux, n'étoit pas un fort bon poëte, il lui seroit bien aisé de confondre ceux qui lui feroient ce reproche; il n'auroit qu'à leur faire lire ces vers de ce grand poëte sur la belle Agnès :

> On voit hors des deux bouts de ses deux courtes manches,
> Sortir à découvert deux mains longues et blanches,
> Dont les doigts inégaux, mais tout ronds et menus,
> Imitent l'embonpoint des bras ronds et charnus [1].

Enfin, monsieur, je ne comprends pas comment vous n'avez point appréhendé qu'on ne vous appliquât ce que vous dites de M. Despréaux dans vos vers [2] : « qu'il croit avoir droit de maltraiter dans ses satires ceux qu'il lui plaît, et que la raison a beau lui crier sans cesse que l'équité naturelle nous défend de faire à autrui ce que nous ne voudrions pas qui nous soit fait à nous-mêmes : cette voix ne l'émeut point. » Car si vous le trouvez blâmable d'avoir fait passer la *Pucelle* et le *Jonas* pour de méchans poëmes, pourquoi ne le seriez-vous pas d'avoir parlé avec tant de mépris de son ode pindarique, qui paroît avoir été si estimée, que trois des meilleurs poëtes latins de ce temps [3] ont bien voulu prendre la peine d'en faire chacun une ode latine. Je ne vous en dis pas davantage. Vous ne voudriez pas sans doute, contre la défense que Dieu en fait, avoir deux poids et deux mesures.

Je vous supplie, monsieur, de ne pas trouver mauvais qu'un homme de mon âge vous donne ce dernier avis en vrai ami.

On doit avoir du respect pour le jugement du public; et quand il s'est déclaré hautement pour un auteur ou pour un ouvrage, on ne peut guère le combattre de front et le contredire ouvertement, qu'on ne s'expose à en être maltraité. Les vains efforts du cardinal de Richelieu contre le *Cid* en sont un grand exemple; et on ne peut rien

---

[1] La *Pucelle*, chant V, vers 585-588.
[2] Il fallait dire : « Dans votre Préface. » Saint-Marc.
[3] Rollin, Lenglet et de Saint-Remi.

voir de plus heureusement exprimé que ce qu'en dit votre adversaire :

> En vain contre le Cid un ministre se ligue,
> Tout Paris pour Chimène a les yeux de Rodrigue;
> L'Académie en corps a beau le censurer,
> Le public révolté s'obstine à l'admirer [1].

Jugez par là, monsieur, de ce que vous devez espérer du mépris que vous tâchez d'inspirer pour les ouvrages de M. Despréaux dans votre préface. Vous n'ignorez pas combien ce qu'il a mis au jour a été bien reçu dans le monde, à la cour, à Paris, dans les provinces, et même dans tous les pays étrangers où l'on entend le françois. Il n'est pas moins certain que tous les bons connoisseurs trouvent le même esprit, le même art et les mêmes agrémens dans ses autres pièces que dans ses satires. Je ne sais donc, monsieur, comment vous vous êtes pu promettre qu'on ne seroit point choqué de vous en voir parler d'une manière si opposée au jugement du public. Avez-vous cru que, supposant sans raison que tout ce que l'on dit librement des défauts de quelque poëte doit être pris pour médisance, on applaudiroit à ce que vous dites : « que ce ne sont que ces médisances qui ont fait rechercher ses ouvrages avec tant d'empressement; qu'il va toujours terre à terre, comme un corbeau qui va de charogne en charogne; que tant qu'il ne fera que des satires comme celles qu'il nous a données, Horace et Juvénal viendront toujours revendiquer plus de la moitié des bonnes choses qu'il y aura mises; que Chapelain, Quinault, Cassagne et les autres qu'il y aura nommés, prétendront aussi qu'une partie de l'agrément qu'on y trouve viendra de la célébrité de leurs noms qu'on s'y plaît d'y voir tournés en ridicule; que la malignité du cœur humain, qui aime tant la médisance et la calomnie, parce qu'elles élèvent secrètement celui qui lit au-dessus de ceux qu'elles rabaissent, dira toujours que c'est elle qui fait trouver tant de plaisir dans les œuvres de M. Despréaux, etc.? »

[1] Satire IX, vers 231-234.

Vous reconnoissez donc, monsieur, que tant de gens qui lisent les ouvrages de M. Despréaux, les lisent avec grand plaisir. Comment n'avez-vous donc pas vu que de dire, comme vous faites, que ce qui fait trouver ce plaisir est la malignité du cœur humain, qui aime la médisance et la calomnie, c'est attribuer cette méchante disposition à tout ce qu'il y a de gens d'esprit à la cour et à Paris ?

Enfin, vous devez attendre qu'ils ne seront pas moins choqués du peu de cas que vous faites de leur jugement, lorsque vous prétendez que M. Despréaux a si peu réussi, quand il a voulu traiter des sujets d'un autre genre que ceux de la satire, qu'il pourroit y avoir de la malice à lui conseiller de travailler à d'autres ouvrages.

Il y a d'autres choses dans votre préface que je voudrois que vous n'eussiez point écrites ; mais celles-là suffisent pour m'acquitter de la promesse que je vous ai faite d'abord de vous parler avec la sincérité d'un ami chrétien, qui est sensiblement touché de voir cette division entre deux personnes qui font tous deux profession de l'aimer. Que ne donnerois-je pas pour être en état de travailler à leur réconciliation plus heureusement que les gens d'honneur que vous m'apprenez n'y avoir pas réussi ? Mais mon éloignement ne m'en laisse guère le moyen. Tout ce que je puis faire, monsieur, est de demander à Dieu qu'il vous donne à l'un et à l'autre cet esprit de charité et de paix qui est la marque la plus assurée des vrais chrétiens. Il est bien difficile que dans ces contestations on ne commette de part et d'autre des fautes, dont on est obligé de demander pardon à Dieu. Mais le moyen le plus efficace que nous avons de l'obtenir, c'est de pratiquer ce que l'apôtre nous recommande : « de nous supporter les uns les autres, chacun remettant à son frère le sujet de plainte qu'il pouvoit avoir contre lui, et nous entrepardonnant, comme le Seigneur nous a pardonné. » On ne trouve point d'obstacle à entrer dans des sentimens d'union et de paix, lorsqu'on est dans cette disposition : car l'amour-propre ne règne point où règne la charité, et il n'y a que l'amour-propre qui nous rende pénible la connoissance de nos fautes, quand la raison nous les fait apercevoir. Que chacun de vous s'applique cela à soi-même, et vous serez bientôt bons amis. J'en prie Dieu de tout mon cœur, et suis très-sincèrement,

Monsieur,

Votre très-humble et très-obéissant serviteur,

A. ARNAULD.

REMERCIMENT

A M. ARNAULD

SUR LA LETTRE PRÉCÉDENTE.

Juin 1694.

Je ne saurois, monsieur, assez vous témoigner ma reconnoissance de la bonté que vous avez eue de vouloir bien permettre qu'on me montrât la lettre que vous avez écrite à M. Perrault sur ma dernière satire. Je n'ai jamais rien lu qui m'ait fait un si grand plaisir; et quelques injures que ce galant homme m'ait dites, je ne saurois plus lui en vouloir de mal, puisqu'elles m'ont attiré une si honorable apologie. Jamais cause ne fut si bien défendue que la mienne. Tout m'a charmé, ravi, édifié dans votre lettre; mais ce qui m'y a touché davantage, c'est cette confiance si bien fondée avec laquelle vous y déclarez que vous me croyez sincèrement votre ami. N'en doutez point, monsieur, je le suis ; et c'est une qualité dont je me glorifie tous les jours en présence de vos plus grands ennemis. Il y a des jésuites qui me font l'honneur de m'estimer, et que j'estime et honore aussi beaucoup. Ils me viennent voir dans ma solitude d'Auteuil, et ils y séjournent même quelquefois. Je les reçois du mieux que je puis ; mais la première convention que je fais avec eux, c'est qu'il me sera permis dans nos entretiens de vous louer à outrance. J'abuse souvent de cette permission, et l'écho des murailles de mon jardin a retenti plus d'une fois de nos contestations sur votre sujet. La vérité est pourtant qu'ils tombent sans peine d'accord de la grandeur de votre génie et de l'étendue de vos connoissances ; mais je leur soutiens, moi, que ce sont là vos moindres qualités, et que ce qu'il y a de plus estimable en vous, c'est la droiture de votre esprit, la candeur de votre ame et la pureté de vos intentions. C'est alors que se font les grands cris ; car je ne démords point sur cet article, non plus que sur celui des lettres au provincial, que, sans examiner qui des deux partis au fond a droit ou tort, je leur vante toujours comme le plus parfait ouvrage de prose qui soit en notre langue. Nous en venons quelquefois à des paroles assez aigres. A la fin néanmoins tout se tourne en plaisanterie : *ridendo dicere verum quid vetat?* Ou, quand je les vois trop fâchés, je me jette sur les louanges du R. P. de Lachaise, que je révère de bonne foi, et à qui j'ai en effet tout récemment encore une très-grande obligation, puisque c'est en partie à ses bons offices que je dois la chanoinie de la Sainte-Chapelle de Paris, que j'ai obtenue de SA MAJESTÉ pour mon frère le doyen de Sens[1]. Mais, monsieur, pour revenir à votre lettre, je ne sais pas pourquoi les amis de M. Perrault refusent de la lui montrer. Jamais ouvrage ne fut plus propre à lui ouvrir les yeux et à lui inspirer l'esprit de paix et d'humilité, dont il a besoin aussi bien que moi. Une preuve de ce que je dis, c'est qu'à mon égard, à peine en ai-je eu fait lecture, que, frappé des salutaires leçons que vous nous y faites à l'un et à l'autre, je lui ai envoyé dire qu'il ne tiendroit qu'à lui que nous ne fussions bons amis ; que s'il vouloit demeurer en paix sur mon sujet, je m'engageois à ne plus rien écrire dont il pût se choquer, et lui ai même fait entendre que je le laisserois tout à son aise, faire, s'il vouloit, un monde renversé du Parnasse, en y plaçant les Chapelains et les Cotins au-des-

---

[1] Jacques Boileau.

sus des Homères et des Virgiles. Ce sont les paroles que M. Racine et M. l'abbé Tallemant lui ont portées de ma part. Il n'a point voulu entendre à cet accord, et a exigé de moi, avant toutes choses, pour ses ouvrages, une estime et une admiration que franchement je ne lui saurois promettre, sans trahir la raison et ma conscience. Ainsi nous voilà plus brouillés que jamais, au grand contentement des rieurs, qui étoient déjà fort affligés du bruit qui couroit de notre réconciliation. Je ne doute point que cela ne vous fasse beaucoup de peine; mais pour vous montrer que ce n'est pas de moi que la rupture est venue, c'est qu'en quelque lieu que vous soyez, je vous déclare, monsieur, que vous n'avez qu'à me mander ce que vous souhaitez que je fasse pour parvenir à un accord, et je l'exécuterai ponctuellement, sachant bien que vous ne me prescrirez rien que de juste et de raisonnable. Je ne mets qu'une condition au traité que je ferai; mais c'est une condition *sine quâ non*. Cette condition est que votre lettre verra le jour et qu'on ne me privera point, en la supprimant, du plus grand honneur que j'aie reçu en ma vie. Obtenez cela de vous et de lui, et je lui donne sur tout le reste la carte blanche : car pour ce qui regarde l'estime qu'il veut que je fasse de ses écrits, je vous prie, monsieur, d'examiner vous-même ce que je puis faire là-dessus. Voici une liste des principaux ouvrages qu'on veut que j'admire. Je suis fort trompé si vous en avez jamais lu aucun.

Le conte de *Peau-d'Ane* et l'*Histoire de la femme au nez de boudin*, mis en vers par M. Perrault, de l'Académie françoise.

La *Métamorphose d'Orante en miroir*.

L'*Amour Godenot*.

Le *Labyrinthe de Versailles, ou les maximes d'amour et de galanterie*, tirées des fables d'Ésope.

Élégie à Iris.

La *Procession de Sainte-Geneviève*.

Parallèles des anciens et des modernes, où l'on voit la poésie portée en son plus haut point de perfection dans les opéra de M. Quinault.

Saint Paulin, poëme héroïque.

Réflexions sur Pindare, où l'on enseigne l'art de ne point entendre ce grand poëte.

Je ris, monsieur, en vous écrivant cette liste, et je crois que vous aurez de la peine à vous empêcher aussi de rire en la lisant. Cependant je vous supplie de croire que l'offre que je vous fais est très-sérieuse, et que je tiendrai exactement ma parole. Mais, soit que l'accommodement se fasse ou non, je vous réponds, puisque vous prenez si grand intérêt à la mémoire de feu M. Perrault le médecin, qu'à la première édition qui paroîtra de mon livre, il y aura dans la préface un article exprès en faveur de ce médecin, qui sûrement n'a point fait la façade du Louvre, ni l'Observatoire, ni l'Arc de triomphe, comme on le prouvera dans peu démonstrativement; mais qui au fond étoit un homme de beaucoup de mérite; grand physicien, et, ce que j'estime encore plus que tout cela, qui avoit l'honneur d'être votre ami.

Je doute même, quelque mine que je fasse du contraire, qu'il m'arrive jamais de prendre de nouveau la plume pour écrire contre M. Perrault l'académicien, puisque cela n'est plus nécessaire. En effet, pour ce qui est de ses écrits contre les anciens, beaucoup de mes amis sont persuadés que je n'ai déjà employé que trop de papier, dans mes réflexions sur Longin, à réfuter des ouvrages si pleins d'ignorance et si indignes d'être réfutés. Et pour ce qui regarde ses critiques sur mes mœurs et sur mes ouvrages, le seul bruit, ajoutent-ils, qui a couru que vous aviez pris mon parti contre lui, est suffisant pour me mettre à couvert de ses invectives. J'avoue qu'ils ont raison. La vérité est pourtant que, pour rendre ma gloire complète, il faudroit que votre lettre fût publiée. Que ne ferois-je point pour en obtenir de vous le consentement? Faut-il se dédire de tout ce que j'ai écrit contre M. Perrault? faut-il se mettre à genoux devant lui? faut-il lire tout *Saint Paulin*? vous n'avez qu'à dire : rien ne me sera difficile. Je suis, avec beaucoup de respect, etc.

FIN.

TABLE DES MATIÈRES

Notice. v
Préfaces. 1
Catalogues des œuvres de Boileau. 16
Discours au roi. 19
Satire   I. Adieux à la ville. 24
—   II. A Molière. 30
—   III. Le repas ridicule. 33
—   IV. A l'abbé Le Vayer. 40
—   V. Au marquis de Dangeau. 44
—   VI. Les embarras de Paris. 49
—   VII. Sur le genre satirique. 53
—   VIII. A M. Morel. 56
—   IX. A son esprit. 65
—   X. Les femmes. 76
—   XI. A Valincour. 100
—   XII. L'Équivoque. 106
Avis au lecteur. 122
Épître   I. Au roi. 125
—   II. A l'abbé des Roches. 129
—   III. A M. Arnauld. 131
—   IV. Au roi. 134
—   V. A M. de Guilleragues. 141
—   VI. A M. de Lamoignon. 146
—   VII. A Racine. 151
—   VIII. Au roi. 155
—   IX. Au marquis de Seignelay. 159
—   X. A mes vers. 164
—   XI. A mon jardinier. 172
—   XII. A l'abbé Renaudot. 175
Art poétique. 183
Le Lutrin. 216
Odes, épigrammes et autres poésies. 255
Discours sur l'ode. 255

Ode sur la prise de Namur........................	258
Ode sur l'Angleterre.............................	263
Poésies diverses.................................	264
Épigrammes.....................................	278
Fragment d'un prologue d'opéra...................	291
Poésies latines..................................	295
Pièces attribuées à Boileau.......................	296
Chapelain décoiffé...............................	299
La métamorphose de la perruque..................	309
Discours sur le dialogue suivant..................	310
Les héros de roman..............................	314
Discours sur la satire............................	338
Dialogue contre les vers latins...................	344
Arrêt burlesque.................................	347
Lettre d'Arnauld sur la satire X..................	351
Remerciment à M. Arnauld.......................	371

EXTRAIT DU CATALOGUE

DE LA LIBRAIRIE

GARNIER FRÈRES

6, rue des Saints-Pères, et Palais-Royal, 215.

DICTIONNAIRE NATIONAL

OUVRAGE ENTIÈREMENT TERMINÉ.

Monument élevé à la gloire de la Langue et des Lettres françaises.

Ce grand Dictionnaire classique de la Langue française contient, pour la première fois, outre les mots mis en circulation par la presse, et qui sont devenus une des propriétés de la parole, les noms de tous les Peuples anciens, modernes ; de tous les Souverains de chaque Etat ; des Institutions politiques ; des Assemblées délibérantes ; des Ordres monastiques, militaires ; des Sectes religieuses, politiques, philosophiques ; des grands Evénements historiques : Guerres, Batailles, Siéges, Journées mémorables, Conspirations, Traités de paix, Conciles ; des Titres, Dignités, Fonctions, des Hommes ou Femmes célèbres en tout genre ; des Personnages historiques de tous les pays et de tous les temps : Saints, Martyrs, Savants, Artistes, Ecrivains ; des Divinités, Héros et Personnages fabuleux de tous les Peuples ; des Religions et Cultes divers, Fêtes, Jeux, Cérémonies publiques, Mystères, Livres sacrés ; enfin la Nomenclature de tous les Chefs-lieux, Arrondissements, Cantons, Villes, Fleuves, Rivières, Montagnes et Curiosités naturelles de la France et de l'Etranger ; avec les Etymologies grecques, latines, arabes, celtiques, germaniques, etc., etc.

Cet ouvrage classique est rédigé sur un plan entièrement neuf, plus exact et plus complet que tous les dictionnaires qui existent, et dans lequel toutes les définitions, toutes les acceptions des mots et les nuances infinies qu'ils ont reçues du bon goût et de l'usage sont justifiées par plus de quinze cent mille exemples choisis, fidèlement extraits de tous les écrivains, moralistes et poëtes, philosophes et historiens, politiques et savants, conteurs et romanciers, dont l'autorité est généralement reconnue ; par M. BESCHERELLE AÎNÉ, principal auteur de la *Grammaire nationale*. Deux magnifiques volumes in-4° de 3,400 pages, à 4 colonnes, lettres ornées, etc., imprimés en caractères neufs et très-lisibles, sur papier grand raisin, glacé et satiné, contenant la matière de plus de 500 volumes in-8. — Prix : 50 fr.; demi-rel. chag., 60 fr.

PETIT DICTIONNAIRE NATIONAL

Contenant la définition très-claire et très-exacte de tous les mots de la langue usuelle, l'explication la plus simple des termes scientifiques et techniques, la prononciation figurée dans tous les cas douteux et difficiles, etc., etc., à l'usage de la jeunesse et de tous ceux qui ont besoin de renseignements prompts et précis sur la langue française; par BESCHERELLE aîné, auteur du grand *Dictionnaire national*, etc. 1 vol. grand in-32 jésus, 2 fr. 25 c.

Relié en percaline à l'anglaise. . . . . 3 fr. »

GRAMMAIRE NATIONALE

Ou Grammaire de Voltaire, de Racine, de Bossuet, de Fénelon, de J. J. Rousseau, de Bernardin de Saint-Pierre, de Chateaubriand, de Casimir Delavigne, et de tous les écrivains les plus distingués de la France; par MM. BESCHERELLE FRÈRES et LITAIS DE GAUX. 1 fort vol. grand in-8, 12 fr.; net, 9 fr.

Complément indispensable du *Dictionnaire national*.

DICTIONNAIRE USUEL DE TOUS LES VERBES FRANÇAIS

Tant réguliers qu'irréguliers, entièrement conjugués, par BESCHERELLE FRÈRES. 2 vol. in-8 à 2 col., 15 fr.; net, 12 fr.

Ce livre est indispensable à tous les écrivains et à toutes les personnes qui s'occupent de la langue française, car le verbe est le mot qui, dans le discours, joue le plus grand rôle; il entre dans toutes les propositions, pour être le lien de nos pensées et y répandre la clarté et la vie; aussi les Latins lui avaient donné le nom de *verbum* pour exprimer qu'il est le mot nécessaire, le mot par excellence. Mais le verbe doit être rangé dans la classe des parties du discours que les grammairiens appellent *variables*. Aucune, en effet, n'a subi des modifications aussi nombreuses et aussi variées. La conjugaison des verbes est sans contredit ce qu'il y a de plus difficile dans notre langue, puisqu'on y compte plus de trois cents verbes irréguliers. A l'aide de ce dictionnaire, tous les doutes sont levés, toutes les difficultés vaincues.

LE VÉRITABLE MANUEL DES CONJUGAISONS

Ou Dictionnaire des 8,000 verbes, par BESCHERELLE FRÈRES. Troisième édition. 1 vol. in-18, 3 fr. 75 c.

GRAND DICTIONNAIRE ESPAGNOL-FRANÇAIS ET FRANÇAIS-ESPAGNOL

Avec la prononciation dans les deux langues, plus exact et plus complet que tous ceux qui ont paru jusqu'à ce jour, rédigé d'après les matériaux réunis, par D. VICENTE SALVA, et les meilleurs dictionnaires anciens et modernes, par F. DE P. NORIEGA ET GUIM. 1 fort volume grand in-8 jésus d'environ 1,600 pages, à 3 colonnes. Prix : 18 fr.

NOUVEAU DICTIONNAIRE DE POCHE FRANÇAIS-ESPAGNOL ET ESPAGNOL-FRANÇAIS

Avec la prononciation dans les deux langues, rédigé d'après les matériaux réunis par D. Vicente Salva, et les meilleurs dictionnaires parus jusqu'à ce jour. 1 fort vol. grand in-32, format dit Cazin, d'environ 1,100 pages. Prix : 5 fr.

GUIDES POLYGLOTTES, MANUELS DE LA CONVERSATION ET DU STYLE ÉPISTOLAIRE

A l'usage des voyageurs et de la jeunesse des écoles, par MM. Clifton, Vitali, docteur Ebeling, Carolino Duarte et Corona Bustamante. Grand in-32, format dit Cazin, papier satiné. Prix : 2 fr. le vol.

FRANÇAIS-ANGLAIS. 1 vol. in-32.	ENGLISH AND GERMAN. 1 vol. in-32.
FRANÇAIS-ITALIEN. 1 vol. in-32.	ESPANOL-INGLÉS. 1 vol. in-32.
FRANÇAIS-ALLEMAND. 1 vol. in-32.	ESPANOL-ITALIANO. 1 vol. in-32.
FRANÇAIS-ESPAGNOL. 1 vol. in-32.	ESPANOL-FRANCÈS-INGLÈS-ITALIANO. 1 vol. in-32.
FRANÇAIS-PORTUGAIS. 1 vol. in-32.	
ENGLISH AND FRENCH. 1 vol. in-32.	PORTUGUEZ-FRANCEZ. 1 vol. in-32.
ESPANOL-FRANCÉS. 1 vol. in-32.	PORTUGUEZ-INGLEZ. 1 vol. in-32.
ENGLISH AND PORTUGUESE. 1 vol. in-32.	

GRAND DICTIONNAIRE ITALIEN-FRANÇAIS ET FRANÇAIS-ITALIEN

Par Barberi, continué et terminé par Basti et Cerati. 2 gros vol. in-4, 45 fr. ; net, 25 fr.

Ce Dictionnaire donne la prononciation des mots, leur étymologie, leur sens et leurs mots expliqués et appuyés par des exemples. — Un grand nombre de termes techniques des sciences et arts. — La solution des difficultés grammaticales. — Le pluriel des substantifs et les divers temps des verbes quand ils ont une forme irrégulière. Le genre des substantifs qui n'est point indiqué dans les autres dictionnaires italiens, etc., etc. Le tout forme 2,500 pages in-4. Le Conseil royal de l'instruction publique a examiné le grand *Dictionnaire italien-français et français-italien* de Barberi, continué et terminé par MM. Basti et Cerati. D'après la délibération du Conseil royal, ce dictionnaire sera placé dans les Bibliothèques des colléges. C'est, en effet, le travail le plus complet qui existe en ce genre et le meilleur guide pour l'enseignement approfondi des beautés de la langue italienne.

DICTIONNAIRE D'HIPPIATRIQUE ET D'ÉQUITATION

Ouvrage où se trouvent réunies toutes les connaissances équestres et hippiques, par F. Cardini, lieutenant-colonel en retraite. 2 vol. grand in-8, ornés de 70 figures. 2ᵉ édition, corrigée et considérablement augmentée, 20 fr.; net, 15 fr.

DE L'ÉLOQUENCE JUDICIAIRE AU DIX-SEPTIÈME SIÈCLE

Antoine Lemaistre et ses contemporains, par M. Oscar de Vallée, avocat général à la cour impériale de Paris. 1 beau vol. in-8 cavalier, 7 fr. 50.

LES ARMES ET LE DUEL

Par Grisier, professeur à l'École polytechnique, au collége Henri IV et au Conservatoire de musique. Ouvrage agréé par Sa Majesté l'empereur de Russie ; précédé d'une Préface par A. Dumas ; Notice sur l'auteur, par Roger de Beauvoir ; Épître en vers, de Méry, etc. ; Dessins par E. de Beaumont. Deuxième édition, revue par l'auteur. 1 vol. grand in-8, 10 fr.

Nous ne craignons pas de dire que cet ouvrage est le *traité d'escrime* LE PLUS COMPLET qui ait encore paru. La réputation européenne de l'auteur nous autorise à ajouter que c'est très-certainement LE MEILLEUR.

DICTIONNAIRE DE LA CONVERSATION ET DE LA LECTURE

52 vol. grand in-8 de 500 pages à 2 col., contenant la matière de plus de 300 vol. Prix : 208 fr.

Œuvre éminemment littéraire et scientifique, produit de l'association de toutes les illustrations de l'époque, sans acception de partis ou d'opinions, le *Dictionnaire de la Conversation* a depuis longtemps sa place marquée dans la bibliothèque de tout homme de goût, qui aime à retrouver formulées en préceptes généraux ses idées déjà arrêtées sur l'histoire, les arts et les sciences.

SUPPLÉMENT AU
DICTIONNAIRE DE LA CONVERSATION ET DE LA LECTURE

Rédigé par tous les écrivains et savants dont les noms figurent dans cet ouvrage, et publié sous la direction du même rédacteur en chef. 16 vol. gr. in-8 de 500 pages, conformes aux 52 vol. publiés de 1832 à 1839.

Le *Supplément*, aujourd'hui TERMINÉ, se compose de *seize volumes* formant les tomes 53 à 68 de cette Encyclopédie si populaire. Il contient la mention de tous les progrès faits par les sciences depuis la terminaison de l'ouvrage principal (1839) jusqu'à l'époque actuelle, et le résumé de l'Histoire politique des différents États jusqu'en 1852. Les grands et providentiels événements qui sont venus changer la face de l'Europe, en 1848, y sont racontés, de même qu'on y trouve des renseignements précis sur la plupart des hommes nouveaux que ces événements ont fait surgir dans la politique.

Il n'y a pas d'exagération dès lors à dire que de toutes les Encyclopédies le *Dictionnaire de la Conversation* est la plus complète et la plus *actuelle*.

Le *Supplément* a réparé toutes les erreurs, toutes les omissions qui avaient échappé dans le travail si rapide de la rédaction des 52 premiers volumes. Tous les *renvois* que le lecteur cherchait vainement dans l'ouvrage principal se trouvent traités dans le *Supplément*, de même que quelques articles jugés insuffisants ont été refaits.

Qui ne sait l'immense succès du *Dictionnaire de la Conversation* ? Plus de 19,000 exemplaires des tomes 1 à 52 ont été vendus ; mais, aujourd'hui, les seuls exemplaires qui conservent toute *leur valeur primitive* sont ceux qui possèdent le *Supplément*, en d'autres termes, les tomes 53 à 68.

Comme les seize volumes supplémentaires n'ont été tirés qu'à 3,000, ils ne tarderont pas à être épuisés ; les retardataires n'auront donc qu'à s'en prendre à eux-mêmes de la dépréciation énorme de l'exemplaire qu'ils auront négligé de compléter.

Nous nous bornerons à prévenir itérativement les possesseurs des tomes 1 à 52 qu'avant très-peu de temps il nous sera impossible de compléter leurs exemplaires et de leur fournir les tomes 53 à 68 ; car ils s'épuisent plus rapidement encore que nous ne l'avions pensé, et d'ailleurs, nous le répétons, ils ont été tirés en bien moindre nombre que les premiers volumes.

Prix des seize volumes du *Supplément* (tomes 53 à 68), 80 fr. ; le volume, 5 fr. ; la livraison 2 fr. 50 c.

GÉOGRAPHIE UNIVERSELLE
PAR MALTE-BRUN.

Description de toutes les parties du monde sur un nouveau plan, d'après les grandes divisions du globe ; précédée de l'Histoire de la

Géographie chez les peuples anciens et modernes, et d'une Théorie générale de la Géographie mathématique, physique et politique. Sixième édition, revue, corrigée et augmentée, mise dans un nouvel ordre et enrichie de toutes les nouvelles découvertes, par J. J. N. Huot. 6 beaux vol. grand in-8, enrichis de 64 gravures sur acier, 60 fr., demi-reliure chagrin, 81 fr.

Avec UN SUPERBE ATLAS entièrement établi à neuf. 1 vol. in-folio, composé de 72 magnifiques cartes coloriées, dont 14 doubles, 80 fr.

On se plaignait généralement de la sécheresse de la géographie, lorsque, après quinze années de lectures et d'études, Malte-Brun conçut la pensée de renfermer dans une suite de discours historiques l'ensemble de la géographie ancienne et moderne, de manière à laisser, dans l'esprit d'un lecteur attentif, l'image vivante de la terre entière, avec toutes ses contrées diverses, et avec les lieux mémorables qu'elles renferment et les peuples qui les ont habitées ou qui les habitent encore.

Il s'est dit : « La géographie n'est-elle pas la sœur et l'émule de l'histoire? Si l'une a le pouvoir de ressusciter les générations passées, l'autre ne saurait-elle fixer, dans une image mobile, les tableaux vivants de l'histoire en retraçant à la pensée cet éternel théâtre de nos courtes misères? cette vaste scène, jonchée des débris de tant d'empires, et cette immuable nature, toujours occupée à réparer, par ses bienfaits, les ravages de nos discordes? Et cette description du globe n'est-elle pas intimement liée à l'étude de l'homme, à celle des mœurs et des institutions? n'offre-t-elle pas à toutes les sciences politiques des renseignements précieux? aux diverses branches de l'histoire naturelle un complément nécessaire? à la littérature elle-même, un vaste trésor de sentiments et d'images? » Et, sans se rebuter par les difficultés de toute nature que présentait un pareil sujet, il consacre sa vie tout entière à élever à la géographie un des plus beaux monuments scientifiques et littéraires de ce siècle.

Malte-Brun a laissé un ouvrage dont la réputation est justifiée par trente années de succès, par le suffrage unanime des savants et des littérateurs, et par l'empressement que plusieurs ont mis à le traduire.

Cette nouvelle réimpression de la *Géographie universelle* a été entièrement revue et complétée par le savant continuateur de Malte-Brun, M. Huot.

DU MÊME AUTEUR :

PRÉCIS DE GÉOGRAPHIE UNIVERSELLE

Précédé d'une introduction historique et suivi d'un aperçu de la géographie ancienne, par MM. Balbi, Larenaudière et Huot, quatrième édition, considérablement augmentée et ornée de nombreuses gravures et cartes. Ouvrage adopté par l'Université. 1 volume grand in-8, 20 fr.; net, 18 fr.

Demi-reliure, dos chagrin. . . . . 3 fr. 50 c.

DICTIONNAIRE GÉOGRAPHIQUE, STATISTIQUE ET POSTAL DES COMMUNES DE FRANCE

Dédié au commerce, à l'industrie et à toutes les administrations publiques, par M. A. Peigné, auteur du *Dictionnaire portatif de la langue française* et de plusieurs ouvrages d'instruction ; avec la carte des postes. Cet ouvrage, par la multiplicité et l'exactitude des renseignements qu'il fournit, est indispensable à tout commerçant, voyageur, industriel et employé d'administration, dont il est le *vade mecum*. Prix, 5 fr.

OUVRAGES RELIGIEUX

MÉDITATIONS SUR L'ÉVANGILE.

Par Bossuet, revues sur les manuscrits originaux et les édit. les plus correctes, et illustrées de 14 magnifiques gravures sur acier, d'après Raphael, Rubens, Poussin, Rembrandt, Carrache, Léonard de Vinci, etc. 1 vol. gr. in-8 jésus. 18 fr.

Demi-reliure maroquin, plats en toile, tranche dorée. . . . . 24 fr. »

Cette superbe réimpression d'un des chefs-d'œuvre de Bossuet, imprimée avec le plus grand soin par Simon Raçon, est destinée à prendre place parmi les plus beaux livres de l'époque.

LES SAINTS ÉVANGILES
(ÉDITION CURMER)

Selon saint Matthieu, saint Marc, saint Luc et saint Jean. 2 splendides vol. grand in-8, illustrés de 12 gravures sur acier, et ornés de vues. Brochés, 48 fr.; net 30 fr.

Reliure chagrin, tranche dorée. . . . . 11 fr. le vol.

LES ÉVANGILES

Par F. Lamennais. Traduction nouvelle, avec des notes et des réflexions. 2ᵉ édit., illustrée de 10 gravures sur acier, d'après Cigoli, le Guide, Murillo, Overbeck, Raphaël, Rubens, etc. 1 vol. in-8, cavalier vélin, 10 fr.; net, 8 fr.

Reliure demi-chagrin, plats en toile, tranche dorée. . . . . 4 fr.

LES VIES DES SAINTS

Pour tous les jours de l'année, nouvellement écrites par une réunion d'ecclésiastiques et d'écrivains catholiques, publiées en 200 livraisons, classées pour chaque jour de l'année par ordre de dates, d'après les martyrologes et Godescard; illustrées d'environ 1,800 gravures.

L'ouvrage complet forme 4 beaux vol. grand in-8; chaque vol. se compose d'un trimestre et forme un tout complet. 10 fr., le vol. Complet. 40 fr.

Reliure des 4 vol. en deux vol., demi-chagrin, plats toile, tr. dorée. 15 fr. »
Reliure des 4 vol. en deux vol., toile, tr. dorée. . . . . 11 »

Les Vies des Saints, avant déjà obtenu l'approbation des archevêques de Paris, de Cambrai, de Tours, de Bourges, de Reims, de Sens, de Bordeaux et de Toulouse, et des évêques de Chartres, de Limoges, de Bayeux, de Poitiers, de Versailles, d'Amiens, d'Arras, de Châlons, de Langres, de la Rochelle, de Saint-Dié, de Nîmes, de Rodez, d'Angers, de Nevers, de Saint-Claude, de Verdun, de Metz, de Montpellier, de Gap, de Nancy, d'Autun, de Quimper, de Strasbourg, d'Evreux, de Saint-Flour, de Valence, de Cahors et du Mans, sont appelées à un très-grand succès.

IMITATION DE JÉSUS-CHRIST

Traduite par l'abbé Dassance, avec approbation de Mgr l'archevêque de Paris. Edition Curmer, avec encadrements variés, frontispice or et couleur, et 10 gravures sur acier. 1 vol. gr. in-8, 20 fr.

    Reliure chagrin, tranche dorée. . . . . 12 fr. »
    — demi-chagrin, tranche dorée, plats toile. 5 50

LA VIERGE

Histoire de la mère de Dieu et de son culte, par l'abbé Orsini. Nouvelle édition, ill. de grav. sur acier et de sujets dans le texte. 2 beaux vol. gr. in-8 jésus. 24 fr.

    Reliure demi-chagrin, plats toile avec croix, tr. dorée, les 2 vol. en un. 6 fr. »
    — — plats toile avec croix, tr. dorée le vol. 5 50
    — toile, tr. dorée, mosaïque, le vol. . . . . 5 »

SAINT VINCENT DE PAUL

Histoire de sa vie, par l'abbé Orsini. 1 magnifique vol. grand in-8 jésus, illustré de 10 splendides gravures sur acier, tirées sur chine avant la lettre d'après Karl Girardet, Leloir, Meissonnier, Staal, etc., gravées par nos meilleurs artistes. 12 fr.

    Reliure en toile mosaïque, riche plaque spéciale, tr. dorée. . . . . 6 fr. »
    — demi-chagrin, plats en toile, avec croix, tr. dorée. 6 50

LES FÊTES DU CHRISTIANISME

Par l'abbé Casimir, curé du diocèse de Paris, illustrées de plusieurs dessins rehaussés d'or et de couleur.

C'est l'histoire des traditions qu'elles ont laissées, des costumes populaires qui en sont résultés, des grands événements religieux auxquels elles se rattachent, que nous offrons aux fidèles.

1 joli vol. grand in-8, illustré de 10 dessins rehaussés d'or et de couleur. 10 fr.

    Reliure mosaïque avec plaque spéciale, et tranche dorée. . . . . 4 fr. »
    — demi-chagrin, plats en toile. 4 50

HEURES NOUVELLES (ÉDITION CURMER)

Paroissien complet, latin-français, à l'usage de Paris et de Rome, par l'abbé Dassance. 1 vol. in-8, illustré par Overbeck; texte encadré, 36 fr.; net, 15 fr.

    Reliure chagrin, tranche dorée. . . . . 10 fr. »
    — demi-chagrin, plats toile, tranche dorée. . . . . . . 5 »

PETITES HEURES NOUVELLES (ÉDITION CURMER)

Texte encadré, lettres ornées, fleurons, etc. 1 vol. in-64.

    Relié en chagrin plein, d. s. tr. . . . . 5 fr. »

VIE DE JÉSUS

Ou Examen critique de son histoire, par le docteur David-Frédéric Strauss, traduit de l'allemand sur la troisième édition, par E. Littré, de l'Académie des inscriptions et belles-lettres. Deuxième édition française. 4 vol. in-8, 20 fr.

ŒUVRES DE CHATEAUBRIAND

16 vol. grand in-8 jésus, illustrés de 64 gravures composées par G. Staal, Philippoteaux, etc., gravées par F. Delannoy, etc., etc., 120 fr., net. 100 fr.

On peut acheter séparément les ouvrages qui suivent:

Le Génie du christianisme, illustré de 8 belles gravures sur acier, 2 vol.
  Brochés.................................... 20 fr. »
  Reliés en un seul vol., demi-chagrin, plats toile, tr. dorée... 5 »
Les Martyrs et le **Voyage en Amérique.** 2 vol. avec gravures sur acier.
  Brochés...................................... 20 fr. »
  Reliure en un seul vol., demi-chagrin, plats en toile, tr. dorée. 5 »
Itinéraire de Paris à Jérusalem. 2 vol. avec gravures sur acier.
  Brochés...................................... 20 fr. »
  Demi-reliure en un seul vol., plats toile, tranche dorée.... 5 »
Les Natchez et les **Poésies diverses.** 1 vol. avec grav. sur acier.
  Brochés...................................... 10 fr. »
  Demi-reliure, plats toile, tranche dorée............ 15 »
Atala et le **Dernier des Abencerrages.** 1 vol. in-8, 10 fr.
  Demi-reliure, plats toile, tranche dorée........... 15 fr. »

MÉMOIRES D'OUTRE-TOMBE

Par Chateaubriand; suivis du CONGRÈS DE VÉRONE et de la VIE DE RANCÉ, terminés par la VIE DE CHATEAUBRIAND, par M. Ancelot, de l'Académie française. 8 vol. grand in-8 jésus, ornés de gravures sur acier. 80 fr.

HISTOIRE DE FRANCE

Par Anquetil, avec continuation jusqu'à nos jours par Baude; l'un des principaux auteurs du *Million de Faits* et de *Patria*. 8 volumes grand in-8, illustrés de 120 gravures environ, renfermant la collection complète des portraits des rois, imprimés en beaux caractères, à deux colonnes, sur papier des Vosges, 50 fr.; net, 40 fr.
  Demi-reliure, dos chagrin, le volume................ 3 fr. 50

HISTOIRE DE FRANCE D'ANQUETIL

Continuée depuis la Révolution de 1789, par Léonard Gallois. Édition ornée de 50 gravures en taille-douce. 5 vol. gr. in-8 jésus à deux colonnes, contenant la matière de 40 vol. in-8 ordinaires. 62 fr. 50 c.; net. 40 fr.
  Demi-reliure, dos chagrin, le vol................. 3 fr. 50

ABRÉGÉ CHRONOLOGIQUE DE L'HISTOIRE DE FRANCE,

Par le président Hénault, continué par Michaud. 1 vol. gr. in-8 illustré de gravures sur acier. 12 fr.
  Demi-reliure chagrin................... 3 fr. 50
  —   avec les plats toile, tr. dor..... 6 fr. »

DICTIONNAIRE DE LA NOBLESSE ET DU BLASON

Par Jouffroy d'Eschavannes, héraldiste, historiographe, secrétaire-archiviste de la Société orientale de Paris. 1 vol. grand in-8, illustré de 2 planches de blason coloriées et d'un grand nombre de gravures, 15 fr.; net, 10 fr.

GALERIES HISTORIQUES DE VERSAILLES

Ce grand et important ouvrage a été entrepris aux frais de la liste civile du roi Louis-Philippe, et rédigé d'après ses instructions. Il renferme la Description de 1,200 tableaux; des Notices historiques sur plus de 676 écussons armoriés de la salle des Croisades, et des Aperçus biographiques sur presque tous les personnages célèbres depuis les temps les plus reculés de la monarchie française. Cet ouvrage, véritable Histoire de France, illustrée par les maîtres les plus célèbres en peinture et en sculpture, et destiné à être donné en cadeau à tous les hommes éminents de notre époque, n'a jamais été mis en vente.

10 vol. in-8 imprimés en caractères neufs sur beau papier, avec un magnifique album in-4 contenant 100 gravures, 80 fr.

HISTOIRE DE RUSSIE

Par A. de Lamartine. Deux volumes in-8, 10 fr.

COURS D'ÉTUDES HISTORIQUES

Par M. Daunou, pair de France, secrétaire perpétuel de l'Académie des inscriptions et belles-lettres, professeur au Collège de France. 20 vol. in-8 et tables des matières, 160 fr.; net, 120 fr.

Cet important ouvrage, dont nous n'avons qu'un très-petit nombre d'exemplaires, contient le résultat des leçons faites au Collège de France de 1819 à 1830. Après avoir recherché quelles sont les ressources de l'histoire et de quelle manière la connaissance des choses passées a pu naître et se perpétuer, le savant auteur établit les règles de critique pour donner à l'histoire le caractère d'une véritable science composée de faits positifs dont on a reconnu la certitude ou la probabilité.

Le cours est terminé par un examen des systèmes philosophiques, appliqués à l'histoire de la philosophie, depuis Platon jusqu'au dix-neuvième siècle.

HISTOIRE DE FRANCE

Depuis les Gaulois jusqu'à nos jours, par M. Millac, professeur d'histoire, illustrée d'un grand nombre de vignettes sur bois par Harrisson. 1 joli v. in-18, rel. en toile, doré sur tr. 2 fr. 50 c.

HISTOIRE DES FRANÇAIS

Par Théophile Lavallée. Édition ornée de 20 magnifiques nouvelles gravures sur acier, d'après MM. Gros, Paul Delaroche, Eugène Delacroix, Horace Vernet, Steuben, Scheffer, Vinterhalter, etc. 2 forts vol. grand in-8 jésus. 24 fr.

Reliure toile mosaïque, plaque spéciale tranche dorée, le vol. . . 6 fr. »
— toile, tranche dorée, plaque spéciale, le vol. . . . . . 5 »
— demi-chagrin, plats toile, tranche dorée, le vol. 5 50

HISTOIRE DE L'EMPIRE OTTOMAN
DEPUIS LES TEMPS LES PLUS ANCIENS JUSQU'A NOS JOURS

Par M. Théophile Lavallée. 1 magnifique volume grand in-8, accompagné de 18 belles gravures anglaises sur acier, représentant des scènes historiques, des vues, des portraits, etc. 18 fr.

Reliure en toile mosaïque, plaque spéciale, tranche dorée. . . 6 fr. »

HISTOIRE DE PARIS

Par Th. Lavallée. 207 vues par Champin. 1 vol. gr. in-8. 12 fr.

Relié toile mosaïque... . . . . 18 fr. »

HISTOIRE DE NAPOLÉON

Par Laurent, illustrée de 500 vignettes, avec les types en noir imprimés dans le texte, par Horace Vernet. 1 vol. grand in-8, 9 fr.; net 6 fr. 50 c. rel. toile, 10 fr. 50 c.

MÉMORIAL DE SAINTE-HÉLÈNE

Par feu le comte de las Cases, nouvelle édition revue avec soin, augmentée du *Mémorial de la Belle-Poule*, par M. Emmanuel de las Cases. 2 vol. grand in-8, avec portraits, vignettes nouvelles, gravés au burin sur acier par M. Blanchard. Les vues et les dessins sont de MM. Pauquet frères et Daubigny. 24 fr.; net 14 fr.

Reliure demi-chagrin, le volume. . . . . 3 fr. 50
Reliure demi-chagrin, plats en toile, tranche dorée, le volume. 5   50

HISTOIRE UNIVERSELLE

Par le comte de Ségur, de l'Académie française; contenant l'histoire des Egyptiens, des Assyriens, des Mèdes, des Perses, des Juifs, de la Grèce, de la Sicile, de Carthage et de tous les peuples de l'antiquité, l'histoire romaine et l'histoire du Bas-Empire. 9e édition, ornée de 30 gravures, d'après les grands maîtres de l'école française. 3 vol., divisés en 6 parties grand in-8, 37 fr. 50 c.

On peut acheter séparément le tome Ier, Histoire Ancienne.
  — — IIe, — Romaine.
  — — IIIe, — du Bas-Empire.

Reliure demi-chagrin, le volume.. . . . . 3 fr. 50
Reliure demi-chagrin, plats en toile, tranche dorée.. . . . . 5 fr. 50

HISTOIRE DES DUCS DE BOURGOGNE

Par M. de Barante, membre de l'Académie française; 7e édition. 12 vol. in-8, caractères neufs, imprimés sur papier vélin satiné des Vosges, ornés de 104 grav. et d'un grand nombre de cartes. Prix: 5 fr. le vol.

La place de cet ouvrage est marquée dans toutes les bibliothèques. Il joint au mérite et à l'exactitude historique une grande vérité de couleur et un grand charme de narration.

HISTOIRE DES RÉPUBLIQUES ITALIENNES DU MOYEN AGE

Par Simonde de Sismondi. Nouvelle édition, ornée de gravures sur acier. 10 vol. in-8, 50 fr.; net, 40 fr.

Reliure demi-chagrin, le volume. . . . . 1 fr. 60

LA HONGRIE ANCIENNE ET MODERNE

Historique, littéraire, artistique et monumentale, publiée sous la direction de M. J. Boldényi. 1 magnifique volume grand in-8, illustré d'un très-grand nombre de gravures, vues, monuments, portraits, costumes, dans le texte et hors texte, et d'une carte ethnographique. Broch., 12 fr.; net, 10 fr.; avec types col. 15 fr.

Reliure toile, tranche dorée, mosaïque. . . . . 6 fr. »

VOYAGE DANS L'INDE

Par le prince A. Soltykoff; illustré de magnifiques lithographies à deux teintes, par Derudder, etc., d'après les dessins originaux de l'auteur. 2 beaux vol. gr. in-8 jésus, 24 fr.

Reliure t. mosaïque, riche plaque spéciale, genre indien, tr. dor., le vol.. 6

VOYAGE EN PERSE

Par le même; illustré, d'après les dessins de l'auteur, de magnifiques lithographies par Trayer, etc. 1 vol. gr. in-8 jésus. 10 fr.

Reliure toile mosaïque, riche plaque spéciale, genre indien, tr. dorée. 6 fr.

ŒUVRES COMPLÈTES DE BUFFON

Avec la nomenclature linnéenne et la classification de Cuvier. Édition nouvelle, revue sur l'édition in-4 de l'Imprimerie impériale, annotée par M. Flourens, membre de l'Académie française, secrétaire perpétuel de l'Académie des Sciences, professeur au Muséum d'histoire naturelle.

Les *OEuvres complètes de Buffon* forment 12 v. grand in-8 jésus, illustrés de 162 planches, 800 sujets coloriés, gravés sur acier, d'après les dessins originaux de M. Victor Adam. Imprimés en caractères neufs, sur papier pâte vélin, par la typographie J. Claye. 120 fr.

M. le ministre de l'instruction publique a souscrit, pour les bibliothèques, à cette magnifique publication (aujourd'hui complétement achevée), reconnue par les hommes les plus compétents comme une édition modèle des œuvres du grand naturaliste. Le nom et le travail de M. Flourens la recommandent d'une façon toute particulière, et lui donnent un cachet spécial.

Pour satisfaire aux nombreuses demandes des personnes qui préfèrent l'acquisition par volumes à la vente par livraisons, nous avons ouvert une souscription par demi-volumes du prix de 5 fr.

Les souscripteurs peuvent retirer, dès à présent, les 24 demi-volumes.

LEÇONS ÉLÉMENTAIRES D'HISTOIRE NATURELLE

Traité de CONCHYLIOLOGIE, précédé d'un aperçu sur toute la ZOOLOGIE, à l'usage des étudiants et des gens du monde. Ouvrage adressé à madame François Delessert, par M. J. C. CHENU, conservateur du Musée d'histoire naturelle de M. B. DELESSERT. 1 vol. in-8, orné de 1,000 vignettes gravées sur cuivre et sur bois, imprimées dans le texte, et d'un atlas de 12 planches gravées en taille-douce et magnifiquement coloriées. Prix, broché, 15 fr.; net, 8 fr.

LE MÊME OUVRAGE, Atlas de planches noires.
Prix du volume broché · 12 fr.; net, 5 fr.

LES TROIS RÈGNES DE LA NATURE

BOTANIQUE
HISTOIRE NATURELLE DES FAMILLES VÉGÉTALES

Et des principales espèces, avec l'indication de leur emploi dans les arts, les sciences et le commerce, par EM. LE MAOUT. 1 vol. très-grand in-8 jésus; édition de luxe, gravures sur bois, figures coloriées à l'aquarelle, etc., etc. 24 fr. Reliure avec magnifiques plaques en mosaïque, 6 fr. de plus par volume.

LES MAMMIFÈRES

Histoire naturelle avec l'indication de leurs mœurs et de leurs applications dans les arts, le commerce et l'agriculture; par M. PAUL GERVAIS. 1 beau volume grand in-8, illustré de 50 gravures, dont 30 coloriées. — Prix : 21 fr.

Reliure toile mosaïque, tranche dorée. . . . . 6 fr.

DEUXIÈME VOLUME DES MAMMIFÈRES

Par les mêmes auteur et dessinateur que ceux du premier.

Ce volume, qui complète l'*Histoire des Mammifères*, contient 40 planches gravées sur acier et coloriées, entièrement inédites, et 29 gravures sur bois, séparées du texte, imprimées à deux teintes. Un nombre considérable de gravures sur bois, inédites, orne et explique le texte, contenant : carnivores, proboscidiens, rumentes, bisulques, édentés, marsupiaux, monotrèmes, phoques, sirénides et cétacés.

L'AFRIQUE FRANÇAISE, L'EMPIRE DU MAROC ET LES DÉSERTS DU SAHARA

Édition illustrée d'un grand nombre de gravures sur acier, noires et coloriées, par CHRISTIAN. 1 vol. grand in-8 jésus, 15 fr.

Reliure toile, tranche dorée, fers spéciaux.. . . . . 6 fr.
Mêmes prix pour la demi-reliure, plats toile, tranche dorée.

MOLIÈRE

OEuvres complètes, précédées d'une notice sur la vie et les ouv. de Molière, par Sainte-Beuve, illustr. de 800 dessins par Tony Johannot. Nouvelle édition. 1 magnifique vol. grand in-8 jésus, imprimé par Plon frères, 20 fr.

    Reliure toile mosaïque, plaque spéciale, tranche dorée. . . . . 6 fr. »
    — toile, plaque spéciale, tranche dorée. . . . . 5 »
    — demi-chagrin, plats toile, tranche dorée. . . . . 6 »

ŒUVRES DE JEAN RACINE

Avec un Essai sur la vie et les ouvrages de J. Racine, par M. Louis Racine, ornées de 13 vignettes, d'après Gérard, Girodet, Desenne. 1 beau vol. in-8 jésus, 12 fr. 50 c.

    Reliure demi-chagrin. . . . . 3 fr. 5
    Même reliure, plats en toile, tranche dorée. 5   5

ENCYCLOPÉDIE
THÉORIQUE ET PRATIQUE DES CONNAISSANCES UTILES

Composée de Traités sur les connaissances les plus indispensables, ouvrage entièrement neuf, avec environ 1,500 gravures intercalées dans le texte, par MM. Alcan, Albert-Aubert, L. Baude, Bellanger, Berthelet, Am. Burat, Chenu, Deboutteville, Delafond, Deyeux, Dubreuil, Fabre d'Olivet, Foucault, H. Fournier, Génin, Giguet, Girardin, Léon Lalanne, Ludovic Lalanne, Elizé Lefèvre, Henri Martin, Martins, Mathieu, Moll, Moreau de Jonnès, Péclet, Persoz, Louis Reybaud, Trébuchet, L. de Wailly, Wolowski, etc. 2 vol. grand in-8, 25 fr.

    Reliure demi-chagrin, le volume. . . . . 3 fr.
    Reliure toile, tranche dorée, le volume. . . . . 4 fr.

BIOGRAPHIE UNIVERSELLE

Biographie portative universelle, contenant 29,000 noms, suivie d'une Table chronologique et alphabétique, où se trouvent répartis en cinquante-quatre classes différentes les noms mentionnés dans l'ouvrage, par L. Lalanne, L. Renier, Th. Bernard, Ch. Laumier, E. Janin, A. Delloye, etc. 1 vol. de 1,000 pages, format du *Million de Faits*, contenant la matière de 12 volumes. Broché, 12 fr.; net, 9 fr.

UN MILLION DE FAITS

Aide-mémoire universel des sciences, des arts et des lettres, par MM. J. Aycard, Desportes, Leon Lalanne, Ludovic Lalanne, Gervais, A. le Pileur, Ch. Martins, Ch. Vergé et Jung.

    MATIÈRES TRAITÉES DANS LE VOLUME :

Arithmétique. — Algèbre. — Géographie élémentaire, analytique et descriptive. — Calcul infinitésimal. — Calcul des probabilités. — Mécanique — Astronomie. — Tables numériques et moyens divers pour abréger les calculs. — Physique générale. — Météorologie et physique du globe. — Chimie. — Minéralogie et géologie. — Botanique. — Anatomie et physiologie de l'homme. — Hygiène — Zoologie. — Arithmétique sociale. — Technologie (arts et métiers). — Agriculture. — Commerce. — Législation. — Art militaire. — Statistique. — Sciences philosophiques. — Philologie. — Paléographie. — Littérature. — Beaux-Arts. — Histoire. — Géographie. — Ethnologie. — Chronologie. — Biographie. — Mythologie. — Education.

Un fort volume portatif, petit in-8, de 1,720 col., orné de grav. sur bois. — Broché, 12 fr.; net, 9 fr.

PATRIA
(DEUXIÈME TIRAGE)

La FRANCE ancienne et moderne, morale et matérielle, ou collection encyclopédique et statistique de tous les faits relatifs à l'histoire physique et intellectuelle de la France et de ses colonies. Deux très-forts volumes petit in-8, format du *Million de Faits*, de 3,200 colonnes de texte, y compris plus de 500 colonnes pour une table analytique des matières, une table des figures, un état des tableaux numériques, et un index général alphabétique; orné de 330 gravures sur bois, de cartes et de planches coloriées, et contenant la matière de 16 forts volumes in-8. — Prix, broché, 18 fr.; net, 9 fr.

Noms des principaux auteurs: MM. J. Aycard, prof. de physique à l'Ecole polytechnique; A. Delloye, élève de l'Ecole des Chartes; Dieudonné Denne-Baron; Desportes; Paul Gervais, docteur ès sciences, prof. de zoologie; Jung; Léon Lalanne, ing. des ponts et chaussées; Ludovic Lalanne; le Chatelier, ing. des mines; A. le Pileur; Ch. Louandre; Ch. Martins, docteur ès sciences, prof. à la Faculté de médecine de Paris; Victor Raulin, prof. de géologie; P. Régnier, de la Comédie-Française; Léon Vaudoyer, architecte du gouvernement; Ch. Vergé, avocat à la cour impériale de Paris.

DIVISIONS PRINCIPALES DE L'OUVRAGE :

Géographie physique et mathématique, physique du sol, météorologie, géologie, géographie botanique, zoologie, agriculture, industrie minérale, travaux publics, finances, commerce et industrie, administration intérieure, état maritime, législation, instruction publique, géographie médicale, population, ethnologie, géographie politique, paléographie et numismatique, chronologie et histoire, histoire des religions, langues anciennes et modernes, histoire littéraire, histoire de l'agriculture, histoire de la sculpture et des arts plastiques, histoire de la peinture et des arts du dessin; histoire de l'art musical; histoire du théâtre, colonies, etc.

Ces trois ouvrages réunis forment une véritable Encyclopédie portative. Le savoir est aujourd'hui tellement répandu, qu'il n'est plus permis de rien ignorer; mais, la mémoire la plus exercée ne pouvant que bien rarement retenir tous les détails de la science, ces ouvrages sont pour elle d'un secours précieux, et sont surtout devenus indispensables à tous ceux qui cultivent les sciences ou qui se livrent à l'instruction de la jeunesse.

Prix de la reliure de ces trois ouvrages :

Cartonnage à l'anglaise, en 1 fr. 25 c. sus par vol.
Demi-rel., maroquin soigné, 1 fr. 50 c.

ENSEIGNEMENT ÉLÉMENTAIRE UNIVERSEL
OU ENCYCLOPÉDIE DE LA JEUNESSE

Ouvrage également utile aux jeunes gens, aux mères de famille, aux personnes qui s'occupent d'éducation et aux gens du monde; par MM. ANDRIEUX DE BRIOUDE, docteur en médecine, et Louis BAUDE, professeur au collège Stanislas. Un seul vol. grand in-8, contenant la matière de 6 vol., enrichi de 400 gravures servant d'explication au texte. Broché, 10 fr.; net, 7 fr.

L'ILLUSTRATION

En vente, 28 vol. (1842 à fin 1856), ornés de plus de 5,000 gr. sur tous les sujets actuels. Evénements politiques, fêtes et cérémonies religieuses, portraits des personnages célèbres, inventions industrielles, vues pittoresques, cartes géographiques, compositions musicales, tableaux de mœurs, scènes de théâtre, monuments, costumes, décors, tableaux, statues, modes, caricatures, etc., etc., etc.

Prix des 28 volumes brochés, 16 fr. le vol.; rel. en percal., fers et tr. dorés, 5 fr. en sus par volume.

TABLEAU DE PARIS

Par EDMOND TEXIER; ouvrage illustré de 1,500 gravures, d'après les dessins de Blanchard, Cham, Champin, Forest, Français, Gavarni, etc., etc. 2 vol. in-fol. du format de l'*Illustration*, 50 fr.

Reliure riche, dor. sur tranche, mosaïque, avec les armes de la ville de Paris.
Le volume.. . . . . 6 fr. »
Même reliure, les deux volumes en un. . . . . 7 »

TABLEAU HISTORIQUE, POLITIQUE ET PITTORESQUE DE LA TURQUIE ET DE LA RUSSIE

Par MM. JOUBERT et FÉLIX MORNAND. 1 vol. in-folio (format de l'*Illustration*), orné d'une carte et d'un grand nombre de vignettes, 7 fr. 50 c.

Reliure percaline anglaise, dor. sur tranche. . . . . 4 fr. »

VOYAGE ILLUSTRÉ DANS LES CINQ PARTIES DU MONDE
DE 1846 A 1849.

Par Adolphe JOANNE. 1 vol. in-folio (format de l'*Illustration*), illustré d'environ 700 gravures, 15 fr.; rel. toile, tr. dorée, 20 fr.

GALERIE DE PORTRAITS POUR LES MÉMOIRES DU DUC DE SAINT-SIMON
s'adaptant à toutes les éditions

La *Galerie de Portraits de Saint-Simon* se compose de 38 portraits représentant les personnages les plus célèbres du temps et gravés avec une exactitude remarquable, d'après les tableaux originaux du Musée de Versailles.

La collection forme dix livraisons au prix de 1 fr.

CHANTS ET CHANSONS POPULAIRES DE LA FRANCE

996 chansons et chansonnettes, chants guerriers et patriotiques, chansons bachiques, burlesques et satiriques. Nouvelle édition, illustrée de 336 belles gravures sur acier, d'après MM. E. de Beaumont, Daubigny, Dubouloz, E. Giraud, Meissonnier, Pascal, Staal, Steinheil et Trimolet, gravées par les meilleurs artistes. 2 beaux vol. grand in-8, avec riches couvertures et frontispices gravés, table et introduction, contenant 996 chansons. — Le premier volume est composé de chansons, romances et complaintes, rondes et chansonnettes; le deuxième volume de chants guerriers et patriotiques, chansons bachiques, burlesques et satiriques. Prix de chaque volume, 11 fr.

Demi-reliure, plats toile, tranche dorée (2 vol. en un). . . . . . 28 fr. »

CHANSONS NATIONALES ET POPULAIRES DE FRANCE

Précédées d'une histoire de la Chanson et accompagnées de notices historiques et littéraires, par Dumersan et Noël Ségur, ornées de 48 dessins, par Gavarni, Karl Girardet, G. Staal, A. Varin, etc., gravés sur acier, par Ch. Geoffroy. (*Edition de Gonet.*) 2 gros vol. de 2,000 colonnes, contenant près de 1,400 chansons, 20 fr.

Demi-reliure, plats toile, tranche dorée.. . . . . 30 fr. »

ŒUVRES COMPLÈTES DE BÉRANGER

Nouvelle édition, revue par l'auteur, contenant les DIX CHANSONS NOUVELLES, le FAC-SIMILE d'une lettre de Béranger; illustrée de 52 gravures sur acier, d'après Charlet, Daubigny, Johannot, Grenier de Lemud, Pauquet, Pinguilly, Raffet, Sandoz, exécutées par les artistes les plus distingués, et d'un portrait d'après nature par Sandoz. 2 vol. papier cavalier, 28 fr.

Demi-reliure, plats toile, tranche dorée. . . . . 38 fr. »

Œuvres complètes de Béranger, avec ses dix dernières chansons. 1 vol. in-32. . . . . 3 fr. 50 c.

ŒUVRES COMPLÈTES DE BÉRANGER

Contenant les 10 chansons nouvelles. 2 vol. grand in-18, 7 fr.

ŒUVRES CHOISIES DE GAVARNI

Revues, corrigées et nouvellement classées par l'auteur, publiées dans le format du *Diable à Paris*, et accompagnées de notices par MM. de Balzac, Théophile Gautier, Gérard de Nerval, Léon Gozlan, Laurent-Jan, Jules Janin, Alphonse Karr, P. J. Stahl, etc. 4 vol. grand in-8, renfermant chacun 80 grandes vignettes, 40 fr.

Il ne nous reste plus que les tomes II, III et IV à 10 fr. le volume.

Reliure toile, tranche dorée, le volume. . . . . 5 fr.

PARIS MARIE
PHILOSOPHIE DE LA VIE CONJUGALE
Par H. de Balzac, illustré par Gavarni. 1 vol. in-8 anglais, 3 fr.

PARIS A TABLE
Par Eugène Briffault, ill. par Bertall. 1 vol. in-8 anglais, 3 fr.

LES FEMMES DE H. DE BALZAC
Types, caractères et portraits, précédés d'une notice biographique par le bibliophile Jacob, et illustrés de 14 magnifiques portraits gravés sur acier d'après les dessins de G. Staal. 1 beau volume gr. in-8 jésus, 12 fr.

LE DIABLE A PARIS
Par Gavarni. 2 vol. grand in-8 (Paris, Hetzel), 30 fr.

LES FLEURS ANIMÉES
Dessins par J. J. Grandville, texte par Alphonse Karr, Taxile Delord, le comte Fœlix. 2 beaux vol. grand in-8, ill. de 50 dessins gravés sur acier et coloriés. Brochés, 25 fr.

    Reliure toile mosaïque, tr. dor., le volume. . . . . 5 fr. »

UN AUTRE MONDE
1 vol. petit in-4, illustré par Grandville de 36 vignettes coloriées, 150 sujets dans le texte, 18 fr.; net, 15 fr.

    Reliure toile, tranche dorée.. . . . . 4 fr. 50
    Reliure toile mosaïque, fers spéciaux. . . . . 5 fr. 50

CENT PROVERBES
1 vol. grand in-8, 50 vignettes à part, frises, lettres, culs-de-lampe, 15 fr.; net 10 fr.

    Reliure toile mosaïque, tranche dorée. . . . . 4 fr. »

LA CHINE OUVERTE
Texte par Old-Nick, illustrations par Borget. 1 vol. grand in-8, 250 sujets, dont 50 tirés à part, 15 fr.; net, 10 fr.

    Reliure toile mosaïque, tranche dorée. . . . . 4 fr. »

MUSES ET FÉES
HISTOIRE DES FEMMES MYTHOLOGIQUES
Dessins par G. Staal, texte par le comte Fœlix. 1 beau volume grand in-8, illustré de 12 dessins rehaussés d'or et de couleurs. Broché, 12 fr.

    Charmant ouvrage où se mêlent, sans se confondre, l'Histoire, la Légende et le Conte, la Sagesse et la Folie, la Fable et la Vérité, réunion nécessairement féconde en merveilles, en drames prodigieux, en féeries de toutes sortes.

DROLERIES VÉGÉTALES
OU LÉGUMES ANIMÉS

Dessins par J. J. GRANDVILLE, continués par A. VARIN, texte par E. NUS et A. MÉRAY. 1 beau vol. gr. in-8, ill. de 25 dessins gr. sur acier et coloriés. Broché, 15 fr.; net, 10 fr.

PERLES ET PARURES
PREMIÈRE PARTIE. — LES JOYAUX. — Fantaisie.

Dessins par GAVARNI, texte par MÉRAY et le comte FŒLIX. 1 beau vol. grand in-8, illustré de 15 gravures sur acier, par CH. GEOFFROY, imprimés sur chine avec le plus grand soin.

PERLES ET PARURES
DEUXIÈME PARTIE. — LES PARURES. — Fantaisie.

Dessins par GAVARNI, texte par MÉRAY et le comte FŒLIX. 1 beau vol. grand in-8, illustré de 15 gravures sur acier, par CH. GEOFFROY, imprimés sur chine avec le plus grand soin. Broché, les 2 volumes, 30 fr.; net, 20 fr.

LES PAPILLONS
MÉTAMORPHOSES TERRESTRES DES PEUPLES DE L'AIR

Dessins par J. J. GRANDVILLE, continués par A. VARIN, texte par EUGÈNE NUS, ANTONY MÉRAY et le comte FŒLIX. 2 beaux volumes grand in-8, 50 fr.; net, 20 fr.

Reliure des cinq ouvrages ci-dessus, par vol., toile mosaïque. . 5 fr.

PHYSIOLOGIE DU GOUT

Par BRILLAT-SAVARIN, illustrée par BERTALL. 1 beau vol. in-8, ill. d'un grand nombre de grav. sur bois intercalées dans le texte, et de 8 sujets gravés sur acier, par CH. GEOFFROY, imprimés sur chine avec le plus grand soin, 10 fr.

Relié toile, avec plaque spéciale, et doré sur tranche.. . . . 15 fr.

LES TROIS MOUSQUETAIRES
PAR ALEXANDRE DUMAS

1 vol. grand in-8, illustré de 33 gravures à part, avec vignettes, lettres ornées, culs-de-lampe, et comprenant les 8 vol. de l'édit. ordinaire, 10 fr.

HISTOIRE DE LA VIE POLITIQUE ET PRIVÉE DE LOUIS-PHILIPPE

Depuis son avénement jusqu'à la Révolution de 1848, par ALEXANDRE DUMAS; illust. de 12 gravures sur acier. 2 vol. grand in-8, 12 fr.

HISTOIRE PITTORESQUE DES RELIGIONS

Doctrines, Cérémonies et Coutumes religieuses de tous les peuples du monde, par F. T. B. Clavel, illustrée de 29 grav. sur acier. 2 vol. grand in-8, 20 fr.; net, 15 fr.

DON QUICHOTTE DE LA MANCHE

Traduction nouvelle, précédée d'une notice sur la vie et les ouvrages de l'auteur, par Louis Viardot, ornée de 800 dessins par Tony Johannot. 2 vol. grand in-8 jésus. Prix, broché, 30 fr.; net, 20 fr.

Reliure demi-chagrin, le volume.................... 3 fr. 50
Reliure toile, tranche dorée, le volume............. 4   50

LE MÊME OUVRAGE, 1 vol. grand in-8, 20 fr.; net, 15 fr.

Reliure demi-chagrin............................... 3 fr. 50
Reliure toile, tranche dorée....................... 4   50

GIL BLAS DE SANTILLANE

Par le Sage, nouvelle édition, illustrée d'après les dessins de Jean Gigoux, augmentée de *Lazarille de Tormes*, traduit par Louis Viardot, et illustrée par Meissonnier. 1 vol. grand in-8 jésus. Prix, broché, 15 fr.; net, 10 fr.

Reliure toile, tranche dorée....................... 4 fr. 50

JÉROME PATUROT

A la recherche d'une position sociale, par Louis Reybaud; illustré par J. J. Grandville. 1 volume grand in-8, orné de 165 bois dans le texte, et de 35 grands bois tirés hors texte, gravés par Best et Leloir, d'après les dessins de J. J. Grandville. Prix, br. avec couv. ornée d'après Grandville, 15 fr.; net, 12 fr.

Reliure percaline, ornée du blason de *Paturot*, tirée en couleurs, d'après les dessins de Grandville; filets, tranche dorée............... 5 fr. 50

NOTRE-DAME DE PARIS
PAR VICTOR HUGO.

Édition illustrée de 50 à 60 magnifiques gravures sur acier et sur bois imprimées hors texte, d'un grand nombre de fleurons, frises, lettres ornées, culs-de-lampe, etc., d'après les dessins de MM. E. de Beaumont, L. Boulanger, Daubigny, T. Johannot, de Lemud, Meissonnier, C. Roqueplan, Steinheil. 1 vol. grand in-8, 20 fr.; net, 15 fr.

Reliure toile, tranche dorée, fers spéciaux........... 5 fr. 50

ŒUVRES COMPLÈTES DE H. DE BALZAC

La *Comédie humaine*, nouvelle édition, illustrée de 121 vignettes d'après Johannot, Meissonnier, Gavarni, H. Monnier, Bertall, etc., et d'un portrait de l'auteur gravé sur acier. 20 vol. in-8 (chaque volume se vend séparément, 5 fr.), papier glacé, renfermant les 150 volumes des éditions précédentes. 100 fr.

LES ÉTRANGERS A PARIS

Par MM. Louis Desnoyers, J. Janin, Old-Nick, Stanislas Bellenger, Drouineau, Marco de Saint-Hilaire, Roger de Beauvoir. 1 vol. grand in-8, illustré de 400 grav., 15 fr. ; net 10 fr.

Reliure toile, tranche dorée. . . . . 5 fr. »

LES MYSTÈRES DE PARIS

Par Eugène Sue. Édition illustrée. 4 vol. gr. in-8, 40 fr.; net, 30 fr.

LE JUIF ERRANT

Par Eugène Sue. Édition illustrée par Gavarni. 4 vol. grand in-8, même format que les *Mystères de Paris*, 40 fr.; net, 30 fr.

Les 8 volumes ensemble des *Mystères* et du *Juif Errant*, 80 fr.; net, 50 fr.

Demi-reliure chagrin. (On peut faire relier 2 vol. en un.) Le vol. 3 fr. 50.

LA FEMME
JUGÉE PAR LES GRANDS ÉCRIVAINS DES DEUX SEXES.

Riche et précieuse mosaïque de toutes les opinions émises sur la femme, depuis les siècles les plus reculés jusqu'à nos jours, par les philosophes, les moralistes, les Pères de l'Église, les conciles, les historiens, les poëtes, les économistes, les critiques, les satiriques, etc., etc., où l'on trouve la définition de la femme : sa Physiologie. — Son Histoire. — Sa condition chez tous les peuples. — Son caractère. — Ses habitudes. — Ses qualités. — Ses bons et mauvais instincts. — Ses penchants. — Ses passions. — Son influence. — En un mot, son passé, son présent et son avenir. Seul ouvrage qui réunisse un [ensemble aussi complet et aussi varié sur les femmes. Par L. J. Larcher. Avec une introduction de M. Bescherelle aîné, auteur du grand *Dictionnaire national* et du *Dictionnaire de tous les Verbes*. 1 beau volume grand in-8 jésus, papier glacé des Vosges, orné de magnifiques portraits gravés au burin par les plus célèbres artistes anglais. Prix : 16 fr.; relié toile mosaïque, tranches dorées, 21 fr.

SOUVENIRS D'UN AVEUGLE

Voyage autour du monde, par J. Arago, sixième édition, revue, augmentée, enrichie de notes scientifiques par F. Arago, de l'Institut. 2 vol. grand in-8 raisin, illustrés de 23 planches et portraits à part, et de 110 vignettes dans le texte. Brochés, 20 fr.; net, 15 fr.

Reliure toile, tranche dorée, le volume. . . . . 4 fr. »
Reliure des deux volumes en un. . . . . 4 fr. 50

REVUE PITTORESQUE

Volumes divers grand in-8, 4 fr. le volume.

OUVRAGES ILLUSTRÉS POUR LES ENFANTS.

JOLIS VOLUMES IN-8 ANGLAIS

Brochés, 3 fr. le vol. — Reliés toile mosaïque, dorés sur tranche, 5 fr.

L'ami des adolescents, par BERQUIN, illustré de bois dans le texte. 1 vol.

Astronomie pour la jeunesse, par BERQUIN, illustrée de bois dans le texte. 1 vol.

Histoire naturelle pour la jeunesse, par BERQUIN, illustrée de bois dans le texte. 1 vol.

Contes des fées, par CH. PERRAULT, 150 vignettes par JOHANNOT, etc. 1 vol.

Fables de Florian, illustrées d'un grand nombre de bois dans le texte. 1 vol.

Fables de la Fontaine, illustrées d'un grand nombre de vignettes dans le texte. 1 vol.

Le Livre des jeunes filles, par l'abbé DE SAVIGNY, 200 bois dans le texte 1 vol.

Le Livre des écoliers, par l'abbé DE SAVIGNY, 400 vignettes. 1 vol. (*Ce volume ne se vend pas séparément de la collection.*)

Paul et Virginie, par BERNARDIN DE SAINT-PIERRE, 100 vignettes par BERTALL. 1 vol.

Mystères du collége, par D'ALBANÈS, illustrés de 100 charmantes vignettes dans le texte. 1 vol.

La Pantoufle de Cendrillon, par A. HOUSSAYE, illustrée de 100 vignettes. 1 vol.

Alphabet français, nouvelle Méthode de lecture en 80 tableaux, illustré de 29 gravures, par madame DE LANSAC. 1 vol.

Les Nains célèbres, par A. D'ALBANÈS, et G. FATH, 100 vignettes. 1 vol.

Histoire d'un pion, par ALPHONSE KARR, illustrée par GÉRARD SÉGUIN. 1 vol.

Le Livre des petits enfants, par BALZAC, etc., 90 vignettes par SÉGUIN 1 vol.

La Mythologie de la jeunesse, par L. BAUDET, 120 vignettes par SÉGUIN 1 vol.

Histoire du véritable Gribouille, par GEORGE SAND, 100 vignettes par MAURICE SAND. 1 vol.

La Mère Michel et son chat, par LABÉDOLLIÈRE, vignettes par BERTALL 1 vol.

Polichinelle, par OCTAVE FEUILLET, vignettes par BERTALL. 1 vol.

Les Fées de la mer, par ALPH. KARR, illustrées par LORENTZ. 1 vol.

Le Royaume des roses, par ARSÈNE HOUSSAYE, illustré par GÉRARD SÉGUIN. 1 vol.

La Bouillie de la comtesse Berthe, par ALEXANDRE DUMAS, 150 vignettes par BERTALL. 1 vol.

Trésor des fèves et Fleur des pois, par CHARLES NODIER, 100 vignettes par JOHANNOT. 1 vol.

Monsieur le Vent et madame la Pluie, par P. DE MUSSET, 120 vignettes par SÉGUIN. 1 vol.

Aventures merveilleuses et touchantes du prince Chènevis et de sa jeune sœur, par LÉON GOZLAN, 100 vignettes par BERTALL. 1 vol.

Le Prince Coqueluche, par ÉDOUARD OURLIAC, vignettes par DELMAS. 1 vol.

Aventures de Tom Pouce, par P.-J. STAHL, 120 vign. par BERTALL. 1 vol.

Le Vicaire de Wakefield, traduit par CH. NODIER, illustré de vignettes dans le texte. 2 vol.

JOLIS VOLUMES GRAND IN-18 ANGLAIS
Brochés, 3 fr. 50 c. — Reliés toile, dorés sur tranche, 5 fr. 50

Silvio Pellico. — Mes Prisons, suivies des Devoirs des hommes. Traduction nouvelle, par le comte H. DE MESSEY. 1 vol. grand in-18 jésus, orné de 8 jolies vignettes sur acier.

Voyages de Gulliver, par SWIFT. Traduction nouvelle, précédée d'une Notice biographique et littéraire par WALTER SCOTT. 1 vol. orné de 8 jolies vignettes.

ŒUVRES DE J. N. BOUILLY DESTINÉES A LA JEUNESSE
NOUVELLE ÉDITION AVEC VIGNETTES, 8 VOL. GRAND IN-18 JÉSUS FORMAT ANGLAIS

Contes à ma fille. 1 vol.

Conseils à ma fille. 1 vol.

Les Encouragements de la jeunesse. 1 vol.

Contes offerts aux jeunes enfants de France, et les **Jeunes élèves** (réunis). 1 vol.

Contes populaires. 1 vol.

Causeries et **Nouvelles Causeries** (réunis). 1 vol.

Contes à mes petites amies. 1 vol.

Les Jeunes Femmes. 1 vol., orné du portrait de l'auteur.

ŒUVRES DE Mmes SW. BELLOC ET A. MONTGOLFIER

Grave et gai, rose et gris. Troisième édition. 1 vol. grand in-18 jésus (format anglais), orné de 8 lithographies, par LOUIS LASSALLE.

ŒUVRES DE Mme EUGÉNIE FOA

Le Petit Robinson de Paris, ou le Triomphe de l'industrie. Troisième édition. 1 vol. grand in-18 jésus (format anglais), orné de 6 vignettes imprimées à deux teintes.

Contes historiques. Nouvelle édit. 1 vol. grand in-18 jésus, orné de de 6 grav. sur acier.

Six histoires de jeunes filles. Nouvelle édition. 1 vol. grand in-18 jésus, orné de 6 gravures sur acier.

Contes à ma sœur Léonie. Heures de récréation. Nouvelle édition. 1 vol. grand in-18 jésus, orné de 6 vignettes, par LOUIS LASSALLE.

Les Petits Musiciens. Nouvelle édition. 1 vol. grand in-18 jésus (format anglais), orné de 6 lithographies, par LOUIS LASSALLE.

L'AMI DES ENFANTS

Par BERQUIN, 1 vol. grand in-8, illustré de 150 gravures, 10 fr.; relié à l'anglaise, toile, tr. dorées, 14 fr.

ROBINSON SUISSE

Par M. WYSS, avec la suite donnée par l'auteur, traduit de l'allemand par madame ELISE VOIART ; précédé d'une Notice de CHARLES NODIER. 1 volume grand in-8 jésus, illustré de 200 vignettes d'après les dessins de M. Ch. Lemercier, 12 fr.

emi-reliure maroquin, plats en toile, tranche dorée. . . . . . 6 fr.

AVENTURES DE ROBINSON CRUSOÉ

Par DE FOÉ, illustrées par Grandville. 1 beau vol. grand in-8 raisin. Prix: 10 fr.

    Reliure toile mosaïque, tranche dorée.. . . . . 4 fr. 50

VOYAGES ILLUSTRÉS DE GULLIVER

Dessins par Grandville. 1 beau vol. in-8, sur papier satiné et glacé. Prix : 10 fr.

    Reliure toile mosaïque, tranche dorée. . . . . 4 fr. »

FABLES DE FLORIAN

1 vol. grand in-8, illustré par Grandville de 80 grandes gravures et 25 vignettes dans le texte, 10 fr.

    Reliure toile, tranche dorée. . . . . 4 fr. 50

FABLES DE FLORIAN

Illustrées de 8 bois tirés à part et de dessins sur bois dans le texte, par BATAILLE. 1 vol. grand in-8, 6 fr.

    Reliure toile mosaïque, tranche dorée. . . . . 3 fr. 50

AUTOUR DE LA TABLE

Albums petit in-4 illustrés, 5 fr. chaque album.

    Reliure toile, tranche dorée. Le volume. . . . . 2 fr. 25

DE LA CHASSE ET DE LA PÊCHE. 1 vol. | **DE LA MODE.** 110 dessins, 1 vol.
DES RÉBUS. 1 vol. | **LE JOUR DE L'AN ET LE RESTE DE L'ANNÉE,**
DE CRYPTOGAME. 1 vol. | ill. de 505 caricatures par Cham. 1 vol.

FABLES DE LA FONTAINE

Illustrations de Grandville. 1 superbe vol. grand in-8, sur papier jésus, glacé, satiné, avec encadrement des pages et un sujet à chaque fable. Edition unique par le talent, la beauté et le soin qui y ont été apportés. Prix : 18 fr.; net, 15 fr.

    Reliure toile mosaïque, doré sur tranche. . . . . 6 fr.

PAUL ET VIRGINIE

Suivi de la *Chaumière indienne*, par BERNARDIN DE SAINT-PIERRE. 1 beau v. in-12 (format Charpentier) orné de 75 grav. Broché, 3 fr.

    Reliure toile, tranche dorée. . . . . 1 fr. 50

PAUL ET VIRGINIE (ÉDITION FURNE).

Suivi de la *Chaumière indienne*, par J. H. BERNARDIN DE SAINT-PIERRE. Illustré d'un grand nombre de vignettes sur bois par Tony Johannot, Meissonnier, Français, Isabey, etc., etc.; de sept portraits sur acier et d'une carte de l'île de France; précédé d'une notice historique et littéraire sur Bernardin de Saint-Pierre, par M. C. A. SAINTE BEUVE, de l'Académie française. Nouvelle édit., augmentée d'un abrégé de la Flore de l'île de France. 1 beau vol. grand in-8, 15 fr.

    Reliure, toile mosaïque, tranche dorée.. . . . .

LE VICAIRE DE WAKEFIELD

Par Goldsmith, traduction par Ch. Nodier. Nouvelle édition illustrée de 10 gravures sur acier, par Tony Johannot. 1 vol. grand in-8 jésus, 10 fr.
>   Reliure toile mosaïque. . . . . 5 fr. 50

REVUE CATHOLIQUE

Recueil illustré d'environ 800 gravures. 1 vol. grand in-8, 5 fr.
>   Reliure toile, tranche dorée. . . . . 3 fr. 50

BERQUIN

Histoire naturelle pour la jeunesse, illustrée de 12 belles lithographies coloriées, dont 6 sujets de fleurs, oiseaux et papillons, et de 150 bois dans le texte. 1 beau vol. gr. in-8, 8 fr.
>   Reliure toile mosaïque, tranche dorée.. . . . . 12 fr. 50

PAUL ET VIRGINIE (ÉDITION V. LECOU)

Suivi de la *Chaumière indienne*, par Bernardin de Saint-Pierre; nouvelle édition richement illustrée de 120 bois dans le texte et de 14 grav. sur chine, tirées à part. 1 vol. gr. in-8 jésus, 8 fr.
>   Reliure toile mosaïque, riche plaque spéciale, tr. dorée.. . 5 fr. »
>   — demi-chagrin, plats en toile, tranche dorée. . . . 5 50

CONTES DES FÉES DE CHARLES PERRAULT

Illustrés de 15 lithographies tirées à part et de dessins sur bois par MM. Gavarni, etc, 1 vol. grand in-8, 6 fr.
>   Reliure toile mosaïque. . . . . 3 fr. 50

MES PRISONS
PAR SYLVIO PELLICO

Suivies du Discours sur les devoirs des hommes, traduction nouvelle par M. le comte H. de Messey, revue par le vicomte Alban de Villeneuve; précédées d'une introduction contenant des détails biographiques entièrement inédits sur l'auteur, sur ses compagnons de captivité, sur les prisons d'Etat, par M. V. Philippon de la Madeleine.

Quatre-vingts vignettes sur acier, gravées d'après les dessins de MM. Gerard Seguin, Trimolet, Steinheil, Daubigny, etc., avec fleurons et culs-de-lampe gravés sur bois. 1 vol. grand in-8, 12 fr.
>   Reliure toile mosaïque, tr. dorées, *en sus*.. . . . . 5 fr.

SILVIO PELLICO

Mes prisons, traduction de M. Antoine de Latour, illustrées par Tony Jhannot de 100 beaux dessins gravés sur bois. Nouvelle édition. Paris. 1855. 1 vol grand in-8 jésus vélin, glacé, satiné, relié toile, tranche dorée, plaque spéciale, 15 fr.

FABLES DE LACHAMBAUDIE

Précédées d'une introduction par Béranger; illustrées de 14 grav. sur acier, du portrait de l'auteur et de jolies vignettes dans le texte. 1 magnifique vol. grand in-8, 10 fr. (*Ouvrage couronné par l'Académie.*)

    Reliure toile mosaïque, plaque spéciale, tranche dorée.. . . . 4 fr. 50

HISTOIRE DE L'AMÉRIQUE

Par J. H. Campe, précédée d'un Essai sur la vie et les ouvrages de l'auteur, par Ch. Saint-Maurice. 1 vol. grand in-8 raisin, illustré de 120 bois dans le texte et à part, 10 fr.

    Reliure toile mosaïque, tranche dorée.. . . . . 4 fr. 50
    — toile, tranche dorée. . . . . 4 »

PREMIERS VOYAGES EN ZIGZAG

EXCURSIONS D'UN PENSIONNAT EN VACANCES DANS LES CANTONS SUISSES ET SUR LE REVERS ITALIEN DES ALPES

Par R. Topffer, magnifiquement illustrés, d'après les dessins de l'auteur, de 54 grands dessins par Calame, et d'un grand nombre de bois dans le texte; nouvelle édition, imprimée par Plon frères. 1 vol. grand in-8 jésus, papier glacé satiné, 12 fr.

    Reliure toile mosaïque, riche plaque spéciale, tr. dor.. . . . . 6 fr. »
    — demi-chagrin, plats toile, tranche dorée. . . . . 6 »

NOUVEAUX VOYAGES EN ZIGZAG

A LA GRANDE CHARTREUSE, AU MONT BLANC, DANS LES VALLÉES D'HEREN7, DE ZERMATT, AU GRIMSEL ET DANS LES ÉTATS SARDES

Par R. Topffer, splendidement illustrés de 48 gravures sur bois tirées à part et de 320 sujets dans le texte, dessinés d'après les dessins originaux de Topffer, par MM. Calame, Karl Girardet, Français, d'Aubigny, de Bar, Forest, Hadamar, Elmeric, Stopp, Gagnet, Veyrassat, et gravés par nos meilleurs artistes. 1 vol. gr. in-8 jésus, papier glacé sat., imprimé par Plon frères, 10 fr.

    Reliure toile mosaïque, riche plaque spéciale tranche dorée.. . . . 6 fr. »
    — demi-chagrin, plats toile, tr. dorée. . . . . 6 »

LES NOUVELLES GÉNEVOISES

Par Topffer, illustrées d'après les dessins de l'auteur, au nombre de 610 dans le texte et 40 hors texte; gravures par Best, Leloir, Hotelin et Régnier. 1 charm. v. in-8 raisin. Prix broché, 12 fr. 50

LA BRETAGNE

Par J. Janin, illustrée de belles vignettes sur acier, de planches d'armoiries, de costumes coloriés, tirés à part, et d'un grand nombre de vignettes sur bois dans le texte. 1 beau vol. grand in-8 jésus. 20 fr.

    Reliure en toile mosaïque, plaque spéciale, tranche dorée.. . 6 fr. »

BIBLIOTHÈQUE CHOISIE

Collection des meilleurs ouvrages français et étrangers, anciens et modernes, format grand in-18 (dit anglais), papier jésus vélin. Cette collection est divisée par séries. La première et la deuxième série contiennent des volumes de 400 à 500 pages, au prix de 3 fr. 50 c. le vol., pour la première série, et net 2 fr. 75 c. pour la deuxième série. La troisième série est composée de volumes de 250 pages environ, à 1 fr. 75 c. le vol. La majeure partie des volumes est ornée d'une vignette ou d'un portrait sur acier.

OUVRAGES PUBLIÉS

1re série. — Volumes à 3 fr. 50 cent.

ŒUVRES DE J. REBOUL, de Nîmes: Poésies diverses; le Dernier Jour, poëme. 1 vol. avec portrait.

SAINTE-BEUVE. Etude sur Virgile, suivie d'une Etude sur Quintus de Smyrne. 1 vol.

MARIE, LA FLEUR D'OR, PRIMEL ET NOLA, par A. Brizeux. 1 vol.

RAPHAEL. Pages de la vingtième année, par A. de Lamartine. 3e édit., 1 vol.

HISTOIRE INTIME DE LA RUSSIE sous les empereurs *Alexandre* et *Nicolas*, par J. M. Schnitzler. 2 forts vol.

LETTRES SUR LA RUSSIE. 2e édition entièrement refondue et considérablement augmentée, par X. Marmier. 1 vol.

LETTRES SUR LE NORD. Danemark, Suède, Norvège, Laponie et Spitzberg, par X. Marmier. 1 vol. avec 2 jolies vignettes.

DU DANUBE AU CAUCASE, voyages et littérature, par X. Marmier. 1 vol.

LES PERCE-NEIGE, nouvelles du Nord, traduites par X. Marmier, auteur des *Lettres sur la Russie*. 1 vol.

DICTIONNAIRE DU PÊCHEUR, traité de la pêche en eau douce et en eau salée, par Alphonse Karr. 1 vol.

ŒUVRES COMPLÈTES D'OSSIAN, nouvelle traduction, par A. Lacaussade. 1 vol.

CORRESPONDANCE DE JACQUEMONT avec sa famille et plusieurs de ses amis pendant son voyage dans l'Inde (1828-1852). Nouvelle édition, augmentée de lettres inédites et d'une carte. 2 vol.

CAUSERIES DU LUNDI, par M. Sainte-Beuve, de l'Académie française. Ce charmant recueil, renfermant des appréciations aussi justes que spirituelles sur les personnages les plus éminents, se compose de 12 vol. grand in-18. Chaque volume, contenant des articles complets, se vend séparément.

SCÈNES D'ITALIE ET DE VENDÉE, par J. Crétineau-Joly. 1 vol. in-18.

CURIOSITÉS DRAMATIQUES ET LITTÉRAIRES, par M. Hippolyte Lucas. 1 vol.

ŒUVRES DE E. T. A. HOFFMANN, traduites de l'allemand par Loeve-Weimar. Contes fantastiques. 2 vol.

ORATEURS ET SOPHISTES GRECS. Choix de harangues, d'éloges funèbres, de plaidoyers criminels et civils, etc. 1 vol.

BALLADES ET CHANTS POPULAIRES DE L'ALLEMAGNE. Traduction nouvelle, par Séb. Albin. 1 vol.

ESSAIS D'HISTOIRE LITTÉRAIRE, par M. Géruzez. 2 vol. 1er volume: *Moyen âge et Renaissance.* 2e volume: *Temps modernes.*

LA MUSIQUE ANCIENNE ET MODERNE, par Scudo. Nouveaux mélanges de critique et de littérature musicales. 1 vol.

COURS D'HYGIÈNE, par le docteur A. Tessereau, professeur d'hygiène; ouvrage couronné par l'Académie impériale de médecine. 1 vol.

ÉLÉMENTS DE L'ÉCONOMIE POLITIQUE, exposé des notions fondamentales de cette science et de l'organisation économique de la société, par Joseph Garnier, professeur à l'Ecole des ponts et chaussées. 3e édition française, refondue et augmentée. 1 vol. grand in-18 anglais.

GARNIER. Du principe de population. 1 v.

MÉLANGES DE MORALE ET D'ÉCONOMIE POLITIQUE, par Benjamin Franklin. 1 vol. in-18.

ÉCONOMIE POLITIQUE ou Principes de la science des richesses, par Joseph Droz. 3e édition. 1 vol. in-18.

ESSAI SUR LA PHILOSOPHIE SOCIALE, par Ch. Dolphus. 1 vol. grand in-18.

VIES DES DAMES GALANTES, par le seigneur de Brantôme. Nouvelle édition, revue et corrigée sur l'édition de 1740, avec des remarques historiques et critiques. 1 vol.

NOUVEAU SIÈCLE DE LOUIS XIV, ou choix de chansons historiques et satiriques presque toutes inédites, de 1634 à 1712, accompagnées de notes, par le traducteur de la *Correspondance de Madame*, duchesse d'Orléans. 1 vol. grand in-18.

LÉGENDES DU NORD, par MICHELET. 1 vol.

EXCURSION EN ORIENT, l'Égypte, le mont Sinaï, l'Arabie, la Palestine, la Syrie, le Liban, par le comte CH. DE PARDIEU. 1 vol.

ÉDUCATION PROGRESSIVE, ou Etude du cours de la vie, par madame NECKER DE SAUSSURE. 2 vol.
Ouvrage qui a obtenu le prix Montyon.

JÉRUSALEM DÉLIVRÉE, traduction en prose, par M. V. PHILIPPON DE LA MADELEINE, membre de la Société de l'Histoire de France, etc., augmentée d'une description de Jérusalem, par M. DE LAMARTINE, de l'Académie française. 1 vol.

LETTRES ADRESSÉES A M. VILLEMAIN, secrétaire perpétuel de l'Académie française, sur la *Méthode* en général et sur la définition du mot *fait*, etc., par M. E. CHEVREUL, de l'Académie des sciences. 1 vol.

2ᵉ série. — Volumes, au lieu de 3 fr. 50 c., net, 2 fr. 75 c.

MESSIEURS LES COSAQUES, par MM. TAXILE DELORD, CLÉMENT CARAGUEL, et LOUIS HUART. 100 vignettes par Cham. 2 vol.

LES MONDES NOUVEAUX, voyage anecdotique dans l'océan Pacifique, par PAULIN NIBOYET. 1 vol. in-18.

HISTOIRE LITTÉRAIRE française et étrangère, etc., par GIRAULT DE SAINT-FARGEAU. 1 vol. in-18.

LES HOMMES ET LES MŒURS EN FRANCE. sous le règne de Louis-Philippe, par HIPPOLYTE CASTILLE. 1 vol.

HORACE, JUVÉNAL ET PERSE, œuvres complètes, trad. par NISARD. 1 vol.

TÉRENCE, trad. par NISARD. 1 vol.

HENRI MONNIER. Scènes populaires, etc. 2 vol.

LA RAISON DU CHRISTIANISME, ou Preuves de la vérité de la religion, par DE GENOUDE. 6 vol.

ROMANS, CONTES ET NOUVELLES, par ARSÈNE HOUSSAYE. 2 vol.

DEVANT LES TISONS, par ALPHONSE KARR. 1 vol.

VOYAGE EN BULGARIE, par BLANQUI. 1 vol. in-18.

LA LIGUE, scènes historiques, par VITET. Les barricades, mort de Henri III, les Etats de Blois. 2 vol. in-18.

LETTRES SUR L'ANGLETERRE (Souvenirs de l'Exposition universelle), par EDMOND TEXIER. 1 vol. grand in-18.

ŒUVRES POLITIQUES DE MACHIAVEL. Traduction revue et corrigée, contenant le *Prince* et le *Discours sur Tite-Live*. 1 vol.

MÉMOIRES, CORRESPONDANCE ET OUVRAGES INÉDITS DE DIDEROT, publiés sur les manuscrits confiés en mourant par l'auteur à GRIMM. 2 vol.

VOYAGES DE GULLIVER, par SWIFT. Trad. nouvelle, précédée d'une notice biographique et littéraire par WALTER SCOTT. 1 vol.

3ᵉ série. — Volumes, au lieu de 3 fr. 50 c., net, 1 fr. 75 c.

ROSA ET GERTRUDE, par R. TOPFFER, précédées de notices sur la vie et les ouvrages de l'auteur, par MM. SAINTE-BEUVE et DE LA RIVE. 1 vol.

RÉFLEXIONS ET MENUS PROPOS D'UN PEINTRE GENEVOIS, ou Essai sur le beau dans les Arts; œuvres posthumes de R. TOPFFER, précédées d'une notice sur sa vie et ses ouvrages. 2 vol.

SILVIO PELLICO, *Mes Prisons*, traduites par le comte de MESSEY. 1 vol. in-18.

BOCCACE. Contes. 1 vol. grand in-18.

MÉMOIRES COMPLETS ET AUTHENTIQUES DU DUC DE SAINT-SIMON, sur le siècle de Louis XIV et la Régence, publiés sur le manuscrit original entièrement écrit de la main de l'auteur, ex-pair de France, etc. Nouv. édit., revue et corrigée. 40 vol., dont 2 de tables, avec 38 portraits gravés sur acier.

SOUVENIRS DE LA MARQUISE DE CRÉQUI (1718-1803). Nouv. édit., revue, corrigée et augmentée de notes. 10 vol. avec gravures sur acier.

HISTOIRE DE NAPOLÉON, par Elias Regnault, ornée de 8 gravures sur acier d'après Raffet et de Rudder. 4 vol. gr. in-18 jésus, contenant la matière de 8 v. in-8.

CONGRÈS DE VÉRONE. Guerre d'Espagne, négociations, colonies espagnoles, par Chateaubriand. 2 vol.

L'HOMME AUX TROIS CULOTTES, par Paul de Kock. 1 vol.

JOLIE FILLE DU FAUBOURG, par le même. 1 vol.

ŒUVRES DE GEORGE SAND

INDIANA. 1 vol.
JACQUES. 1 vol.
LE SECRÉTAIRE INTIME, LÉONE-LÉONI. 1 v.
ANDRÉ, LA MARQUISE, MÉTELLA, LAVINIA, MATTÉA. 1 vol.
LÉLIA ET SPIRIDION. 2 vol.
LA DERNIÈRE ALDINI, LES MAITRES MOSAISTES. 1 vol.
SIMON, L'USCOQUE. 1 vol.
LE COMPAGNON DU TOUR DE FRANCE. 1 v.
MÉLANGES 1 vol.
HORACE. 1 vol.

4e série. — Volumes au lieu de 3 fr. 50 c. et 1 fr. 75 c., net 1 fr. 25 cent.

APPLICATION DE LA GÉOGRAPHIE A L'HISTOIRE, ou Étude élémentaire de géographie et d'histoire générale comparées, par Édouard Braconnier, membre de l'Université et de plusieurs Sociétés savantes. Ouvrage classique, précédé d'une Introduction, par Bescherelle aîné, de la Bibliothèque du Louvre. 2 beaux vol.

DE L'INSTRUCTION PUBLIQUE EN FRANCE, par E. de Girardin. 1 vol.

MÉMORIAL DE SAINTE-HÉLÈNE, par le comte de Las Cases. Nouvelle édition, revue par l'auteur. 9 vol., 9 grav.

COMÉDIES DE S. A. R. LA PRINCESSE AMÉLIE DE SAXE, traduites de l'allemand, par Pitre-Chevalier. 1 vol. avec portrait.

FABLES LITTÉRAIRES, par D. Thomas de Iriarte, traduites en vers de l'espagnol par C. Lemesle, précédées d'une introduction par Émile Deschamps. 1 v. avec vignette.

L'ANE MORT ET LA FEMME GUILLOTINÉE, par Jules Janin. 1 vol avec vign.

LE CHEVALIER DE SAINT-GEORGES, par Roger de Beauvoir. 2e édition. 4 vol. avec vignettes.

FRAGOLETTA, NAPLES ET PARIS EN 1799, par H. de Latouche. Nouv. édit. 2 vol, ornés de deux vignettes.

UNE SOIRÉE AU THÉATRE-FRANÇAIS (24 avril 1841) : le Gladiateur, le Chêne du roi, par Alex. Soumet et madame Gabrielle d'Altenheim. 1 vol.

LE MAÇON, mœurs populaires, par Michel Raymond. 2 vol. avec vign.

FORTUNIO, par Théophile Gautier. 1 v. orné d'une vignette.

DE BALZAC. REVUE PARISIENNE. Nouvelles et profils critiques des auteurs contemporains. 3 vol. réunis en 1 fort vol. in-32.

VOYAGE A VENISE, par Arsène Houssaye. 1 vol. in-18, imprimé sur papier vélin.

LES SATIRIQUES DES DIX-HUITIÈME ET DIX-NEUVIÈME SIÈCLES. Première série contenant Gilbert, Despaze, M. J. Chénier, Rivarol. Satires diverses. 1 vol.

ŒUVRES DE M. FLOURENS

SECRÉTAIRE PERPÉTUEL DE L'ACADÉMIE DES SCIENCES, MEMBRE DE L'ACADÉMIE FRANÇAISE, ETC.

Il serait inutile d'insister ici sur le mérite des œuvres de M. Flourens. Leur succès et leur débit en disent plus que tous les éloges. Le succès populaire ne leur est pas moins assuré que le succès scientifique.

Histoire de la découverte de la circulation du sang. 2e édition, revue, corrigée et augmentée. 1 vol. grand in-18 anglais.... 3 fr. 50

Recueil des Éloges historiques lus dans les séances publiques de l'Académie des sciences. 2 vol. grand in-18 anglais à...... 3 fr. 50

De la Longévité humaine et de la quantité de vie sur le globe. 3ᵉ édition, revue et augmentée. 1 vol. grand in-18 anglais. Prix. . . . . 3 fr. 50

Histoire des travaux et des idées de BUFFON. 2ᵉ édition, revue et augmentée. 1 vol. grand in-18 anglais. Prix. . . . . 3 fr. 50

Cuvier. — Histoire de ses travaux. 2ᵉ édition, revue et augmentée. 1 vol. grand in-18. Prix. . . . . 3 fr. 50

Fontenelle, ou de la philosophie moderne relativement aux sciences physiques. 1 vol. grand in-18 anglais. Prix. . . . . 2 fr. »

De l'Instinct et de l'intelligence des animaux. 3ᵉ édition entièrement refondue et augmentée. 1 vol. grand in-18 anglais. Prix. . . . . . . 2 fr. »

Examen de la Phrénologie. 3ᵉ édition, augmentée d'un Essai physiologique sur la folie. 1 vol. grand in-18 anglais Prix. . . . . . . 2 fr. »

ŒUVRES DE RABELAIS

Augmentées de plusieurs fragments et de deux chapitres du cinquième livre restitués d'après un manuscrit de la Bibliothèque impériale, et précédées d'une notice historique sur la vie et les ouvrages de Rabelais. Nouvelle édition revue sur les meilleurs textes, et particulièrement sur les travaux de J. LE DUCHAT, de S. DE L'AULNAYE, et de P. L. JACOB, bibliophile; éclaircie, quant à l'orthographe et à la ponctuation, accompagnée de notes succinctes et d'un glossaire, par LOUIS BARRÉ, ancien professeur de philosophie. 1 fort volume grand in-18, papier glacé satiné, de 650 pages. 3 fr. 50 c.

ANACRÉON

Traduit en vers par M. HENRY VESSERON, édition nouvelle. 1 volume grand in-18. 2 fr.

TRAITE DE CHIMIE APPLIQUÉE AUX ARTS

Par M. DUMAS, sénateur, ancien ministre, membre de l'Académie des sciences, et de l'Académie de médecine, etc. 8 vol. in-8 et 2 atlas in-4, édition de Liége, introduite en France avec l'autorisation de l'auteur. 150 fr., net 125 fr.

Cet ouvrage, dont l'édition française est aujourd'hui totalement épuisée, et que recommande si puissamment le nom de M. Dumas, fait autorité dans la science. Il est indispensable aux industriels comme aux savants. C'est un livre essentiellement pratique où les fabricants puiseront les plus utiles notions sur toutes les applications de la chimie. Le traité de M. Dumas a jeté une vive lumière sur cet intéressant sujet, et son succès est aujourd'hui européen.

HEURES DE L'ENFANCE

Poésies religieuses, poésies récréatives et méditations, illustrées de jolies vignettes sur acier, encadrements, lettres ornées, fleurons, frontispices, or et couleur. 1 vol. in-8, 8 fr.; net, 6 fr. 50 c.; reliure toile mosaïque, 3 fr. 50.

TRADUCTIONS NOUVELLES
DES AUTEURS LATINS
AVEC LE TEXTE EN REGARD
ou
BIBLIOTHÈQUE LATINE-FRANÇAISE
PUBLIÉE PAR M. C. L. F. PANCKOUCKE

CHAQUE AUTEUR SE VEND SÉPARÉMENT

Au lieu de SEPT francs le volume in-8, TROIS francs CINQUANTE cent.

Papier des Vosges, non mécanique, caractères neufs.

Nous avons l'honneur de prévenir MM. les amateurs de livres que nous venons d'acquérir la BIBLIOTHÈQUE LATINE, dite de PANCKOUCKE, formée des principaux auteurs latins : cette collection a acquis, dans le monde savant, une haute réputation, tant par la fidélité de la traduction et par l'exactitude du texte qui se trouve en regard que par les notices et les notes savantes qui l'accompagnent, et surtout par la précision de leurs rédactions. Nous avons diminué de moitié le prix de publication de chaque volume, composé de 30 à 35 feuilles in-8°.

La plupart de ces ouvrages, convenables aux études des collèges, sont adoptés par le Conseil de l'Université.

PREMIÈRE SÉRIE
ŒUVRES COMPLÈTES DE CICÉRON
TRADUITES EN FRANÇAIS. 36 VOL. IN-8

Les *Œuvres complètes de Cicéron*, publiées au prix de 7 fr. le volume, ont été jusqu'ici d'une acquisition difficile. Nous avons pensé en assurer le débit et les rendre accessibles à tous les amateurs de la belle et grande latinité, au moyen d'un rabais considérable sur le prix de l'ouvrage. Les *Œuvres de Cicéron* doivent figurer au premier rang dans la bibliothèque de tout homme lettré; mais beaucoup d'acheteurs reculaient devant une acquisition très-coûteuse. En faciliter l'achat et le rendre désirable par l'attrait du bon marché est donc une combinaison qui ne peut manquer de réussir. — Cette édition est celle de la Bibliothèque Panckoucke, dont nous sommes acquéreurs.

ŒUVRES COMPLÈTES DE TACITE
TRADUITES EN FRANÇAIS. 7 VOL. IN-8

Tacite, signalé par Racine comme le plus grand peintre de l'antiquité, est un des auteurs latins qu'on recherche le plus, et dont les œuvres sont d'un débit constant et assuré. Cette édition est fort estimée, soit pour la traduction, soit pour la correction du texte. Le format (bibliothèque Panckoucke) en est commode et maniable.

ŒUVRES COMPLÈTES DE QUINTILIEN

TRADUITES EN FRANÇAIS. 6 VOL. IN-8

Les *Œuvres de Quintilien* font loi en matière de critique comme en matière d'éducation. Elles s'adressent donc à un grand nombre de lecteurs, et le bon marché, de même que l'excellence de la traduction, doit en faciliter la vente.

Nous appelons spécialement l'attention sur ces trois derniers ouvrages, si indispensables à tous ceux qui s'occupent de latinité, et mis par leur prix réduit, à la portée d'un grand nombre d'acheteurs. Il n'est point d'avocat qui ne soit désireux, par exemple, d'acquérir les *Œuvres de Cicéron*, jadis si coûteuse, et maintenant réduites à la plus simple expression du bon marché.

Tacite, traduction nouvelle par M. C. L. F. PANCKOUCKE....... 7 v.
(Chaque partie se vend séparément 4 fr. le vol.)
T. 1, 2, 3. *Annales*, avec une planche gravée.
T. 4 et 5. *Histoires*.
Tome 6. { *La Germanie*. *Vie de Julius Agricola*. *Des Orateurs*. }
Tome 7. Nouvel index. — Diss. sur les Mss. Bibliographie de près de 1,100 éditions de Tacite. — Deux planches *fac simile*.

César, trad. nouv. par M. ARTAUD, insp. de l'Acad. de Paris, avec une Notice par M. LAYA, de l'Académie française... ..... 3 v.

Justin, traduct. nouv. par MM. J. PIERROT, ex-proviseur du collége royal de Louis-le-Grand, et BOITARD, avec une notice par M. LAYA. 2 v.

Florus, trad. nouv. par M. RACON, prof. d'histoire, avec une Notice par M. VILLEMAIN, de l'Académie française.................. 1 v.

Velleius Paterculus, trad. nouv. par M. DESPRÉS.......... 1 v.

Valère Maxime, trad. nouv. par M. FRÉMION, professeur au lycée Charlemagne............. 3 v.

Pline le jeune, trad. nouv. de DE SACY, revue et corrigée par M. J PIERROT.............. ... 3 v.

Cicéron, ŒUVRES COMPLÈTES... 36 v.
(Chaque partie se vend séparément 4 fr. le vol.)
Tomes
1 { *Histoire de Cicéron*, par M. DE GOLBÉRY. *Rhétorique à Herennius*, par M. DELCASSO, professeur au lycée impérial de Strasbourg. } 1 v.

2 { *L'Invention*, par MM. CHARPENTIER, inspecteur de l'Académie, et E. GRESLOU. } 1 v.

3-4 { *De l'Orateur*, par M. ANDRIEUX, de l'Acad. franç. *Dialogues sur les Orateurs illustres*, par M. DE GOLBÉRY. } 2 v.

5 { *L'Orateur*, par M. AGNANT, professeur de rhétorique au collége roy. de Bourges. *Les Topiques*, par M. DELCASSO. *Les Partitions Oratoires*, par M. BOMPART. *Des Orateurs parfaits*, par M. E. GRESLOU. } 1 v.

6-17 { *Oraisons*, par MM. GUÉROULT jeune, J. N. M. DE GUERLE, CH. DU ROZOIR. } 12 v.

18-26 { *Lettres: Lettres à Brutus; Lettre à Octave; Fragments*, par MM. DE GOLBÉRY et J. MANGEART, prof. de philosophie au collége de Valenciennes. } 9 v.

27-29 { *Académiques*, par M. DELCASSO. *Des vrais Biens et des vrais Maux*, par M. STIÉVENART, professeur à la Faculté des Lettres de Dijon. *Les Tusculanes*, par M. MATTER, insp. gén. des études. } 3 v.

30 { *De la nature des Dieux*, par M. MATTER. } 1 v.

31 { *De la Divination*, par M. DE GOLBÉRY. *Du Destin*, par M. J. MANGEART. } 1 v.

32 { *Des Devoirs*, par M. STIÉVENART. *Dialogue sur la Vieillesse*, par M. J. PIERROT. } 1 v.

33	Dialogue sur l'Amitié, par M. J. Pierrot. Paradoxes, par M. Péricaud, bibliot. de la ville de Lyon. Demande du Consulat, par M. L. Chevalier, professeur de philosophie. Consolation, par M. J. Mangeart.	1 v.	
34	Du Gouvernement, par M. Liez. Sur l'Amnistie, par M. J. Mangeart.	1 v.	
35	Des Lois, par M. Charpentier. Fragments des Douze-Tables. Discours au peuple et aux chevaliers romains après son exil, par M. J. Mangeart.	1 v.	
36 et dernier	Invectives de Salluste contre Cicéron, et Réponse de Cicéron à Salluste, par M. Péricaud. Timée; Protagoras; l'Économique, p M J. Mangeart. Phénomènes d'Aratus; Fragments des Poëmes, par M. Ajasson de Grandsagne. Fragments des Oraisons, par M. du Rozoir; Fragm. des ouvrages philosophiques, etc., par M E. Greslou. Tableau Synchronique de la Vie et des Ouvrages de Cicéron, par A. Lucas.	1 v.	

Quintilien, traduct. nouv. par M. Ouizille, chef de bureau au ministère de l'intérieur........ 6 v.

Horace, trad. nouv. p. MM. Amar, Andrieux, Arnault, Bignan, Charpentier, Chasles, Daru, Féletz, de Guerle, Léon Halevy, Liez, Naudet, Ouizille, C.-L.-F. Panckoucke, Ernest Panckoucke, de Pongerville, du Rozoir, Alphonse Trognon........ 2 v.

Juvénal, trad. de M. Dusaulx, revue par M. J. Pierrot........ 2 v.

Perse, Turnus, Sulpicia, trad. nouv. par M. A. Pierrot, ex-prof. au collège royal de St-Louis. 1 v.

Ovide, Métamorphoses, par M. Gros, inspecteur de l'Académie. 3 v.

Lucrèce, trad. nouv. en prose, par M. de Pongerville, de l'Acad. française, avec une Notice et l'Exposition du système d'Épicure, par M. Ajasson de Grandsagne.. 2 v.

Claudien, traduct. nouvelle, par MM. Héguin de Guerle et Alph. Trognon........ 2 v.

Valerius Flaccus, trad. pour la première fois en prose par M. Caussin de Perceval, membre de l'Institut........ 1 v.

Stace, traduction nouvelle :

Tome 1...	Silves, par MM. Rinn, prof. au coll. Rollin, et Achaintre.
T. 2, 3, 4.	La Thébaïde, par MM. Achaintre et Boutteville, professeur. L'Achilléide, par M. Boutteville.

4 v.

Phèdre, trad. nouv. par M. E. Panckoucke. — Avec un fac-simile du manuscrit découvert à Reims, par le P. Sirmond, en 1608. 1 v.

DEUXIÈME SÉRIE

*Les auteurs désignés par un * sont traduits POUR LA PREMIÈRE FOIS en français*

Poetæ Minores : Arborius *, Calpurnius, Eucheria *, Gratius Faliscus, Lupercus Servastus *, Nemesianus, Pentadius *, Sabinus *, Valerius Cato *, Vestritius Spurinna * et le *Pervigilium Veneris*; trad. de M. Cabaret-Dupaty, professeur au lycée de Grenoble. 1 v.

Jornandès, traduct. de M. Savagnier, professeur d'histoire en l'Université......... 1 v.

Censorinus*, trad. de M. Mangeart, ancien professeur de philosophie; — **Julius Obsequens, Lucius Ampellius***, trad. de M. Verger, de la Bibliothèque impériale...... 1 v.

Ausone, traduction de M. E. F. Corpet............ 2 v.

P. Mela, Vibius Sequester *, Ethicus Ister *, P. Victor *, trad de M. Louis Baudet, professeur............ 1 v.

R. Festus Avienus*, Cl. Rutilius Numatianus, etc., trad de MM. Euc. Despois et Ed. Saviot, anciens élèves de l'École normale............ 1 v.

Varron, Écon. rurale, trad. de M. Rousselot, profess............ 1 v.

Eutrope, Messala Corvinus *, Sextus Rufus, traduction de M. N. A. Dubois, professeur............ 1 v.

Palladius, *Econ. rurale,* trad. de M. CABARET-DUPATY, profess. 1 v.

Histoire Auguste, tome Ier · **Spartianus, Vulcatius Gallicanus, Trebellius Pollion,** trad. de M. FL. LEGAY, profess. au collége Rollin.
— Tome II : **Lampridius,** traduction de M. LAAS D'AGUEN, membre de la Société asiatique ; — **Flavius Vopiscus,** trad. de MM TAILLEFERT, profess. au lycée de Vendôme, et J. CHENU.
— Tome III : **Julius Capitolinus,** traduct. de M. VALTON, profess. au lycée de Charlemagne. 3 v.

Columelle, *Econom. rurale,* trad. de M. LOUIS DUBOIS, auteur de plusieurs ouvrages d'agriculture, de littérature et d'histoire.. 3 v.

C. Lucilius, trad de M E. F. CORPET ; — **Lucilius junior, Salius Bassus, Cornelius Severus, Avianus*, Dionysius Caton,** traduct. de M JULES CHENU .... 1 v.

Priscianus*, trad. de M. CORPET ; — **Serenus Sammonicus*, Macer*, Marcellus*,** traduct. de M BAUDET.. 1 v.

Macrobe, t 1er (*Les Saturnales,* t. Ier), traduit de M. UBICINI MARTELLI ; — t IIe *Les Saturnales,* t. II), traduct. de M HENRI DESCAMPS ; — t. IIIe et dernier (*De la différence des verbes grecs et latins ; Commentaire du Songe de Scipion*), traduct. de MM. LAAS d'AGUEN et N. A DUBOIS....... 3 v.

Sextus Pompeius Festus*, traduction de M. SAVAGNER...... 2 v.

Aulu-Gelle, t. Ier, traduct. de M. E. DE CHAUMONT, profess. au lycée d'Angoulême. — T. IIe, traduct. de M. FÉLIX FLAMBART, profess. au lycée d'Angoulême.— T IIIe, trad. de M. BUISSON, docteur en droit, avoué au tribunal de Meaux...................... 3 v.
(Ne se vend pas séparément de la collection.)

C. J. Solin*, trad. de M. ALP. AGNANT, ancien élève de l'École normale, agrégé des classes supérieures................. 1 v.

Vitruve, *Architecture,* avec de nombreuses figures pour l'intelligence du texte, traduction de M. CH.-L. MAUFRAS, profess. au collége Rollin............... 2 v.

Frontin, *Les Stratagèmes et les Aqueducs de Rome,* traduction de M CH. BAILLY, principal du collége de Vesoul............. 1 v.

Sulpice Sévère, traduction de M. HERBERT. — **Paulin de Périgueux*, Fortunat*,** trad de M. E.-F. CORPET....... 2 v.
(Cet ouvrage ne se vend pas séparément.)

Sextus Aurelius Victor, trad. de M. N.-A. DUBOIS, profess. 1 v.

Total des volumes.... 33 v.

Il pourra arriver qu'un ou plusieurs ouvrages seront épuisés au jour de la réception des demandes Nous croyons devoir prévenir que, dans ce cas, nous expédierons néanmoins les autres ouvrages en notre possession.

N. B Il existe encore dans nos magasins trois ou quatre collections complètes de la Bibliothèque latine, composée de 244 volumes, au prix de 1,055 fr.

ŒUVRES COMPLÈTES D'HORACE

Traduites en français par les traducteurs de la collection Panckoucke ; nouvelle édition enrichie de notes explicatives, accompagnée du texte latin, précédée d'une étude sur *Horace,* par M. H. RIGAULT, professeur de rhétorique au Lycée Louis-le-Grand. 1 vol. grand in-18, 3 fr. 50 c.

ŒUVRES COMPLÈTES DE SALLUSTE
(DE LA COLLECTION PANCKOUCKE)

Avec la traduction française de Du Rozoir revue par MM. CHARPENTIER, inspecteur de l'Académie de Paris, et FÉLIX LEMAISTRE ; précédées d'un nouveau travail sur Salluste, par CH M. CHARPENTIER. 1 vol. grand in 18, 3 fr. 50 c.

ŒUVRES CHOISIES D'OVIDE

Les *Amours*, l'*Art d'aimer*, etc., traduction française de la collection Panckoucke, avec un travail nouveau par Félix Lemaistre. 1 volume grand in-18, 3 fr. 50 c.

Ces deux ouvrages, mis par leur prix modique à la portée de tous les acheteurs, sont évidemment destinés à un grand succès et partageront la vogue de l'Horace déjà publié. Le soin le plus scrupuleux, l'attention la plus vigilante, ont présidé à la révision du texte et des traductions.

LES CLASSIQUES LATINS

(FRANÇAIS ET LATIN.)

Format in-24 sur jésus (ancien in-12); publiés sous la direction de M. Lefèvre.—Prix de chaque vol., 3 fr. 50 c.; net 2 fr. 50 c.

ŒUVRES COMPLÈTES DE VIRGILE. Trad. par Pongerville. 2e édit. 2 vol.

JUVÉNAL ET PERSE. Les satires de Juvénal. Traduction de Dussaulx, revue et corrigée. Les Satires de Perse, traduction nouvelle par M. Collet. 1 vol.

LUCRÈCE. Traduction de Pongerville, de l'Académie française. 1 vol.

TACITE. Traduction de Dureau de la Malle, revue et corrigée, augmentée de la Vie de Tacite, du Discours préliminaire de Dureau de la Malle, des Suppléments de Brottier. 3 vol.

TÉRENCE. Ses comédies. Traduction nouvelle avec des notes, par M. Collet. 1 vol. de plus de 600 pages.

PLAUTE. Son Théâtre. Trad. de M. Naudet, de l'Academie des inscriptions et belles-lettres 4 vol.

PLINE L'ANCIEN. L'Histoire des Animaux, traduction de Guéroult, augmentée de sommaires et de notes nouvelles. 1 vol. de près de 700 pages.

MORCEAUX EXTRAITS DE PLINE le naturaliste, traduction de Guéroult, augmentée de sommaires et de notes nouvelles. 1 vol.

Q. HORATII FLACCI

Opera omnia ex recensione Joannis Gasparis Orelli. 1 vol. in-24, édition Lefèvre. 1851. 4 fr.; net 3 fr.

Édition recommandable par l'exécution typographique et la correction du texte.

NOUVELLE
COLLECTION DES CLASSIQUES FRANÇAIS
DIRIGÉE PAR M. AIMÉ MARTIN

Format in-24 jésus (ancien in-12), 2 francs 50 centimes le volume.

MONTAIGNE. Ses Essais et ses Lettres, avec : 1° la traduction des citations grecques, latines, italiennes, par M. Victor Leclerc, de l'Instit. de France, etc.; 2° les notes ou remarques de tous les commentateurs: Coste, Naigeon, A. Duval, MM. E. Johanneau, Victor Le Clerc; 3° une table analytique des matières. 5e édit. 5 vol.

P. CORNEILLE. Ses chefs-d'œuvre dramatiques. 1 vol.

PASCAL. Pensées, suivies d'une table analytique. 1 vol.

BOSSUET. Oraisons funèbres, Panégyriques et Sermons. 4 vol.

FÉNELON Télémaque, avec des notes géographiques et littéraires, et les passages grecs et latins imités par Fénelon. 1 vol.

BOURDALOUE. Chefs-d'œuvre oratoires. 1 vol.

FLEURY. Discours sur l'histoire ecclésiastique, Mœurs des Israélites, Mœurs des Chrétiens, Traité des Études, etc. 2 v.

ŒUVRES DE JACQUES DELILLE, avec des notes de Delille, Choiseul-Gouffier, Feletz, Aimé Martin. 2 vol.

ESSAI SUR L'ÉLOQUENCE DE LA CHAIRE par le cardinal Maury. 1 vol.

ATLAS

Atlas de Géographie ancienne et moderne, à l'usage des colléges et de toutes les maisons d'éducation, dressé par MM. Monin et Vuillemin; recueil grand in-4, composé de 4 cartes parfaitement gravées et coloriées. Cet atlas comprend, outre les cartes ordinaires : *la Cosmographie, la France en 1789, l'Empire français, la France actuelle, l'Algérie, l'Afrique orientale, occidentale et méridionale*, et toutes les cartes de la *Géographie ancienne*. C'est, par conséquent, le plus *complet* et le plus exact de tous les Atlas *classiques* et le mieux adapté aux études suivies de nos jours dans l'enseignement universitaire. Prix, 12 fr.

Atlas classique de Géographie moderne (extrait du précédent), à l'usage des jeunes élèves des deux sexes; composé de 20 cartes. Prix : 7 fr. 50 c.

Atlas de Géographie élémentaire, *destiné aux Commençants* (extrait du précédent), composé de 8 cartes doubles : la mappemonde, les cinq parties du monde et la France. Prix, cartonné : 4 fr.

Atlas complet de Géographie universelle à l'usage des écoles primaires du premier et du second degré, par ***, composé de 23 cartes coloriées avec soin, format in-4, 6 fr.

Carte physique et politique de l'Algérie, indiquant les divisions administratives et militaires, la circonscription des territoires civils et les colonies agricoles, dressée d'après les documents les plus récents, par A. Vuillemin. 1 feuille colombier pliée en forme de volume, 2 fr.

Europe, en une feuille grand monde, revue par Klaproth, 4 fr.

France routière et administrative, réduite d'après Cassini et celle des ponts et chaussées. 1 feuille grand monde, 4 fr.

NOUVELLES CARTES ROUTIÈRES

DRESSÉES SUR LES DERNIERS DOCUMENTS, AVEC TOUS LES CHEMINS DE FER, PAR BERTHE

Format grand colombier. — Prix : 2 francs.

- **Europe routière**, indiquant les distances des villes capitales des Etats de l'Europe.
- **France en 86 Départements.**
- **Royaumes d'Espagne et de Portugal.**
- **Empire d'Autriche**, 1 feuille colombier.
- **Royaumes de Hollande et de Belgique.**
- **Italie** et ses divers Etats, en une feuille.
- **Royaumes de Sardaigne.**
- **Confédération suisse**, en vingt-deux cantons.
- **Russie d'Europe.**
- **Grèce actuelle et Morée.**
- **Turquie d'Europe et d'Asie.**
- **Royaumes-Unis d'Angleterre, d'Ecosse et d'Irlande.**
- **Royaume de Prusse.**
- **Mappemonde.**
- **Suède et Norvége.**
- **Amérique méridionale.**
- **Amérique septentrionale.**
- **Asie**, d'après Klaproth.
- **Afrique**, ornée d'un plan de l'île Bourbon.
- **Océanie et Polynésie.**
- **Egypte et Palestine.**
- **Amérique méridionale et septentrionale.**

PRIX DU COLLAGE, DES ÉTUIS ET DU MONTAGE

Demi-colombier, sur toile, avec étui en percaline anglaise.....	»	90
Colombier, — — ...	1	50
— sur gorge et rouleau................	3	»
Grand-monde, sur toile, avec étui en percaline anglaise......	2	50
— sur gorge et rouleau.............	4	50

Atlas historique, chronologique, généalogique et géographique, de A. LESAGE (comte de Las Cases). 1 vol. in-folio, demi-rel., dos de maroquin.

En 33 tableaux.	1 tableau à 2 fr. .... 2 fr. » 32 tableaux à 1 fr. 50 c. .... 48 » Reliure. .... 6 »			56 fr. »
En 37 tableaux.	Composé des précédents, rel. compr. 56 » Et de 4 tableaux supp. à 3 fr. 50 c. . 14 »			70 fr. »
En 42 tableaux.	Composé des précédents, rel. compr. 70 » Et de 5 cartes nouv. à 1 fr. 50 c. . 7 »			77 fr. 50

Tous les tableaux se vendent séparément.

TRAITÉ DE LA TYPOGRAPHIE

Par HENRI FOURNIER. 2e édition, corrigée et augmentée. 1 vol. in-18 3 fr.

LA CLEF DE LA SCIENCE

Ou les phénomènes de tous les jours expliqués, par le docteu L. C. BREWER. 1 vol. grand in-18 anglais de 500 p. 3 fr. 50 c

GUIDE UNIVERSEL ET COMPLET DE L'ÉTRANGER
DANS PARIS

Suivi d'une revue des environs de Paris et autres renseignemen divers; par ALBERT-MONTÉMONT, membre de plusieurs sociét savantes. 1 beau vol. in-18, orné de 23 jolies vignettes repr sentant les vues des principaux monuments, et d'un beau pl de Paris. 3 fr.

PARIS EN MINIATURE

Guide usuel du Voyageur à Paris. 1 vol. grand in-32, illustré 23 gravures sur bois, avec un plan magnifique de Paris. 2

GREAT EXHIBITION

Guide for strangers visiting Paris, with 22 views and a Map of capital (avec un magn. plan de Paris). 2 fr. 50 c., net 1 fr. 2

NOUVEAU PLAN DE PARIS FORTIFIÉ

Et des communes de la banlieue, indiquant tous les changeme actuels, dressé *selon les règles géométrales* par A. VUILLE géographe, 1857, gr. sur acier avec le plus gr. soin par LANGE 1 feuille grand-monde (double colombier), 5 fr.

CHEZ LES MÊMES LIBRAIRES

Ouvrages format grand in-18 jésus à 3 fr. 50 cent. le volume

HORACE. Œuvres complètes, traduites en français par les traducteurs de la collection Panckoucke. Nouvelle édition, enrichie de notes explicatives, accompagnée du texte latin, précédé d'une étude sur *Horace*, par M. RIGAULT, professeur de rhétorique au lycée Louis-le-Grand.. 1 vol.

SALLUSTE. Œuvres complètes, de la collection Panckoucke, avec la traduction française de Du Rozoir, revue par MM. CHARPENTIER, inspecteur de l'Académie de Paris, et FÉLIX LEMAISTRE; précédées d'un nouveau travail sur Salluste, par M. CHARPENTIER. . . . . 1 vol.

OVIDE. Œuvres choisies. Les *Amours*, l'*Art d'aimer*, etc., traduction française de la collection Panckoucke, avec un travail nouveau par FÉLIX LEMAISTRE, et précédée d'une étude sur Ovide par M. JULES JANIN. . . . . 1 vol.

VIRGILE. Œuvres complètes, traduction de la collection Panckoucke, revue par FÉLIX LEMAISTRE, précédée d'une étude sur Virgile, par M. SAINTE-BEUVE. 1 très-fort vol. prix (par exception). 4 50

CATULLE, TIBULLE et PROPERCE. Œuvres, avec la traduction française par les traducteurs de la collection Panckoucke. Nouvelle édition, revue par M. VALATOUR. . . . . 1 vol.

SÉNÈQUE (le Philosophe). Œuvres, avec la traduction française par les traducteurs de la collection Panckoucke nouvelle édition très-soigneusement revue par M. CHARPENTIER, inspecteur honoraire de l'Académie de Paris, agrégé de la Faculté des Lettres, et M. FÉLIX LEMAISTRE, auteur de divers ouvrages classiques, et précédée d'une notice sur Sénèque et d'une préface par M. CHARPENTIER. 2 vol.

TITE LIVE. Œuvres complètes, avec la traduction française de la collection Panckoucke, nouvelle édition très-soigneusement revue, par M. F. LEMAISTRE, professeur au Lycée Napoléon, M. BLANCHET, docteur ès lettres et professeur de rhétorique au Lycée de Strasbourg, et M. CHARPENTIER, inspecteur honoraire de l'Académie de Paris, agrégé de la Faculté des Lettres, et précédée d'une étude sur Tite Live par M. CHARPENTIER. . . 6 vol.

JULES CÉSAR, Commentaires, avec la traduction française par les traducteurs de la collection Panckoucke. Nouvelle édition, revue par M. F. LEMAISTRE. 1 vol.

JUVÉNAL. Œuvres complètes avec la traduction de la collection Panckoucke, 1 vol.

SAINTE-BEUVE, de l'Académie française. *Causeries du Lundi*. Ce charmant renfermant des appréciations aussi que spirituelles sur les personna plus éminents, se compose de 13 vo Chaque volume, contenant des articl plets. se vend séparément.

— Étude sur Virgile, suivie d'une Étu *Quintus de Smyrne*. . . . . . .

BOILEAU. Œuvres avec une notice Boileau, par M. SAINTE-BEUVE, de l'A mie française.

NECKER DE SAUSSURE (Mad Éducation progressive, ou Étude du de la vie Ouvrage qui a obtenu le prix Montyon

VILLENEUVE-BARGEMONT (Vic ALBAN DE). Le Livre des affligés, Doul et Consolations. . . . .

GÉRUZEZ. Essais d'histoire littérair 1er vol.: *Moyen âge et Renaissance*. 2 *Temps modernes*.

J. M. SCHNITZLER. Histoire int la Russie sous les empereurs *Alexa* et *Nicolas*. . . . .

A. SOLTIKOFF (Le prince). Voyages l'Inde et en Perse, avec carte. . .

X. MARMIER. Lettres sur la Ru Deuxième édition, entièrement refond considérablement augmentée. . .

— Lettres sur le Nord, Danemark, Su Norvége, Laponie et Spitzberg. Broch 1 vol. avec 2 jolies vignettes.

— Du Danube au Caucase, voyages et lit rature. . . . .

— Les Perce-Neige, nouvelles du Nord.

LAMENNAIS. Paroles d'un croyant, Voix de prison, le Livre du peuple.

— Essai sur l'indifférence en matièr religion.

— Les Affaires de Rome. . . . .

MICHELET. Légendes du Nord.

A. BRIZEUX. Marie, la Fleur d'or, P et Nola. . . . .

A. DE LAMARTINE. Raphaël. Pa la vingtième année. 5e édition. . .

— Histoire de la Révolution de 1848 velle édition. . . . .

ALPH. KARR. Dictionnaire du pêch Traité de la pêche en eau douce et en salée. . . . .

SCUDO. La Musique ancienne et mod Nouveaux mélanges de critique et de térature musicales. . . . .

www.ingramcontent.com/pod-product-compliance
Lightning Source LLC
Chambersburg PA
CBHW071109230426
43666CB00009B/1889